JN417683

영남지역생활사자료집성 4

碧松亭儒契案

연구책임자 황위주
일반연구원 김현영, 김형수, 김희호, 남권희, 백두현, 이남희, 이수환, 이훈상, 정병호, 정순우, 정우락, 주보돈
HK교수 김성윤, 김 혁, 손계영, 오용원, 이장희, 최은주
HK연구교수 김명자, 원보영, 채휘균
책임간사 박경수, 송석현, 이미선, 이미진
연구보조원 손유진, 안주현, 양승호, 우진웅, 이지은, 장원연, 전영곤, 정지아, 최은주

기획·편집 김 혁
해제 오용원
탈초입력 박경수, 손유진, 우진웅, 최윤영
교열 김 혁, 이장희 (가나다 순)

영남지역생활사자료집성 4
碧松亭儒契案

발행일 2010년 10월 22일
편자 경북대학교 영남문화연구원
전화 053-950-6312 | **팩스** 053-950-6311 | **E-mail** youngnam@knu.ac.kr
펴낸이 함인석 | **펴낸곳** 경북대학교출판부
출판등록 1973년 10월 10일 ㉑97호 | **주소** 대구광역시 북구 산격동 1370번지
전화 053-950-6741~3 | **팩스** 053-953-4692 | **E-mail** press@knu.ac.kr
Homepage http://knupress.com

ISBN 978-89-7180-302-8 93910

값은 표지 뒷면에 있습니다.
잘못 만들어진 책은 바꾸어 드립니다.

이 책은 2007년 정부(교육과학기술부)의 재원으로 한국학술진흥재단의 지원을 받아 수행된 연구임(KRF-2007-361-AM0002)

영남지역생활사자료집성 4

碧松亭儒契案

慶 北 大 學 校
嶺南文化硏究院 編

경북대학교출판부

출판에 부쳐

이 책은 경북대학교 영남문화연구원이 현재 추진 중인 인문한국사업(HK) 10년 계획 중 1단계 3년차 과제인 영남지역 선비생활사 연구의 한 가지 성과이다. 우리 연구팀은 작년에 2년차 관료생활사에서 영남지역의 『중기重記』와 『사례事例』를 간행하여 조선시대 영남의 관청에서 벌어졌던 관청 운영의 일면을 조망하기 위한 결정적인 자료로 학계에 제시함으로써 과분할 정도로 많은 주목을 받은 바 있다. 이어 간행될 선비 생활사 자료를 선정하는 일에 대한 우리 연구팀의 부담과 고심은 그만큼 클 수밖에 없었다. 수많은 논의를 거친 끝에 우리 팀은 이 『벽송정유계안碧松亭儒契案』이 영남지역 선비들의 생활상을 드러낼 수 있는 훌륭한 자료라는 데 뜻을 같이하였고, 그 결과 이와 같이 출판에 이르게 되었다.

그런데 자료의 선정에서부터 출판에 이르기까지의 전 과정을 되돌아볼 때, 아무리 보아도 이런 일이 단순히 우연 같지만은 않다. 무엇보다 연구팀에 이 자료를 소개한 오용원 교수가 벽송정이 소재한 고령高靈의 명족 출신이 아니었다면, 더욱이 그가 우리 연구팀의 일원이 아니었다면, 우리는 이 자료의 존재조차 몰랐을 것이다. 오 교수 집안은 먼 선대부터 이 유계의 일원으로서 활동하였고, 지금도 그의 이름이 유계儒契의 한 자리를 빛내고 있다. 벽송정유계는 아득히 먼 과거로부터 전해 와서 오늘날까지도 살아 있는 이름이며 그 흐름은 흐르는 강물처럼 지칠 줄 모르고 이어져 내려오며, 그들의 계에 대한 애정이 사라지지 않는 한 결코 멈출 줄 모른다. 무엇이 이 모임에 생명을 불어넣어 이토록 긴 세월 동안 이어지게 한 것일까.

우리 연구팀에서 이 계안을 연구 과제로 택하게 된 것은 이와 같이 문제 제기의 성격이 강하다. 이 계안을 생산해 왔던 깊은 전통의 까닭을 묻고 답하는 것이 결국 영남 선비들이 영위해 왔던 생활의 의미를 찾는 일과 크게 다르지 않기 때문이다. 우리는 독자들이 이 책을 통해 영남 선비의 살아 있는 전통과 만날 수 있을 것이라고 확신한다. 그런데 산업혁명 이후 만들어진 오늘

날의 새로운 세계에서 이 전통은 과연 어떤 의미를 갖는 것일까? 이 문제는 우리 팀이 풀어 나갈 문제이기도 하지만, 무엇보다 독자의 몫이기도 하다. 이것이 우리가 이 책을 간행하는 이유이다.

해제는 오용원 교수가 맡았고, 탈초 및 정서는 박경수 책임간사가, 기획과 편집·교열은 김혁 교수가 담당하였다. 좋은 책을 만들고자 하는 경북대학교출판부의 지칠 줄 모르는 관심과 노력에 감사드린다. 이제 한 알의 밀알이 심어졌다. 이것을 무성히 길러 우리의 배를 따뜻하게 불리는 일만 남았다. 이 일은 우리 연구팀의 노력뿐만 아니라 모든 사람들의 관심과 격려, 견책 속에 서라야 가능하다는 사실을 우리는 너무나 잘 알고 있다. 사계斯界의 거침없는 질정을 구한다.

2010. 10.

연구진 일동

목차

일러두기

○ 이 책은 『영남지역생활사자료집성』의 네 번째 책으로서 고령高靈의 벽송정碧松亭과 관련하여 조직된 계회契會의 입의立議와 좌목座目을 기록한 『벽송정유계안碧松亭儒契案』을 영인影印 및 정서正書한 것이다.

○ 『벽송정유계안碧松亭儒契案』이라는 서명書名은 현재의 계회에서 실제로 불리는 이름을 반영한 것이다.

○ 각 책의 서명은 각 책의 표제를 그대로 따랐으며, 표지表紙가 일실된 것은 해제解題에서 거론된 이름을 그대로 반영하였다.

○ 이 책의 구성은 해제解題, 영인影印, 정서正書, 색인索引으로 하였다.

○ 영인은 본책의 펼친 면을 한눈에 볼 수 있게 수록하였다.

○ 원문의 정서는 책의 면수와 상관없이 편의를 위해 연속으로 볼 수 있게 하였다.

○ 입의立議 부분은 탈초脫草하여 정서하였고, 독자의 편의를 위해 구두점句讀點을 찍었다.

○ 이체자異體字와 속자俗字는 원본대로 표기하되, 서체에 없는 글자는 정자正字로 대체하였다.

○ 원본의 사정을 전하기 위해 다음과 같은 부호를 사용하였다.

■( ) : 붓으로 지운 글자로서 확인 가능한 글자는 ( )에 기입해 줌 예) ■(正)

□ : 훼손된 글자를 표시

[正] : 훼손되었으나, 확인 가능한 글자는 안에다가 표시를 해 줌

벽송정유계碧松亭儒契와 그 관련 고문서

오 용 원*

I

벽송정유계碧松亭儒契 관련 고문서는 유계가 결계結契된 이후부터 지금에 이르기까지 계를 운영하는 과정의 사실과 좌목座目을 중심으로 작성한 성책 형식의 일괄 고문서 자료이다. 이 유계는 고령에 있는 벽송정을 매개로 재지사족在地士族이 중심이 되어 결계한 계 조직이다. 결계 시기는 정확하게 알 수 없지만 16세기 초쯤으로 추정해 볼 수 있고, 주목할 만한 점은 지금도 운영되고 있으므로 500여 년간 이어져 내려온 조직이라는 것이다. 이러한 점에서 벽송정유계와 그 관련 고문서는 다양한 측면에서 자료적 가치를 지니고 있다.

영남지방은 최근에 이르기까지 우리나라에서 가장 많은 수의 누정이 건립되었는데, 퇴락頹落이나 소실燒失로 인해 폐정廢亭된 누정도 상당수 있지만, 현존하는 누정 역시 상당수에 이른다. 고령지역도 예외는 아닐 것이다. 고령은 대가야의 수도로서 오랜 역사와 전통을 가지고 있으며, 인적 구성에 있어서는 고령을 토성土姓으로 하는 성씨가 탄탄한 경제적 기반을 바탕으로 집성촌을 이루고 있었다. 지정학적으로는 낙동강과 인접한 지역으로 수려한 산수를 겸비하고 있는데, 낙동강을 중심으로 하는 퇴계학退溪學과 남명학南冥學을 두루 아우르는 강안학江岸學의 주요한 거점이기도 했다.

고령에는 이미 신라시대 때 벽송정碧松亭·고운정孤雲亭과 같은 유서 깊은 누정이 건립되었다. 이후 16세기에 이르면서 본격적으로 누정이 건립되기 시작하였는데, 이러한 건립 분위기는 근래에까

---

* 경북대학교 영남문화연구원 HK교수

벽송정 건물

지 꾸준히 이어졌다. 고령은 다른 지역에 비해 누정을 건립하는 데 있어서 특이한 저변 상황이 몇 가지 있다. 첫째, 이곳은 가야산에서 흘러내리는 용담천龍潭川을 배경으로 이미 신라시대부터 몇몇 누정이 건립되었다는 것이다. 물론 지금은 세월의 흐름 속에 몇 차례 수해水害를 입어 강물의 수로水路가 바뀌고 강물이 고갈되면서 옛 자취를 찾아보기 어렵지만, 상당한 승경을 갖추고 있었을 것이다. 당시 이곳에 건립된 누정은 우리나라 최고最古의 누정이라 할 수 있으며, 긴 역사적 흐름 속에서 전국적인 명소였기에 이 근처를 지나는 많은 소인묵객騷人墨客들은 반드시 이곳에 들러 고운孤雲의 풍류를 회상하면서 자신들의 감회를 시로 토로하였다.

둘째, 고령지역의 누정은 몇몇 승경에만 집중적으로 건립된 것이 아니라, 고령지역 전역에 고루 분포하고 있다는 점이다. 이는 당시 고령의 향촌 사회의 지배 구조와 밀접한 관련이 있었을 것으로 추정된다. 셋째, 다른 지역에 비해 다양한 공간적 기능을 갖춘 누정이 그리 많지 않다는 점이다. 고령은 대가천大伽川, 소가천小伽川, 금천錦川, 용담천龍潭川(현 安林川) 등이 관류하고 낙동강에서 가장 긴 주변부를 갖고 있는 승경도 갖추고 있다. 그러나 다른 지역에 비해 면적이 그리 넓지 않았고, 인구 역시 많지 않았다.

넷째, 환로에 나아갔다가 물러나 퇴휴한 문인이 많지 않았다는 점이다. 일반적으로 누정은 건립과 경영의 주재자들이 정치적으로 불우不遇하여 파직되거나 자의로 관직에서 물러나거나, 만년에 벼

슬에서 물러나 낙향하면서 수려한 경관을 찾아 누정을 지어 퇴휴退休와 장수藏修의 공간으로 사용하는 경우가 많았다. 하지만 16세기에서 19세기 초반에 건립된 고령지역의 누정은 건립자나 경영자가 일정한 학문적 교양과 경제적 기반을 갖춘 토착 재지사족들이 대부분이었다. 이들은 일찍이 환로에 나아가 현실에 적극적으로 대처하기보다는 대부분 은거하면서 학문에 몰닉하며 생을 보냈던 것이다. 고령지역에 있는 많은 누정 가운데 벽송정은 가장 이른 시기에 건립된 누정이다. 벽송정碧松亭의 건립 시기에 대한 정확한 단서는 없지만, 고운孤雲 관련 자료나 몇몇 문헌을 통해 볼 때 이미 신라시대에 건립된 누정으로 추정해 볼 수 있다.[1] 그래서 다른 누정에 비해 비교적 이른 시기에 건립된 누정이며, 지금도 현존하고 있다는 점에서 의의 있는 누정이라 할 수 있다. 일반적으로 누정은 사적 소유이건 공적 소유이건 간에 건립 초기에 뚜렷한 공간적 기능을 가지고 있다. 물론 건립 후 시간이 지나면서 본래의 공간적 기능이 퇴색되는 경우가 있지만, 여하튼 특정한 공간적 기능을 가지고 있다. 벽송정은 특이하게도 사적 소유물도 아닐뿐더러 공간적 기능에 대한 정확한 단서도 남아있지 않다.

그렇다면 벽송정이 개인 소유의 누정이 아닌데도 장구한 역사 속에서 폐정廢亭되지 않고 건조물이 남아 있을 수 있었던 저력은 무엇인가? 이에 대한 해답을 찾을 수 있는 것이 바로 벽송정유계碧松亭儒契와 그 관련 고문서古文書이다. 물론 유계儒契의 최초 창립이 언제인지 정확히 밝힐 수 있는 자료는 없다. 그나마 주목할 만한 점은 유계의 전모를 파악할 수 있는 문서로 벽송정에서 소장하고 있는 입의立議, 계안契案, 기안忌案[2] 등 필사본 성책 10종이 있다는 것과 지금도 그 유계가 남아 있고 봄과 가을에 정기적으로 벽송정에서 취회聚會하고 있다는 것이다. 특히 입의에는 유계의 입의 내용과 구성원을 구체적으로 볼 수 있는 좌목이 있다. 이 문서는 유계의 구체적인 성격과 구성원, 벽송정의 역사와 규모, 그리고 벽송정과 유계의 상보적 관계를 구체적으로 파악할 수 있는 자료이다.

1) 『邑誌』, 「高靈縣」. “在縣西二十五里龍潭上流. 林木陰濃, 溪流縈迴. 其下有挹仙臺孤雲亭, 崔孤雲所遊處. 增古老相傳云, 刱健在漢五鳳元年, 而重修時, 孤雲作上樑文, 今無所徵焉. 孤雲入伽倻山日有詩, 暮年歸臥松亭下, 一抹伽倻望裏靑. …”

2) 벽송정 관련 立議, 契案, 忌案 등의 자료는 碧松亭儒契의 한 有司가 소장하고 있는 것을 필자가 발굴하였다. 松亭立議(1546), 松亭立議(1560, 1571), [松亭立議](1583), 松亭立議(1609), [松亭立議](1653), 碧松亭案(丙寅 3月, 壬子 3月), 碧松亭案(未詳, 壬申 2月), 碧松亭儒契案(1880), 碧松亭續契案(1933), 碧松亭儒稧任員錄(1975), 碧松亭儒稧案(1987), 忌案(未詳, 壬申年), 忌案(未詳, 辛丑年) 등이 그것이다.

Ⅱ

유계儒契는 조선시대 향약이 본격적으로 보급되었던 중종조中宗朝에 창립되었는데, 그 성격이 향촌 주민들이 상호 화목한 생활을 영위[修睦][3]하고, 미풍양속을 진작[振起頹俗 挽復淳風][4]하며, 환난에 처하여 상호 부조하는 등에 노력했던 것으로 보아, 일반적인 향약과 궤를 같이한다. 하지만 유계가 일반적인 동약이나 향약과는 다르게 이미 창계創契 초기부터 벽송정을 매개로 결계하여 기본적인 덕목에만 노력한 것이 아니라 벽송정의 수호에도 세심한 배려가 있었다는 것은 주목할 만하다. 물론 벽송정을 매개로 하였기에 유계가 오늘날까지 지속될 수 있었던 것인지도 모른다. 아무튼 친연성에서 비롯된 양자의 관계는 상호 공생할 수 있었던 근거가 되었고, 이러한 사실은 유계를 일반적인 향약과 비교할 때 유사성이나 차별성을 드러내는 이유이기도 하였다.

구분	표제명	작성시기	규격	면수	수록 내용					비고
					序	立議	忌案	座目	기타	
1	松亭立議	1546年 3月 3日	35cm×24.5cm	10	O	O	O			
2	松亭立議	1571年 4월 20日 1560年(嘉靖 39年)	34.3cm×23.5cm	12	O	O	O			
3	[松亭立議]	1583年(萬曆11년) 9月	37cm×23.3cm	13		O		O	追錄	
4	松亭立議	1609年(萬曆37年) 10月	36.2cm×22.3cm	7		O		O		
5	[松亭立議]	1653年 3月	42.2cm×30cm	15	O	O		O		
6	碧松亭案	丙寅年 3月 3日 壬子年 3月	39.6cm×25.7cm	14	O	O				
7	碧松亭案	壬申年 2月	43cm×27.5cm	22	O	O		O		
8	碧松亭儒契案	1880年 11月	39.3cm×28.2cm	42	O			O		
9	碧松亭續契案	1933年 4月	30.2cm×26.6cm	51	O	O		O		
10	碧松亭儒稧 任員錄	1975年 2月 27日	28.3cm×23cm	48					任員錄	
11	碧松亭儒稧案	1987年	32cm×27.8cm	39				O	規約	
12	忌案(1)	壬申年 2月	37cm×23.3cm	8				O		
13	忌案(2)	辛丑年 2月	42.7cm×26.5cm	8				O		

3) 『松亭立義』. "松亭自古以來 洞中父老觀射遊樂之所也 營亭修睦 趁時歡娛 此誠一時之勝事 而非後人所可及也…"
4) 위와 같은 곳.

벽송정유계안 13책

유계와 관련된 최초의 문서는 1546년 3월 3일에 작성한 『송정입의松亭立議』이며, 최근의 문서는 2004년에 작성한 『벽송정임원록碧松亭任員錄』이다. 1560년에 작성한 두 번째 책의 『송정입의』에 보면, 이미 1539년에 벽송정 소유의 전답을 관리하는 농감유사農監有司 두 명이 기록되어 있다. 이러한 사실로 볼 때, 입의가 최초로 작성된 1546년 이전에도 이미 유계가 결계結契되어 있었으며, 벽송정의 경영뿐만 아니라 소유하고 있는 전답까지도 관리하고 있었음을 알 수 있다. 결국, 입의의 내용에 근거한다면 벽송정을 매개로 결계한 유계의 역사는 약 470년 동안 지속되어 내려온 셈이며, 결계 전에도 이미 사족들이 벽송정을 경영하였던 것으로 추정해 볼 수 있다.

유계의 결계 시점을 이쯤으로 추산한다면, 조선시대 동계洞契의 역사에서 매우 이른 시기에 해당된다. 해서 유계의 성격을 구체적으로 분석한다면, 우리나라 동계의 초기 성격을 규명하는 데 일조할 수 있을 것이다. '벽송정유계碧松亭儒契'라는 계명契名에서도 알 수 있듯이, 유계는 벽송정을 매개로 결계한 동아리이다. 이 계의 구성원들은 대부분 유교적 이념에 기반을 둔 식자층 사족들로서, 고령 향내에 거주하며 향촌 사회의 여론을 주도하던 실질적인 지배 계층들이었다. 1546년 3월 3일에 작성한 『송정입의松亭立議』에는 유계의 성격이 피력되어 있다. 그 서문을 보면, “…정자를 경영하며 상호 친목을 도모하고 시절에 따라 즐겼으니, 이는 진실로 한때의 좋은 일이며 후세 사람들이 따를 수 있는 것이 아니다. 근세 이래로 인심이 옛날과 다르지만 술을 마시며 즐기는 미풍은 옛 사람들보다 훨씬 뛰어나고, 의지하고 화락하는 뜻이 도리어 옛날과 같지 못하지만 시끄럽게 떠드는 것을 서로 숭상하여 어른을 업신여기는 풍속이 없지 않다. 사사로운 분忿을 가지면 또한 벗을 해하는 폐단과 화를 내는 소리가 좌중에서 끊이지 아니하여 허물을 드러내는 말이 서로 고개를 돌리는 데서 드러난다. 함께 살고 있는 동내洞內에서 이웃과 서로 화목하게 지내는 의리가 과연 이와 같이 하겠는가? 이제 우리 동중洞中은 이를 계승하여 한결같이 고풍古風을 따르고, 고인의 마음을 마음으로 삼고 한결같이 고인의 즐거움을 즐기며 무너진 풍속을 일으켜 세우고, 순후한 풍속을 회복하고 이에 문득 세상을 살아가는 온갖 일이 다단多端하고, 우환이 각각 다르며, 강신講信할 적에 쓰이는 비용을 때에 맞게 준비하기가 어렵다. 지금 이후로부터 각각 육채肉債를 약간 내고, 유사로 하여금 번갈아 서로 책임을 맡게 하여 원금과 이자를 모두 가지고 해마다 봄과 가을로 그 원금을 보존하고 그 이자를 취해서 모여 강신講信하고 경환慶患을 서로 위로하면 또한 즐겁지 않겠는가?[5]”라고 했으니 유계의 창립 동기와 목적, 그리고 벽송정과 그 유계가 어떤 유기적 관계인지 잘 나타나 있다. 벽송정은 사적인 목적으로 경영하기 위해 건립한 특정 개인의 소유물이 아니었다. 유계가 성립되기 이전에 이미 향유자였던 향내 사족들이 벽송정을 공유하고 있었고, 이들이 직접 벽송정을 경영하며 친목을 도모하는 문화적 공간으로 활용하고 있었다. 벽송정에 출입했던 향내 사족들은 벽송정을 수호하고 유교적 이념에 입각하여 무너진 풍속을 바로 세워 향속鄕俗의 기강을 정립하기 위해 조직적인 계의 면모를 갖추게 되었다. 창립 초기에는 정기적인 강신講信과 경조사慶弔事의 부조를 위해 계원들이 직접 물력을 출자하여 유계를 본격적으로 운영하기 위한 밑천을 준비하였다. 초기 유계는 향촌 사회 구성원들의 교화敎化를 위해 일반적인 향약鄕約이나 동계洞契의 규약에서 볼 수 있는 유교 윤리의 실천을 위한 기본적인 덕목이 그 저의에 다분히 깔려 있었음을 알 수 있다.

5) 『松亭立義』. “…營亭修睦 趂時歡娛 此誠一時之勝事 而非後人所可及也 近世以降 人心不古 杯槃樽酒之美 大勝於古人 而仗信和樂之意 反不如古 喧譁相尙 不無陵長之風 挾持私忿 亦有害友之弊 怒恚之聲 不絶於座中 揚過之言 相發於轉頭 同居洞內 睦隣和好之義 果如是乎 今我洞中繼玆以往一遵古風 心古人之心 樂古人之樂 振起頹俗 挽復淳風 在此一擧然 世務多端 憂患各異 講信之需 臨時難辦 自今以後 各出肉債若干 俾將有司 輪代相任 子母幷持 年年春秋 存其母 取其子 聚會講信 慶患相慰 不亦樂乎”

이후 유계는 벽송정과 함께 오랜 기간 동안 유기적 관계에서 변화와 지속을 거듭하였다. 물론 유계가 형성된 이후에 벽송정을 수호하고 유계를 운영하기 위하여 많은 우환이 있었지만, 유계 본래의 성격을 유지하며 지속되었다. 근세에 작성된 『벽송정속계안碧松亭續契案』의 「벽송정속계사실碧松亭續契事實」을 보면, "벽송정 본계는 중종中宗과 인종仁宗 때에 창시되었고, 계안에 올려진 이름은 모두 우리 각 문중의 이름 있는 선조先祖이다. 그 규모가 엄려嚴勵하고 조례條例가 명백하여 더 이상 군더더기의 말이 필요 없다. 다만 지난 여러 세대 동안 계원契員의 수를 33명으로 한정하였고, 죽거나 결원된 사람이 있을 경우에 다시 추천하였다. 그러나 덕망과 학행이 충분이 사표師表가 될 만한 사람을 가렸다. 벌열을 엄격하게 따지고 외당外黨의 지위 여부도 밝혀서 조건에 하나라도 명확하지 않은 점이 있으면 추천하지 않았다. 이는 본계가 풍속을 바로잡고 기강을 세우는 큰 뜻이다. …[6]"라고 하면서 계원의 입록 방법, 계의 규모나 성격 등이 조금 더 명확하게 드러나 있다. 벽송정은 경신년(1920)에 있었던 큰 수해水害로 인해 건조물과 그 주위에 있던 정자 소유의 전답이 대부분 유실되는 큰 피해를 입게 되었다. 이로 인해 건조물뿐만 아니라 유계 자체도 존폐의 위기에 처하게 되었다. 결국 정자를 지금의 자리로 이건한 후인 1933년 4월에 본 계를 다시 속계續契하게 되었다.[7] 「벽송정속계사실」에 벽송정의 이건과 유계의 속계 과정이 구체적으로 기록되어 있다. 먼저 유계의 창립이 중종中宗이나 인종仁宗 때라고 하였으니, 1546년에 작성한 『송정입의』를 최초의 계안으로 볼 수 있다. 계안의 「좌목座目」이나 「기안忌案」에 수록된 구성원은 향내에 있는 각 문중의 사람들이며 계원의 수는 33명으로 한정하였다.[8] 계원의 천망은 죽거나 규약을 어겨 좌목에서 삭적된 계원이 있을 경우에 시행되는데, 이때 덕망과 학행이 다른 사람들에게 모범이 될 수 있는 사람을 추천하였다.

고령의 향촌 사회에서는 향약의 성격을 가진 동약이 이미 여러 차례 시행되어 성공한 사례들이 있었음을 알 수 있다. 유계 역시 향약이나 동약의 성격을 가지고 있지만, 일반적인 동약과 비교해 볼 때 규약의 성격이나 계의 규모에서 다소 이질적인 면이 있다. 유계의 규약을 보면, 작성 시기와 당시의 현안에 따라 규약의 내용에 첨삭을 더하였기 때문에 일관성은 없지만, 유계의 성격은 그나마

---

6) 『碧松亭續契案』, 「碧松亭續契事實」. "碧松亭本契 創始於中仁盛際 契案着啣 皆我各門之名祖也 其規謨之嚴勵 條例之明白 不待贅說 但歷世以來 契員之數 則限三十三人 而止有歿而缺員 則更爲追薦 然擇其德望學行 足爲師表者 愼其閥閱 較其外黨之明 不明於斯數者 一有不足 則不與薦焉 此其本契中 矯風立紀之大旨也 …"

7) 『碧松亭續契案』, 「碧松亭續契事實」. "…不幸 近至庚申年 一爲洪水所敗 亭榭顚仆 土地浸沒 而契事遂廢矣 凡識舊蹟之人 莫不嗟惜 況其後孫乎 今纔移建本亭 然修契則未暇矣 時登斯亭 奉閱舊案 感淚泫然 玆乃今年春 本契後孫諸丈老 咸聚於本亭 團欒商議 不較其外黨 只與該子孫 更修新案 以爲碧松亭續契云爾…"

8) 지금도 벽송정유계의 계원을 35명 정도로 제한하고 있으며, 신입 계원의 천망을 상당히 엄격히 하고 있다.

잘 드러나 있다. 비교적 이른 시기에 작성된 초기 입의立議의 규약 전문을 보면 다음과 같다.

① 송정의 사방 금내에 개간하는 사람은 품관品官일 경우에 영원히 손도損徒하고, 상인常人일 경우에 관에 고하여 죄를 다스리게 한다.

② 버드나무나 소나무를 함부로 베는 사람은 상벌上罰을 주고 행하지 않으면 일 년 동안 손도損徒한다.

③ 10월 내에 유사가 아직 전여하지 않은 사람은 중벌을 준다.

④ 강신講信을 봄에는 4월 8일에 행하고, 가을에는 9월 15일에 행한다.

⑤ 언사言辭가 공경스럽지 못하고 어른을 업신여기면 중벌中罰을 주고, 이를 행하지 않으면 일 년 동안 손도한다.

⑥ 위로해주는 일이나 모든 모임에 참석하지 않는 사람은 하벌下罰을 주고, 이를 행하지 않으면 1회 강신에 손도한다.

⑦ 시끄럽게 떠들거나 앉는 좌석의 순서를 어지럽히는 사람은 때에 맞게 벌을 준다.

⑧ 늦게 오고 일찍 가는 사람은 때에 맞게 벌을 준다.

⑨ 금표禁表에 유사有司는 해마다 유심히 살펴서 헐어진 곳을 고쳐 짓거나 보수할 것이며 헐어진 곳을 수축하지 못하거든 상벌上罰을 준다.

⑩ 초상집에는 장노壯奴 1명, 공석空石 1수레, 호마름蒿舍音 1, 연목椽木 2개, 호색蒿索 20파.

⑪ 영장永葬 때에는 회灰 한 태식駄式을 수전輸轉한다.

⑫ 오른쪽 두 건 내에서 잡물을 수합하거나 회문을 내는 일은 유사가 담당하고, 행하지 않는 인원은 하벌을 한다.

상벌은 청주 두 동이, 탁주 세 동이, 오미탕, 과일 일곱 쟁반

중벌은 청주 두 동이, 탁주 한 동이, 계아 다섯 마리, 과일 다섯 쟁반

하벌은 청주 한 동이, 탁주 한 동이, 계아 세 마리, 과일 세 쟁반[9]

---

9) 『松亭立義』, 1546년. "一 松亭四面 禁內開墾 品官永永損徒 常人告官治罪 / 一 柳松木斫伐人 上罰 不行 則一年損徒 / 一 十月內 有司未及傳與者 中罰 / 一 講信 春則四月八日 秋則九月十五日 / 一 言辭不恭 凌慢長上 中罰 不行 則一年損徒 / 一 看慰 及凡聚會 不叅人 下罰 不行 則一講信損徒 / 一 喧譁 及坐次紛亂 則時罰 / 一 晩到早出 時罰 / 一 禁表處 有司年年 看審修築爲乎矣 不能修築破毁爲去等 上罰事 / 一 初喪家良中 壯奴一名 空石一乘 蒿舍音一 椽木二箇 蒿索二十把 / 一 永葬時 灰一駄式 輸轉事 / 一 右兩件內 雜物收合 及出回文事 有司次之 不行人員 行下罰 / 上罰 淸二盆 濁三盆 五味湯 七果盤 / 中罰 淸二盆 濁一盆 鷄兒五首 五果盤 / 下罰 淸一盆 濁一盆 鷄兒三首 三果盤"

위와 같이 규약은 세목과 이행 여부에 따른 상벌 항목까지 구체적으로 적시하고 있다. 규약의 주된 내용은 유계의 운영, 향촌 사회의 교화, 벽송정 자체 건조물의 수호, 경조사慶弔事에 따른 부조 등의 항목으로 유형화해 볼 수 있다. 먼저 ③·④·⑥·⑦·⑧은 유계의 운영이나 관리와 관련된 항목들이다. 이러한 사실은 본 유계의 설립 목적이 향약의 일반적 기능인 덕업상권德業相勸, 과실상규過失相規, 예속상교禮俗相交, 환난상휼患難相恤 등과 같은 향촌의 교화나 선도에도 있었지만, 주로 친목도모에 치중했음을 알 수 있다.

둘째는 벽송정 건조물과 그 주위 경관을 수호하기 위한 규약으로서 ①·②·⑨가 그것이다. 현존하는 벽송정은 자체 건조물과 경내 면적이 본래 이건하기 전의 규모에 비해 상당히 축소된 편이다. 물론 그 규모를 정확히 파악할 수 있는 자료는 남아있지 않다. 계안의 입의 내용이나 규약을 통해 볼 때, 벽송정이 소유하고 있는 경내 규모는 상당히 컸을 것으로 추정된다. ⑨에 명시된 바와 같이, 건조물이 만약 훼손되었을 경우에 유사는 이를 즉각 보수해야 하고, 이를 이행하지 않을 경우에 상벌上罰로 처벌하였다.

또한 벽송정 경내의 수호에도 세심한 관심을 가졌다. 건조물 주위에 있는 버드나무나 소나무를 함부로 벌목하는 경우에도 상벌을 부여하였고, 상벌을 이행하지 않을 경우에는 일 년 동안 유계에서 손도損徒하는 벌을 내렸다. 앞에서 살펴본 바와 같이 벽송정 주위에는 울창한 소나무 숲이 있었고, 인근 사람들이 건축 재료나 화목을 목적으로 나무를 벌목하는 사례가 매우 빈번하였던 것으로 보인다. 그래서 이를 매우 엄격히 단속하였고, 급기야 이를 어긴 사람에 대한 처벌을 규정하였다.

규약에서 가장 엄한 벌은 정자의 사방 경계 내에서 함부로 개간하는 경우에 내려졌다. 유계의 구성원 가운데 품관品官을 가진 계원契員이라 할지라도 영원히 좌목에서 삭적하고, 일반 상인常人일 경우에는 직접 관아에 고발하여 그 죄를 묻게 하였다. 벽송정 소유 전답에 대한 규약을 어긴 벌칙은 다른 것에 비해 상당히 엄하게 처벌했음을 알 수 있다. 이러한 사실에서, 건조물을 수호하고 경내에 있는 소나무의 보호를 위한 유계의 배려가 얼마나 지대했는지 알 수 있다.

셋째, 상호부조相互扶助를 위한 항목인데, ⑤·⑩·⑪·⑫ 등이 그것이다. 이는 경조사慶弔事에 직면한 계원을 위하여 상호부조하는 것이다. 이는 현실생활과 직접 관련 있는 경제적인 지원이며, 특히 상장례喪葬禮의 일과 관련한 계원의 부조가 중심이 되었다. 초상初喪의 경우에 부조할 인력과 부의 품목을 구체적으로 명시했을 뿐만 아니라, 초상을 알리는 부고訃告 역시 유계에서 담당하였다. 그러나 상호부조를 이행하지 않을 경우에 대한 처벌은 다른 항목에 비해 처벌 수위가 그리 높지 않은 편이다.

유계에서 초기 입의의 규약은 상호친목과 화합, 그리고 벽송정 건조물과 그 주위 경관을 잘 수호하기 위한 성격이 짙다. 그래서 규약을 어긴 것에 대한 벌칙으로 육체적인 고통을 주는 태형 등과 같은 처벌은 없다. 다만 유계의 구성원 자격을 박탈하는 손도損徒가 가장 큰 벌이며, 다음으로 상벌, 중벌, 하벌이 있었다. 이처럼 향약에서처럼 구성원의 평소 선악善惡이나 계의 참여 정도의 적극성 여부를 따져 상벌賞罰을 시행하면서, 과벌에서 육체적으로 무리한 고통을 주지 않은 것은 유계가 계원들과의 상호 친목의 성격이 강하였기 때문이다. 벌의 경중, 규약의 구체성, 관심의 정도 등을 놓고 따져 볼 때, 벽송정과 그 경내 경관의 수호를 어겼을 경우에 그 벌칙이 가장 엄했음을 알 수 있다.

'벽송정유계碧松亭儒契'는 계명契名에서 말해 주듯이 향촌 사회를 지배하고 주도하던 재지사족들이 주축이 되어 형성된 전통시대의 특이한 모임이었다. 특히 벽송정의 장구한 역사에 맞먹는 유계는 건조물 자체의 수호에 지대한 역할을 했다. 그렇다면 유계는 벽송정을 수호하기 위한 단순한 목적에서 창립된 모임인가? 이에 대해서는 쉽게 단언할 수 없다. 벽송정이 존재하지 않았다면, 과연 유계가 결계結契할 수 있었을까? 벽송정과 그 유계는 양자가 여느 누정에서는 쉽게 찾을 수 없는 '상보성相補性'이라는 특별한 문화 코드를 가지고 변화와 지속을 병행했던 것으로 볼 수 있다. 이에 대한 몇몇 단서를 찾아보자. 「벽송정유계서碧松亭儒契序」에 이돈하李敦夏는 "이 정자는 오봉 원년에 건립되어 삼현三賢에 의해 세상에 드러났고, 문헌이 선경先庚에 갖추어져 있고, 유계가 후경後庚에 결성되었다. 차츰 후대로 올수록 점점 갖추어져 큰 운명이 간직되어 있다. 그러나 이미 정자로 말미암아 계를 만들었으니, 또한 마땅히 계를 통하여 정자를 보호해야 한다. 오직 모든 선비들은 힘써야 할 것이다. 영원히 자자손손 쇠퇴하거나 물러나지 말 것을 도모해야 한다."[10]라고 하였다. 그는 부父 이인승李寅升이 고령 현감高靈縣監으로 있을 때 5년 동안 이곳에 머물면서 이인승과 함께 벽송정을 출입하였고, 그 후 60년이 지난 66세 때 계원들의 천망薦望에 의해 계장契長, 都掌務이 되었다. 그래서 자신의 지난 기억과 당시의 감회를 통해 서문을 짓고, 벽송정과 본 유계의 약사略史를 기술하였다. 이미 살펴본 바와 같이 벽송정은 오봉 원년에 건립된 누정으로, 주위의 경관과 함께 최치원, 김굉필, 정여창에 의해 세상에 알려졌으며, 벽송정의 공간적 정서에 맞는 뜻있는 향내 사족들에 의해 유계가 창립되었다. 현재 그는 중앙에서 요직에 재임하고 있지만, 유계에 대한 남다른 감회를 가지고 있다. 이

10) 『碧松亭儒契案』, 「碧松亭儒契序」. "…斯亭也 起於五鳳 闡於三賢 文獻備於先庚 儒契成於後庚 寢降而寢具儘 大數秉也 然既由亭而立契 則亦當由契而護亭 惟僉賢懋哉 永圖子子孫孫勿替引之 夫貫四峕閱千歲 而不改者 松也…"

미 어린 시절에 고령에 거주한 적이 있고, 부父와 함께 벽송정 취회聚會에 참석하기도 했기 때문에 고령과 벽송정, 그리고 유계에 대한 이해와 공간 감성이 남달랐다.

그는 벽송정과 그 유계의 양자 관계를 간결하면서도 정연하게 설명하였다. 양자의 관계에 대해서, 벽송정으로 인해 유계가 창립될 수 있었던 긴밀한 유기적 관계[由亭而立契], 유계로 말미암아 벽송정을 수호해야 하는 당위적 관계[由契而護亭]로 규정하였다. 그가 설정한 양자의 친연 관계는 상보성相補性과 당위성當爲性이 내재되어 있다. 아무튼 이러한 양자의 성격은 벽송정과 유계가 구심력과 원심력의 저력을 상호기반하였고, 결국 양자가 변화와 지속을 거듭하면서 지금에 이르기까지 서로 병립할 수 있었던 것은 친연적 관계를 바탕으로 하는 저력이 그 근저에 있었기 때문일 것이다. 또한 이러한 오랜 역사적 흐름 속에서 축적된 저력 덕분에 양자가 온전히 병립할 수 있었다.

그렇다면 이돈하가 규정한 양자의 친연적 관계의 배경을 좀 더 구체적으로 확인해 볼 필요가 있다. 먼저 유계의 구성원들이 감지하는 벽송정에 대한 공간적 감성은 그것이 단순히 오랜 역사를 가진 일개 건조물이나, 술을 마시고 유희를 즐기는 하나의 공간은 아니었다. 감성의 요소에는 그것에 대한 심리적 요소나 그 주위의 환경적 요소가 포괄되어 있다. 이러한 요소들은 벽송정과 유계가 상호 병립할 수 있는 중요한 장치들이며, 이런 장치들은 변화와 지속의 과정에서 유발된 자연발생적인 조건도 있지만 대부분 인위적 행위들과 관계있는 요소들이다. 벽송정과 그 자체 물력이 바탕이 되었던 유계는 계의 원활한 운영뿐만 아니라 벽송정 자체 건조물을 수호하는 데도 세심한 관심을 가졌던 것이다.

이돈하가 언급한 바와 같이 유계에서 현실적으로 어떻게 벽송정을 수호했는지 살펴보기로 한다. 유계에서 작성한 입의에도 벽송정의 수호 과정이나 방법을 구체적으로 명시하여 유계의 창립 취지를 현실화하였다.

- 송정의 비가 새는 곳이 있으면 유사有司가 자세히 살펴서 기와를 바꾸고, 이를 행하지 않으면 하벌을 준다.
- 사정射亭의 사방과 논의 사방 경계에 함부로 들어와 경작하는 사람은 영영 손도하고 상인인 경우에는 관에 고하여 죄를 다스린다.
- 정자를 만들 때, 입역立役에 참여하지 않은 사람은 계원에 참여시키는 것을 잠시 보류해 두고 어떤 사람이 이에 그 사람을 천거하면 그 사람 역시 손도損徒한다.

- 송정에 있는 사기沙器그릇을 계원들의 혼인이나 큰 잔치 외에는 다른 사람들에 빌려주지 말아야 되지만, 빌려가는 사람이 어쩔 수 없는 경우에는 소장무에게 일일이 자세히 보고 살펴 주고받을 것이며, 흐지부지 잃어버리거나 깨진 그릇을 4, 5일 내에 보충하지 않는다면, 사용한 사람을 태노 50대를 친 후에 또한 하벌을 정하고 행하지 않은 사람은 모두 손도한다.[11]

현존하는 벽송정의 규모는 정면 3칸·측면 2칸인데, 이건移建하기 전에는 지금보다 규모가 훨씬 웅장했을 것이다. 유사는 이런 큰 규모의 건조물을 자세히 살펴서 지붕에 비가 새는 곳이 있으면 일일이 번와해야 했다. 그리고 정자를 새로 지을 때, 부역에 참여하지 않은 사람은 훗날 유계에 입록을 허락하지 않을 정도였고, 만약 계원 가운데 조정造亭의 부역에 참여하지 않은 사람을 추천할 경우에는 추천자조차도 계원의 명단에서 삭적하였다. 이처럼 벽송정의 건립과 중수 등과 같은 중요한 역사役事는 계원뿐만이 아니라 모든 향민鄕民이 참여할 정도로 중요하게 여겼다. 결국 유계에서 중요하게 여겼던 부분이 바로 벽송정 자체 건조물의 축조였으며, 이에 동참하지 않는 향민에 대한 징계의 처벌 수위가 상당히 높았음을 알 수 있다.

사정射亭의 사방 경계境界와 벽송정 소유의 전답 경계에 함부로 침입하여 농사를 짓는 경우에는 계원조차도 좌목에서 영구히 삭적하였고, 계원에 입록되지 않은 상인常人일 경우에는 관아에 이 사실을 알려 그 죄를 물었다. 이러한 사실에서, 벽송정 소유의 전답이 많았기 때문에 이에 대한 대비를 철저히 하였음을 알 수 있다. 또한 벽송정의 빈번한 취회와 강신을 위해 다양한 취사炊事 도구를 구비하고 있었던 것으로 보인다. 특히 이 가운데 사기그릇은 민간에서 쉽게 구할 수 있는 그릇이 아니므로 많은 수의 그릇을 확보하기가 어렵다. 하지만 벽송정에서 이를 구비하고 있었고, 이것에 대한 특별한 관리를 소장무에게 맡겼다. 잔치에 필수적으로 사용되지만 깨지거나 잃어버리기 쉬운 사기그릇을 만약 빌려서 유실할 경우에 반드시 4, 5일내에 채워 놓되, 이를 이행하지 못한다면 그 관련 주인의 노비에게 50대의 태형笞刑을 가하였다. 이는 규약의 여러 가지 처벌 가운데 유일하게 육

11) 『松亭立義』, 1560년. "一 松亭漏雨處 有司看審改瓦 不能則下罰 / 一 射亭四面 及畓四標割耕者 永永損徒 常人告官治罪者 / 一 造亭時 立役不冬人員乙良 限一身許叅安徐爲乎矣 某員乃薦擧爲去乙等 亦損徒事 "
『松亭立義』, 1583년. "一 松亭沙器乙 洞叅人員中 婚姻及大會宴次外 勿許他人爲乎矣 借用人段置 不得已小掌務處 一一看審授受爲旀 闖失傷破之器乙 四五日內充納不冬爲去等 所用人乙 苔奴五十後 亦定下罰 而不行人員乙良 這這損徒爲旀 小掌務段置 不能看審 常器相雜 或闖失 或趓不推探爲在 如何 亦同此罰事 / 松亭沙器乙 洞叅人員中 婚姻及大會宴次外 勿許他人爲乎矣 借用人段置 不得已小掌務處 一一看審授受爲旀 闖失傷破之器乙 四五日內充納不冬爲去等 所用人乙 苔奴五十後 亦定下罰 而不行人員乙良 這這損徒爲旀 小掌務段置 不能看審 常器相雜 或闖失 或趓不推探爲在如中 亦同此罰事"

체적인 고통을 가하는 벌로, 유계가 건조물 자체의 수호뿐만 아니라 경내에 구비하고 있는 물품 관리에도 지대한 관심을 가졌음을 알 수 있다.

III

이상에서, 벽송정유계碧松亭儒契 관련 고문서를 통하여 벽송정과 벽송정유계 등의 몇 가지 특징적인 국면을 살펴보았다. 벽송정유계는 16세기 초에 고령의 벽송정이라는 공간을 매개로 지역 사족들을 중심으로 결계하였고, 지금까지 계의 명맥을 이어오면서 계가 운영되고 있다. 아울러 계를 경영하는 과정의 여러 가지 사실들을 문서에 작성하여 『송정입의松亭立議』, 『벽송정안碧松亭案』, 『벽송정유계안碧松亭儒契案』, 『벽송정속계안碧松亭續契案』, 『기안忌案』 등의 표제어로 남겼다. 조선시대에 향촌 사회에서 형성된 계契는 결계結契의 목적이나 기능에 따라 다양한 형태가 있었지만, 누정을 매개로 형성된 계는 그리 흔치 않은 편이다. 누정 관련 계가 설령 있었다손 치더라도 그 관련 근거를 찾을 수 있는 자료가 현재 남아 있지 않다. 이러한 측면에서 현존하는 벽송정유계 관련 고문서는 연구 자료로서의 가치가 매우 높다고 할 수 있다.

벽송정유계 관련 자료의 고문서로서의 가치를 정리해 보면 다음과 같다. 먼저, 일괄 고문서로서의 가치이다. 어떤 목적을 가지고 작성된 역대 고문서 가운데 일괄 고문서는 보기 드물다. 물론 한두 책이 결책缺冊이긴 하지만, 고문서에는 벽송정유계가 창립된 지 약 470년 동안 계를 운영하면서 관련 사실들과 계원의 명부가 대부분 기록되어 있기 때문에 그것을 통해 긴 역사를 가진 벽송정의 내력, 벽송정과 유계와의 관계 등을 규명해 볼 수 있다. 둘째, 각 권에 수록된 계원을 좌목을 통하여 살펴봄으로써 고령 재지 사족의 시대별, 지역별 분포 양상과 사회상을 알 수 있다. 셋째, 특정 공간을 매개로 결성된 벽송정유계의 성격을 파악할 수 있다. 유계는 동계洞契의 성격을 가지고 있긴 하지만, 계의 운영이나 계원의 분포 양상 등에서 동계와는 일정한 거리가 있는 계 조직이었다. 이러한 점에서 조선시대 다양한 계의 성격을 분석하는 데 일조할 수 있을 것이다.

松亭立議

第1册

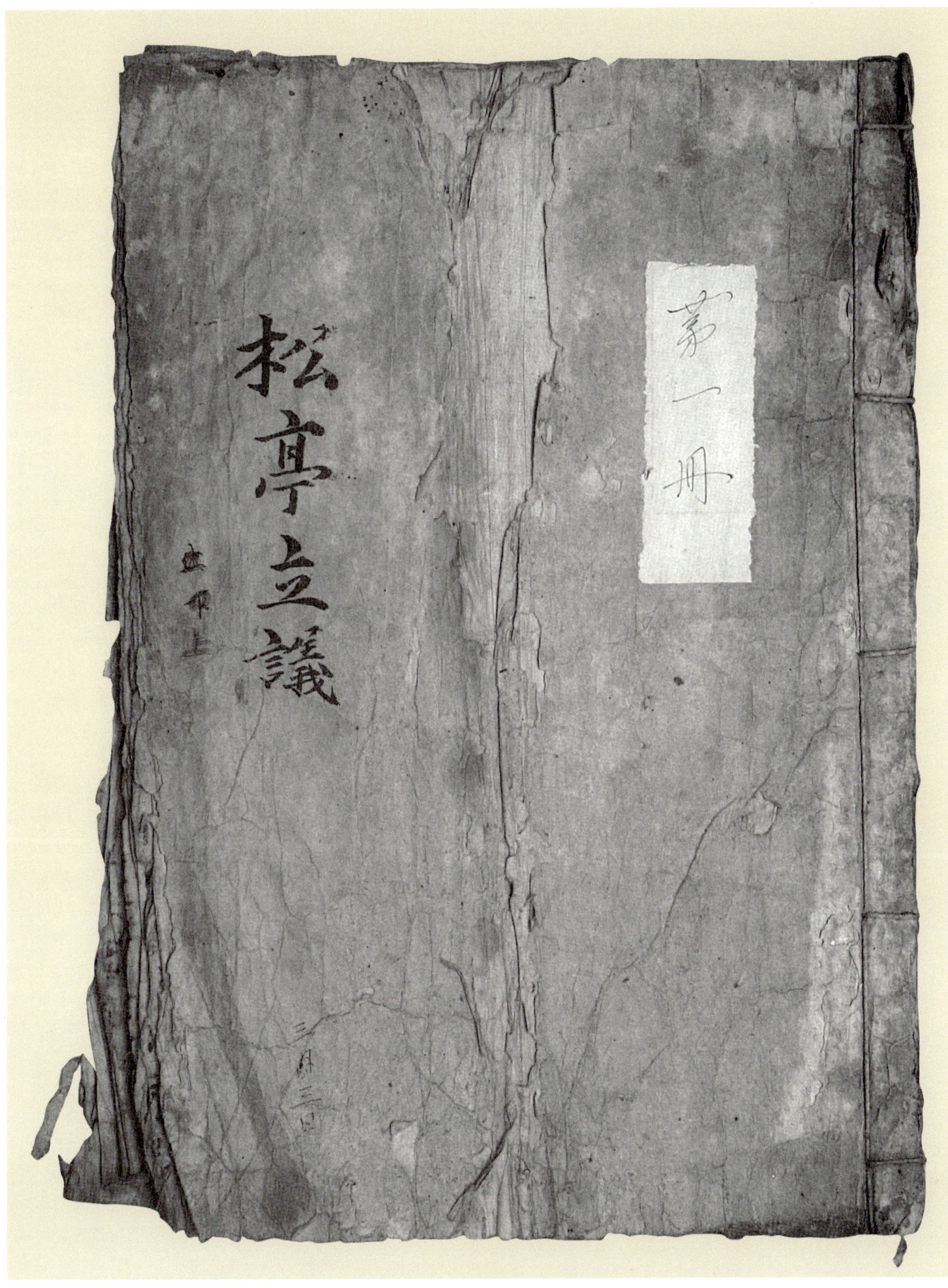
松亭立議
第一册

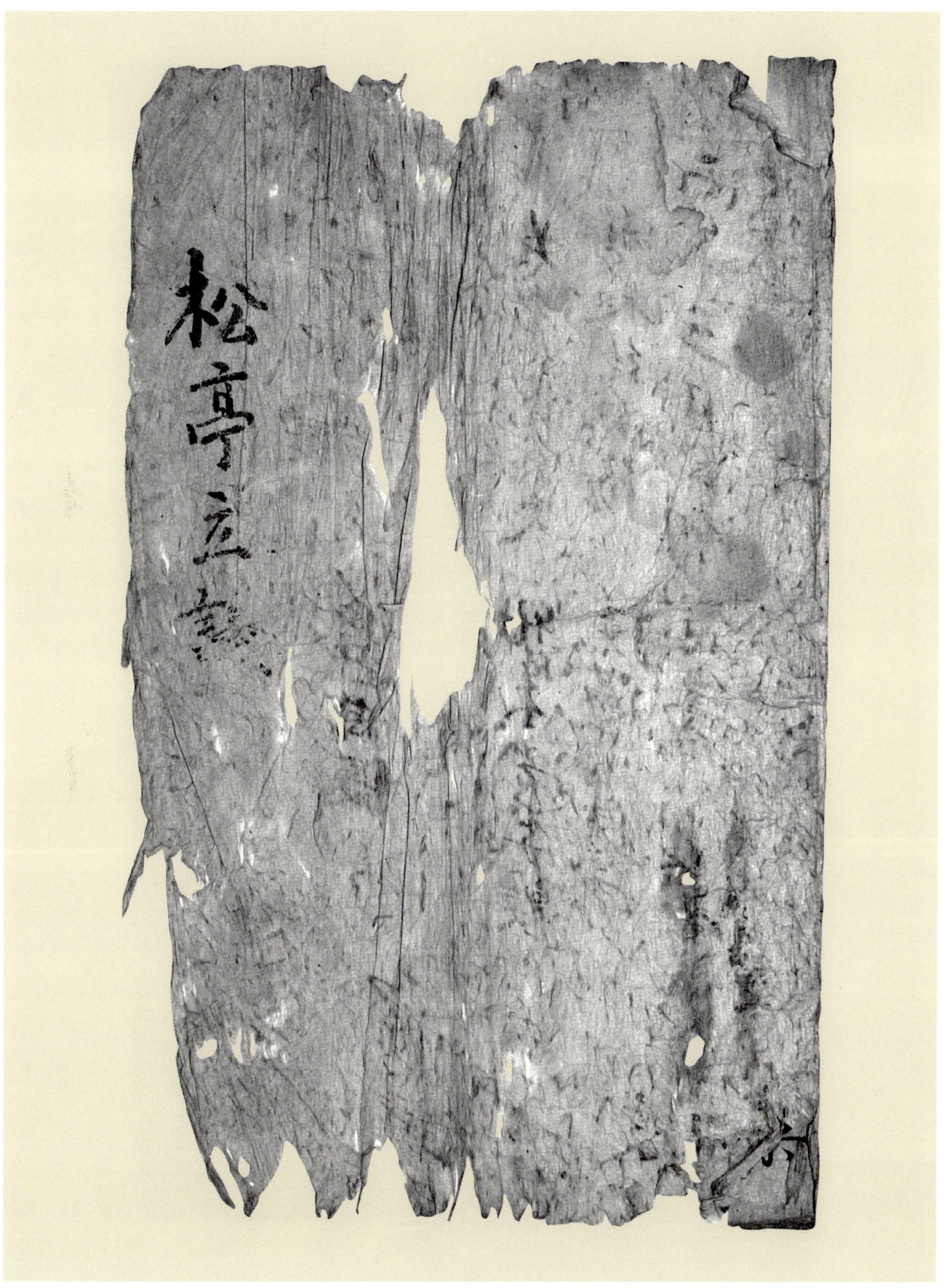
松亭立議

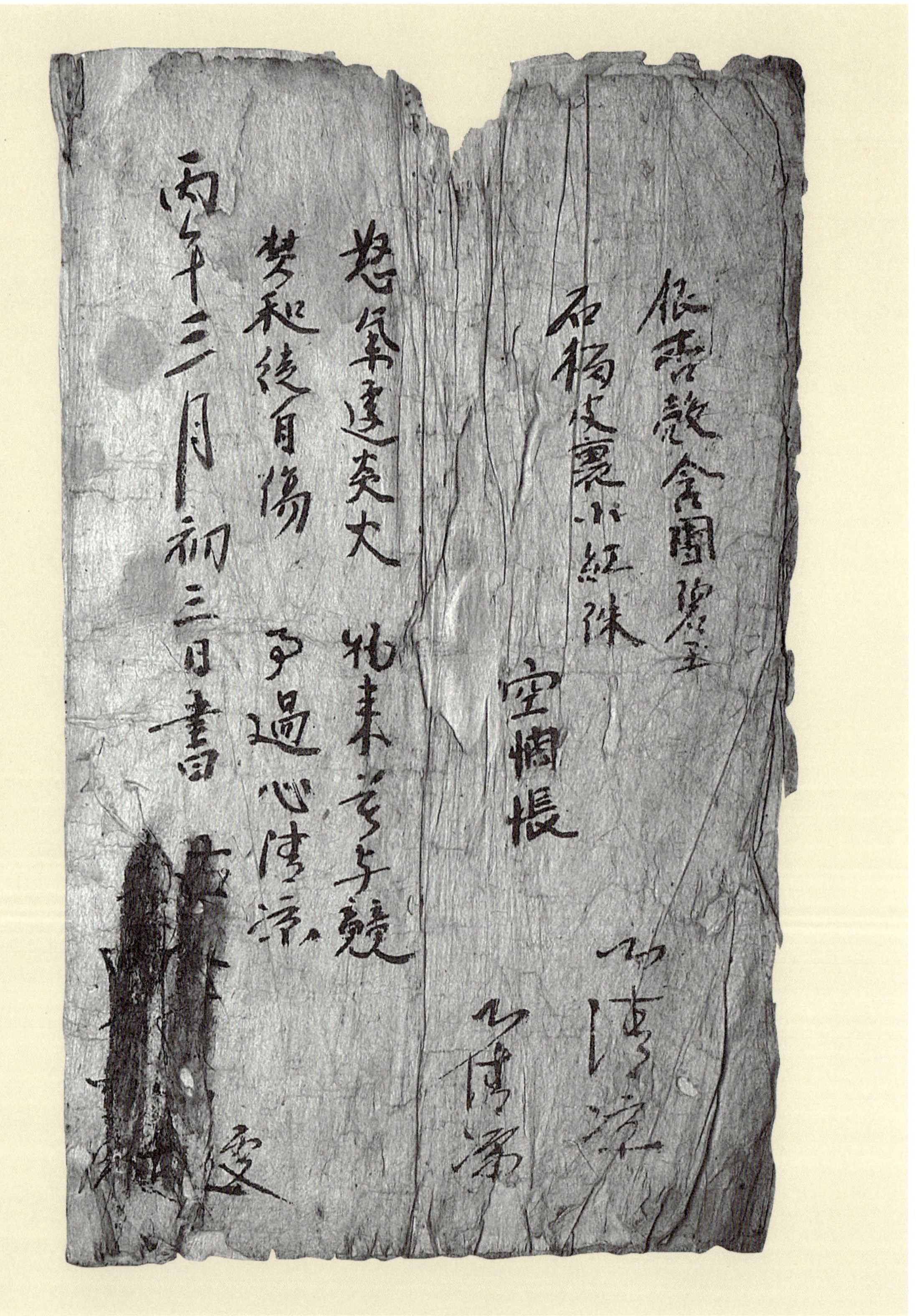

松亭自古以來洞中父老觀射遊樂
之所也營亭於勝趾時餘攝此誠一
時之勝事而非徒人所可及也近世以
降人心不古杯槃樽酒之樂大勝於
古人而使信和樂之意反不如古誼
讓相尚不無陵長之風挾持私念亦
有友[害]之弊忿恚之聲不絶於座中輒
過之言相發於轉顯同族同洞勝

和好之義果以是乎今我洞中諸
益以睦一遵古風心古人之心樂古人
之樂振抉頹俗挽復淳風在此一
舉然世務多端憂患各異講信
之需臨時難辦 自今以後各出若
肉債干俾將有司輪代相任子
母并持年年春秋存其母取其
子聚會講信慶患相慰不亦

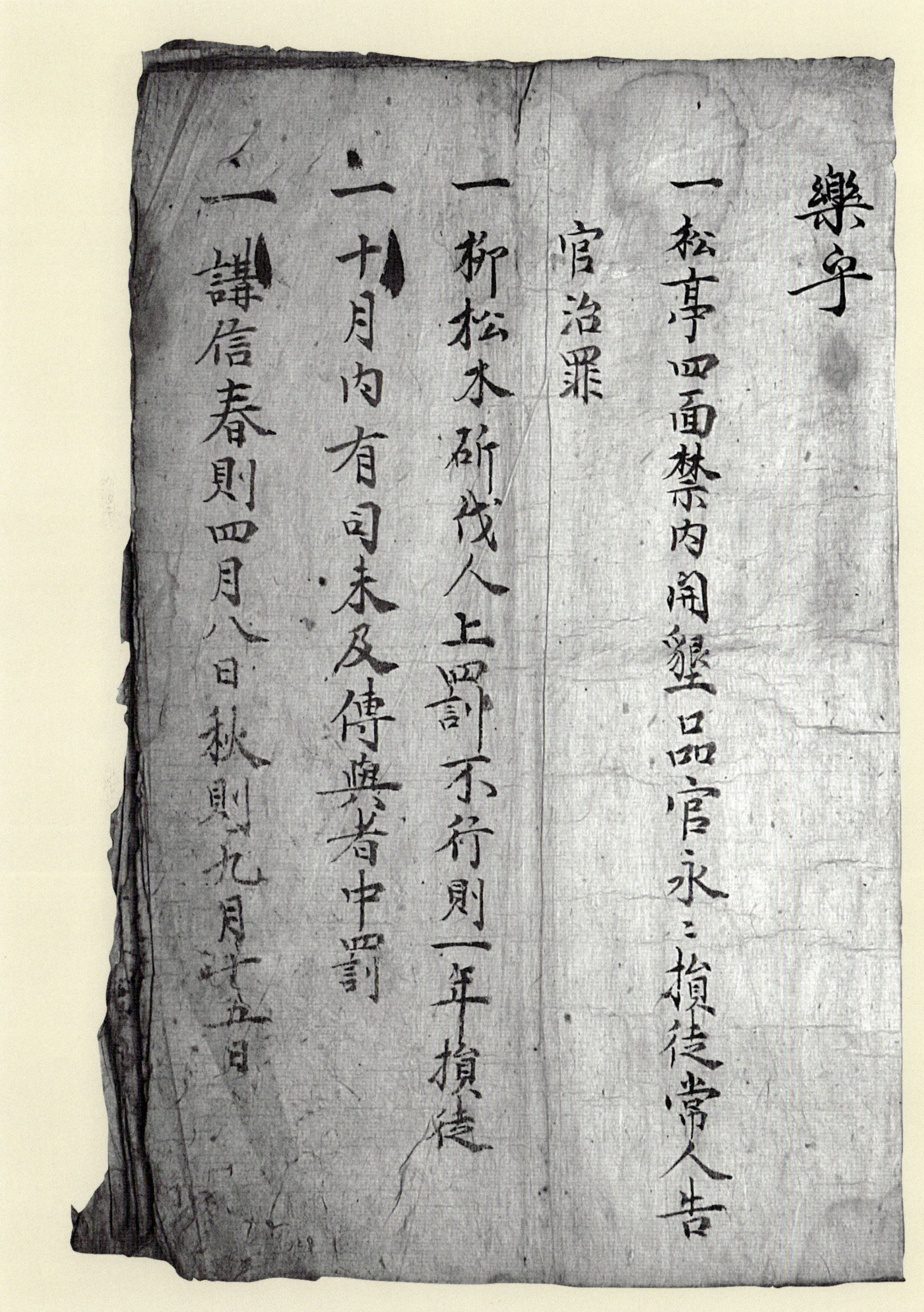

樂字

一 松亭四面禁內開墾品官永〻損徒常人告

官治罪

一 柳松木斫伐人上罰不行則一年損徒

一 十月內有司未及傳與者中罰

一 講信春則四月八日秋則九月廿五日

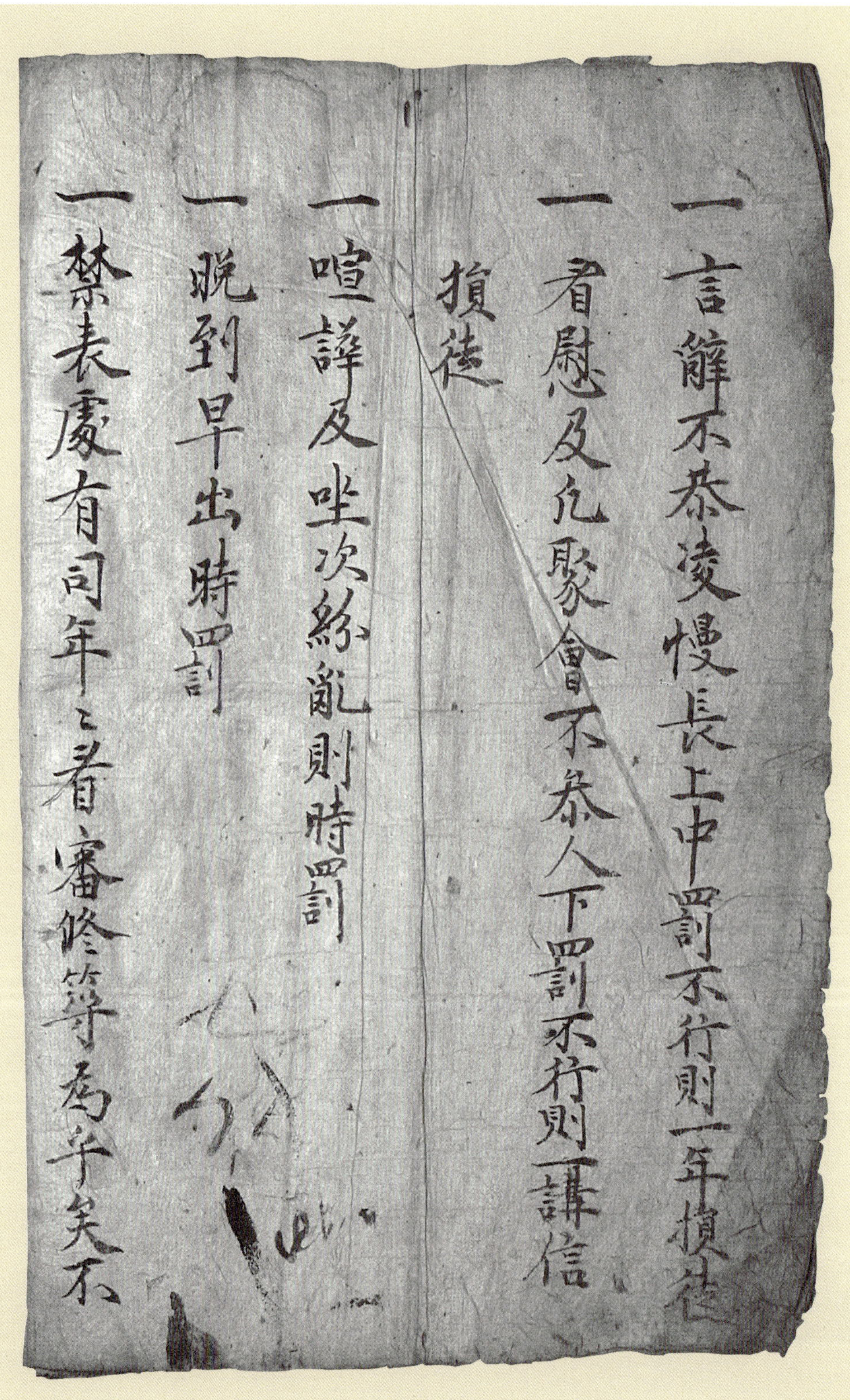
一 言辭不恭凌慢長上中罰不行則一年損徒
一 看慰及凡聚會不參人下罰不行則一講信
損徒
一 喧譁及坐次紛亂則時罰
一 晩到早出時罰
一 禁表處有司年年看審修等爲乎矣不

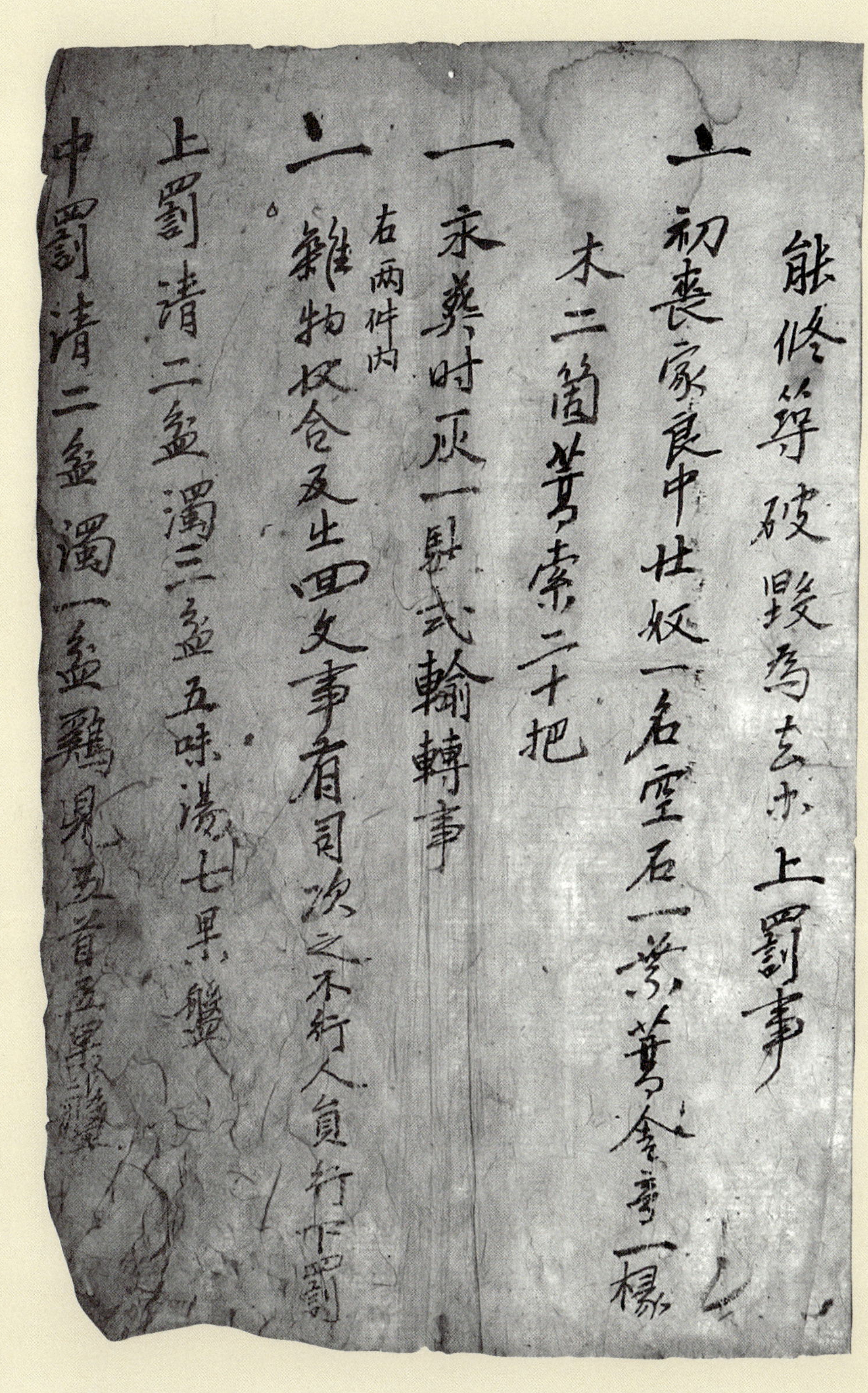

一 能條等破毁爲去亦 上罰事
初喪家良中壯奴一名空石一立葛金亐一樣
末二箇葛索二十把
一 永葬時灰一駄式輸轉事
右兩件内
二 雜物收合及生四文事有司次之不行人負行下罰
上罰 清二盃濁三盃五味湯七果盤
中罰 清二盃濁一盃鷄児五首五果盤

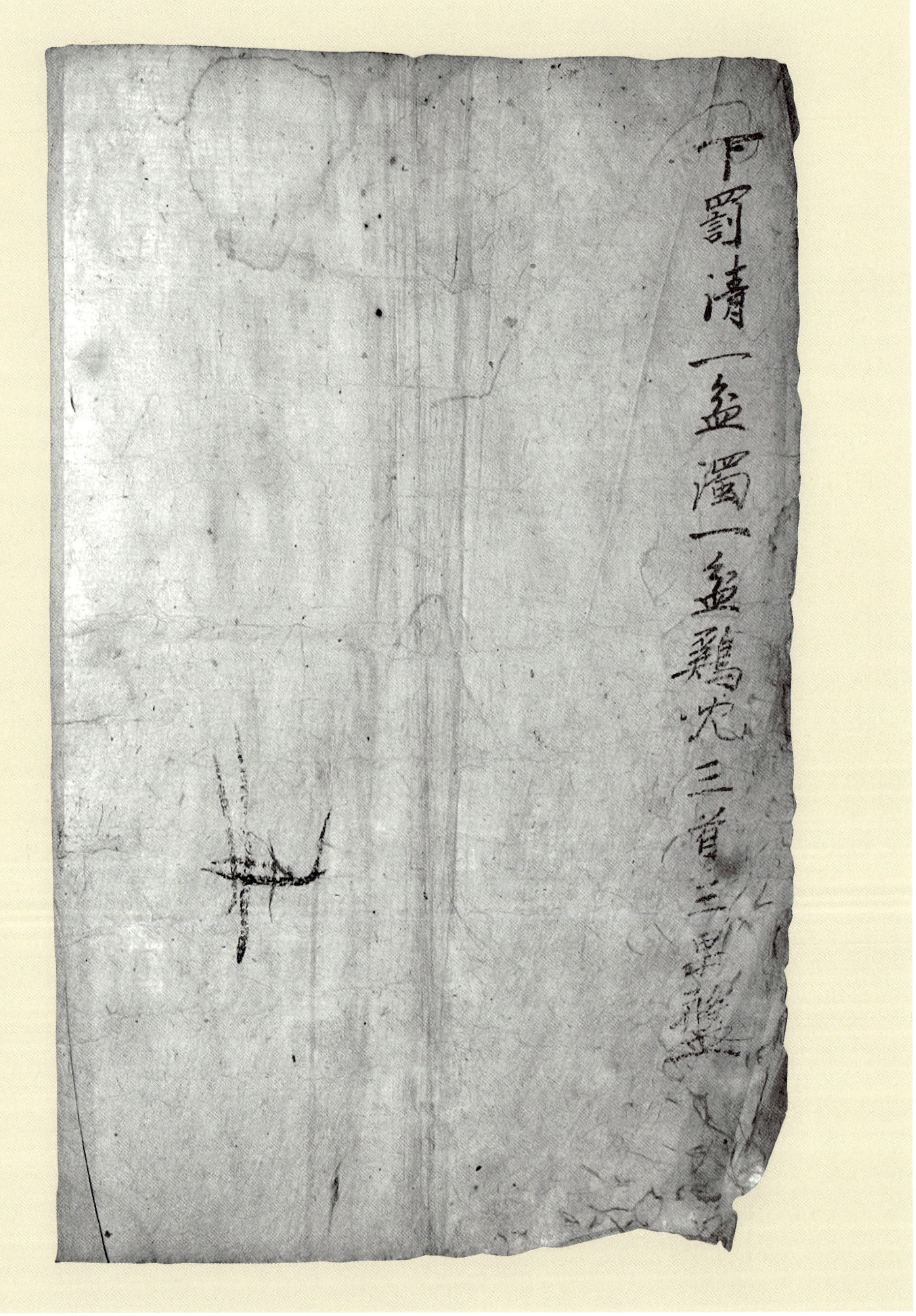

下罰淸一盃濁一盃鷄兒三首三果盤

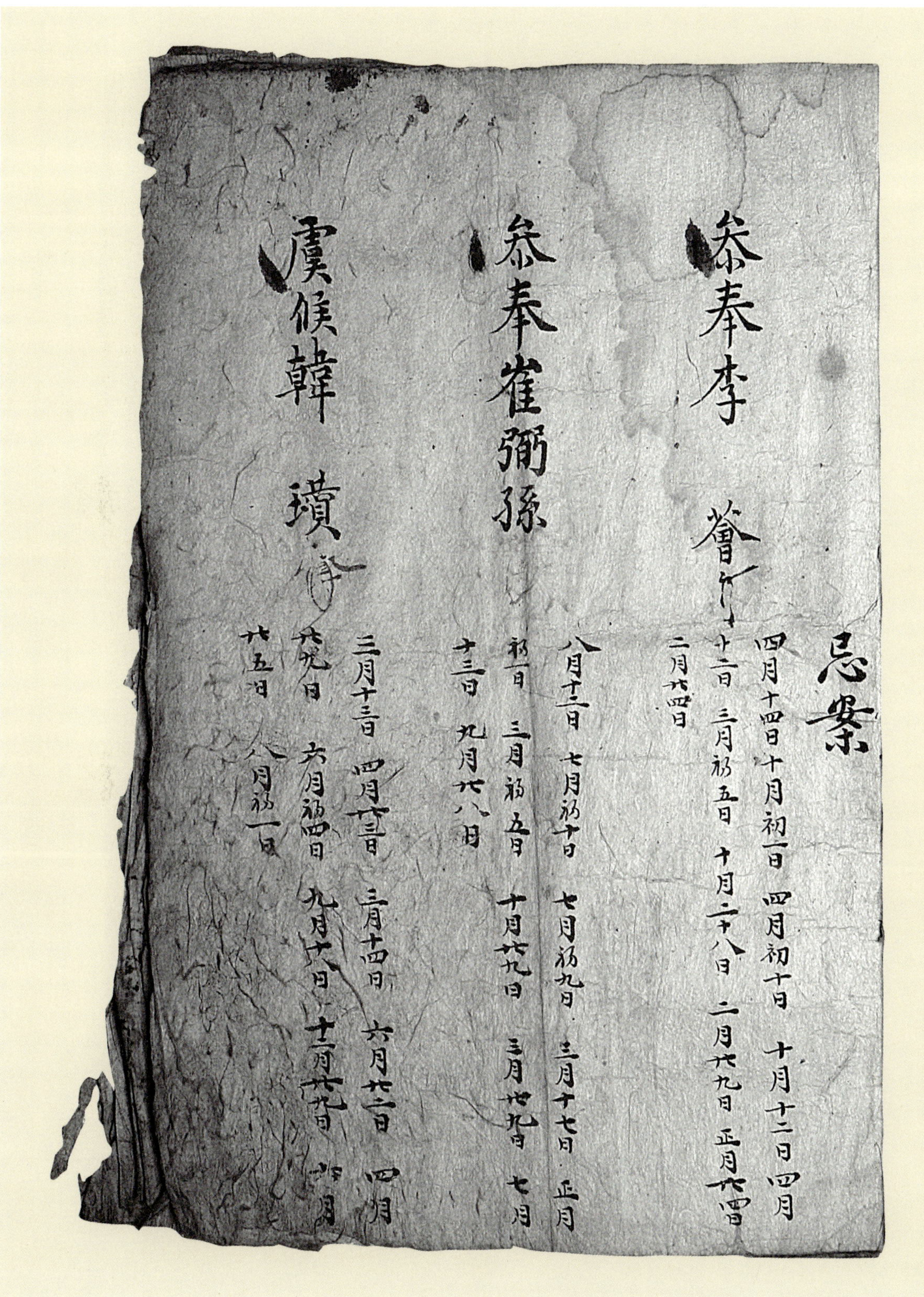
忌案
參奉李薈
四月十四日 十月初一日 四月初十日 十月十二日 四月
十二日 三月初五日 十月二十八日 二月廿九日 正月廿四日
二月廿四日
參奉崔彌孫
八月十二日 七月初十日 七月初九日 三月十七日 正月
初一日 三月初五日 十月廿九日 三月廿九日 七月
十三日 九月廿八日
虞候韓[illegible]
三月十三日 四月廿三日 三月十四日 六月廿二日 四月
廿九日 六月初四日 九月廿八日 十二月廿九日 廿[illegible]月
廿五日 八月初一日

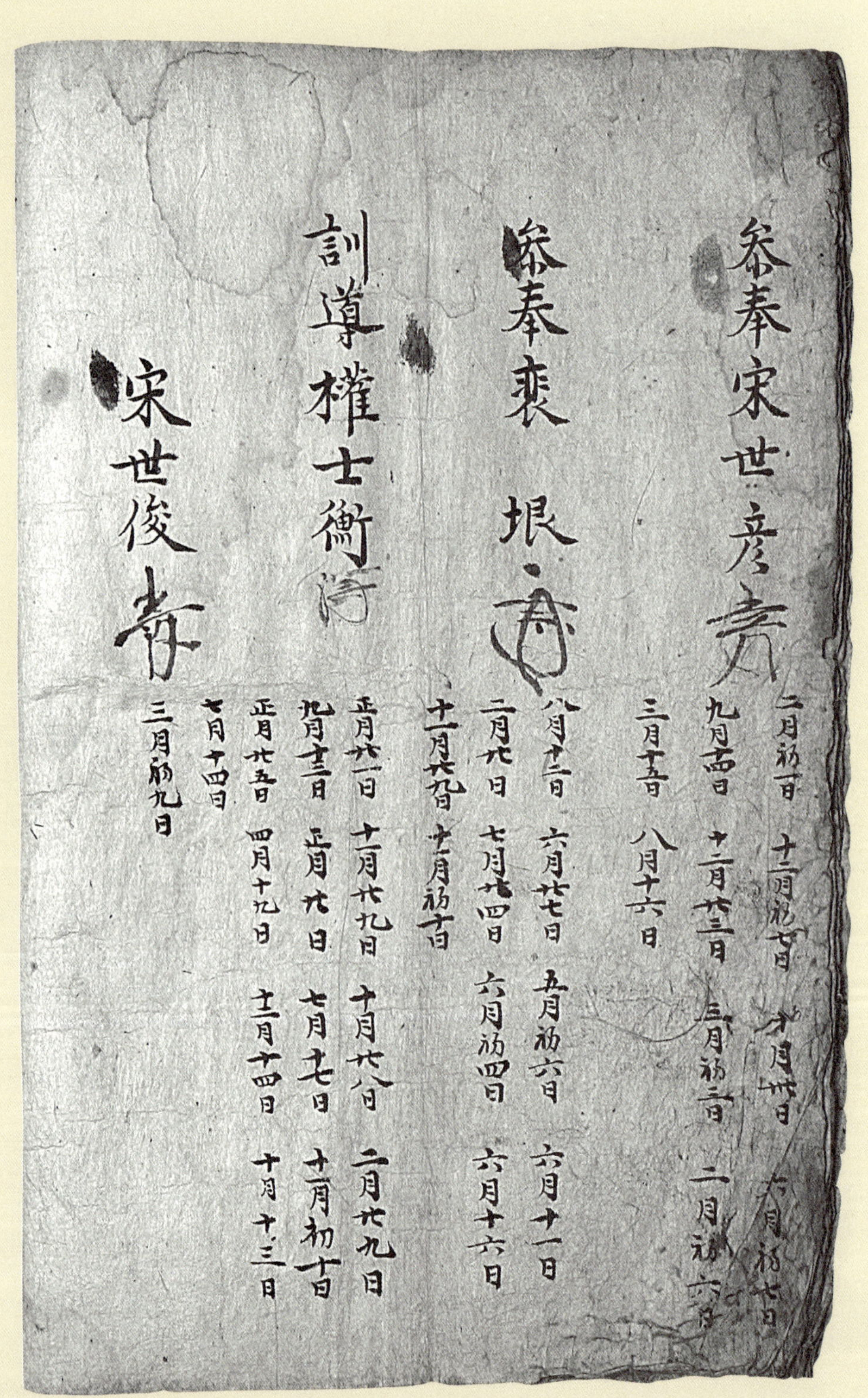

參奉宋世彦
二月初十日 十二月初七日 十月卄日 六月初七日
九月卄四日 十二月卄三日 三月初三日 二月初六日
三月十三日 八月十六日

參奉裵根
八月十二日 六月卄七日 五月初六日 六月十一日
二月卄日 七月卄四日 六月初四日 六月十六日
十一月卄八日 十一月初十日

訓導權士衡
正月卄一日 十月卄九日 十月卄八日 二月卄九日
九月十二日 正月卄日 七月十七日 十一月初十日
正月卄五日 四月十九日 十二月十四日 十月十三日

宋世俊
七月十四日
三月初九日

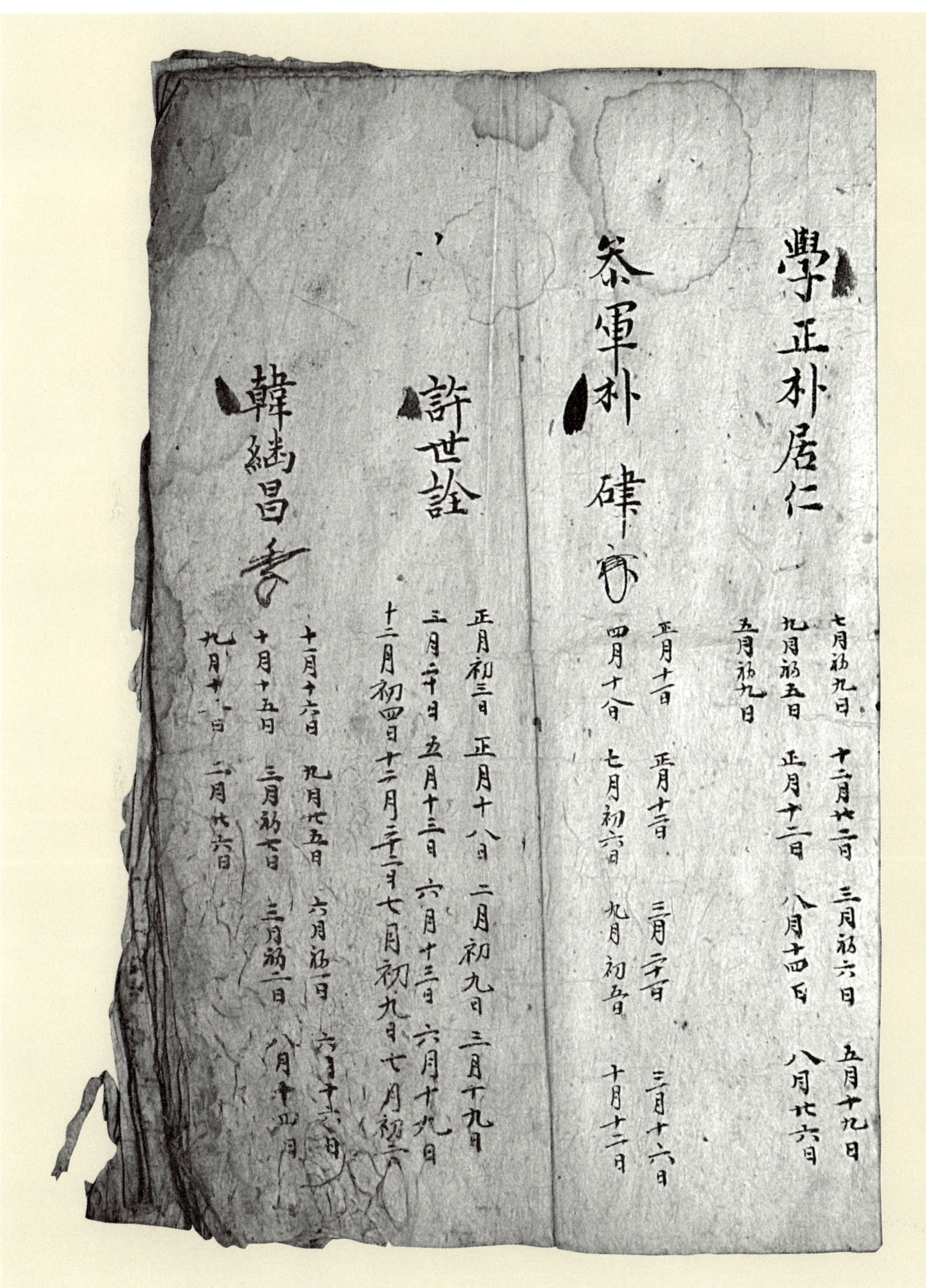

學正朴居仁

七月初九日 十二月廿二日 三月初六日 五月十九日

九月初五日 正月十二日 八月十四日 八月廿六日

五月初九日

參軍朴[illegible]

正月十一日 正月十三日 三月廿日 三月十六日

四月十八日 七月初六日 九月初五日 十月十二日

許世詮

正月初三日 正月十八日 二月初九日 三月十九日

三月廿日 五月十三日 六月十三日 六月十九日

十二月初四日 十二月廿二日 七月初九日 七月初[illegible]

韓繼昌

十一月十六日 九月廿五日 六月初一日 六月十五日

十月十五日 三月初七日 三月初一日 八月十四日

九月十一日 二月廿六日

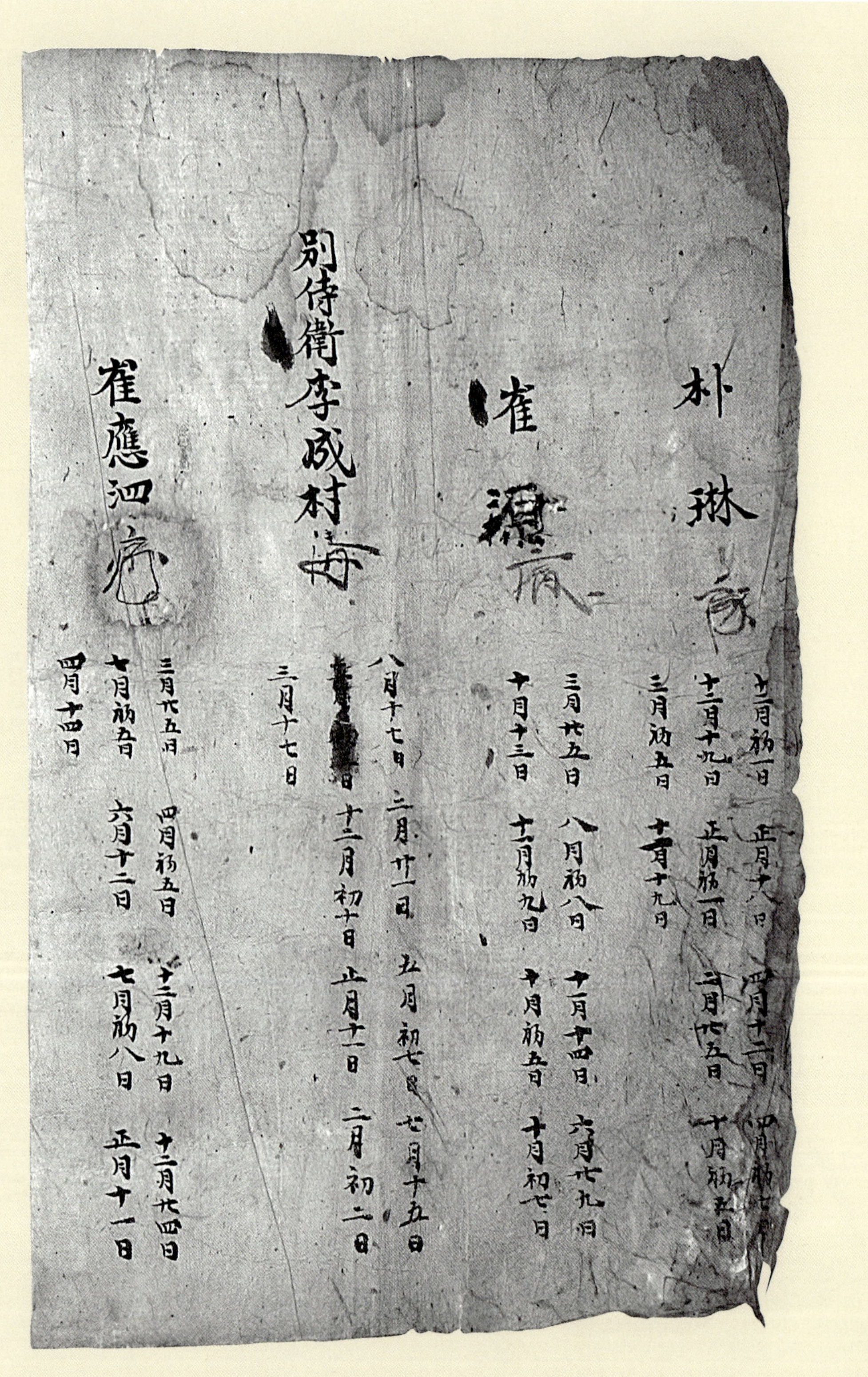

朴琳

十二月初一日 正月十八日 四月十二日 四月初七日

十二月十九日 正月初一日 二月廿五日 十月初五日

三月初五日 十一月十九日

崔灝

三月廿五日 八月初八日 十一月廿四日 六月廿九日

十月十三日 十一月初九日 十月初五日 十月初七日

別侍衛李成村

八月十七日 二月廿一日 五月初七日 七月十五日

[illegible]日 十二月初十日 正月十一日 二月初二日

三月十七日

崔應泗

三月廿五日 四月初五日 十二月十九日 十二月廿四日

七月初五日 六月十二日 七月初八日 正月十一日

四月十四日

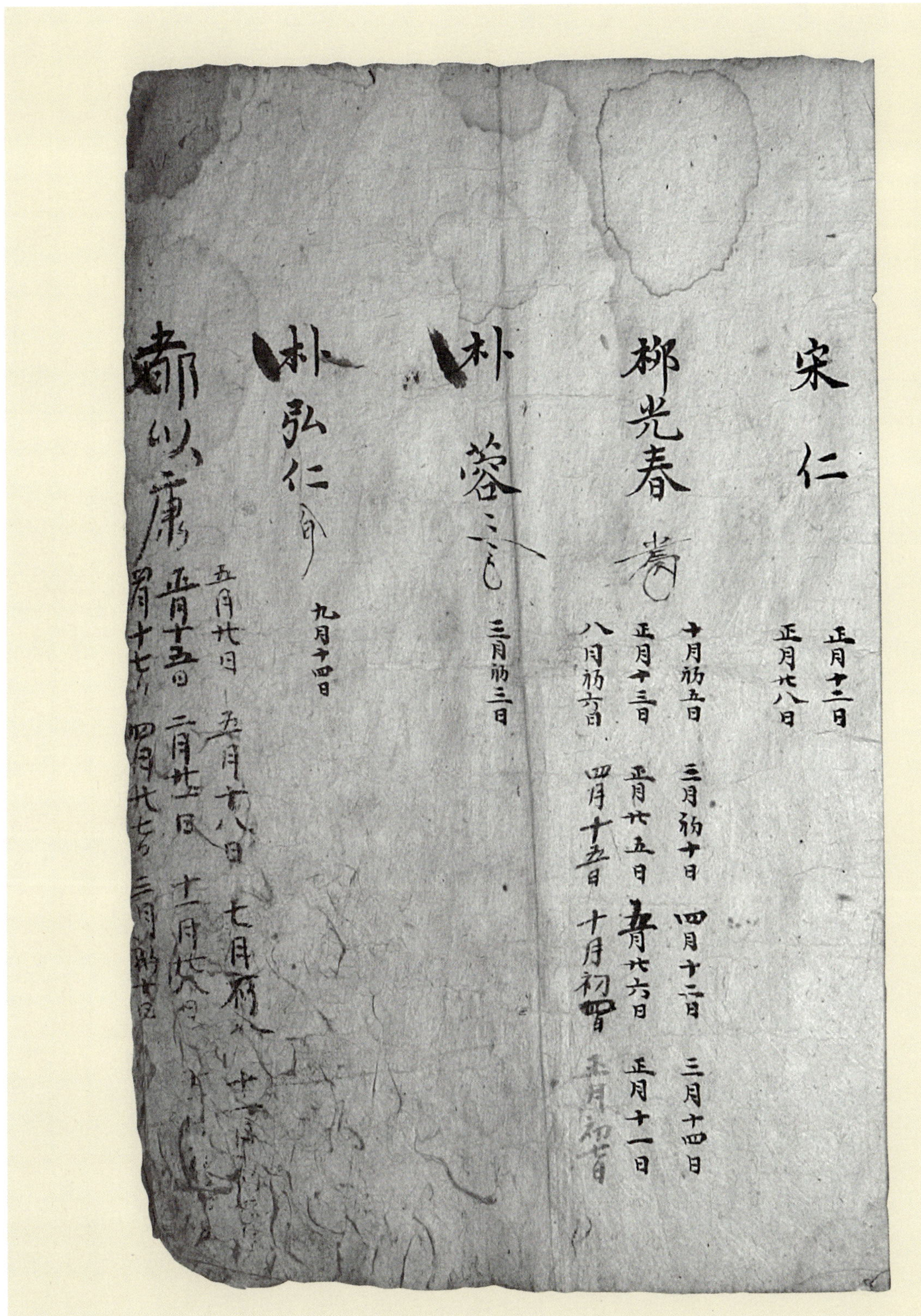

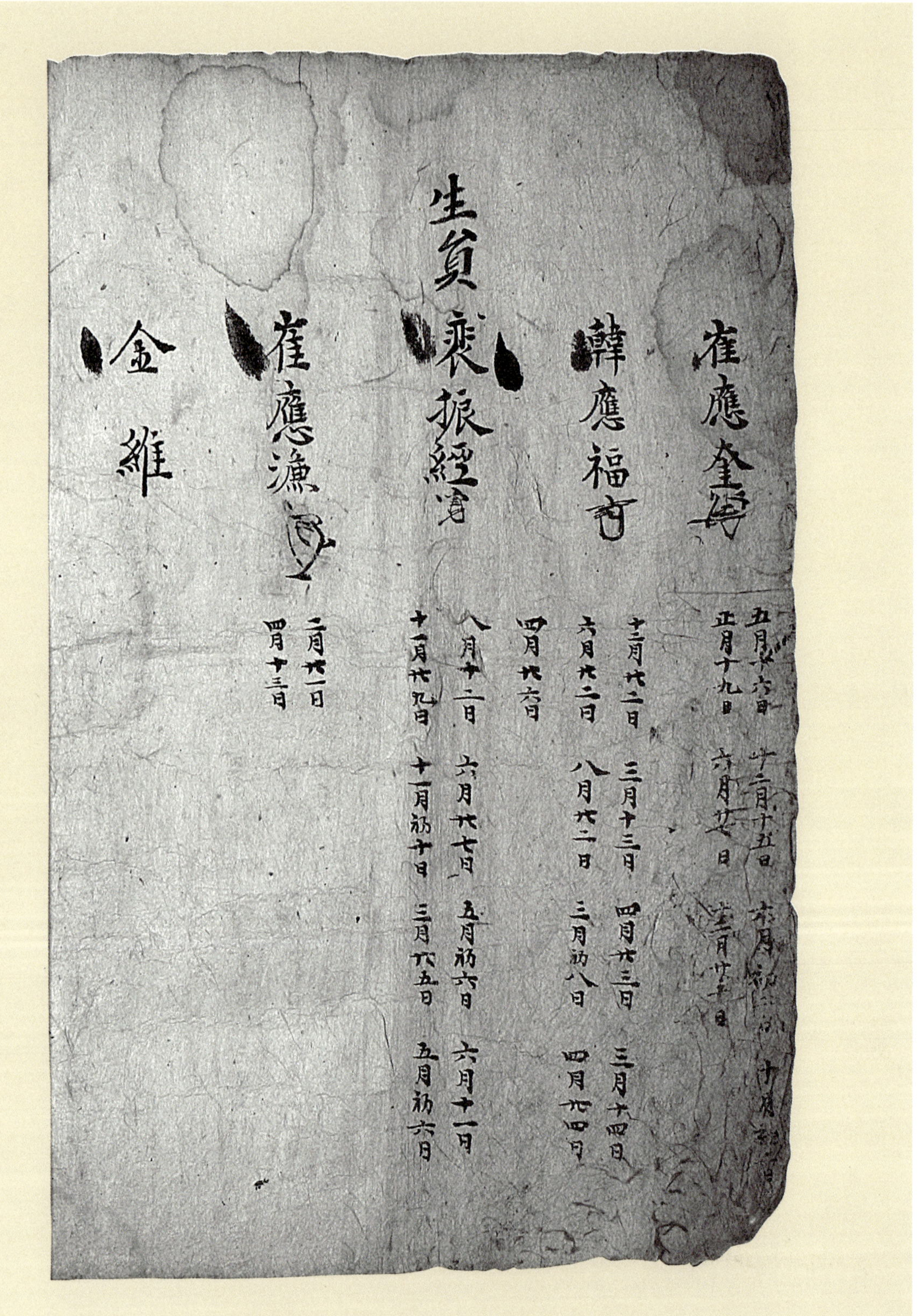
崔應奎
五月十六日 十二月十五日 六月初[illegible]日 十月初[illegible]日
正月十九日 六月廿日 十二月廿[illegible]日

韓應福
十二月廿二日 三月十三日 四月廿三日 三月十四日
六月廿二日 八月廿二日 三月初八日 四月廿四日
四月廿六日

生員 裵振經
八月十二日 六月廿七日 五月初六日 六月十一日
十一月廿九日 十一月初十日 三月廿五日 五月初六日

崔應濂
二月廿一日
四月十三日

金維

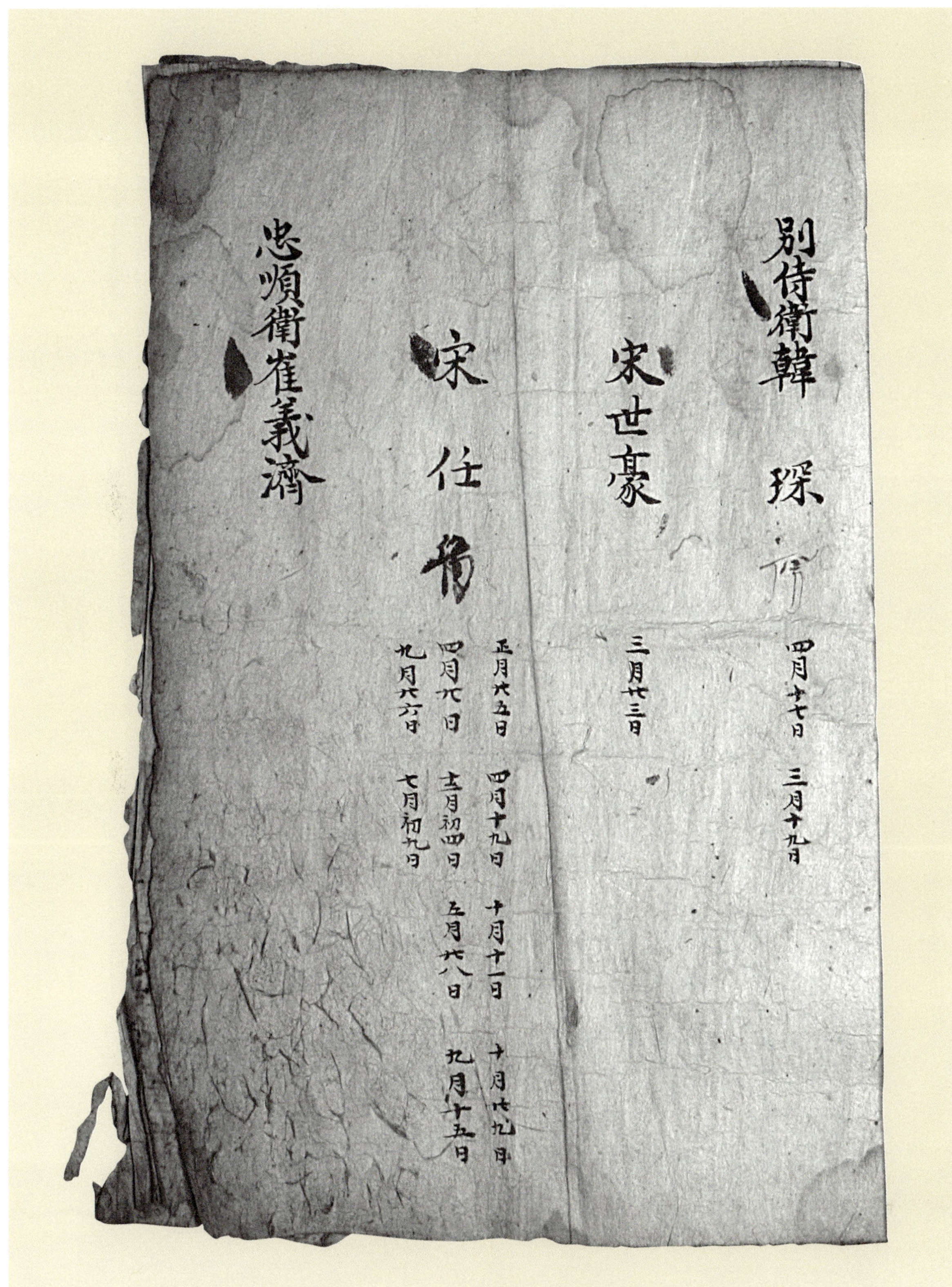

別侍衛韓 琛

四月十七日 三月十九日

宋世豪

三月廿三日

宋任

正月廿五日 四月十九日 十月十一日 十月廿九日

四月廿日 十二月初四日 五月廿八日 九月十五日

九月廿六日 七月初九日

忠順衛崔義濟

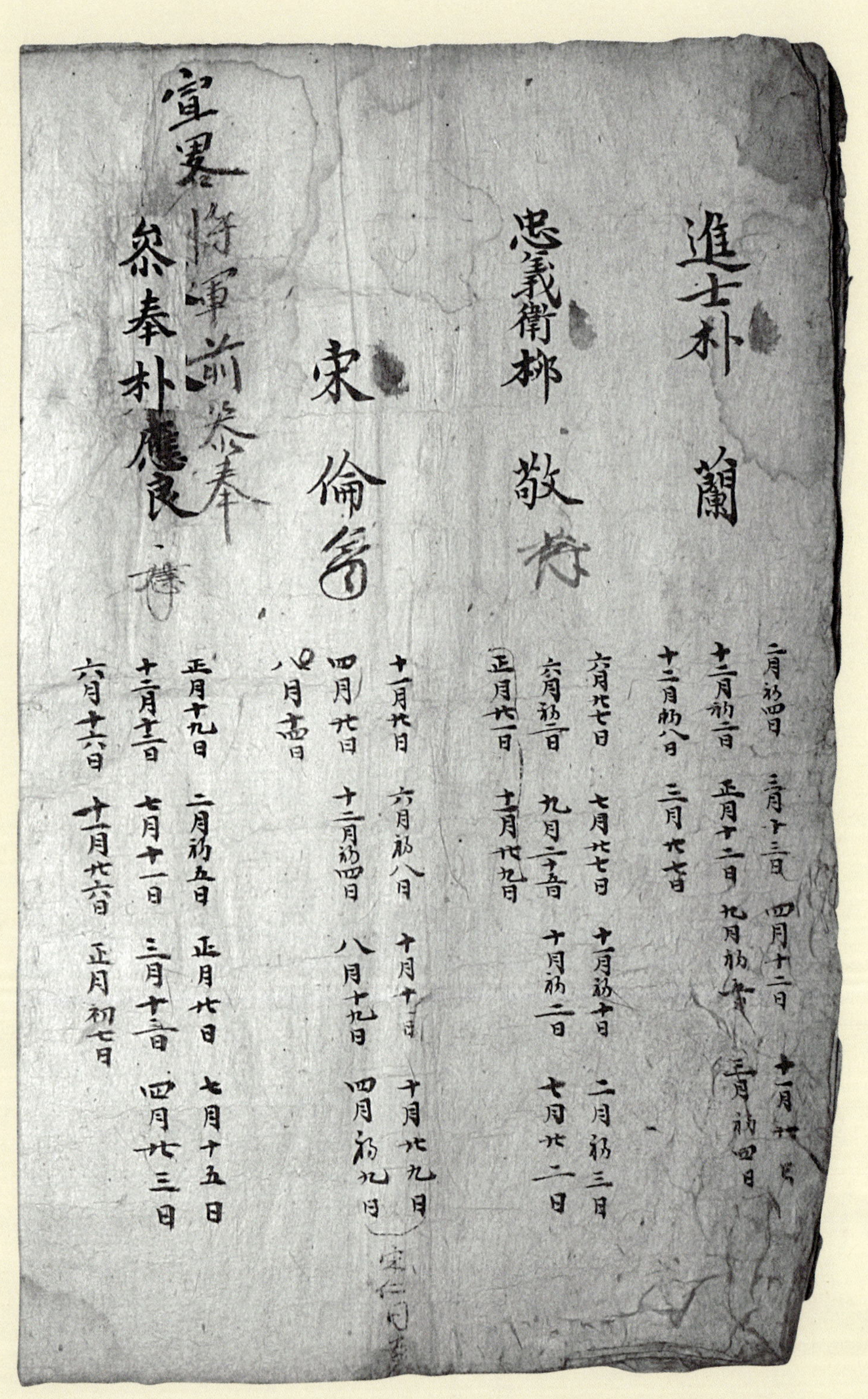

進士朴 蘭

忠義衛郴 敬

宋 倫

宣畧將軍前參奉

參奉朴應良

二月初四日 三月十三日 四月十二日 十一月廿[illegible]日

十二月初三日 正月十二日 九月初[illegible]日 三月初四日

十二月初八日 三月廿七日

六月廿七日 七月廿七日 十一月初十日 二月初三日

六月初三日 九月二十三日 十月初二日 七月廿二日

正月廿一日 十一月廿九日

十一月廿日 六月初八日 十月十[illegible]日 十月廿九日

四月廿日 十二月初四日 八月十九日 四月初九日

八月十三日

正月十九日 二月初五日 正月廿日 七月十五日

十二月十三日 七月十一日 三月十三日 四月廿三日

六月十六日 十一月廿六日 正月初七日

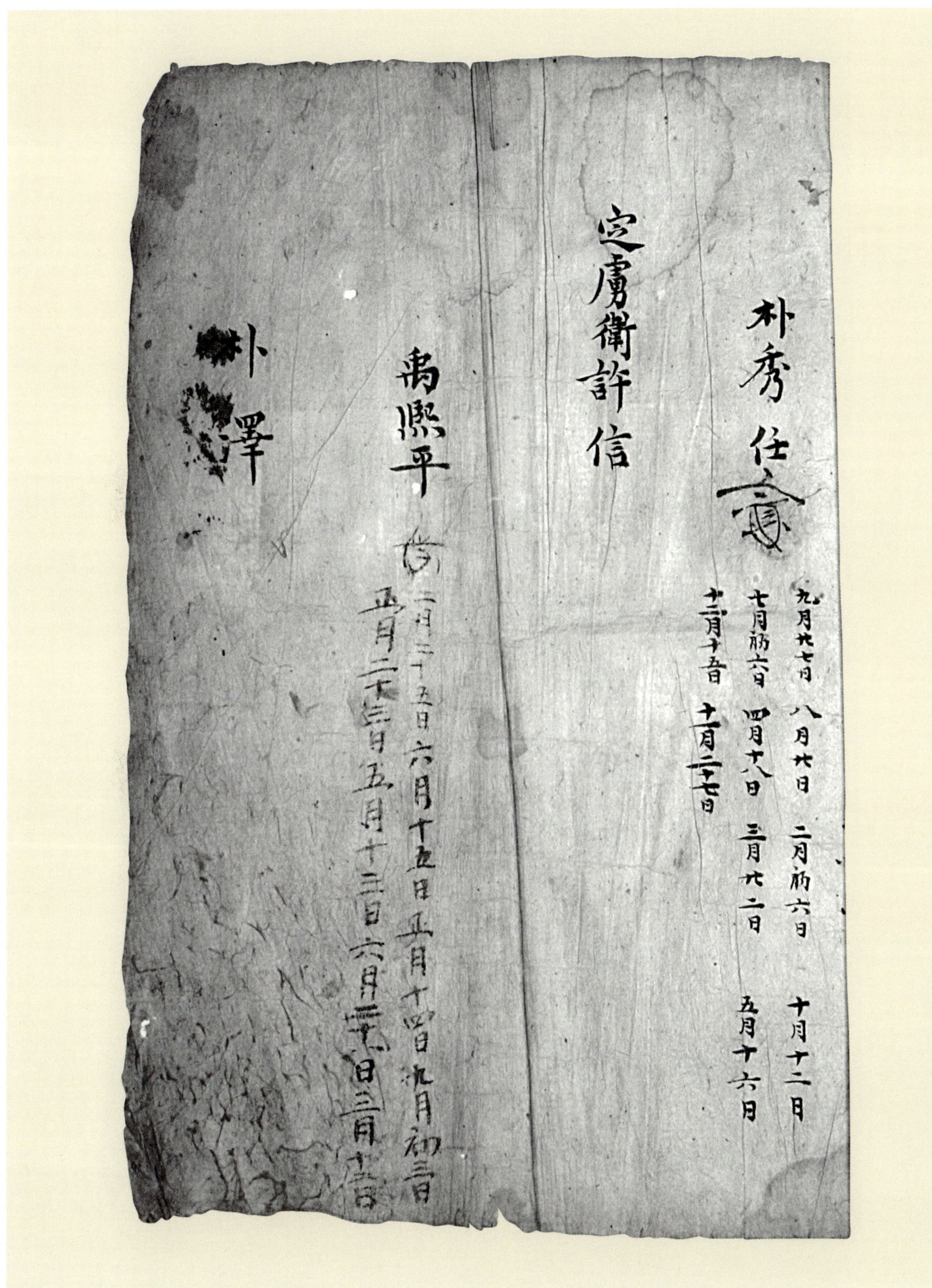

朴秀任 九月十七日 八月六日 二月初六日 十月十二日

七月初六日 四月十八日 三月十二日 五月十六日

十二月十五日 十月二十七日

定虜衛許信

禹熙平 二月二十五日 六月十五日 五月十四日 九月初三日

五月二十三日 五月十三日 六月二十[illegible]日 三月十二日

朴澤

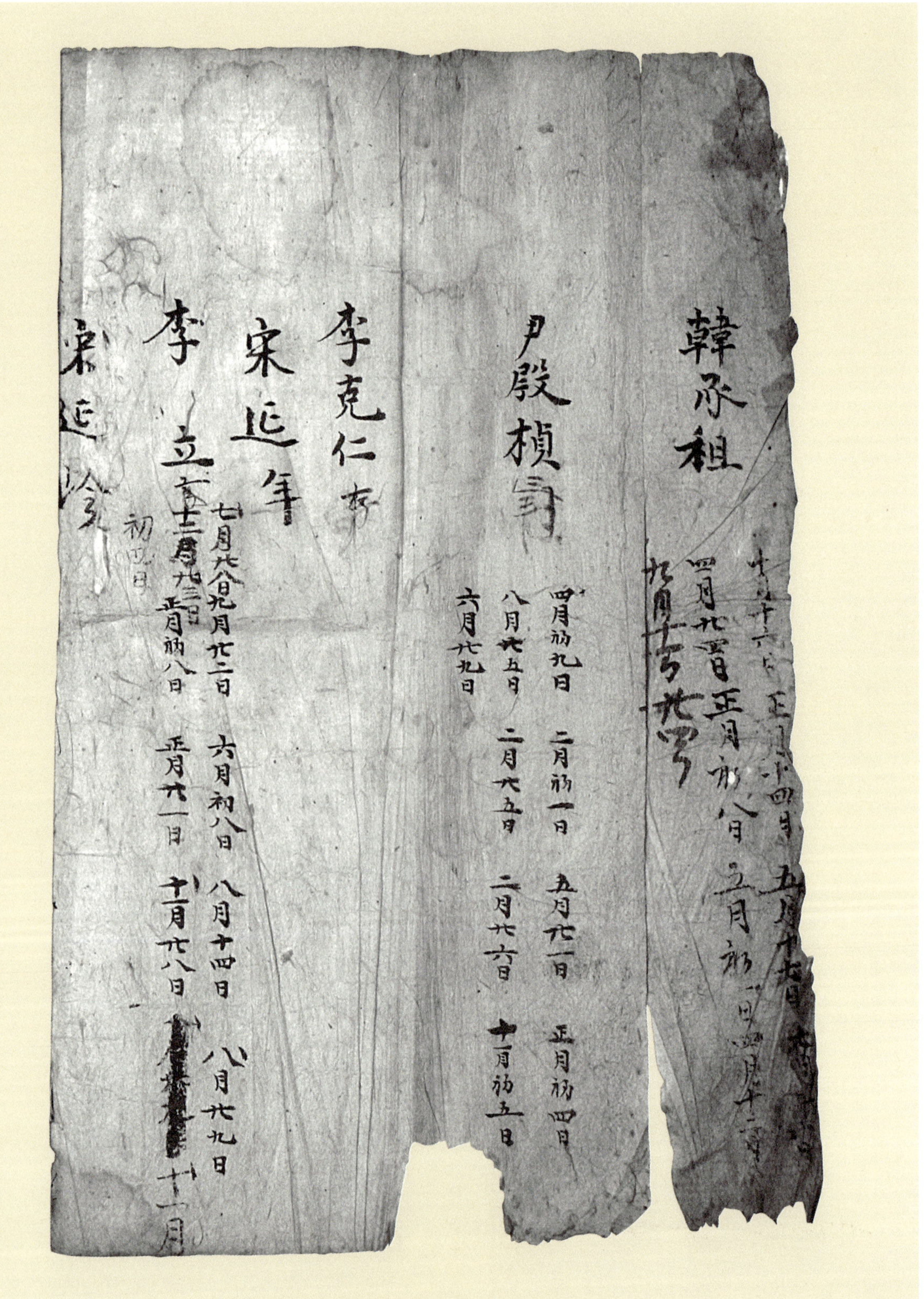

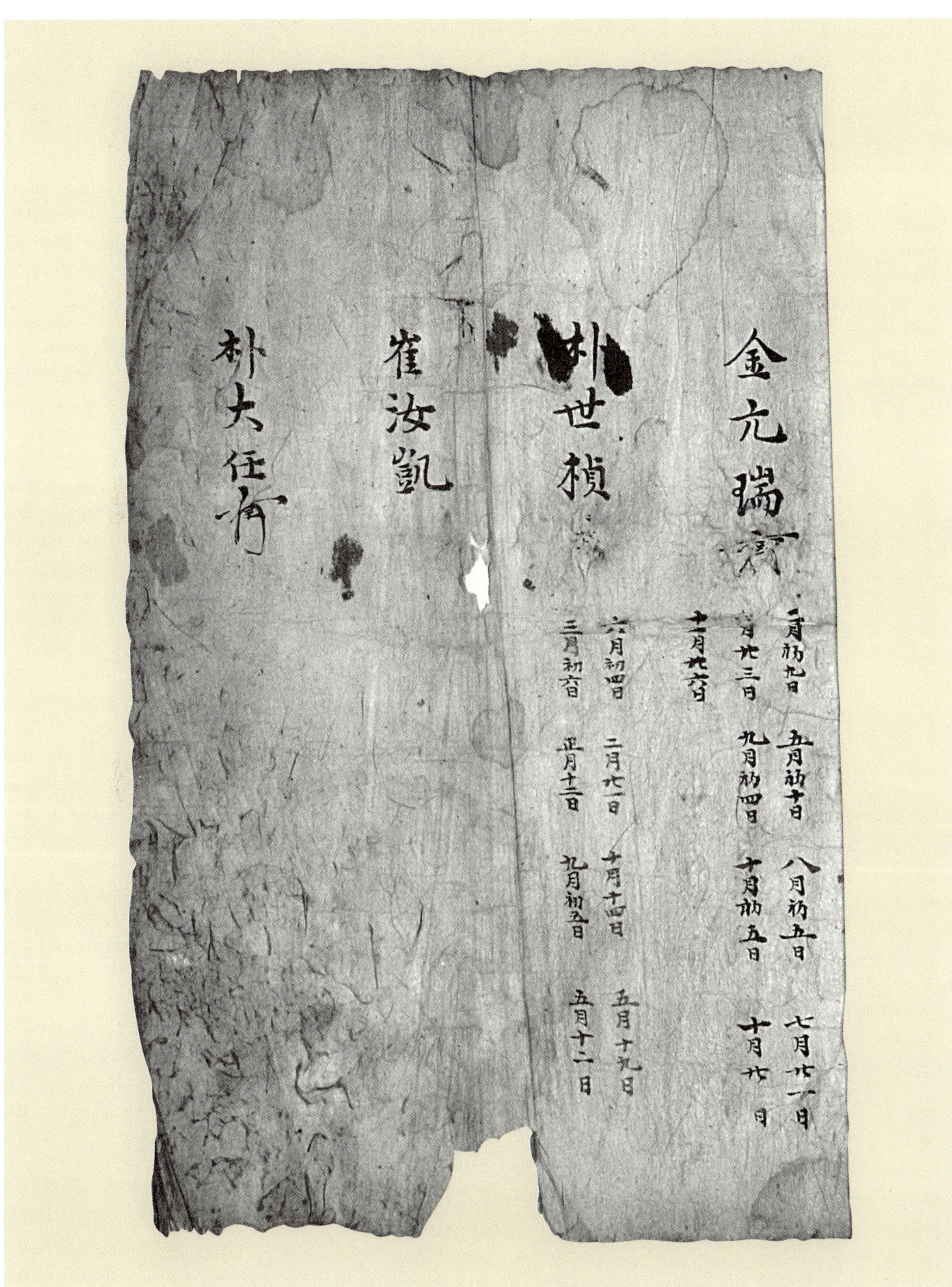

金允瑞

二月初九日 五月初十日 八月初五日 七月廿一日

三月廿三日 九月初四日 十月初五日 十月廿日

十二月廿六日

朴世楨

六月初四日 二月廿一日 十月十四日 五月十九日

三月初六日 正月十二日 九月初五日 五月十二日

崔汝凱

朴大任

韓應
許

松亭立議

第2冊

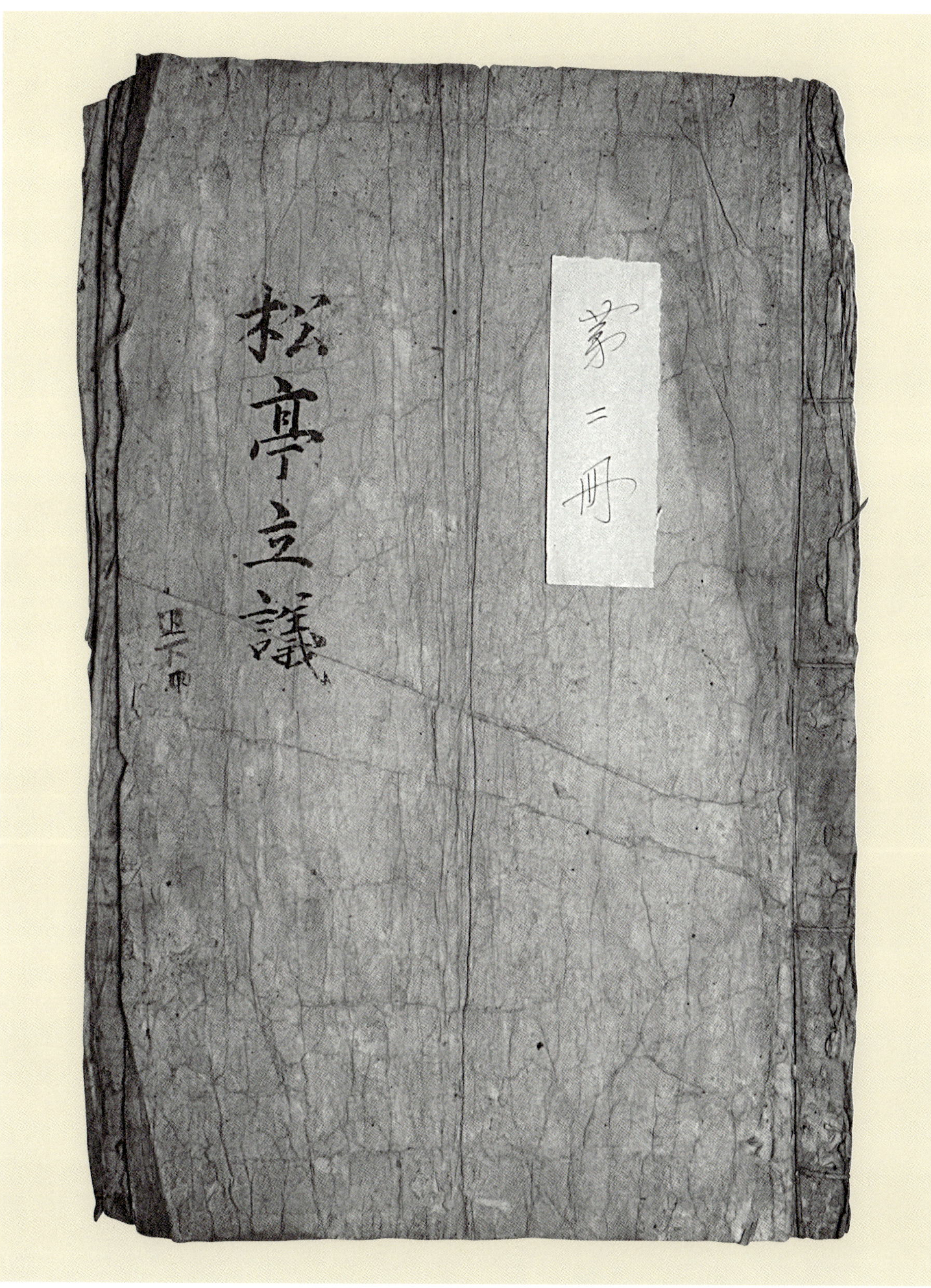
松亭立議
第二冊

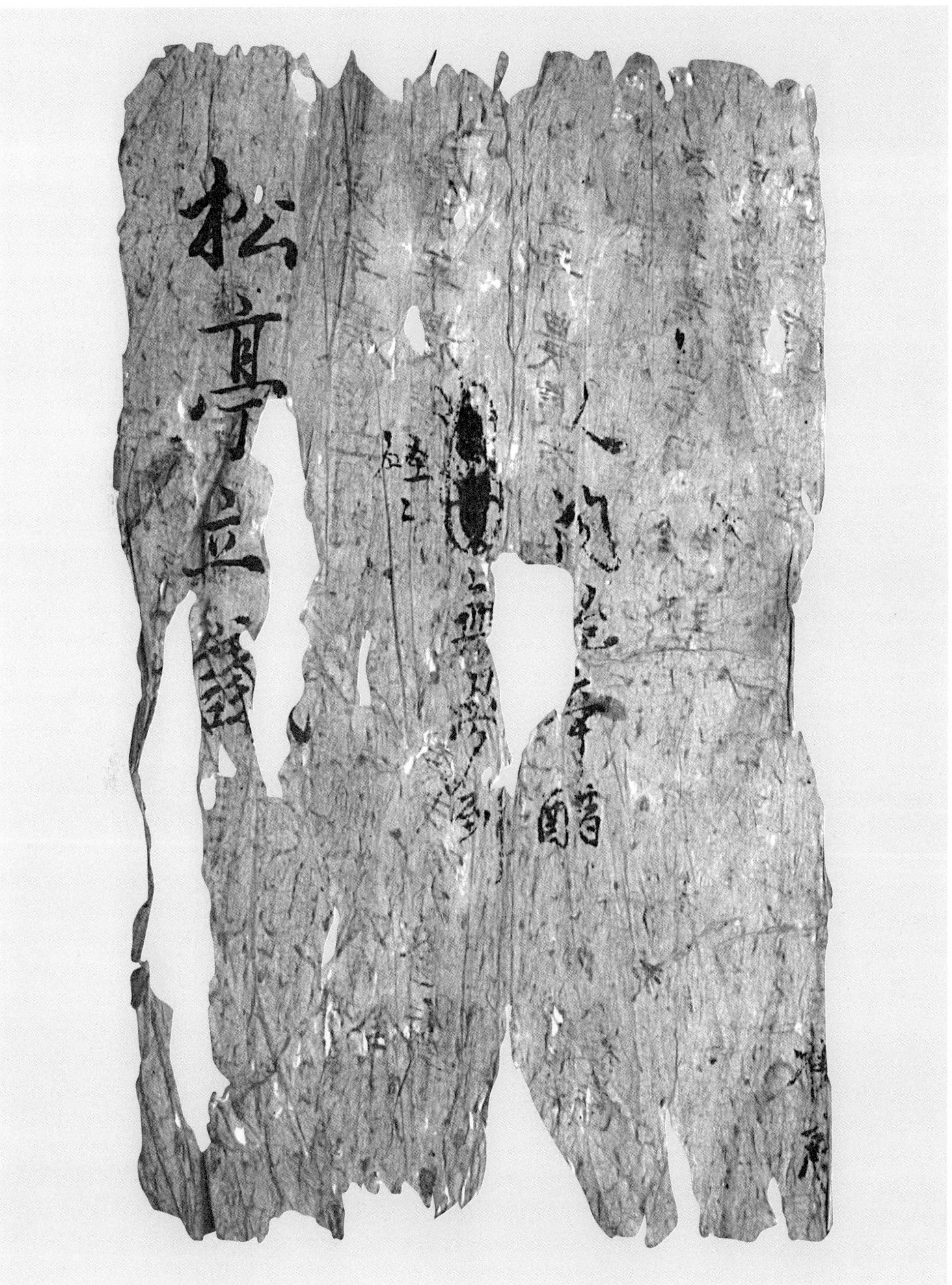

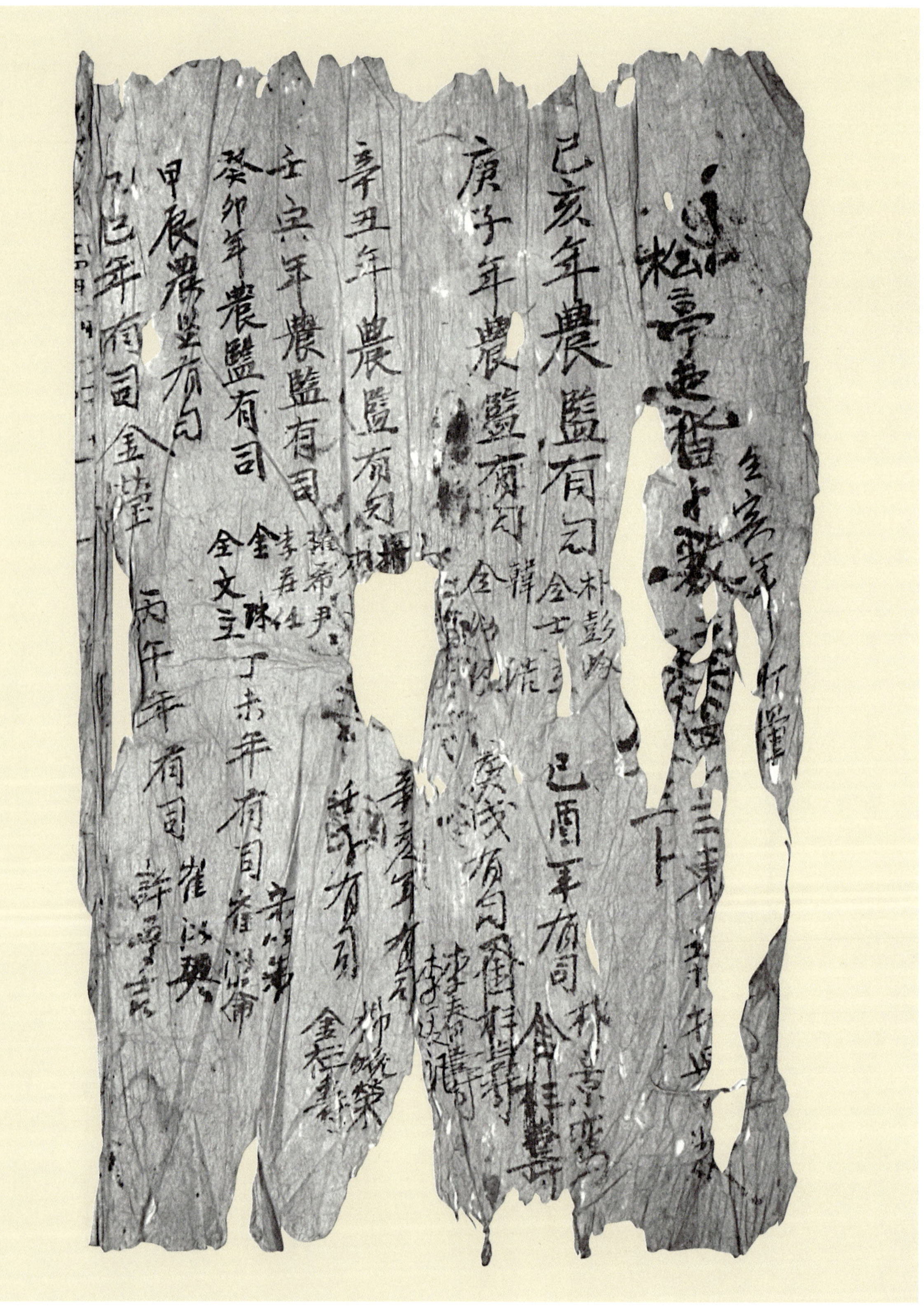

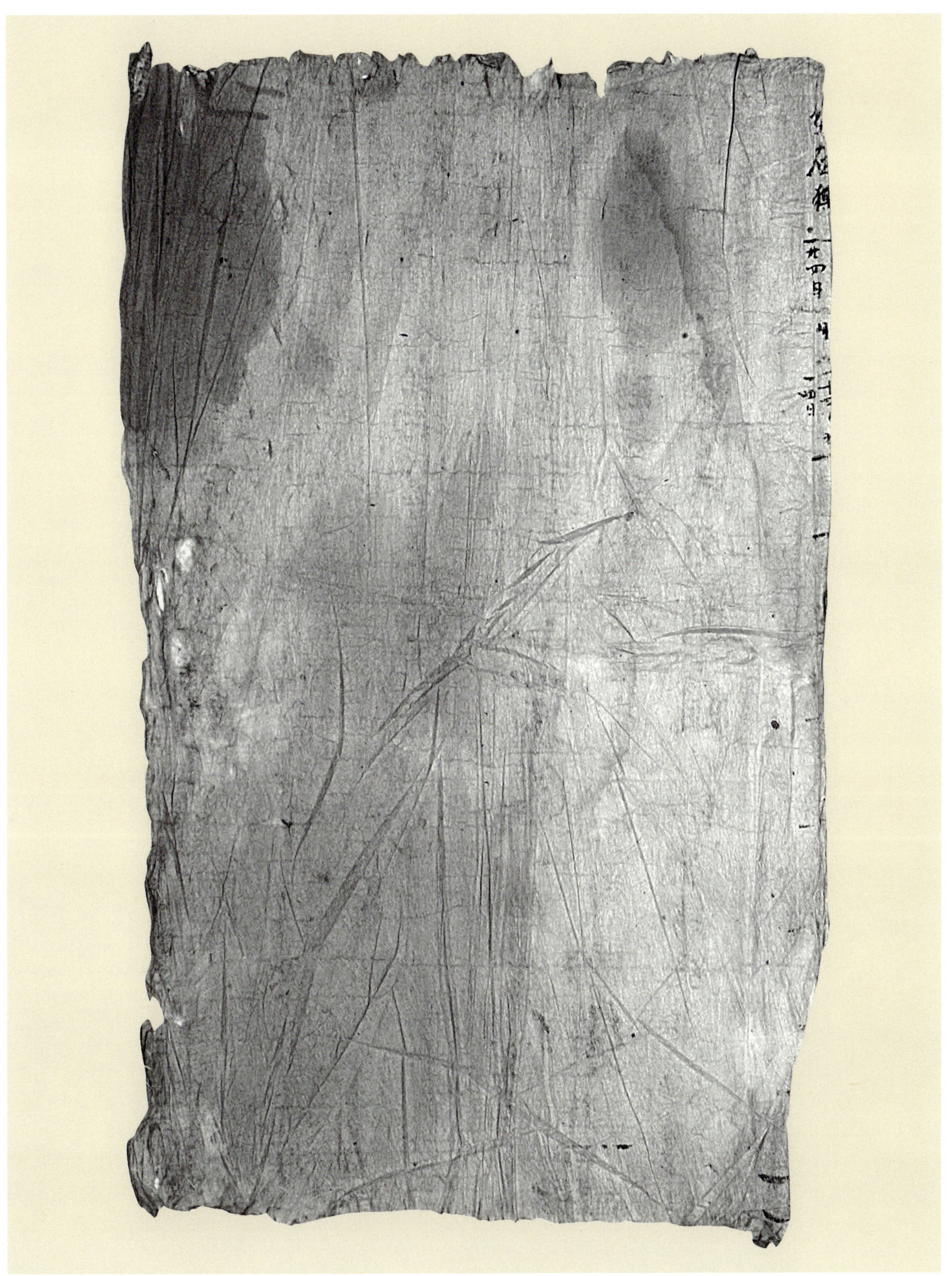

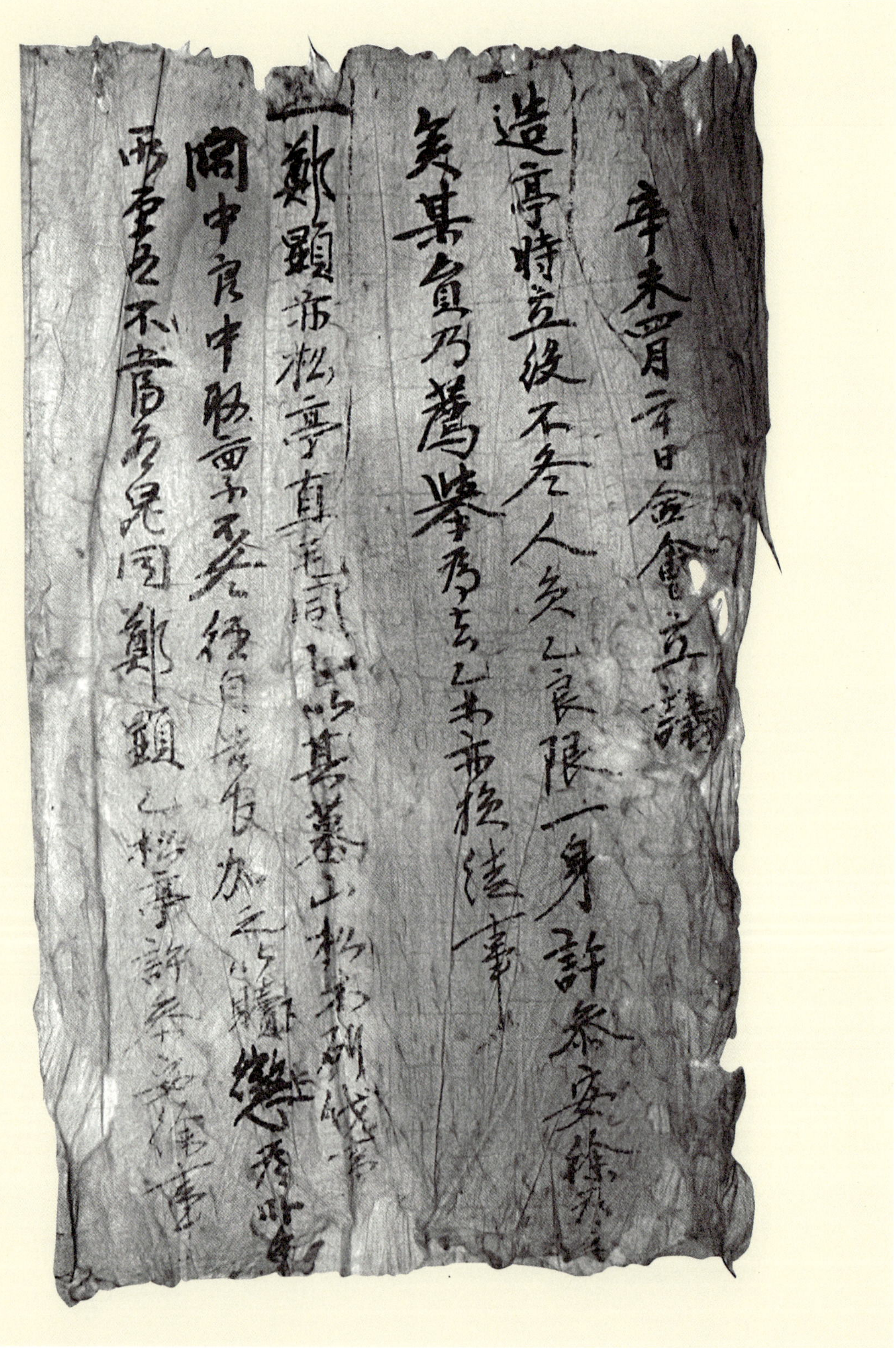

嘉靖三十九年庚申五月日立議

一 松亭依畓加耕打量依當人名户分錄卜數

一 依户錄卜數仍執私耕謀計者(告官論罪後)子孫至洞中削迯

一 射亭四面及畓四標割耕者永永擯逐常人告官治罪者

一 松亭漏雨處有司看審改瓦不能則下罰

一 凡聚會時下有司先到亭内及前後階洒掃不能則或水或酒從時罰

一 畓所出有司二員分掌春秋講信事

一 依畓未參人自願入屬者入屬禮辦依[illegible]

後許參事

一 言辭不恭陵慢長上者栢松斫伐者皆上罰

一 防等及禁表處有司年年加等不合加等者上罰

一 凡聚會及着慰無故不參者濁酒一盆出罰

一 晩到早出者坐次紛亂者喧譁者或水或酒時罰

一 喪事扶助壯奴一名後事下有司着檢不送及者罰依

着慰不參例

一 損徒人行解損禮後許參

一 與損徒人作黨遨遊松亭者罰依損徒人例

上罰清酒三盆濁酒三盆大行果四

參奉崔彌孫
參奉宋世彦
訓導權士衡
參奉李鈴
別侍衛韓琛

[illegible]
十七日 正月初一日 三月初五日 十月十九
日 三月廿九日 七月十三日 九月十八日
二月初一日 十二月初十日 十月三十日 六月初四日
九月十四日 十二月廿三日 三月初三日 二月初
四日 三月十五日 八月十六日
正月廿一日 十一月廿五日 十月廿八日 二月廿九日
九月十三日 正月廿日 七月廿七日 十一月初十日
十二月廿四日 十月十三日
六月廿二日 三月十三日 六月初二日 六月廿九日
九月廿五日 十二月廿六日 八月十四日 八月廿六日
七月十四日 十二月廿六日 五月初九日
三月十三日 [illegible]
[illegible]

參奉 宋世豪

忠義衛 柳敬

參奉 朴應良

縣監 朴居仁

參奉 許世銓

六月廿六日 七月廿七日 十一月初十日 二月初三日

六月初二日 九月廿五日 十月初二日 七月廿二日

正月廿一日 十一月六九日十一四十三日

正月十九日 二月初五日 正月廿日 七月十五日

十二月十二日 七月十一日 三月十三日 四月廿三日

六月十六日 十一月廿六日 正月初七日

七月初九日 十二月廿二日 三月初十日 五月十九日

九月初五日 正月十二日 八月十四日 八月廿六日

五月初九日

正月初三日 正月十八日 二月初九日 三月十九日

三月廿日 五月十三日 六月十三日 六月十九日

十二月初四日 十一月廿二日 七月初九日 七月初二日

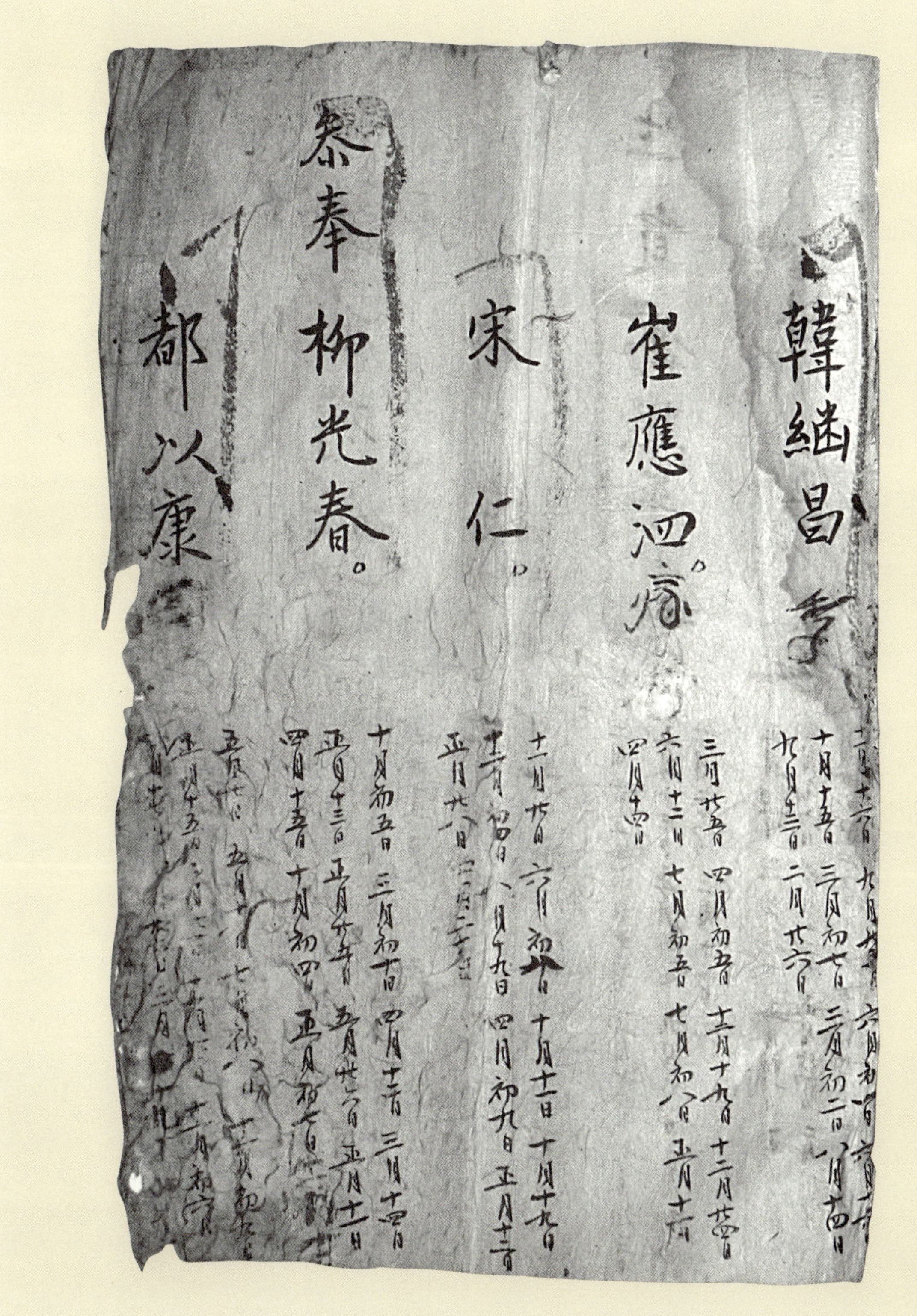

韓繼昌

崔應泗

宋仁

參奉柳光春

都以康

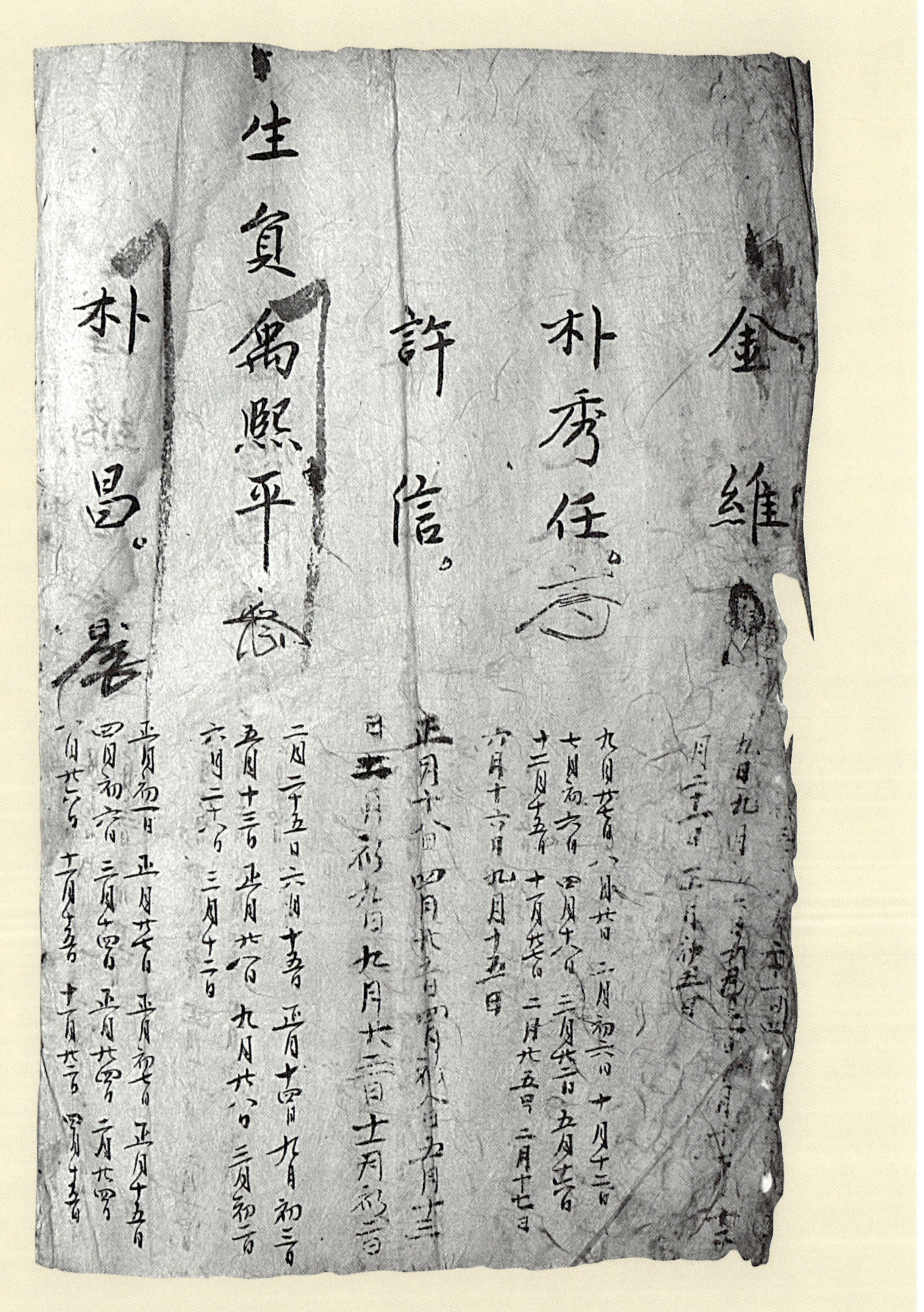

金維

朴秀任
九月廿七日 八月廿日 二月初六日 十月十二日
七月初六日 四月十八日 三月廿二日 五月廿六日
十二月十五日 十一月廿三日 二月廿五日 二月十七日
六月十六日 九月十五日

許信
正月廿八日 四月廿三日 四月初八日 五月十三日
十二月初九日 九月廿二日 十一月初二日

生員高熙平
二月二十五日 六月十五日 正月十四日 九月初三日
五月十三日 正月廿八日 九月廿八日 三月初二日
六月二十八日 三月十二日

朴昌
正月初一日 正月廿五日 正月初七日 正月十五日
四月初六日 三月十四日 正月廿四日 二月廿四日
八月廿八日 十月十五日 十月廿六日 四月十五日

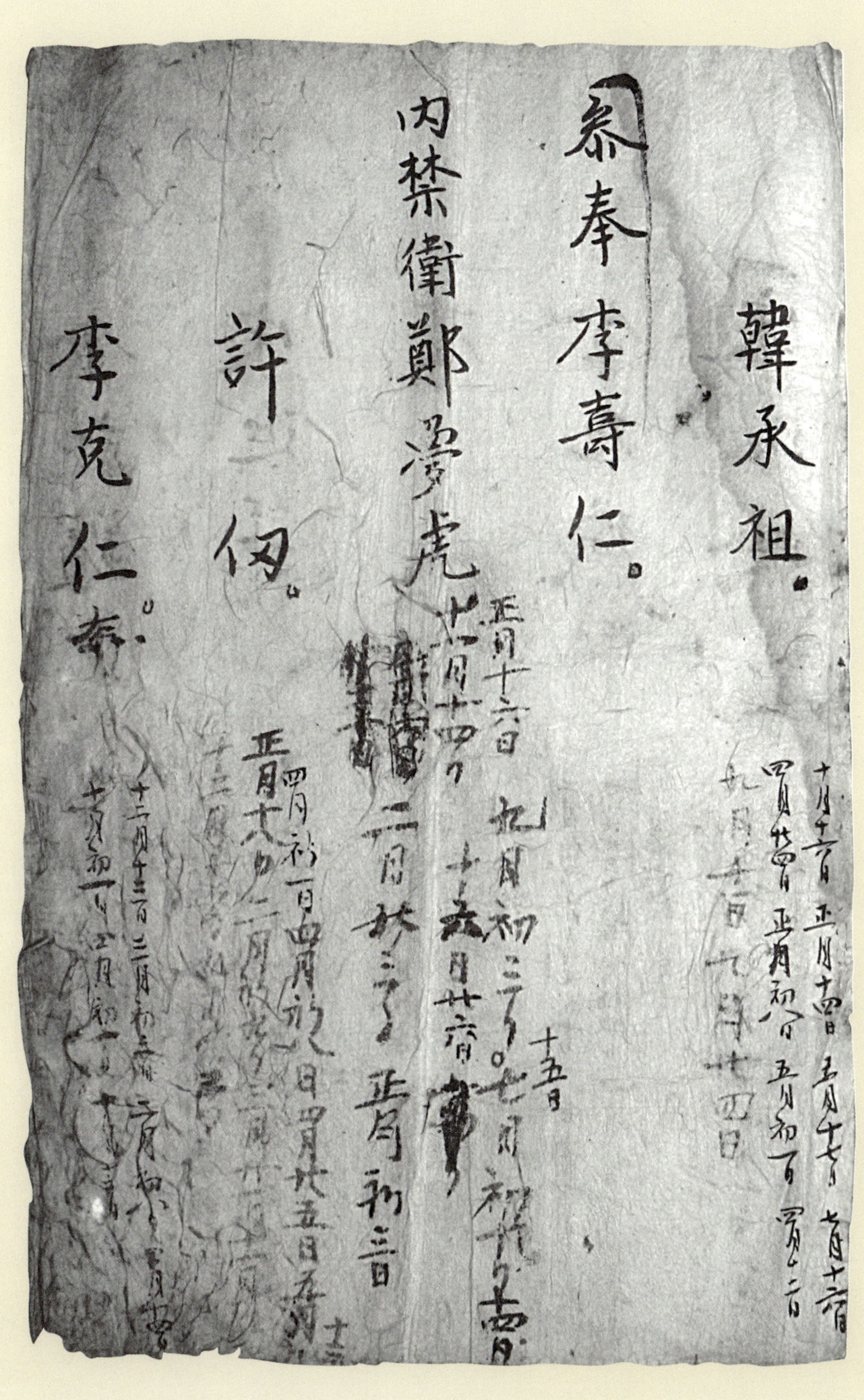

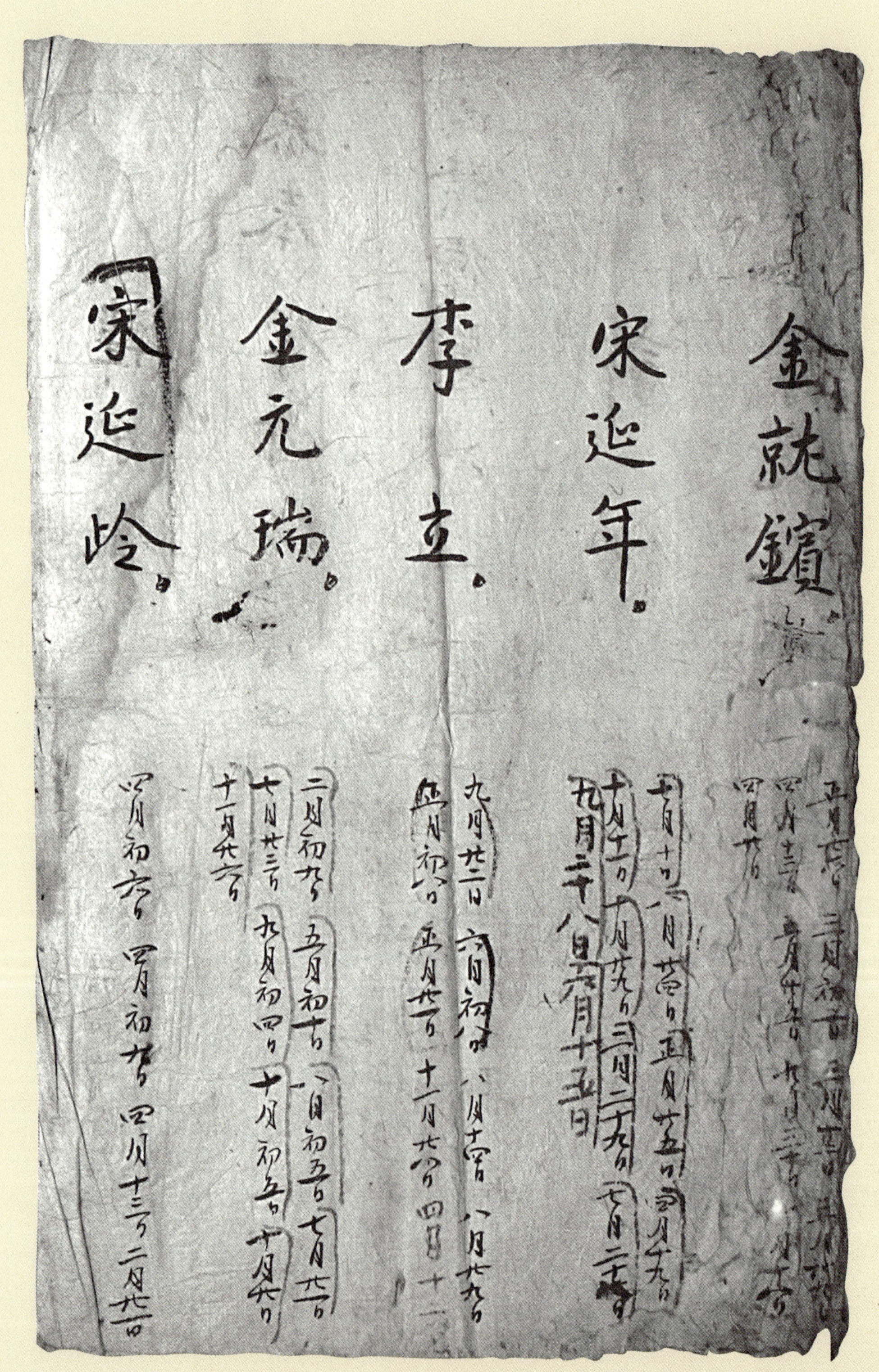
金就鑌
宋延年
李立
金元瑞
宋延岭

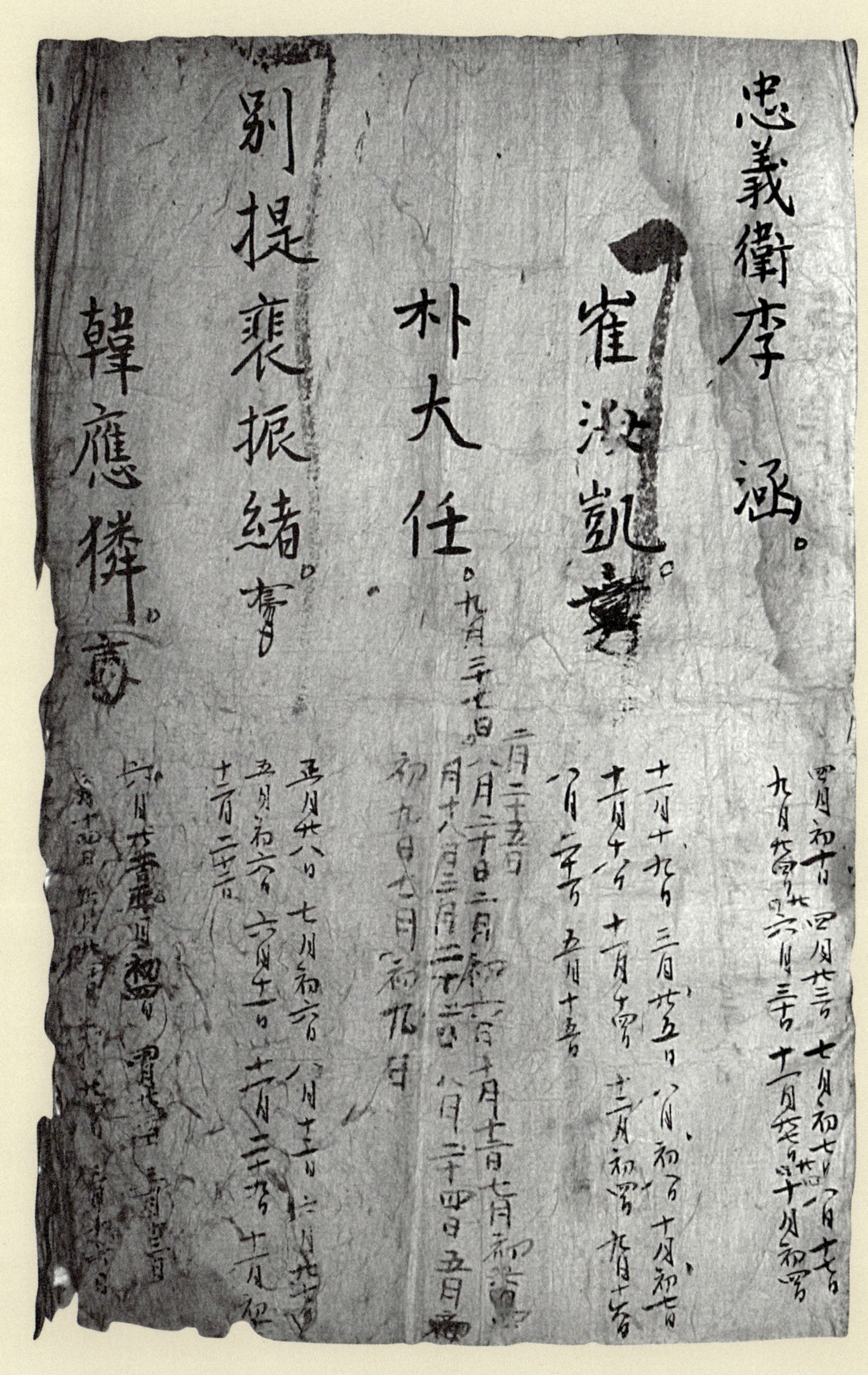

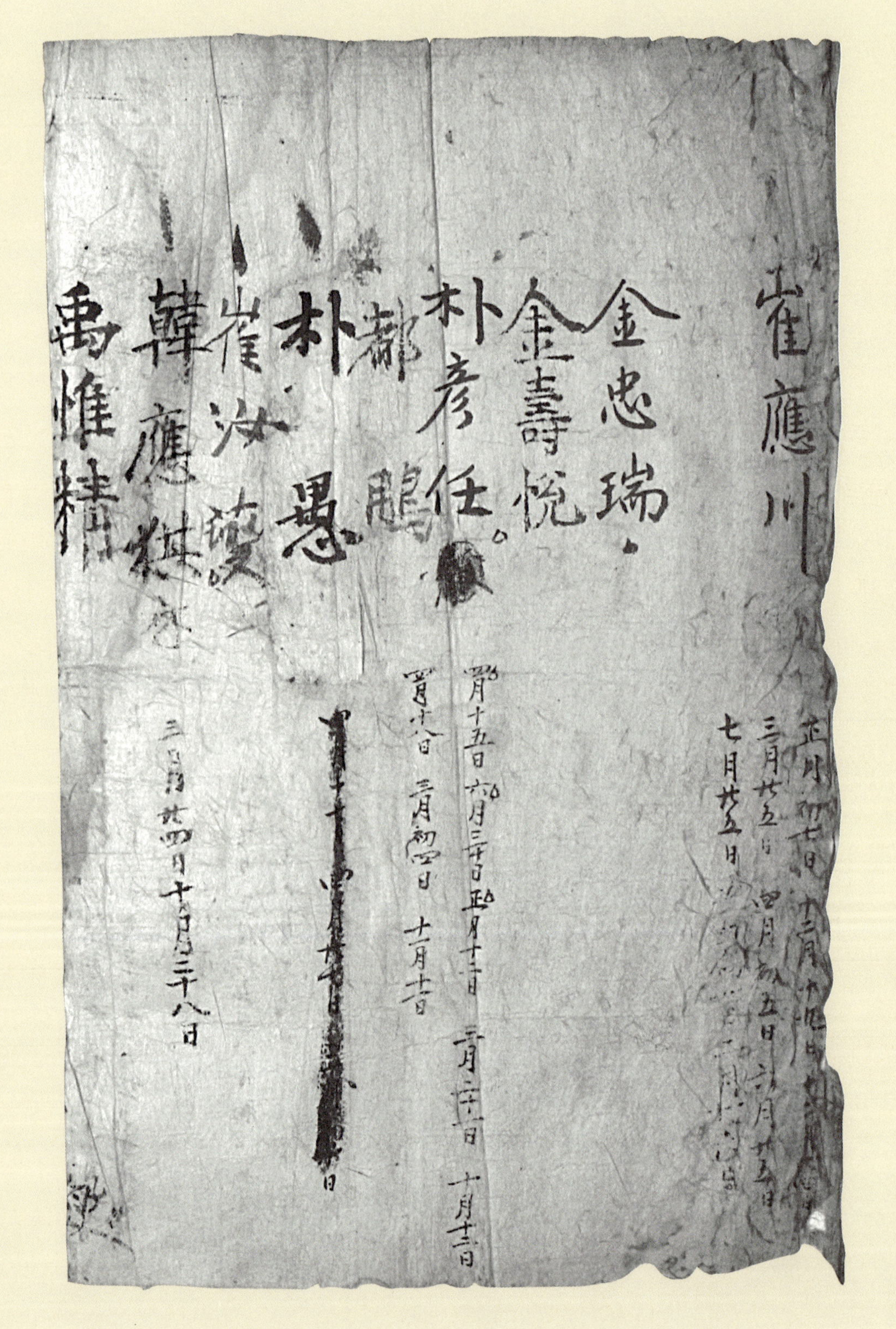

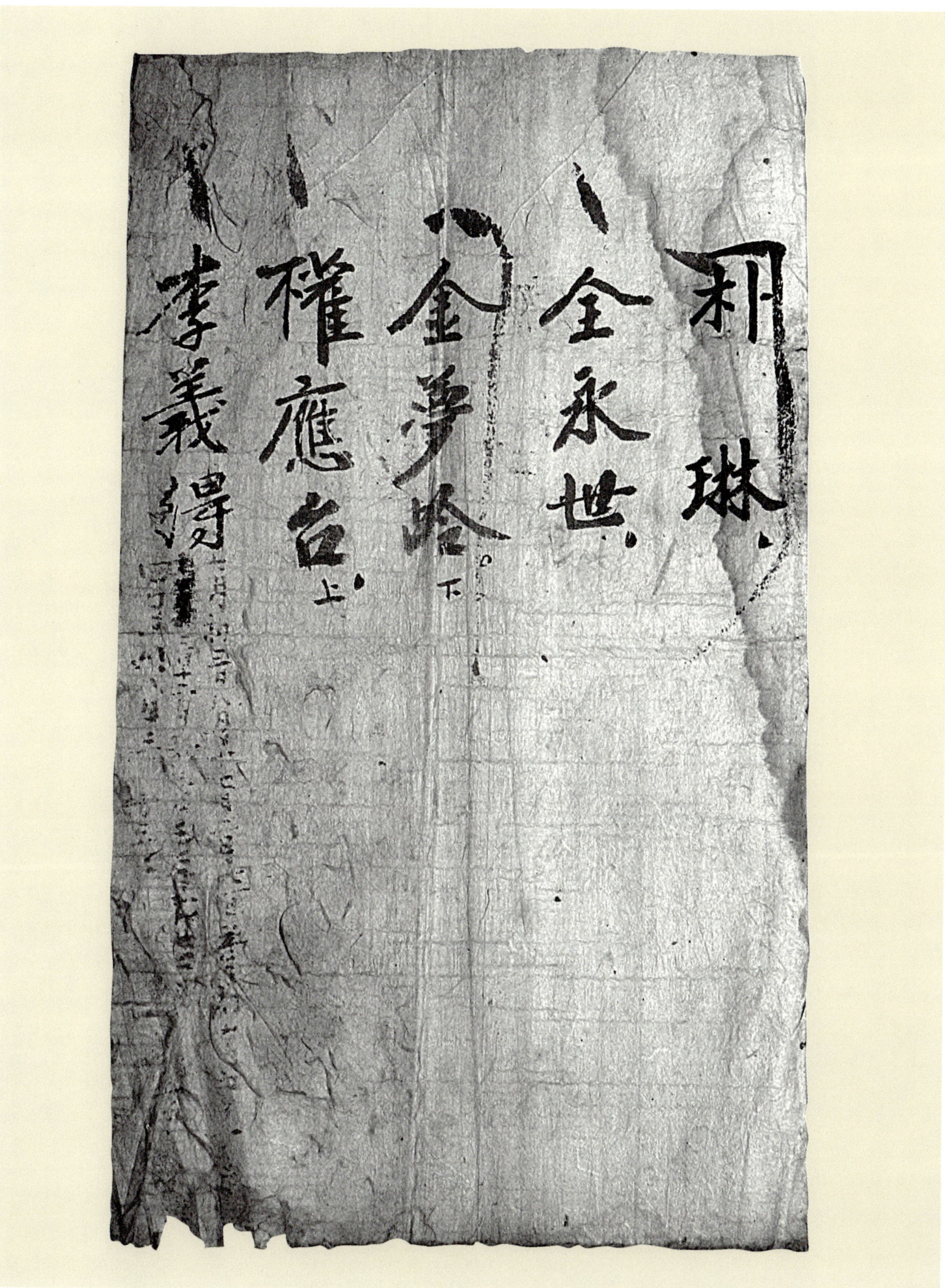

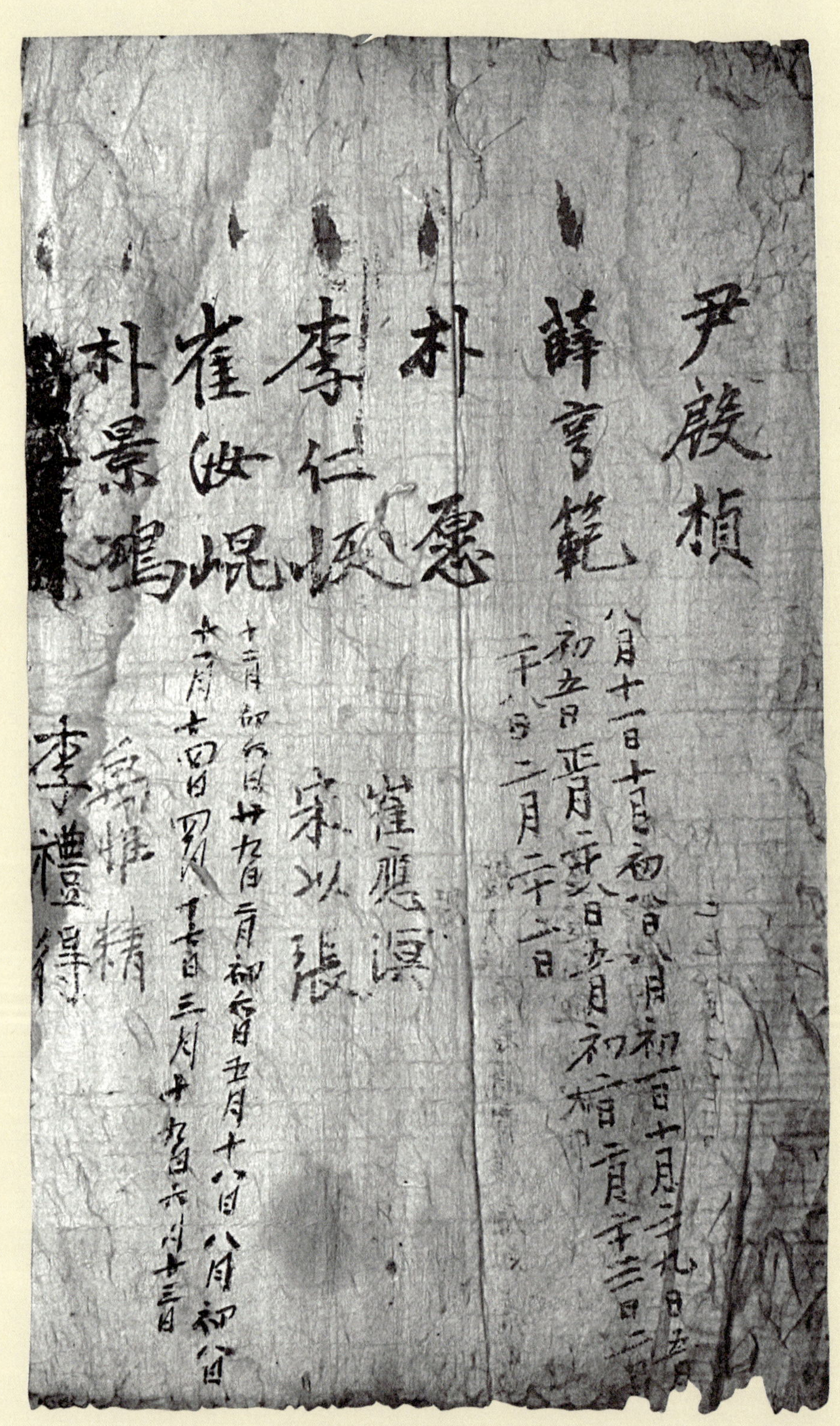

尹殷楨

薛亨範

朴憲

李仁峴

崔汝岷

朴景鳴

崔應源

宋以張

鄭惟精

李禮得

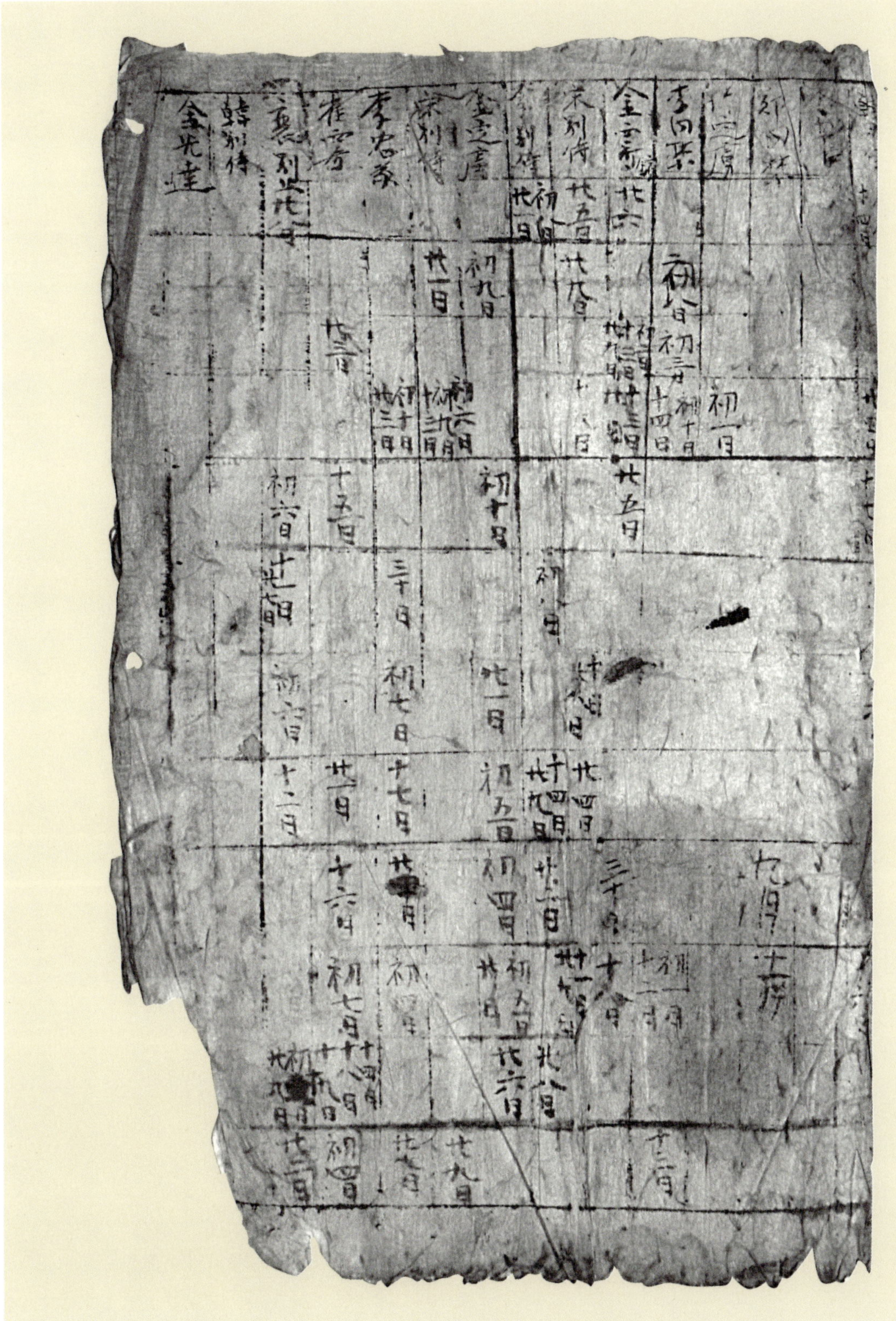

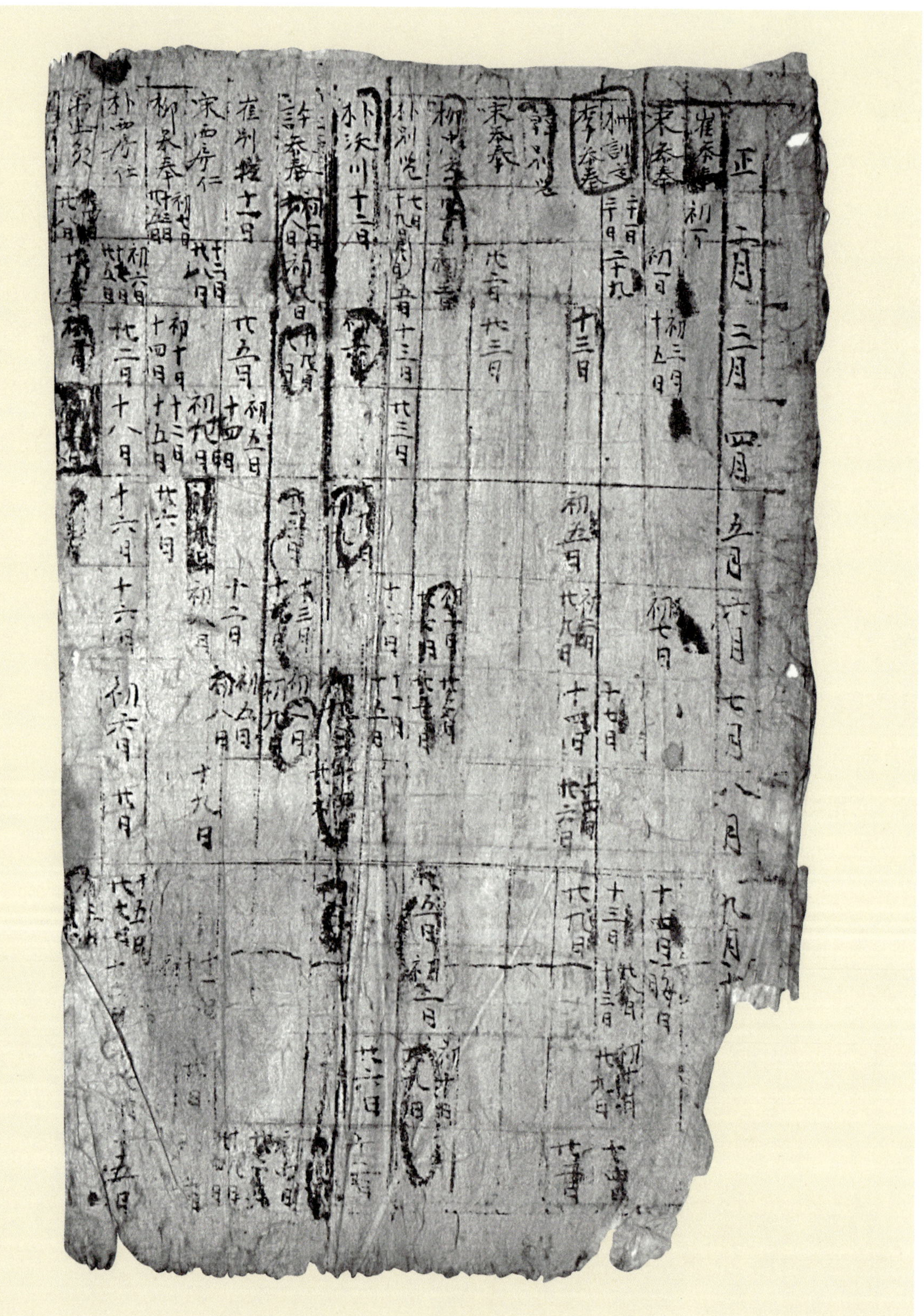

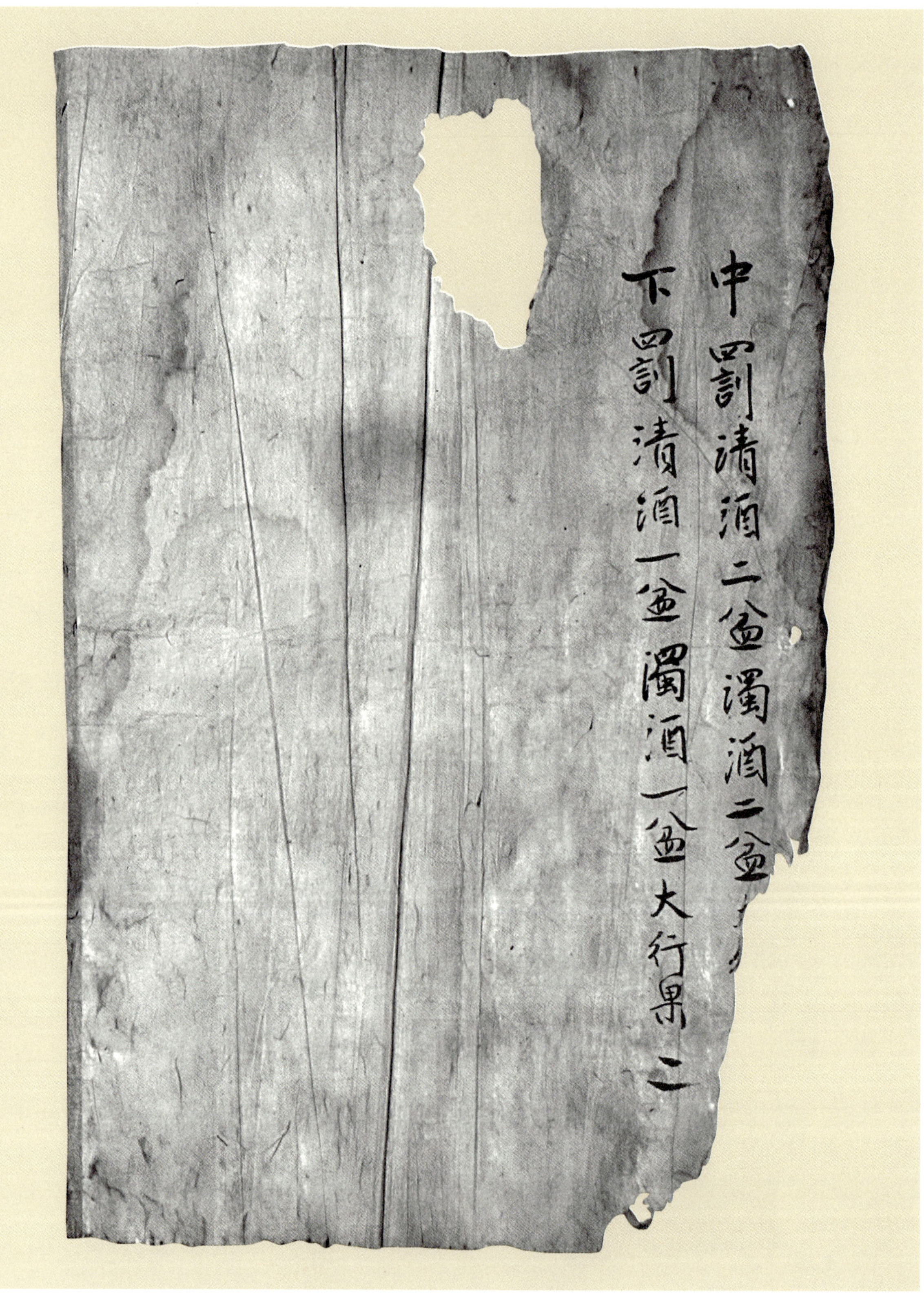
中罰淸酒二盆濁酒二盆
下罰淸酒一盆濁酒一盆大行果二

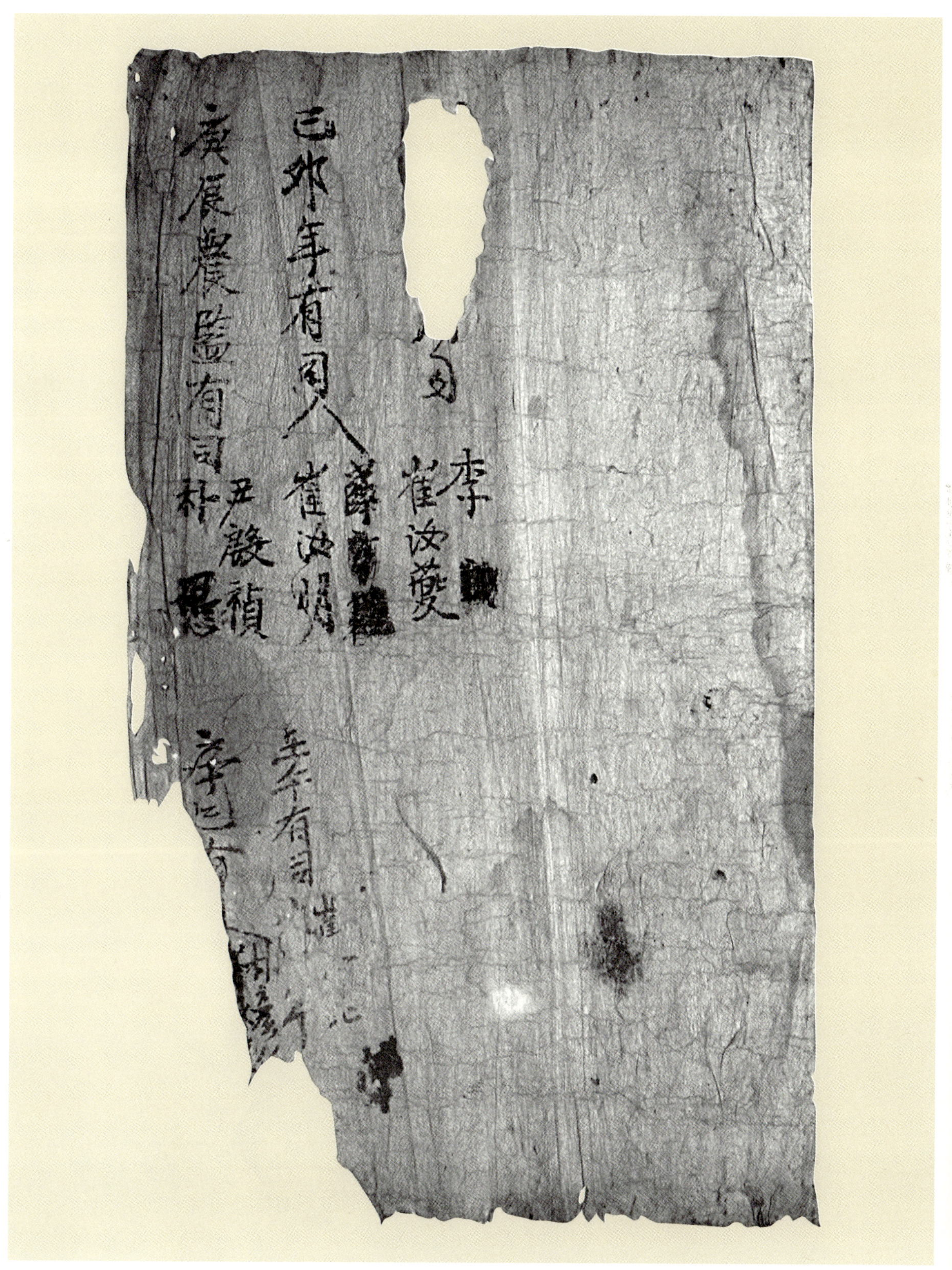
己卯年有司人
庚辰農監有司

松亭立議

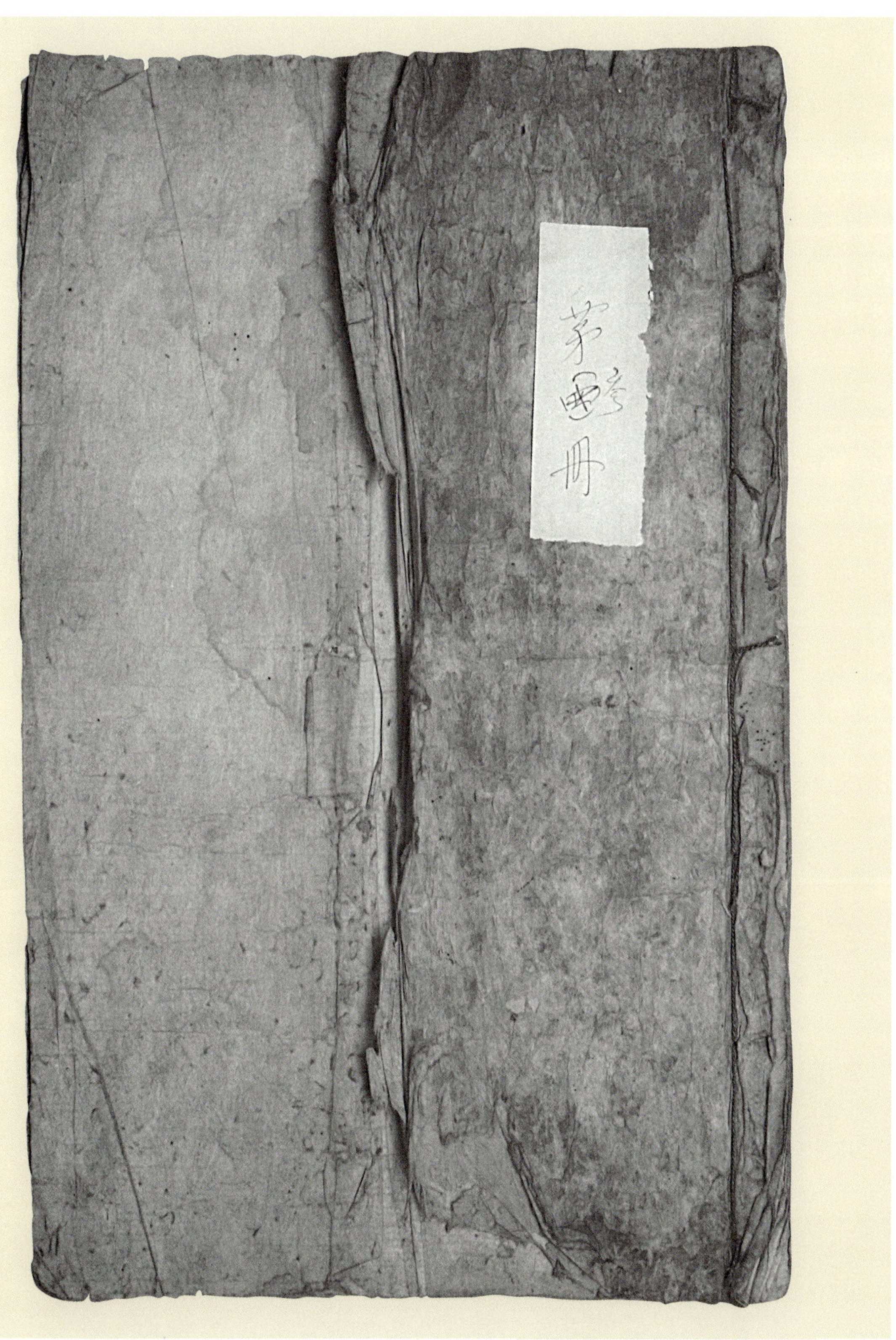

萬曆十一年癸未九月日 立議

一 松亭作畓加耕打量作畓人各戶分錄卜數

一 依戶錄卜數仍執私耕謀計者告官治罪

後子孫至洞中削迹事

一 射亭四面及畓四標割耕者衆衆損傷

常人告官治罪者

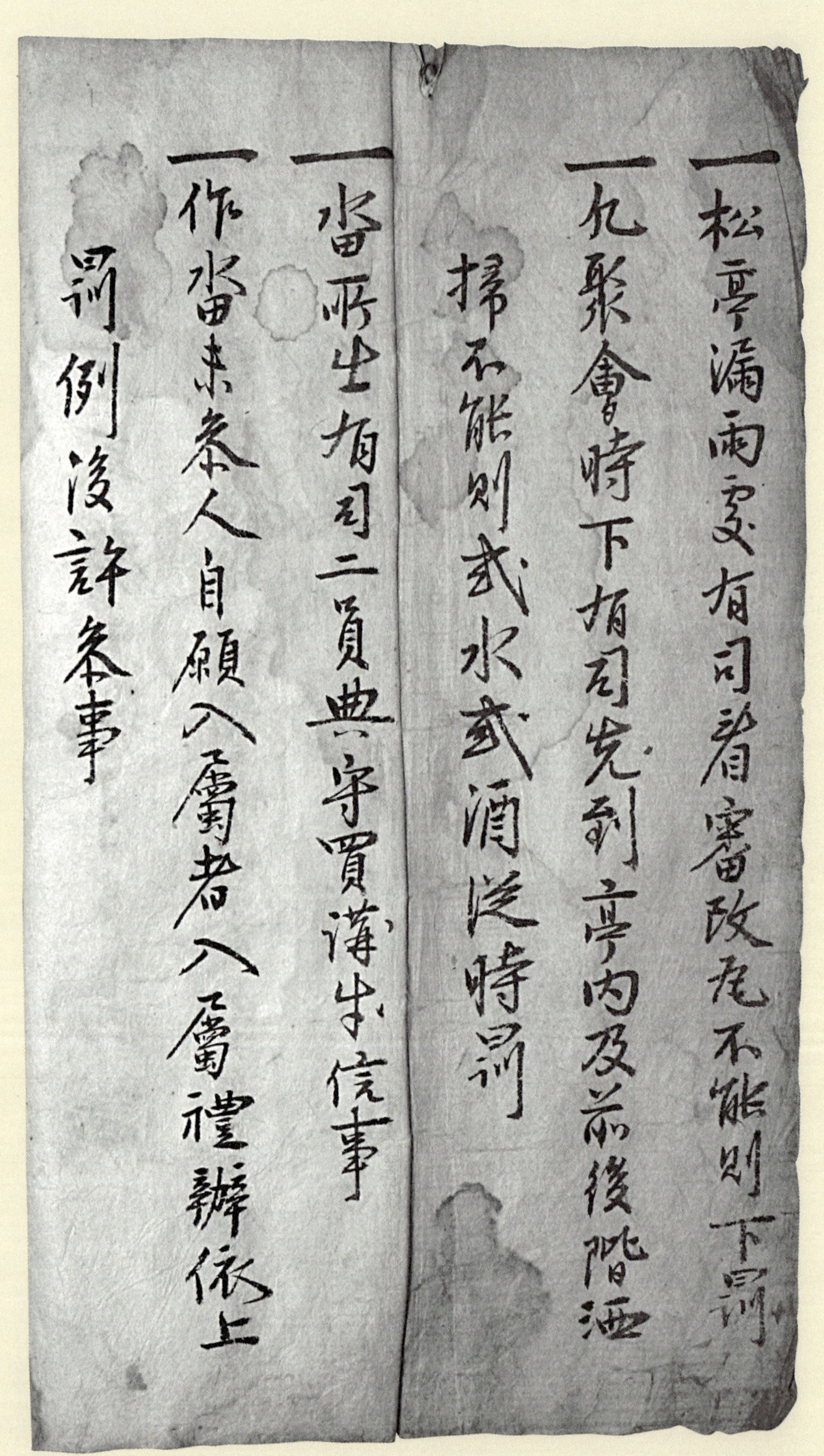
一松亭漏雨處有司看審改瓦不能則下罰
一凡聚會時下有司先到亭內及前後階灑
掃不能則貳水貳酒從時罰
一畓所出有司二員典守買薄出債事
一作畓未參人自願入屬者入屬禮辦依上
罰例後許參事

一 言辭不恭陵慢長上者都松所伐者皆上罰

一 防築及禁表爰植司年々分築不合分
等者上罰

一 凡聚會及看尉無故不參者濁酒一盃
罰

一 晩到早出者坐次紊亂者[illegible]式

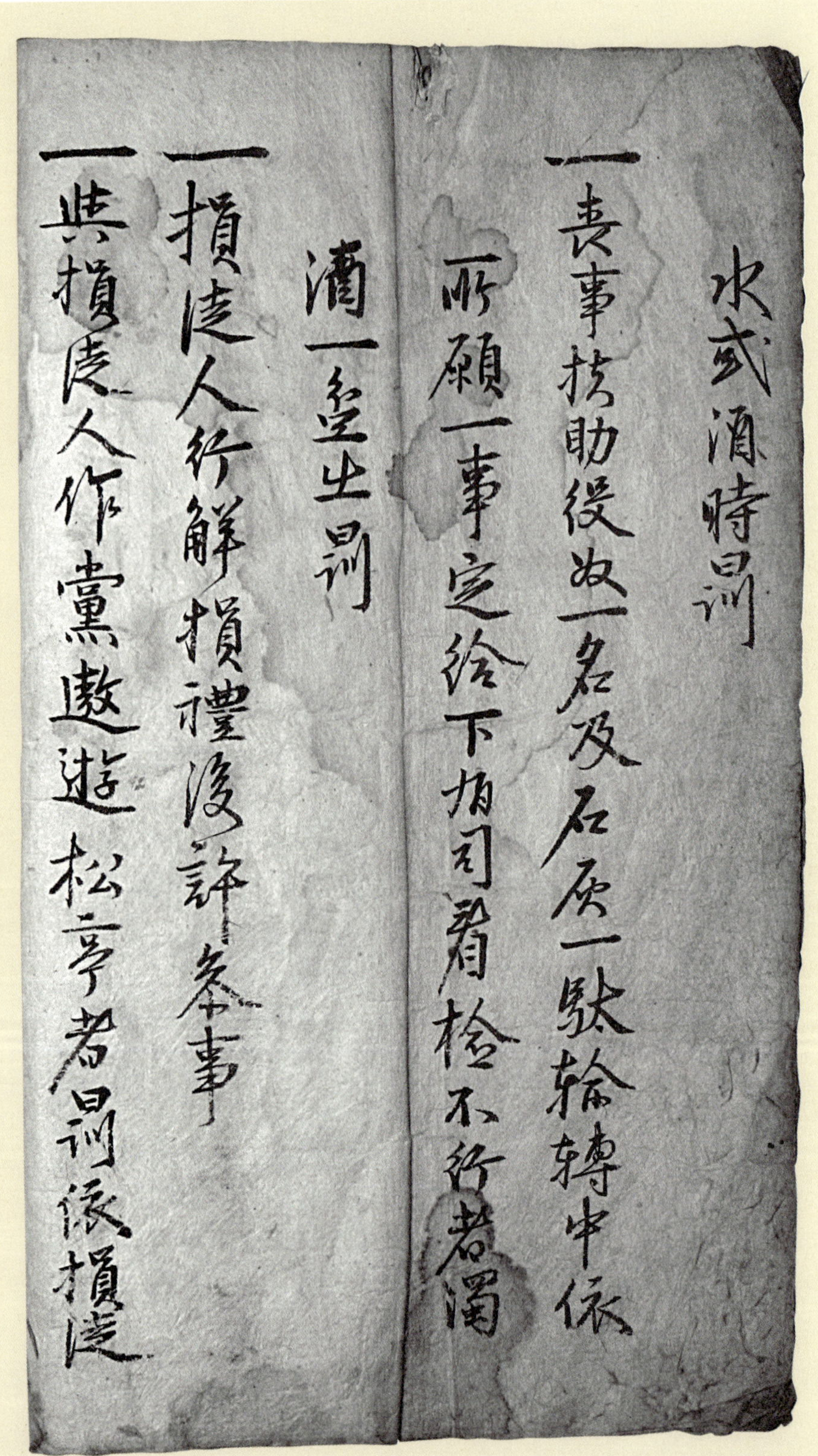

次式酒時罰

一 喪事扶助役奴一名及石灰一馱輸轉中依所願一事定給下有司看檢不行者罰酒一盆出罰

一 損徒人行解損禮後許參事

一 與損徒人作黨遨遊松亭者罰依損徒

人例

一登席一主備生達令員則行酒一盃致罰事

一坐參員牛隻講信時論價代用事條

一凡着慰時衆所共知篤病忌日外私頉人則壹果毛羽鱗備呈事

一東床及新參禮時各持自捧盤果依行
事

上罰清酒三盆濁酒三盆大行果四

中罰清酒二盆濁酒二盆大行果三

下罰清酒一盆濁酒一盆大行果二

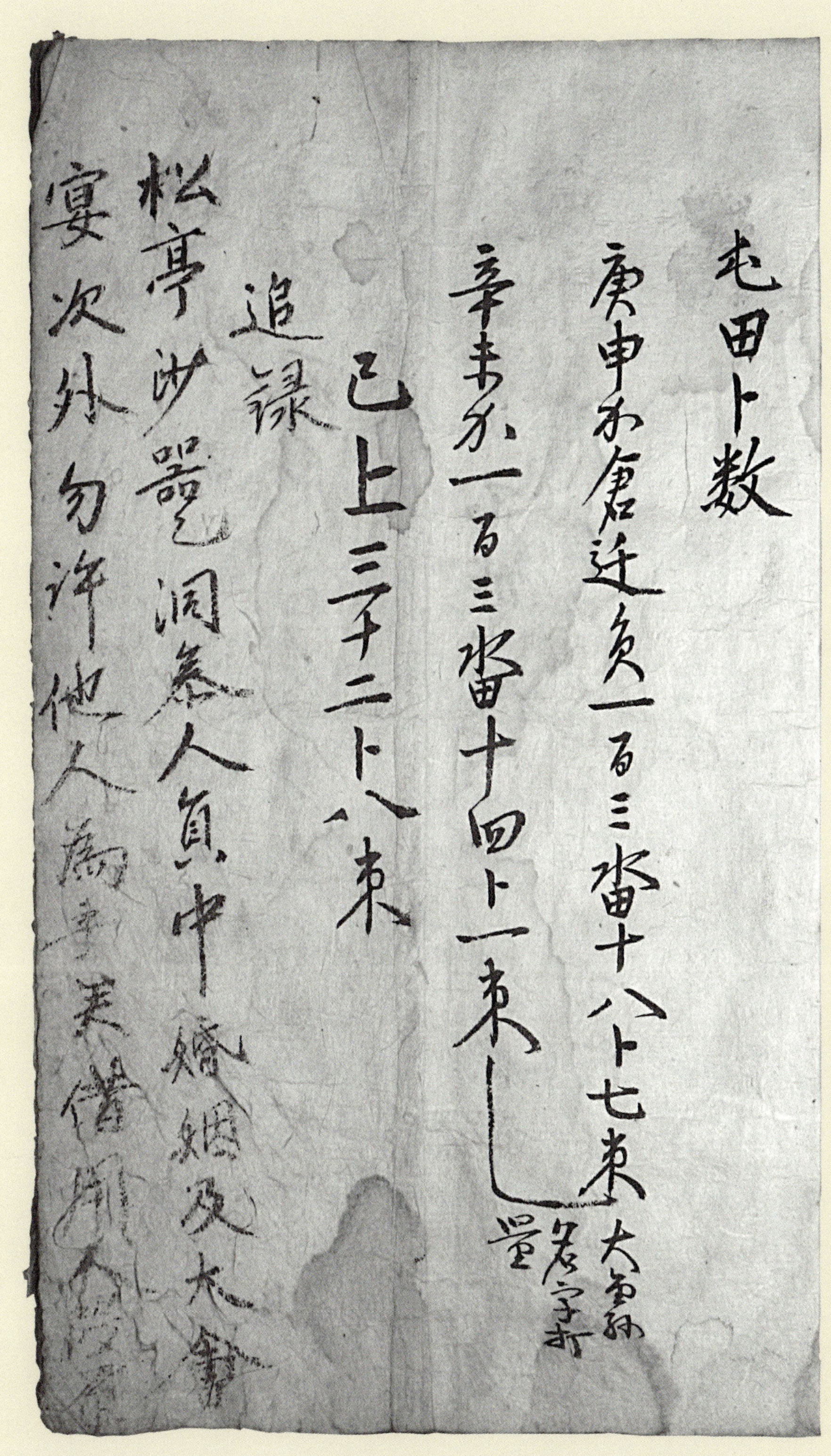
屯田卜數

庚申秋倉廷負一百三畓十八卜七束 大[illegible]名字打量

辛未秋一百三畓十四卜一束

已上三十二卜八束

追錄

松亭沙器洞契人員中婚姻及大會

宴次外勿許他人爲手[illegible]借用[illegible]

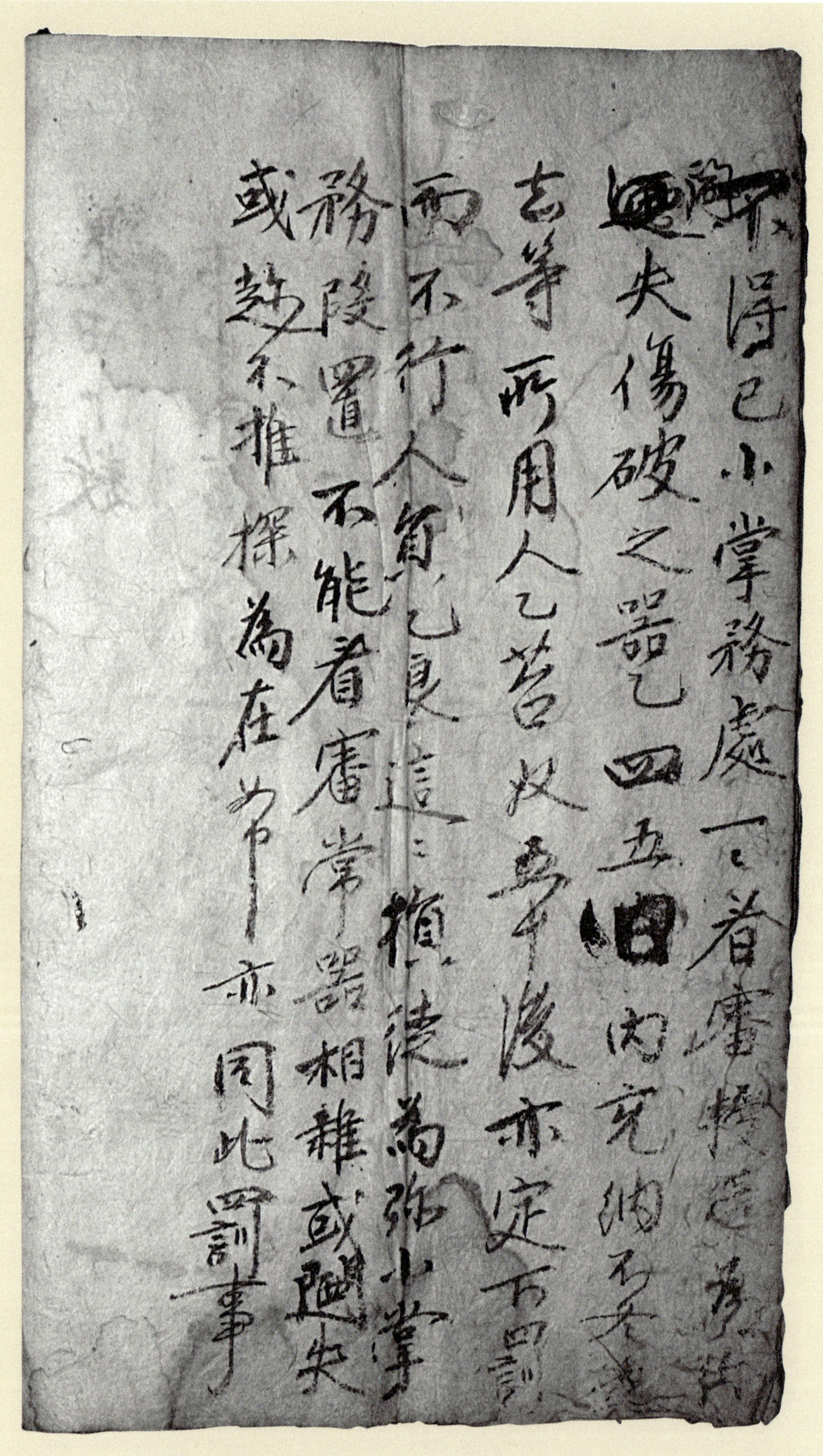

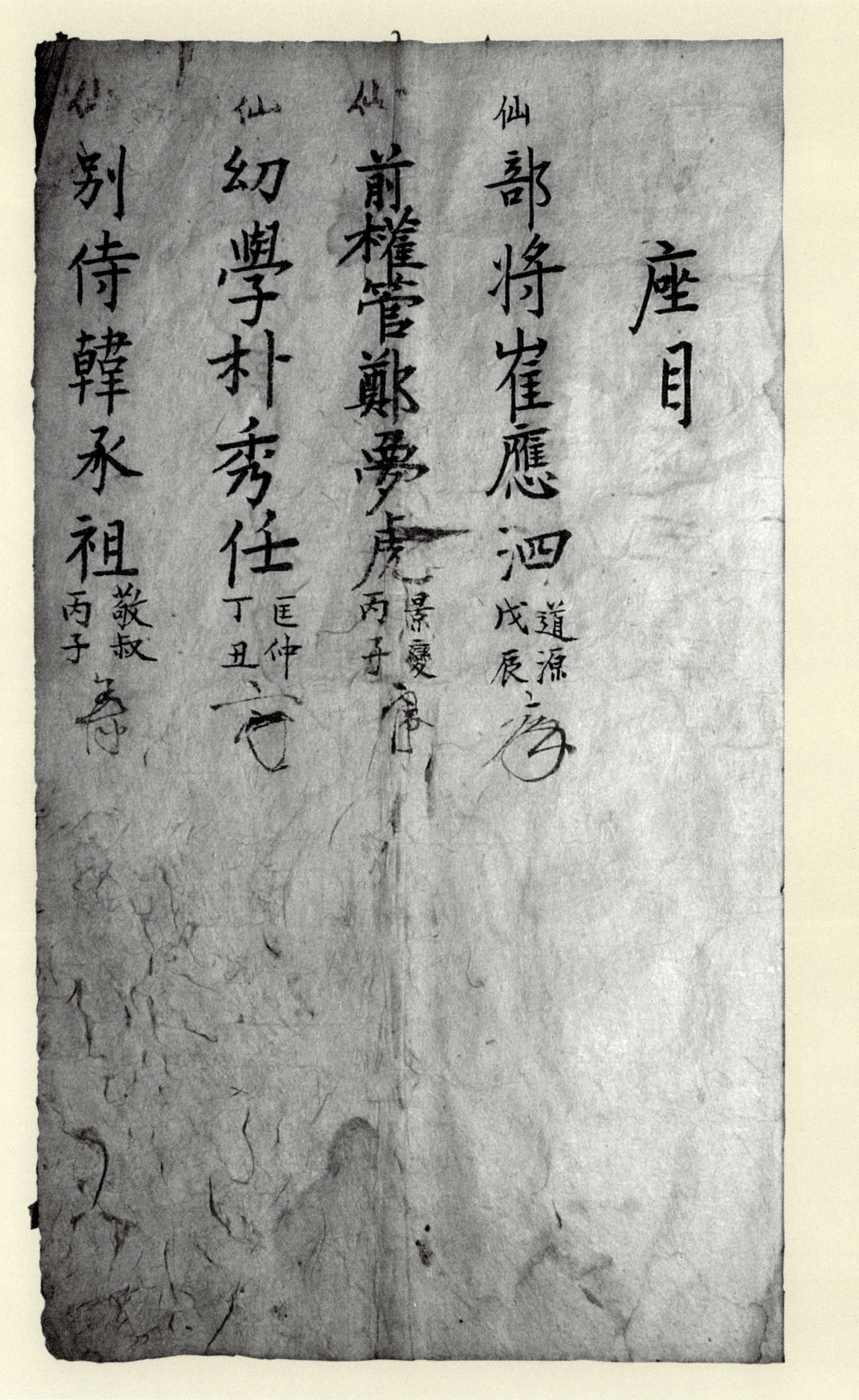
座目
仙 部將崔應泗 道源 戊辰
仙 前權管鄭夢虎 景夔 丙子
仙 幼學朴秀任 匡仲 丁丑
仙 別侍韓承祖 敬叔 丙子

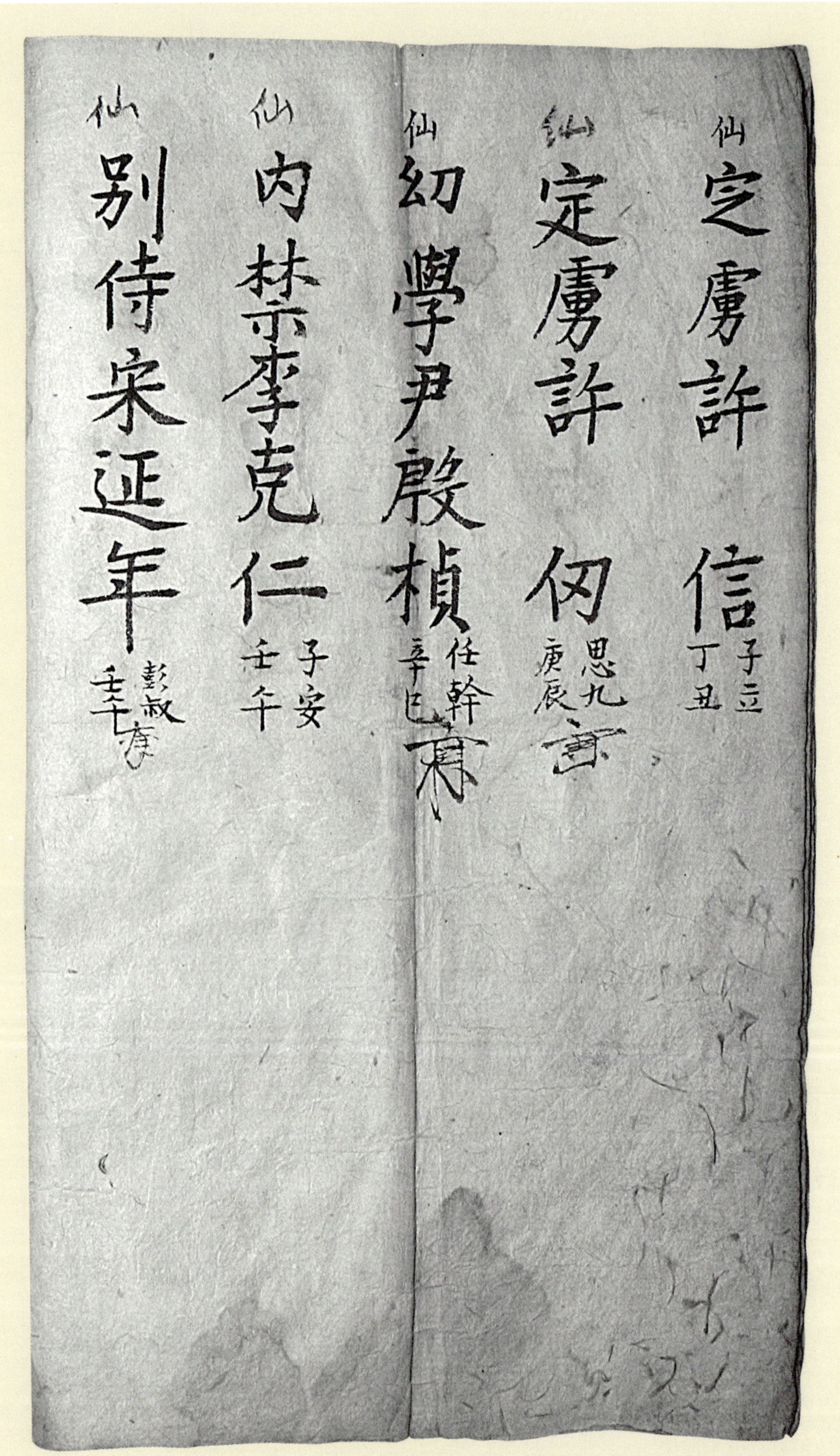

仙 定虜 許信 子立 丁丑

仙 定虜 許仍 思九 庚辰

仙 幼學 尹殷楨 任幹 辛巳

仙 內禁 李克仁 子安 壬午

仙 別侍 宋廷年 彭叔 壬午

仙 忠義李涵 彦澄 丙戌

仙 定虜金允瑞 景休 丙戌

仙 別侍李立 信卿 丙戌

仙 萬戶朴大任 正仲 庚寅

仙 定虜韓應麟 而瑞 壬辰

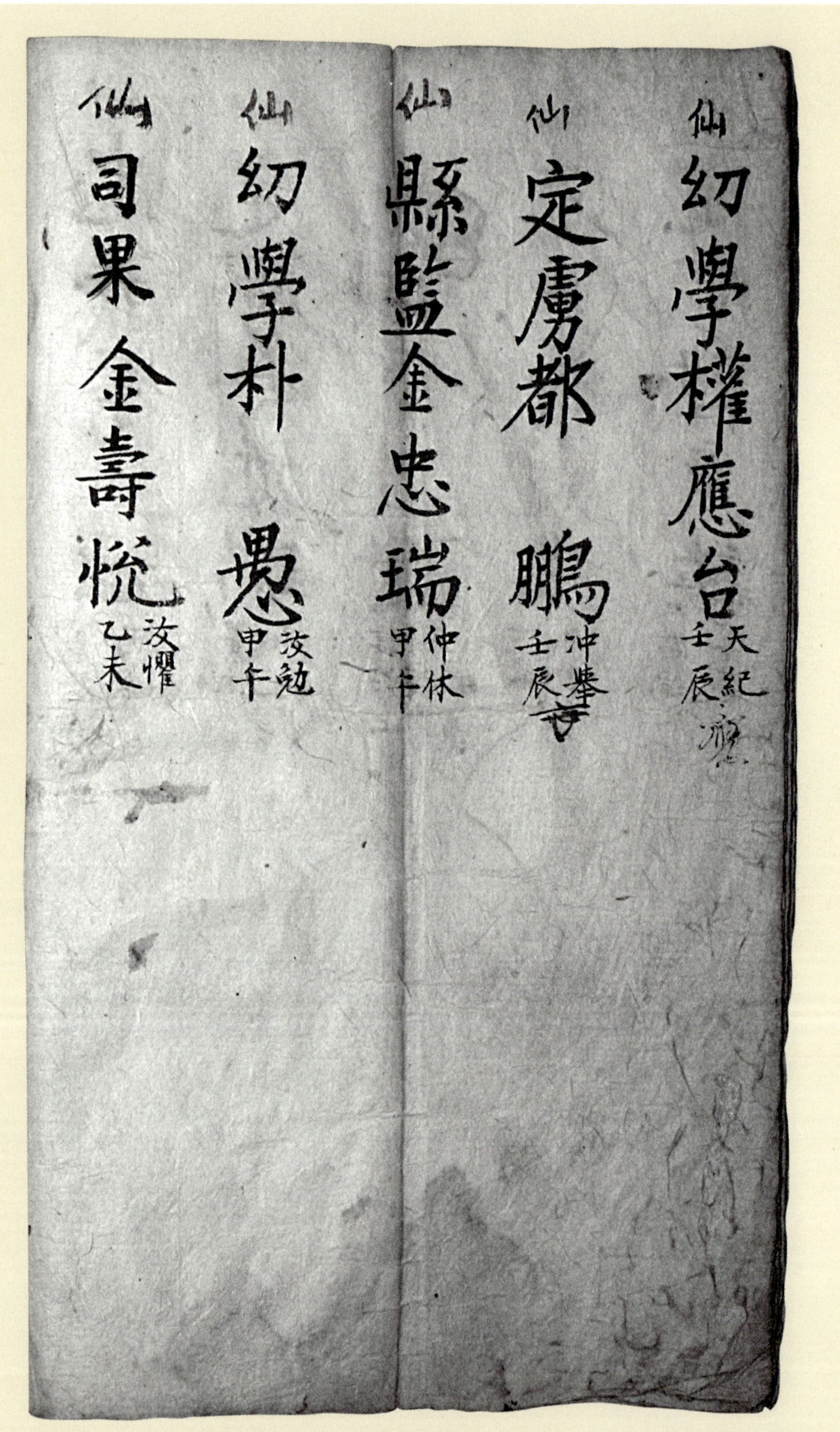

仙 幼學權應台 天紀 壬辰

仙 定虜都 鵬 冲擧 壬辰

仙 縣監金忠瑞 仲休 甲午

仙 幼學朴 愚 汝勉 甲午

仙 司果金壽怳 汝懼 乙未

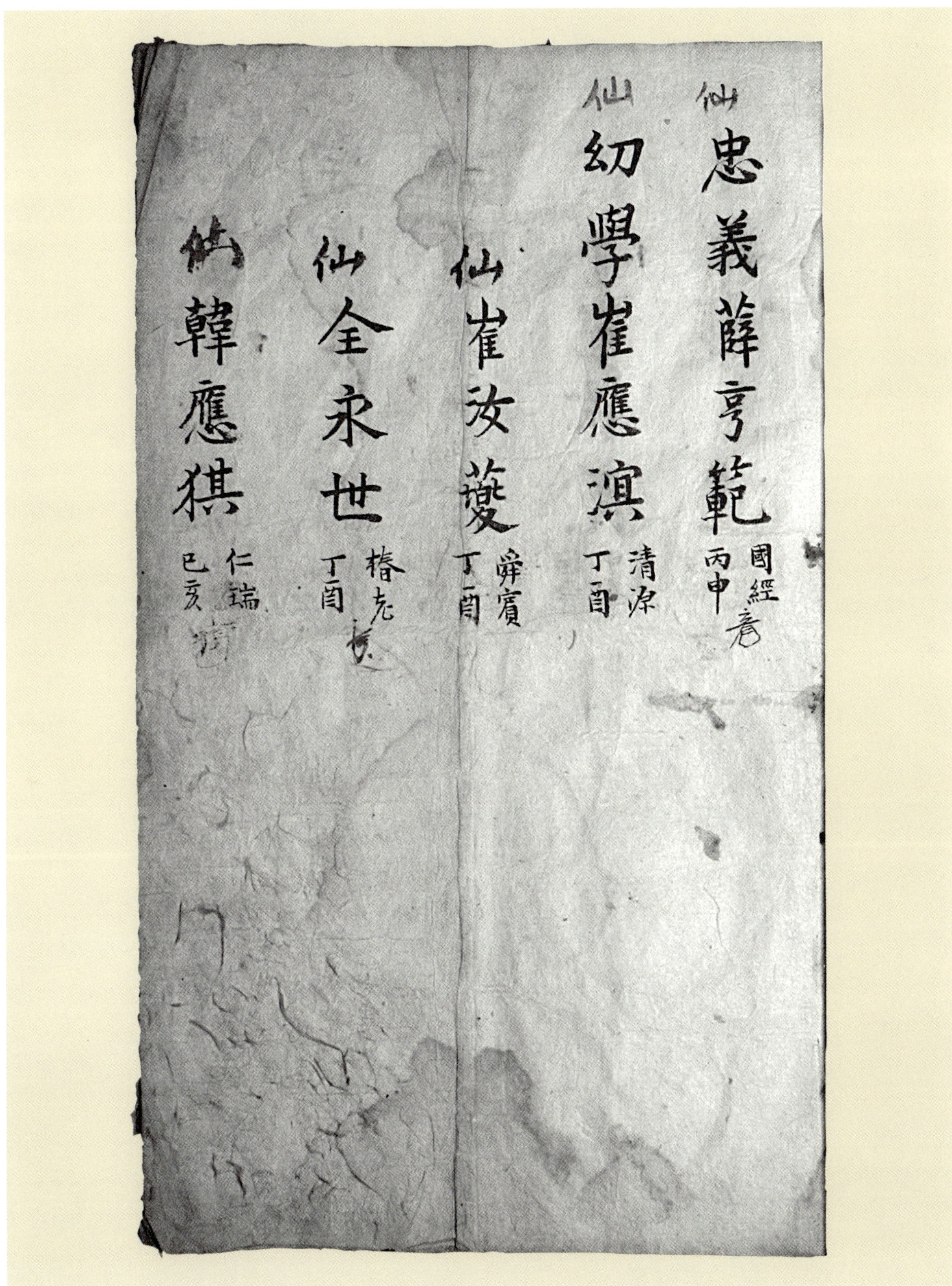

仙 忠義薛亨範 國經 丙申

仙 幼學崔應濵 清源 丁酉

仙 崔汝夔 舜賓 丁酉

仙 全來世 椿先 丁酉

仙 韓應祺 仁瑞 己亥

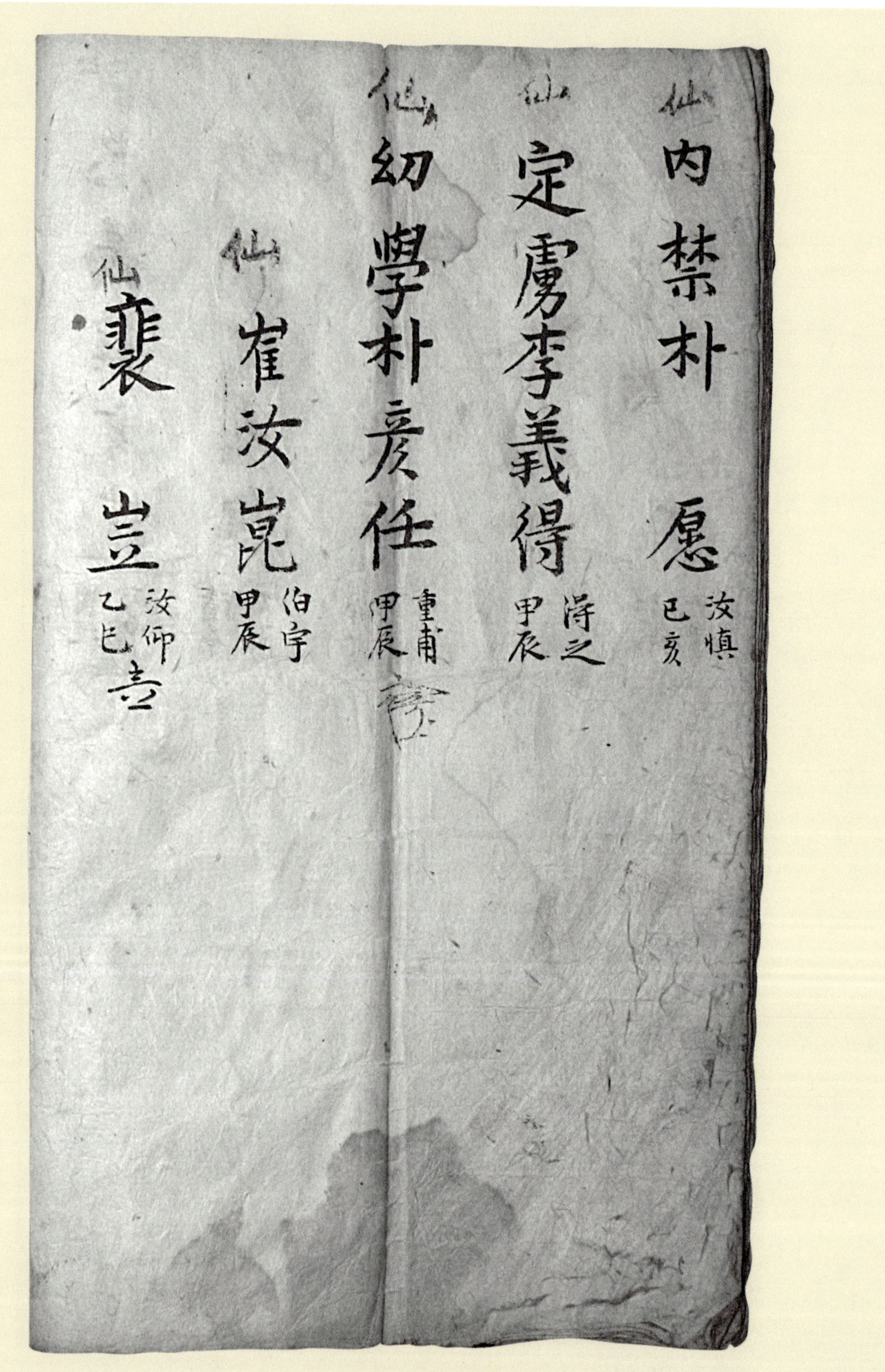
仙
內禁朴 愿
汝愼
己亥
仙
定虜李義得
得之
甲辰
仙
幼學朴彥任
重甫
甲辰
仙
崔汝崑
伯守
甲辰
仙
裵 豈
汝仰
乙巳

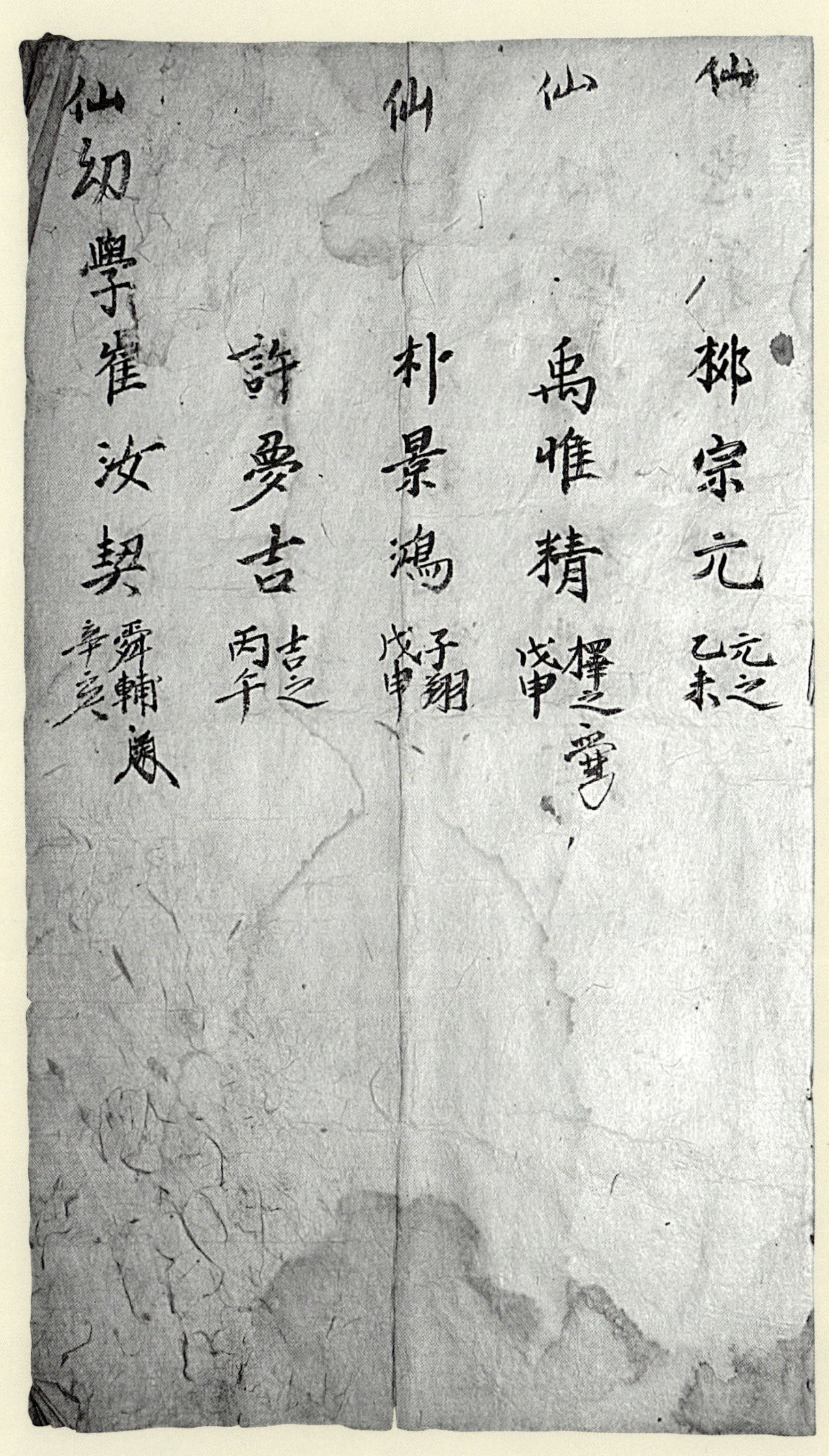

仙 鄭宗元 元之 乙未

仙 禹惟精 檡之 戊申 璽

仙 朴景鴻 子翊 戊申

許夢吉 吉之 丙午

仙 幼學 崔汝契 舜輔 辛亥 願

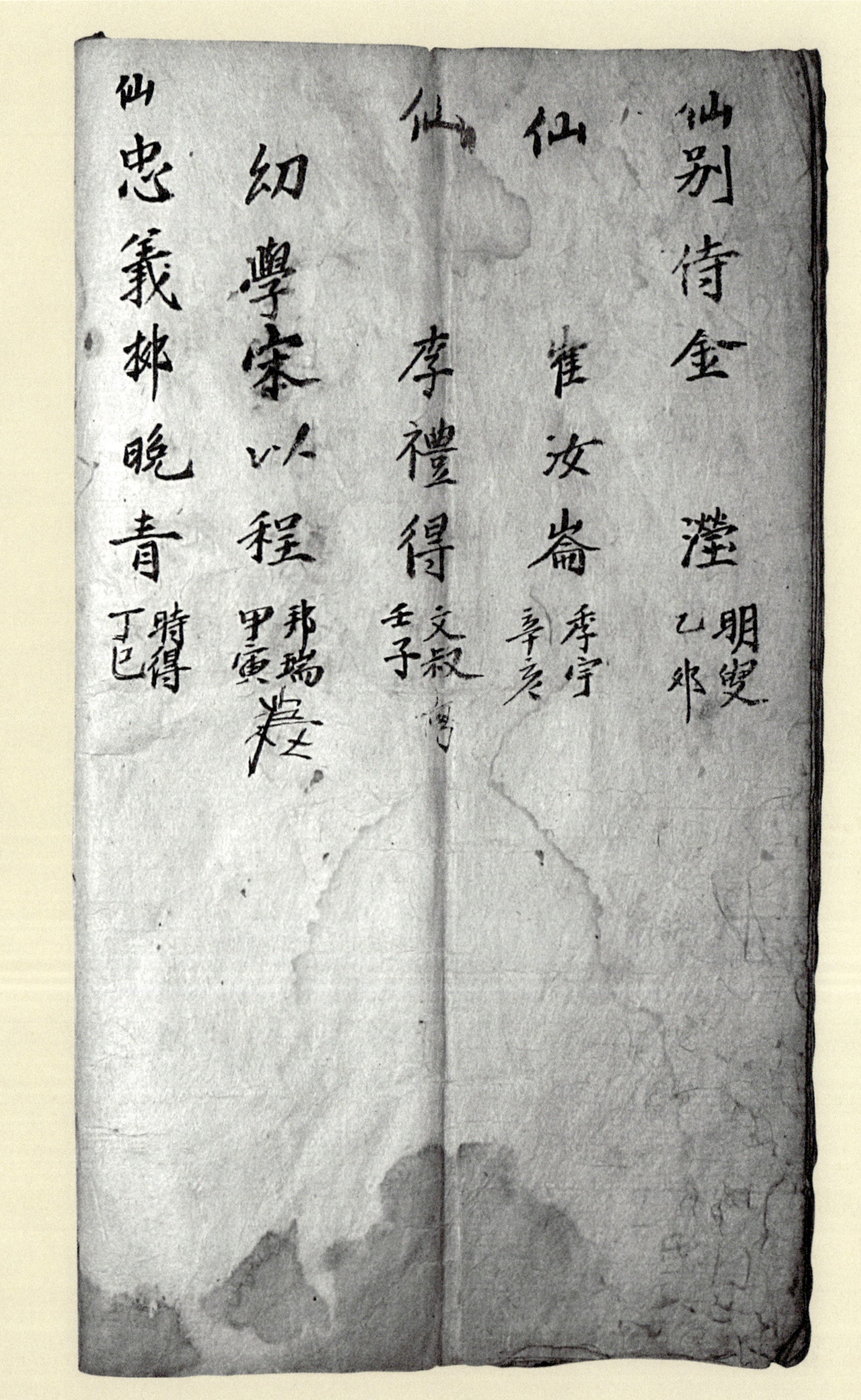

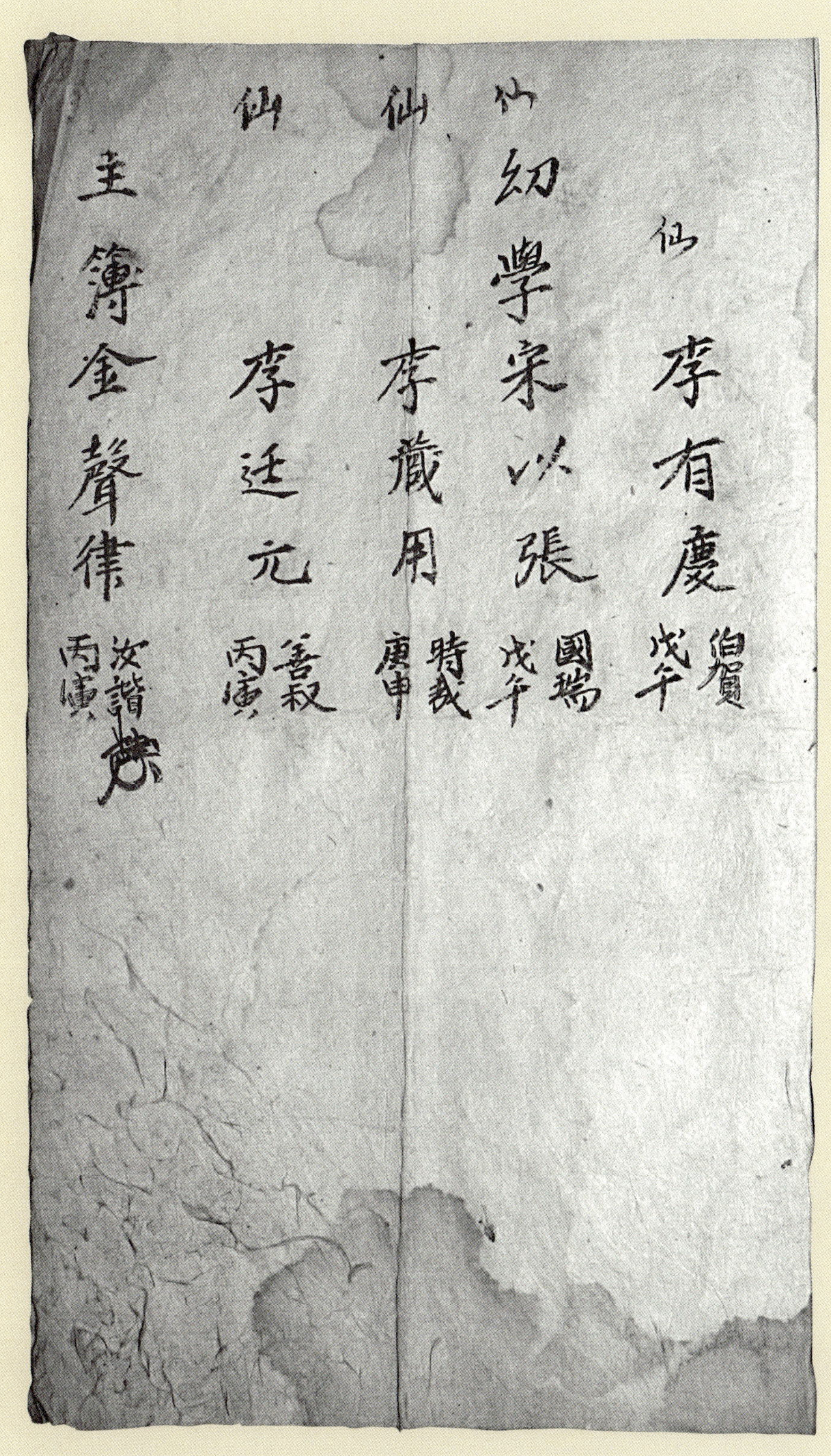

仙 李有慶 伯賢 戊午

仙 幼學宋以張 國瑞 戊午

仙 李藏用 特哉 庚申

仙 李廷元 善叔 丙寅

主簿金聲律 汝諧 丙寅

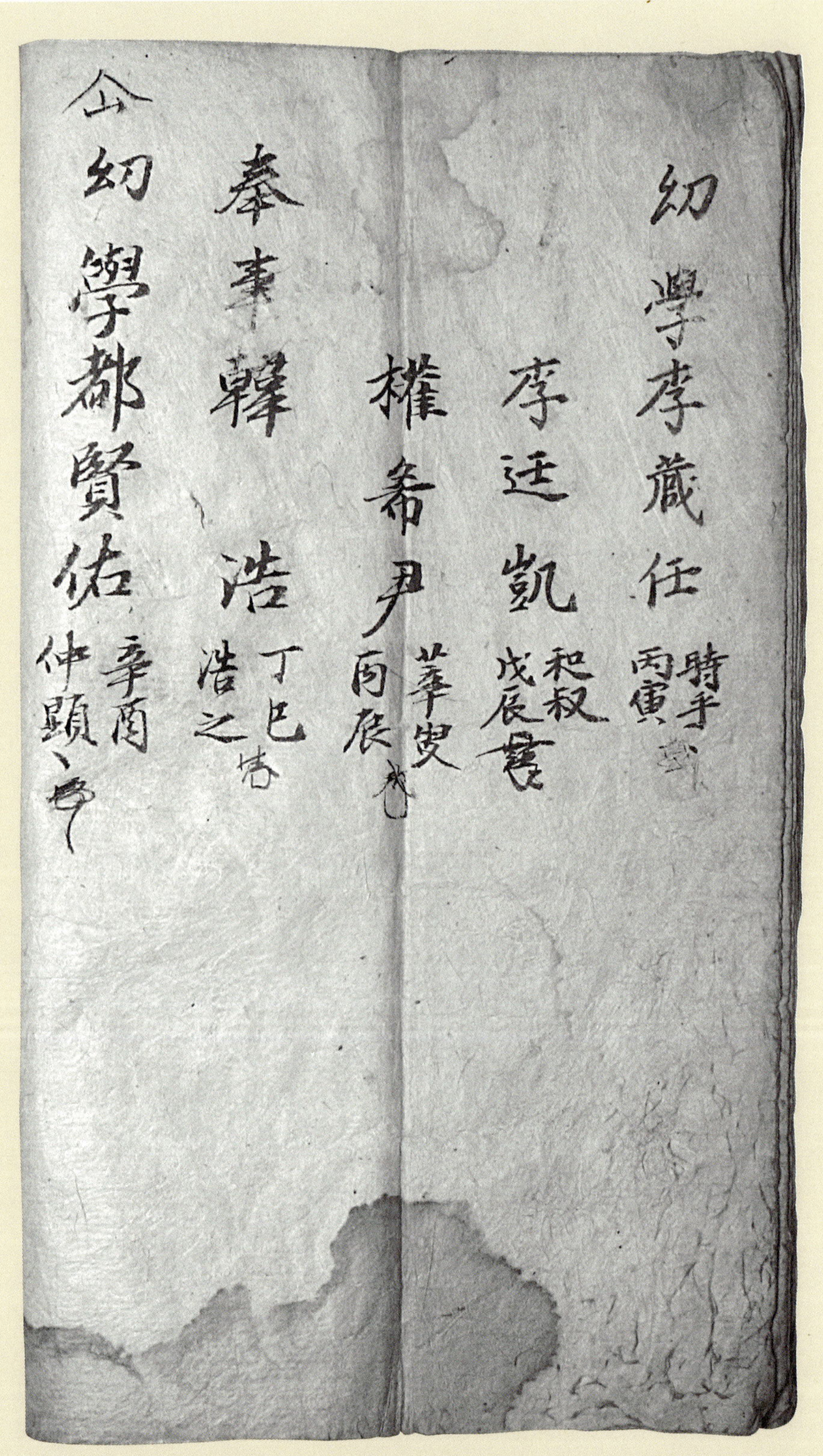

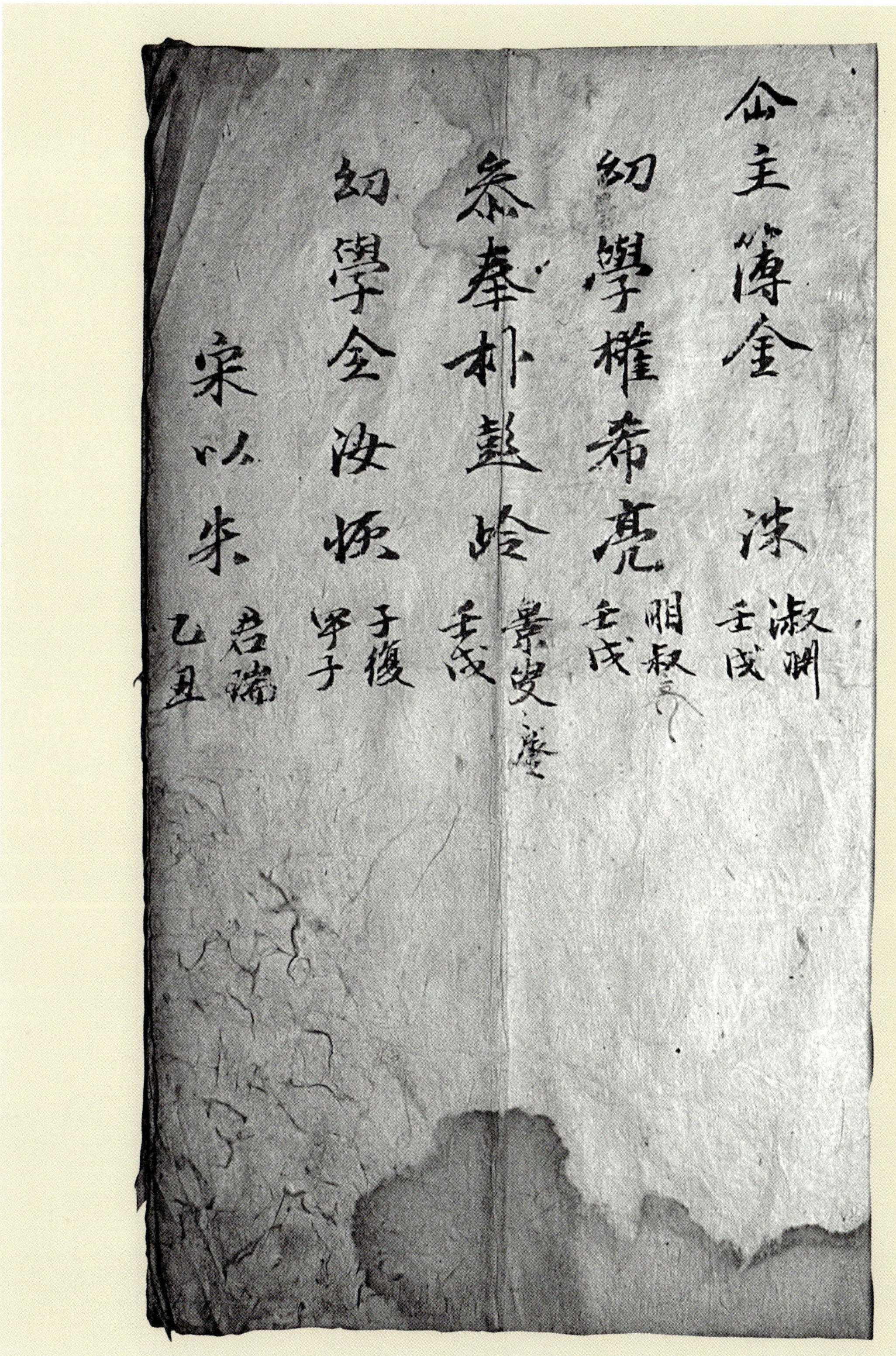
公主簿金 涑 淑明 壬戌
幼學權希亮 明叔 壬戌
參奉朴彭齡 景叟 壬戌
幼學金汝恢 子復 甲子
宋以采 君瑞 乙丑

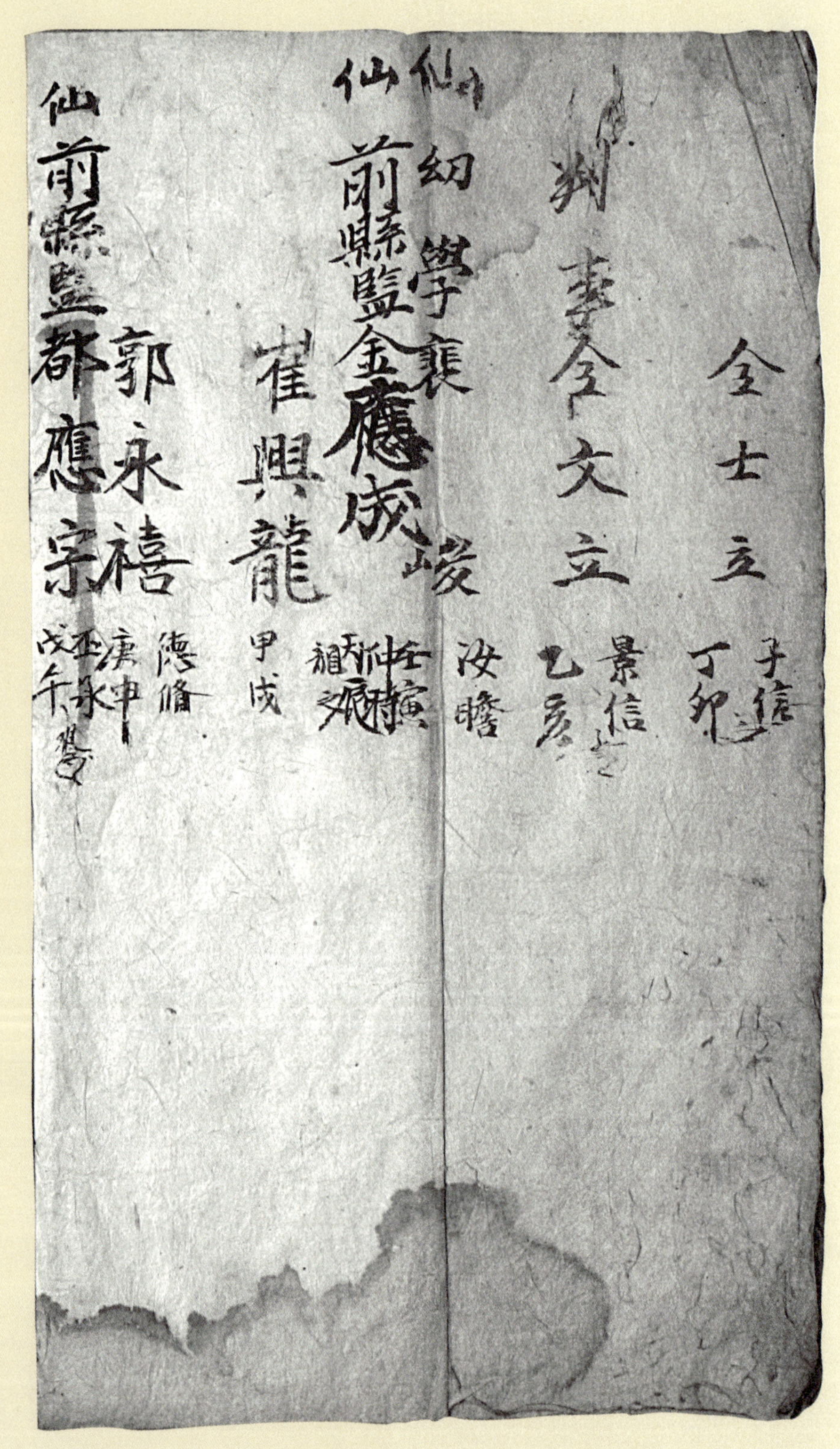

仙奉事襄基録 德甫 癸酉

僉奉 朴彭澤 晉叟 壬申

奉事 金杉壽 鮐甫 甲巳

幼學 朴景鸞 子儀 癸亥

忠義 栁晩榮 榮之 庚申

僉知 朴 蕃 茂伯 乙丑

幼學 朴彭壽 仁叟 己巳

李椿壽 天老 丙子

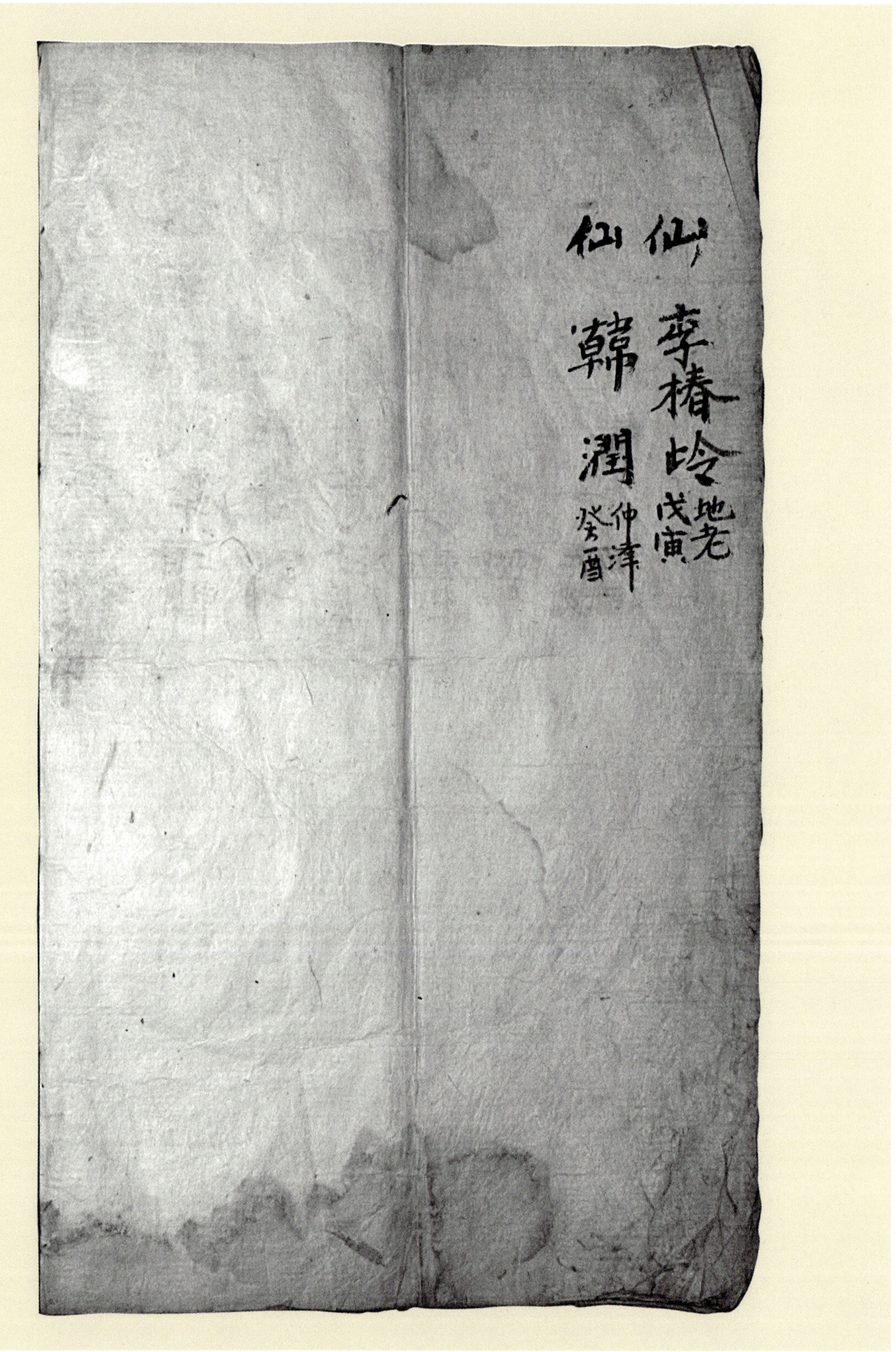

仙 李椿岭 地老 戊寅

仙 韓潤 仲澤 癸酉

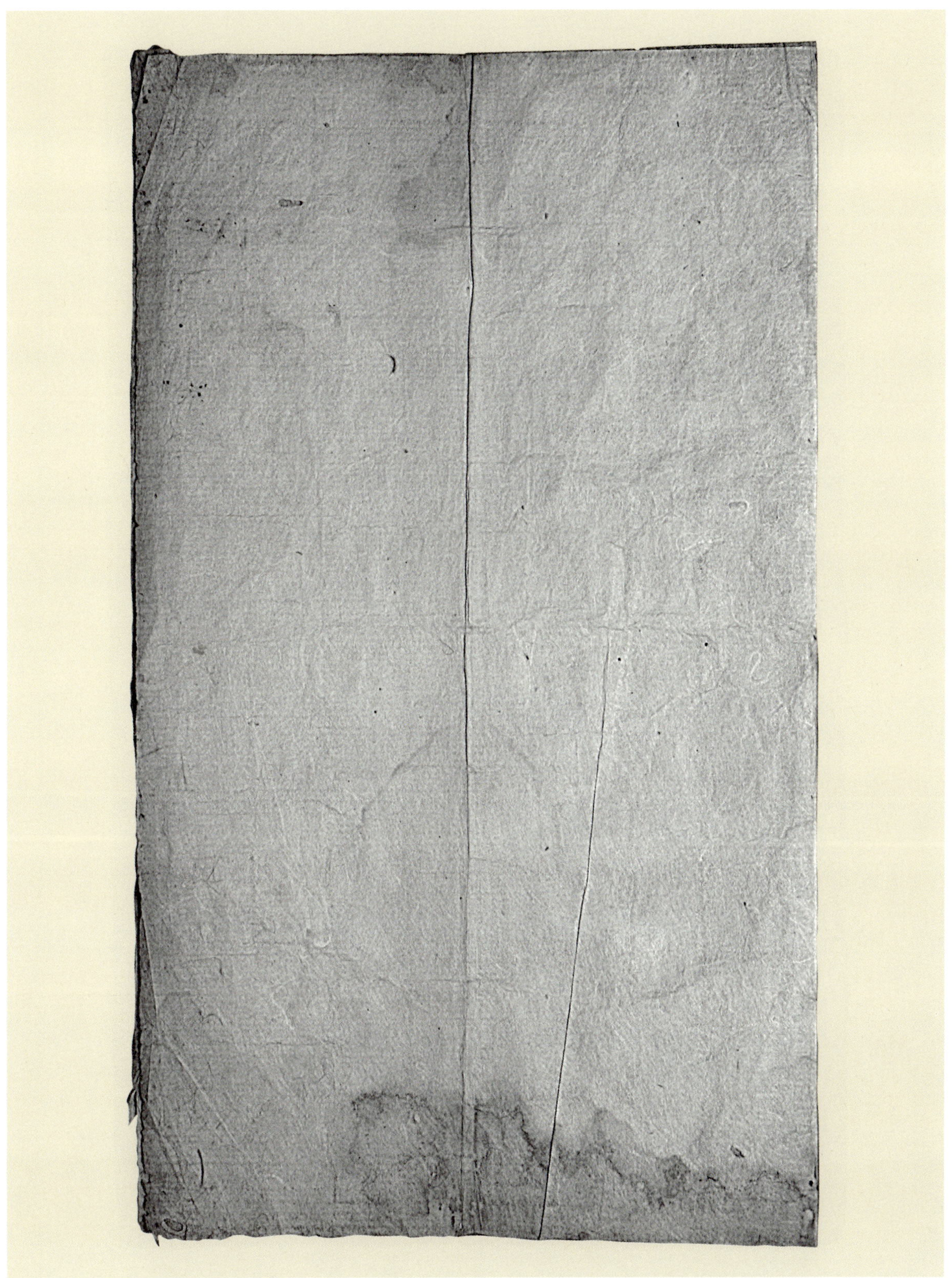

松亭立議

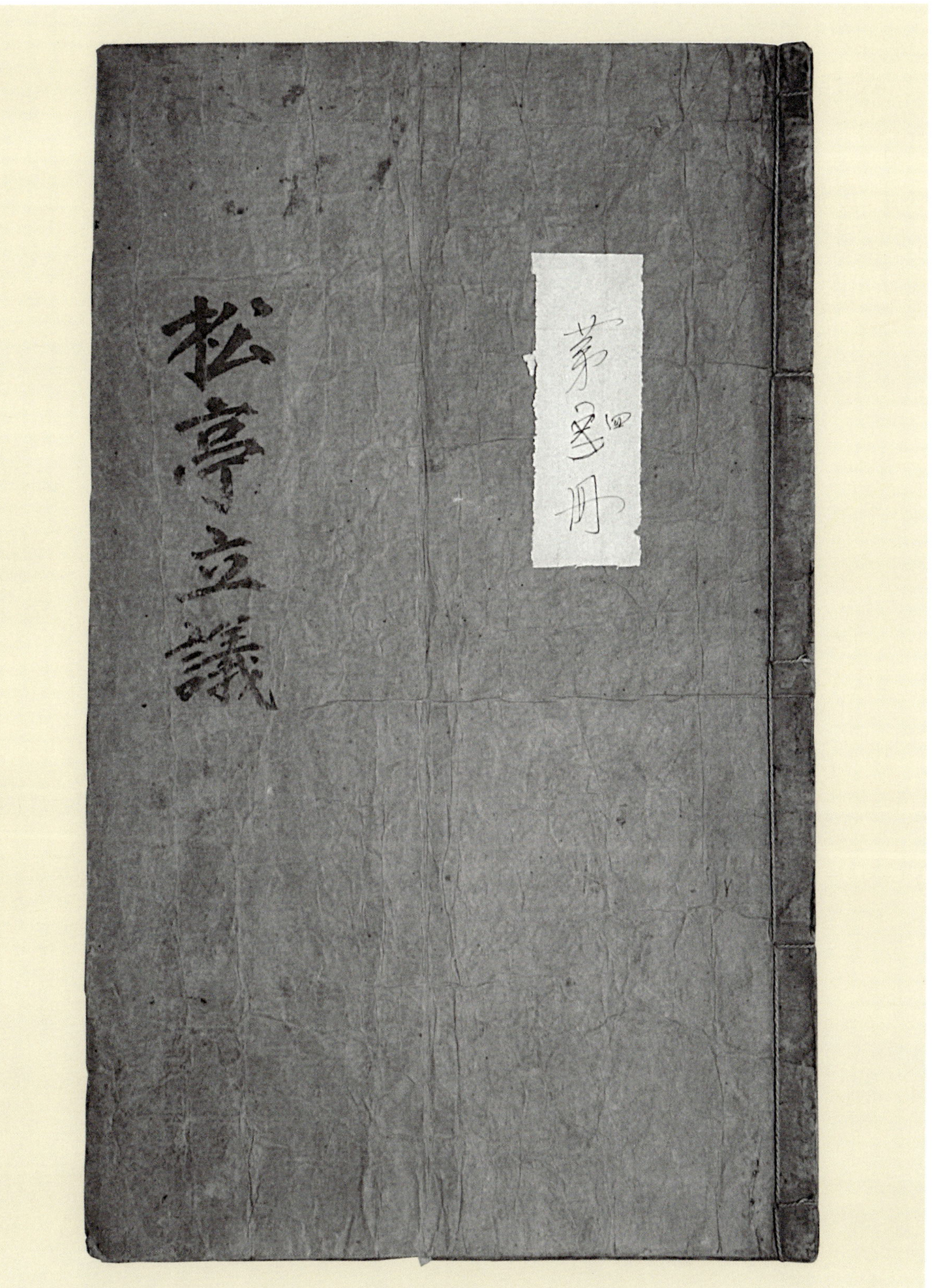
松亭立議

萬曆三十七年己酉十月　日松亭立議

一松亭作畓加耕打量座目各户分録卜數

一各户分録卜數中某員仍執私耕謀計者告官

治罪後子孫洞中削遠事

一射亭四面及位畓四標割耕者永永損徒常人

則告官治罪事

一松亭雨漏處有司看審改瓦不能者下罰

一凡聚會時下有司先到亭舍廳上及四面階洒掃

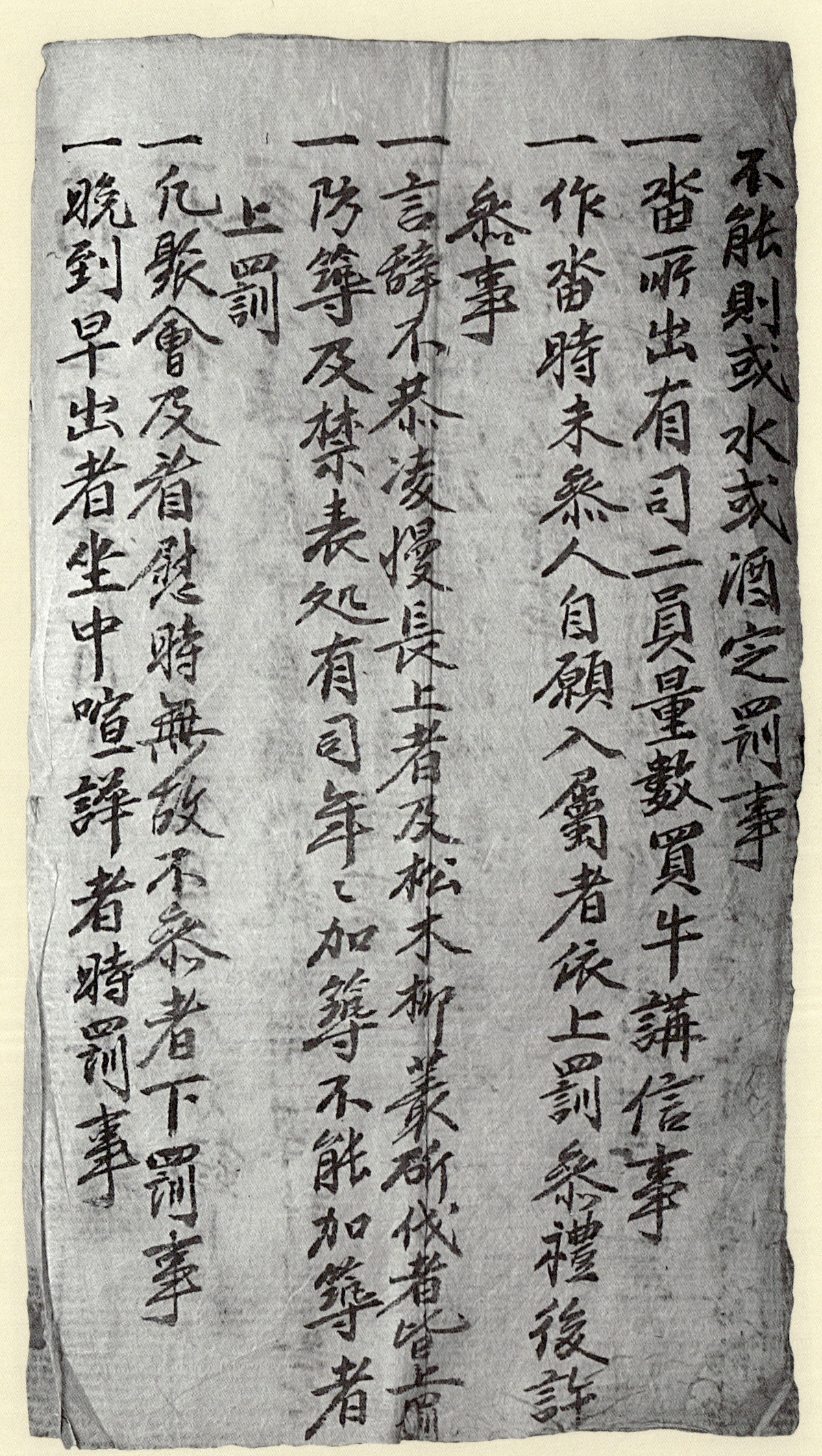

不能則或水或酒定罰事

一 番所出有司二員量數買牛講信事

一 作番時未参人自願入屬者依上罰参禮後許

参事

一 言辭不恭凌慢長上者及松木柳叢斫伐者皆[illegible]

一 防等及禁表処有司年年加等不能加等者

上罰

一 凡聚會及着貶時無故不参者下罰事

一 晩到早出者坐中喧譁者時罰事

一喪事扶助後奴壹名及石灰一䭾輸轉中依所
願扶助事
一遭喪人員各備白粒伍升有司次知收合致賻事
一損徒人行鮮損禮後許參事
一與損徒人遨遊松亭者依損徒人例致罰事
一座目人員牛隻講信時勿許代用事
一凡着慰時衆所共知事故及忌日外稱頉不參
人員酒肴進呈事
一東床及新參禮時各持自捧盤果事

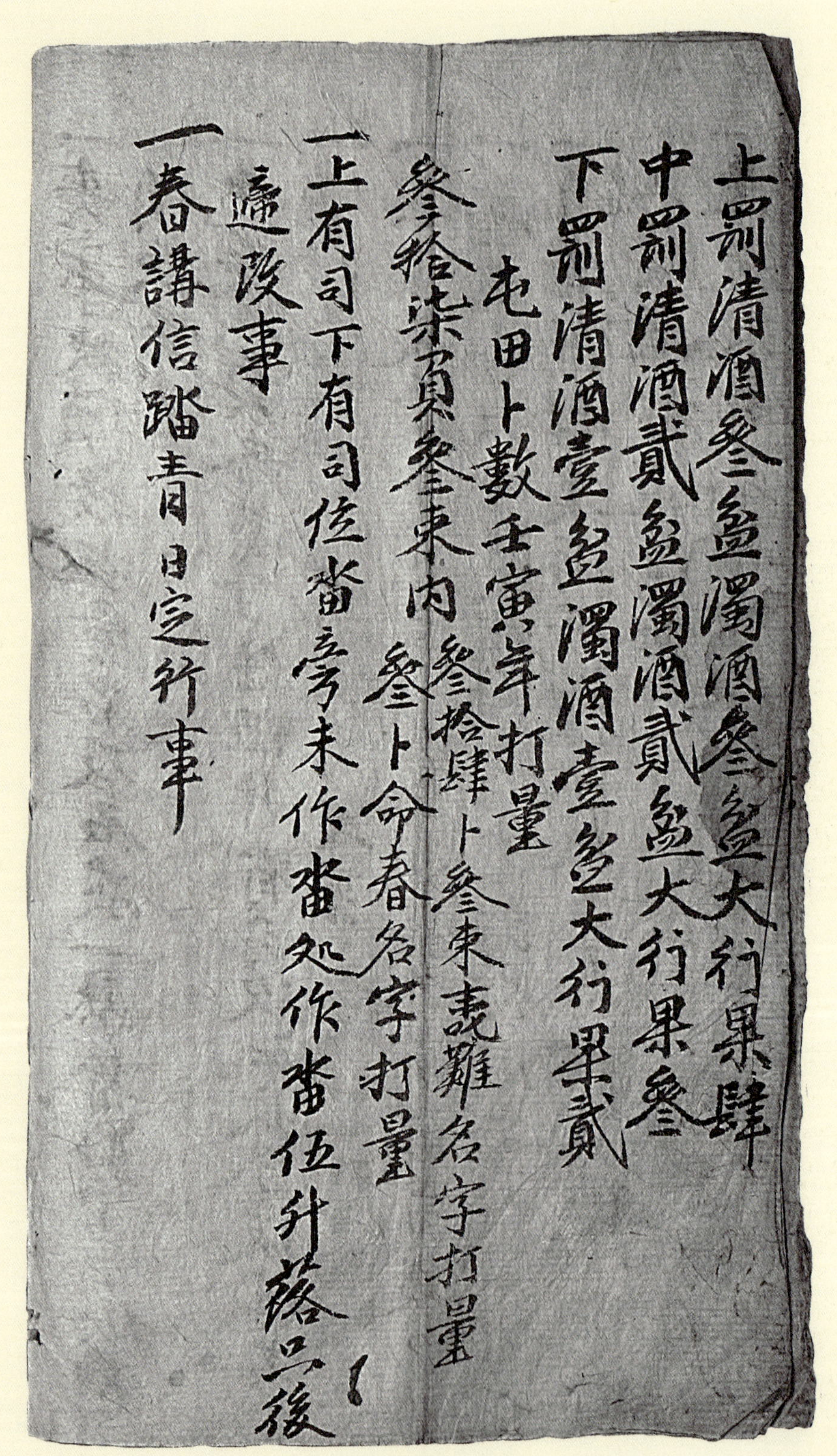

上罰清酒叁盆濁酒叁盆大行果肆
中罰清酒貳盆濁酒貳盆大行果叁
下罰清酒壹盆濁酒壹盆大行果貳
屯田卜數壬寅年打量
叁拾柒負叁束內 叁拾肆卜叁束乭難名字打量
叁卜命春名字打量
一上有司下有司位畓亭未作畓處作畓伍升落只後
遞改事
一春講信踏青日定行事

座目

仙 僉知崔汝蓃 舜賓 丁酉 言

仙 僉知全永世 椿老 丁酉 [illegible]

〃 幼學許夢吉 吉之 丙午 [illegible]

仙 幼學崔汝契 舜輔 辛亥 [illegible]

仙 別侍崔汝崙 季宇 辛亥 [illegible]

公 幼學宋以程 邦瑞 甲寅 [illegible]

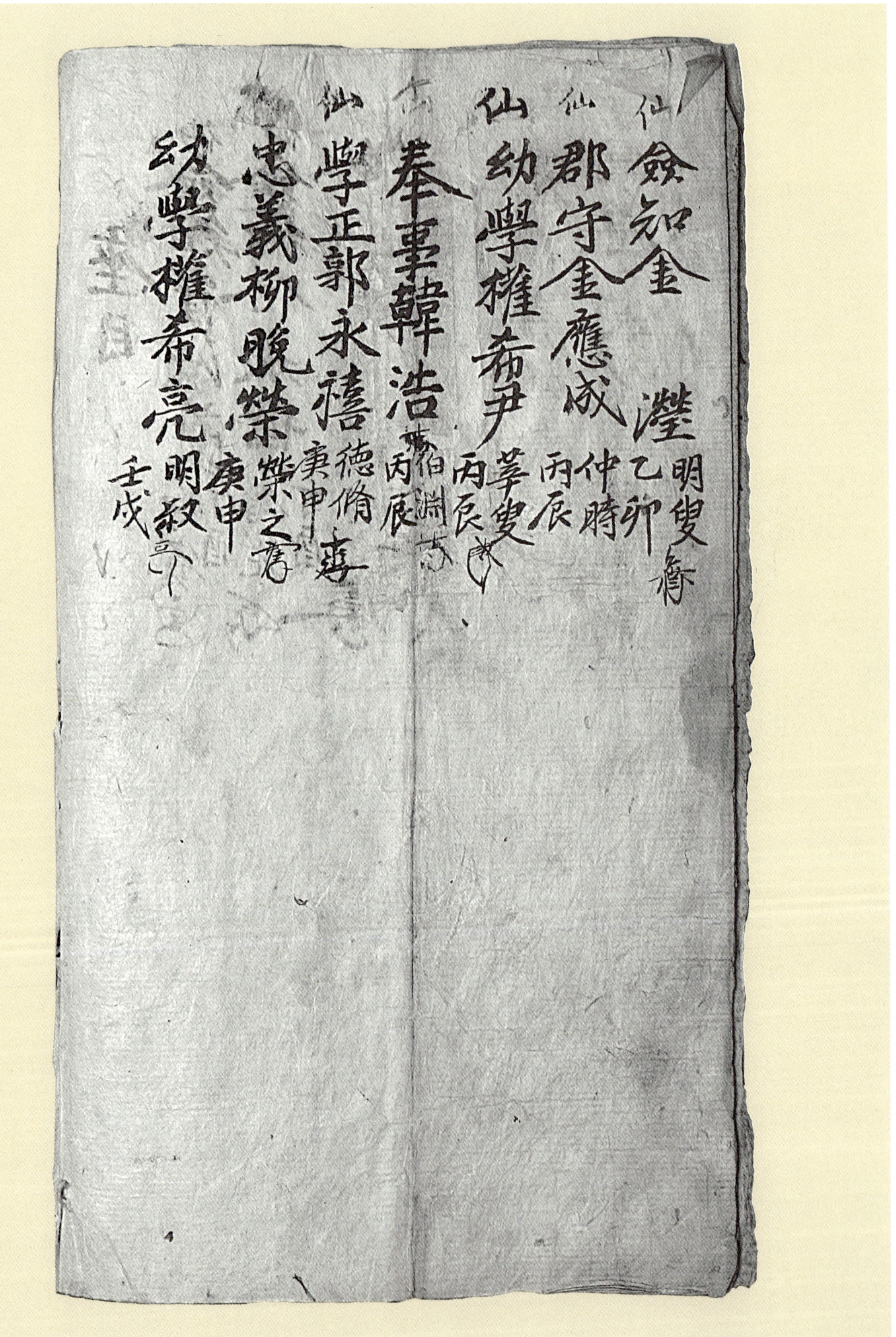
仙 僉知金瀅 明叟 乙卯 壽
仙 郡守金應成 仲時 丙辰
仙 幼學權希尹 莘叟 丙辰
仕 奉事韓浩 伯淵 丙辰
仙 學正郭永禧 德脩 庚申
忠義柳晚榮 榮之 庚申
幼學權希亮 明叔 壬戌

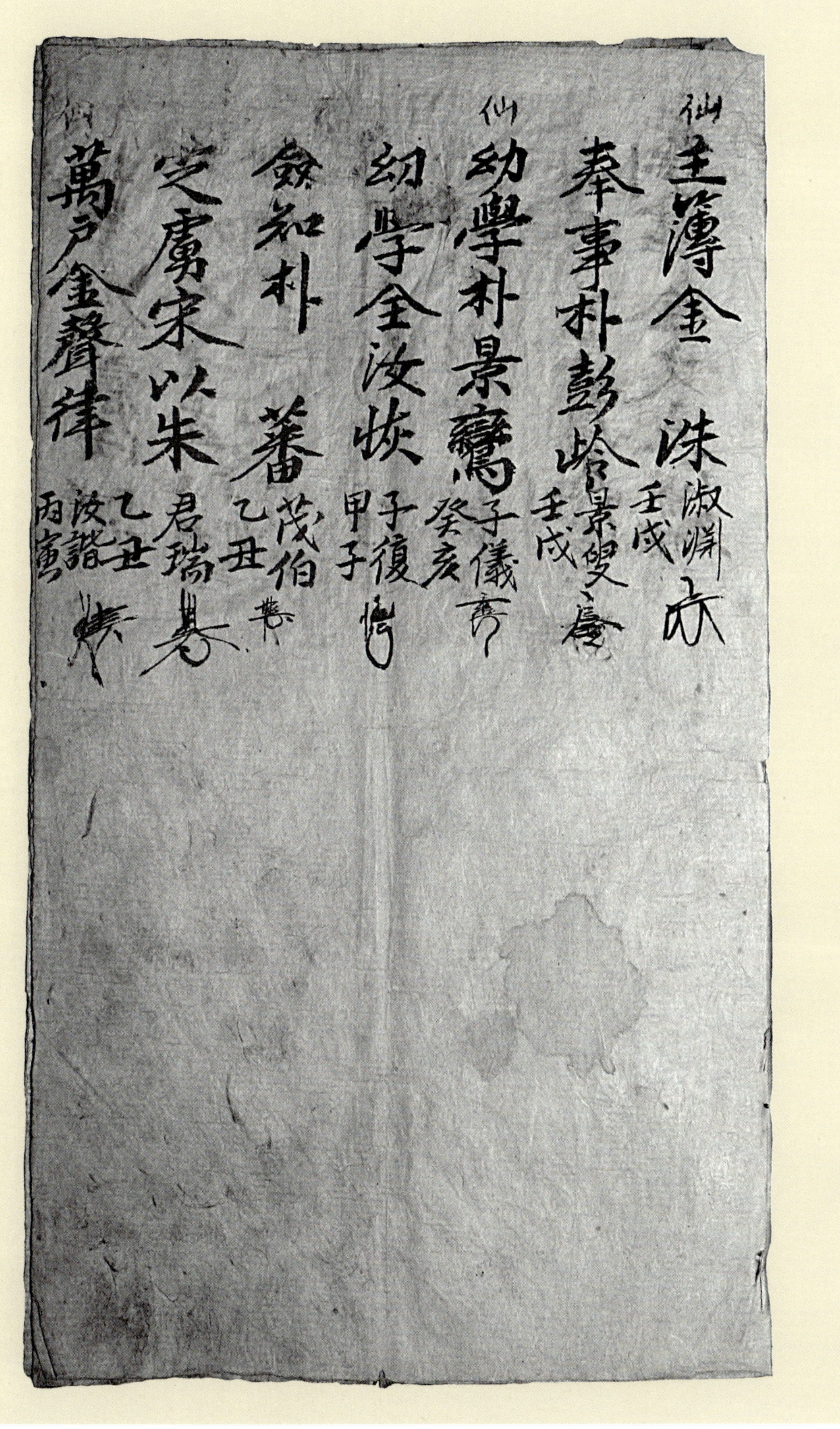
仙
主簿金 洙 淑淵 壬戌 欣
奉事朴彭齡 景叟 壬戌 [illegible]
仙
幼學朴景鸞 子儀 癸亥 [illegible]
幼學全汝恢 子復 甲子 [illegible]
僉知朴 蕃 茂伯 乙丑 [illegible]
定虜宋以朱 君瑞 [illegible]
仙
萬戶金聲律 汝諧 乙丑 丙寅 [illegible]

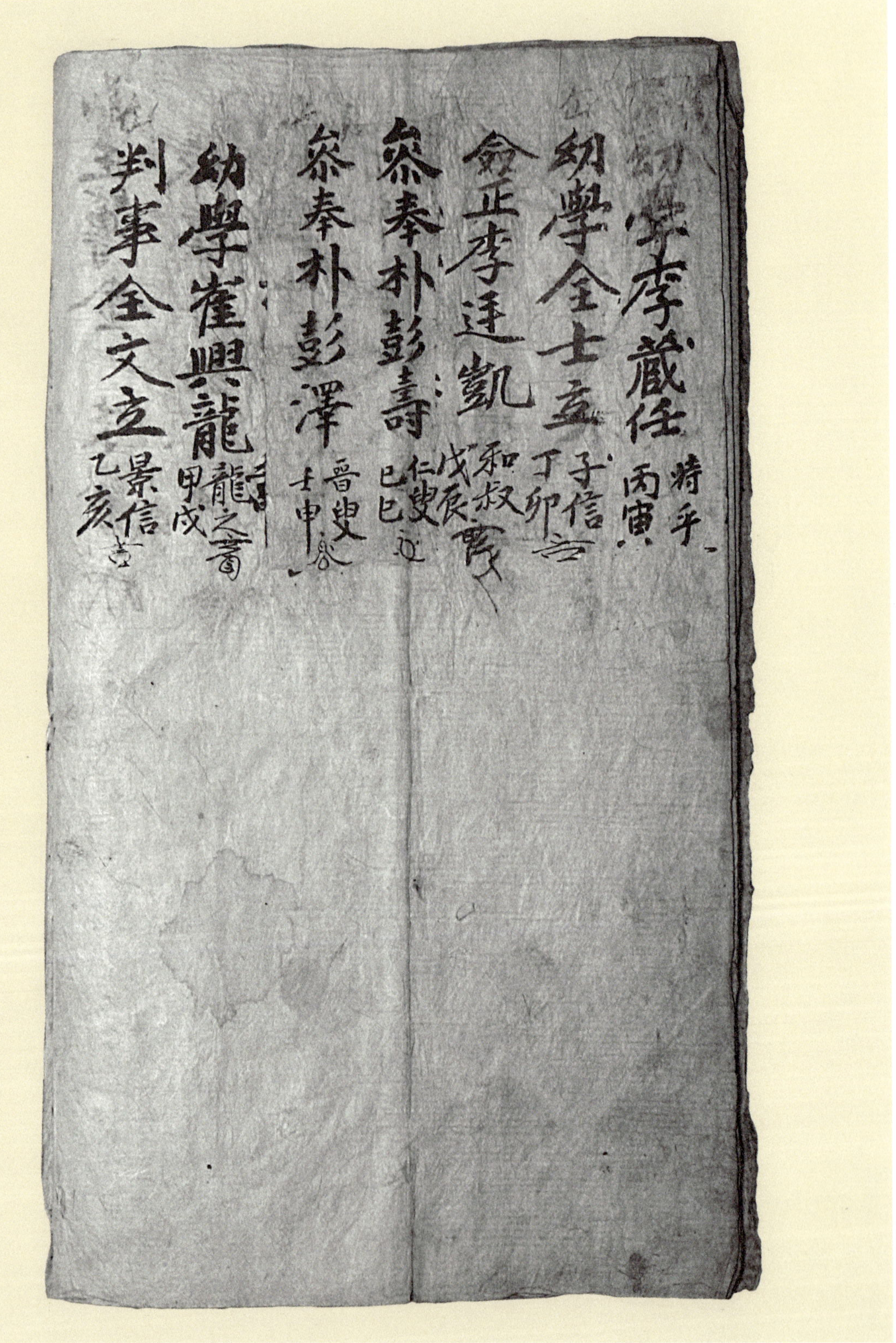

幼學李葳任 特乎 丙寅
幼學全士立 子信 丁卯
僉正李廷凱 和叔 戊辰
參奉朴彭壽 仁叟 己巳
參奉朴彭澤 晉叟 壬申
幼學崔興龍 龍之 甲戌
判事全文立 景信 乙亥

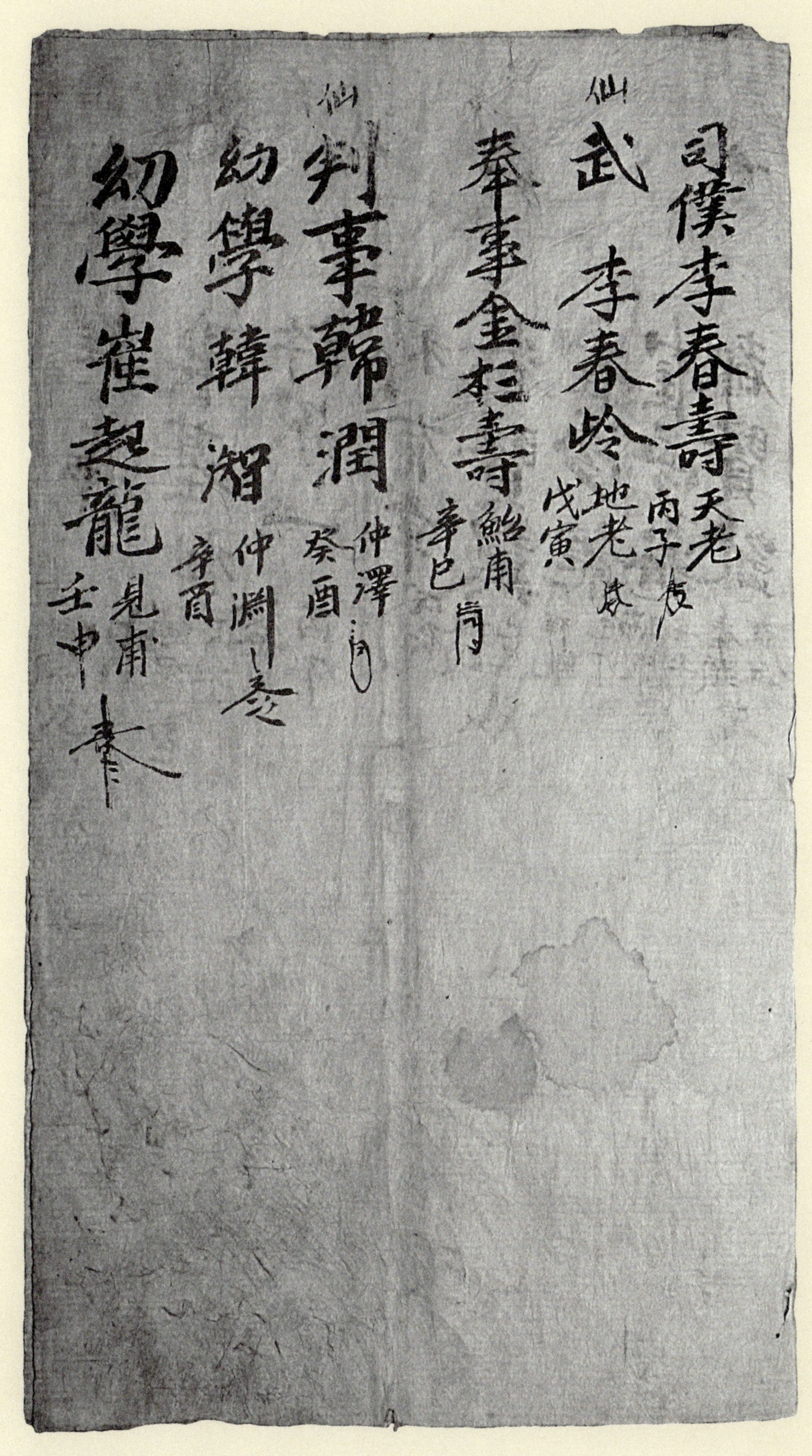
司僕李春壽 天老 丙子

仙 武 李春齡 地老 戊寅

奉事金杉壽 鮐甫 辛巳

仙 判事韓潤 仲澤 癸酉

幼學韓潪 仲淵 辛酉

幼學崔起龍 見甫 壬申

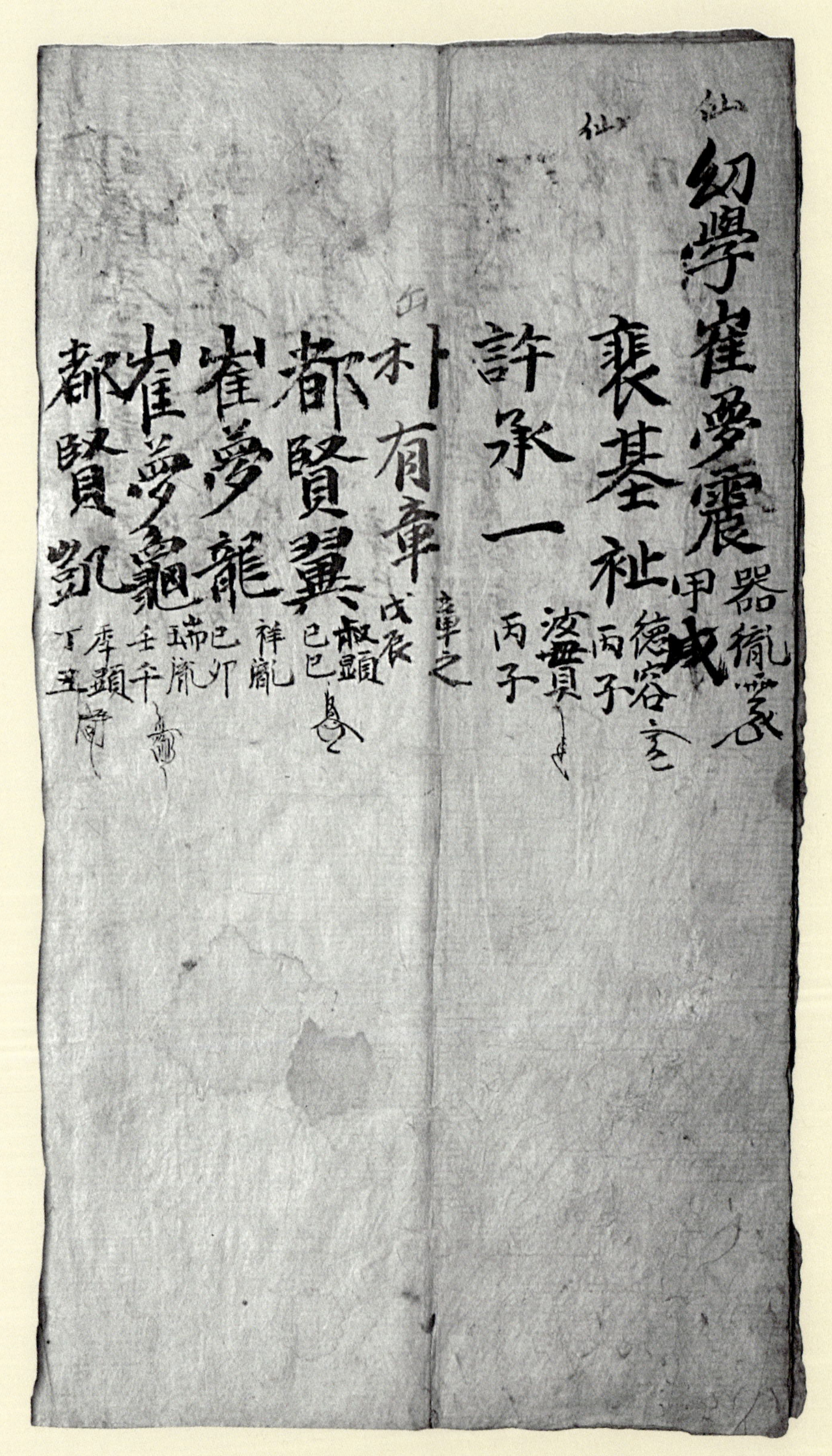
幼學崔夢震
裵基祉
許永一
朴有章
都賢翼
崔夢龍
崔夢龜
都賢凱

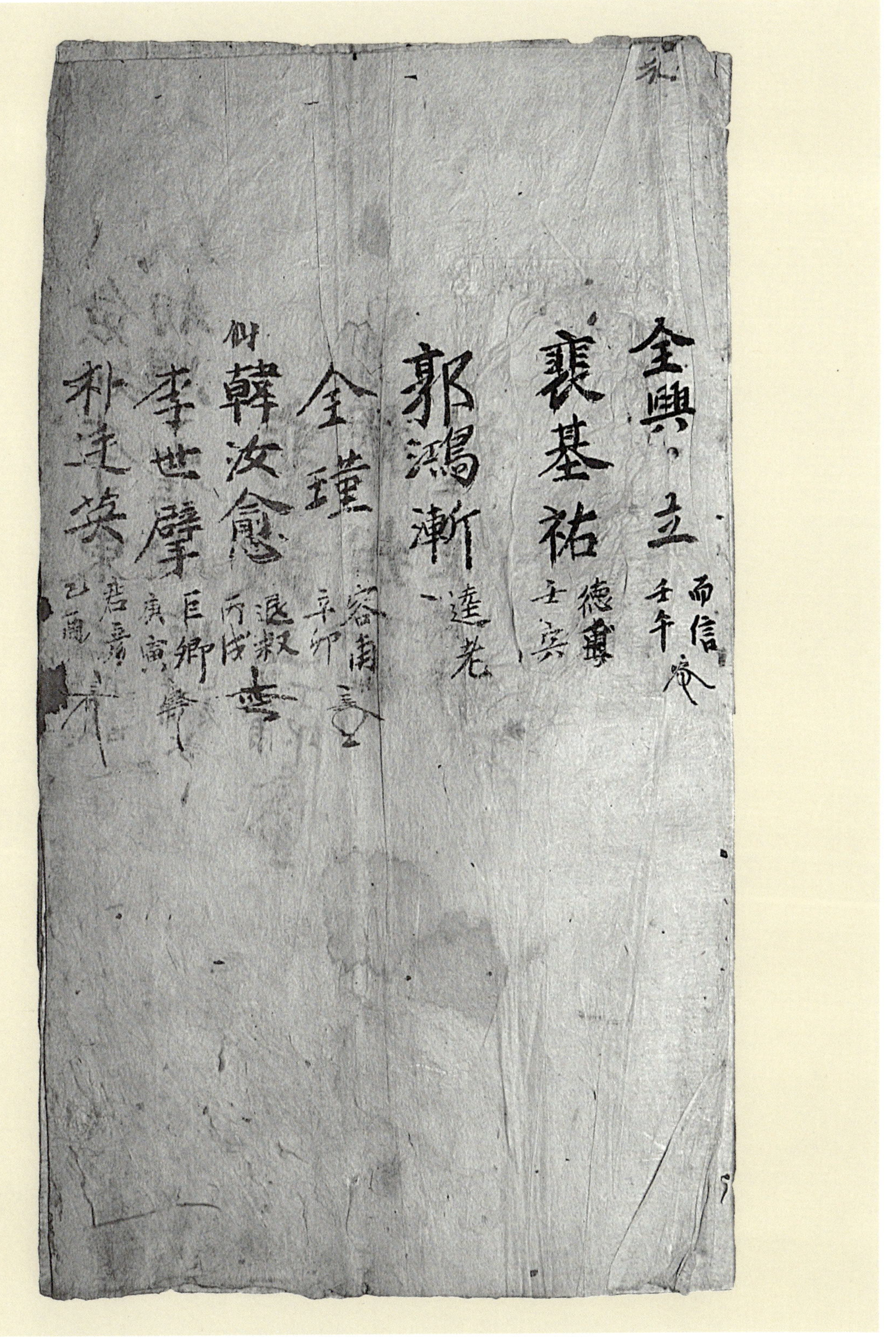

金興立 而信 壬午

裵基祐 德載 壬寅

郭鴻漸 達老

金璡 容甫 辛卯

附 韓汝愈 退叔 丙戌

李世學 巨卿 庚寅

朴廷英 君秀 己酉

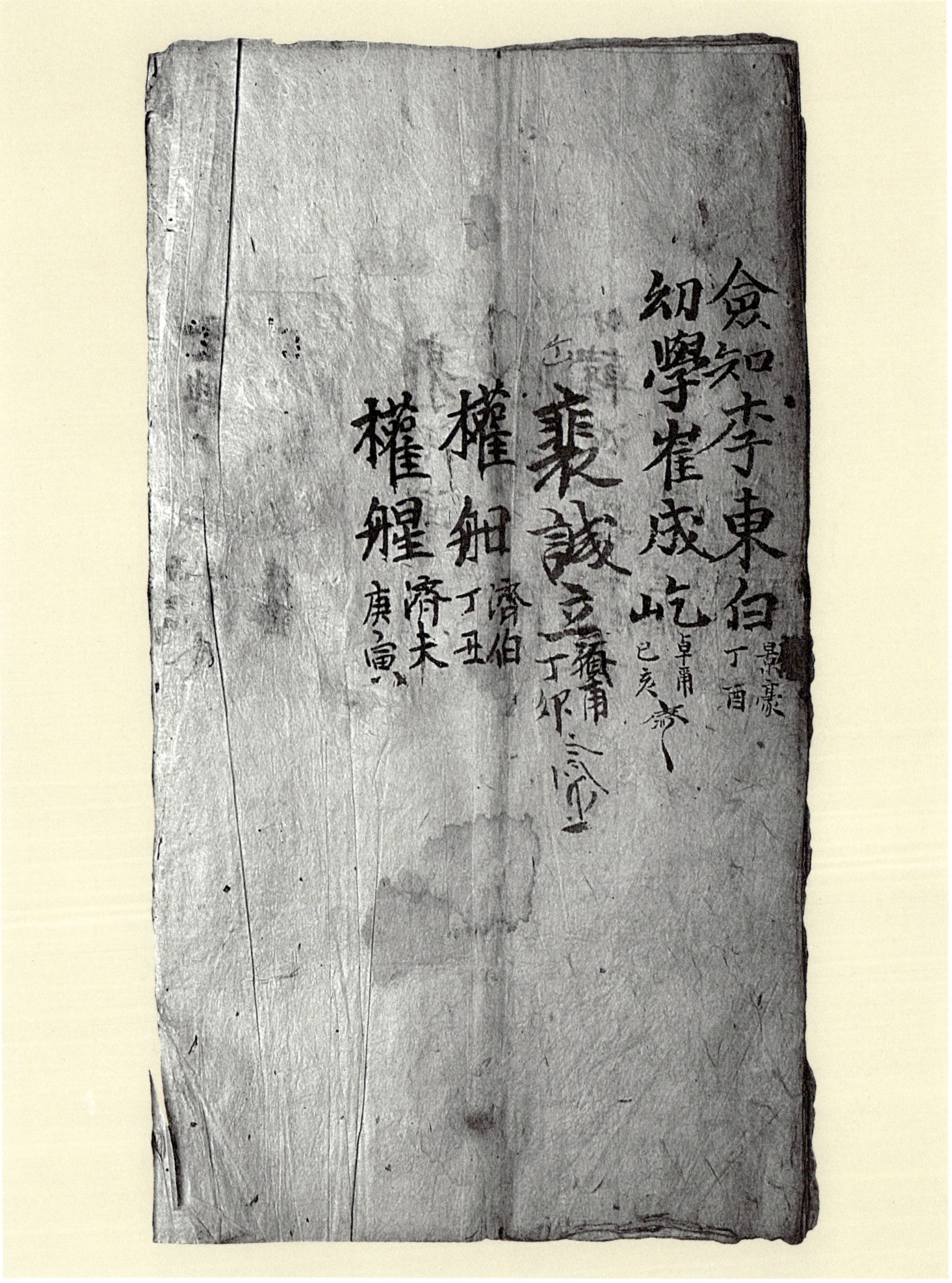

僉知李東白 景豪 丁酉

幼學崔成屹 卓甫 己亥

裵誠立 穉甫 丁卯

權舡 濟伯 丁丑

權艎 濟夫 庚寅

松亭立議

第5册

第五冊

癸巳三月 日 松亭完議

松亭自古以來父老觀射遊樂之所也

營亭修睦遊嬉時歡娛此誠一時之勝事

而非後人所可及也近世以降人心不古伏

信和樂之意反不如前或挾私怨喧譁相

尚同居洞內睦隣和好之義果如是乎

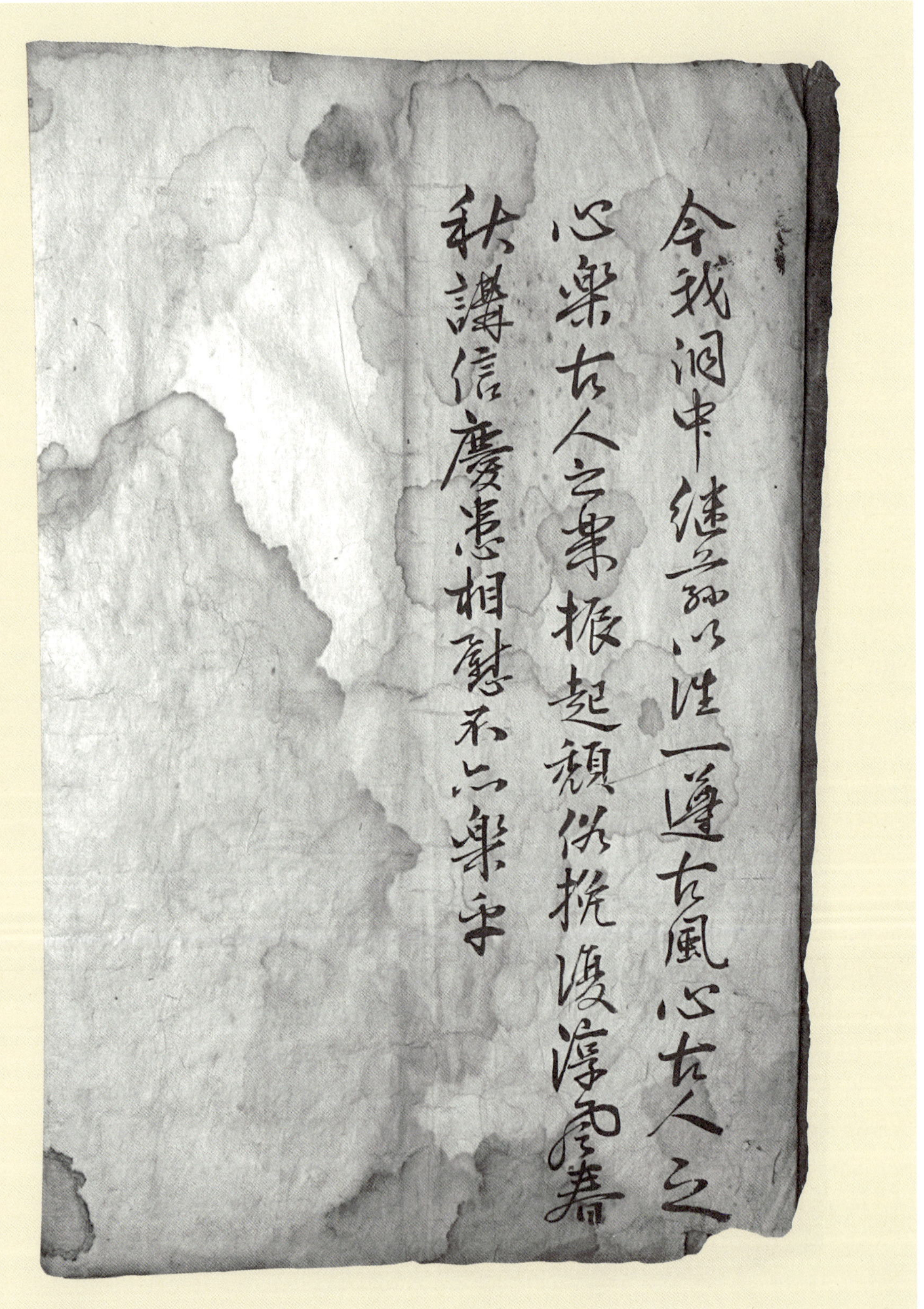

今我洞中繼續以往一遵古風心古人之
心樂古人之業振起頹俗挽復淳風春
秋講信慶患相慰不亦樂乎

一松亭作畓加耕打量座目各户分録卜数

一各户分録卜数中其負仍執起耕讓計地

告官治罪後子孫洞中削迯事

一射亭四面及位畓四標割耕者永永削籍亭

人則告官治罪事

一雨漏處有司看審改瓦不能者下劃

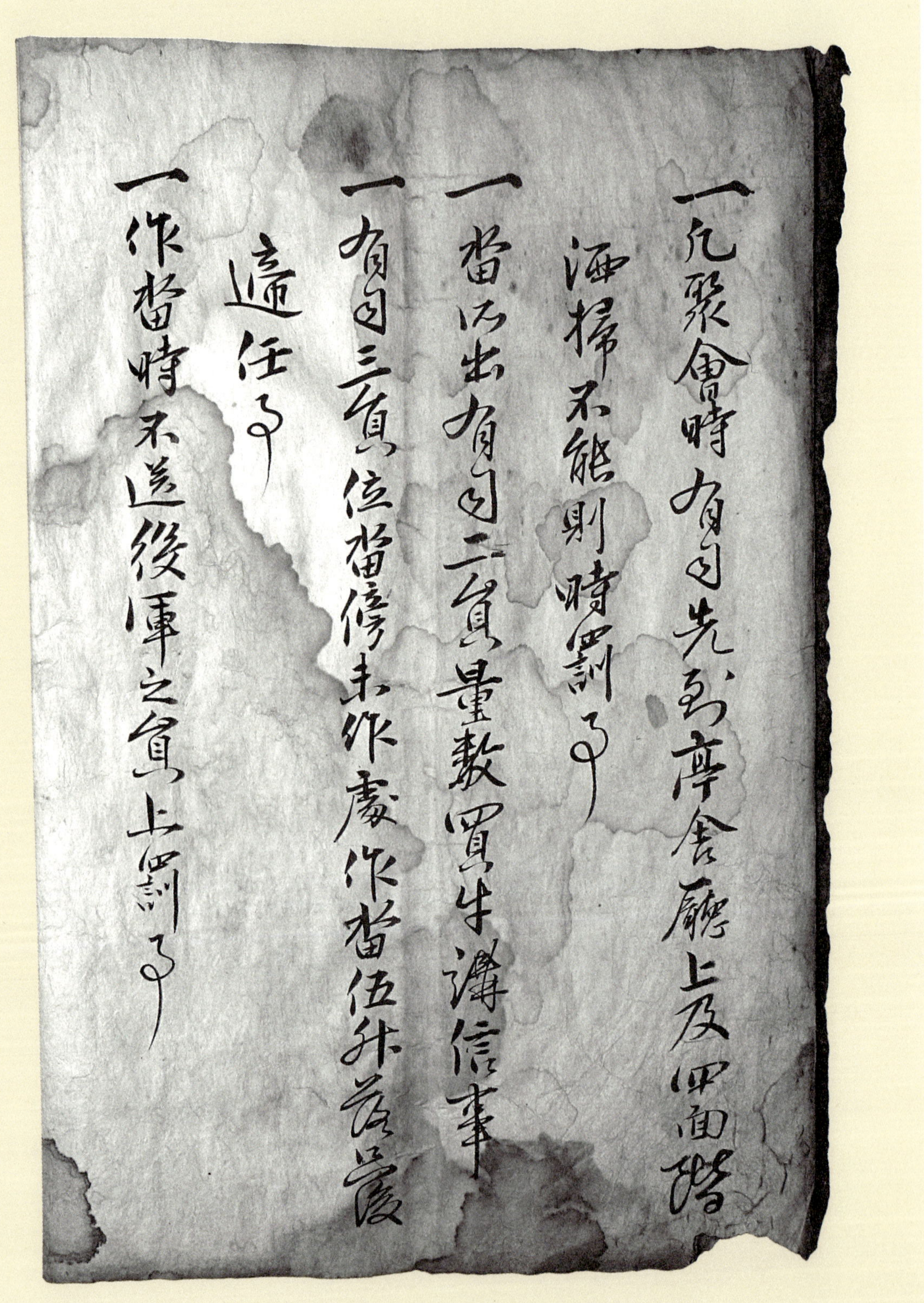

一 凡聚會時有司先到亭舍廳上及四面階
洒掃不能則時罰事

一 畓所出有司二員量數買牛講信事

一 有司三員位畓傍未作處作畓伍升落只
遞任事

一 作畓時不送後軍之員上罰事

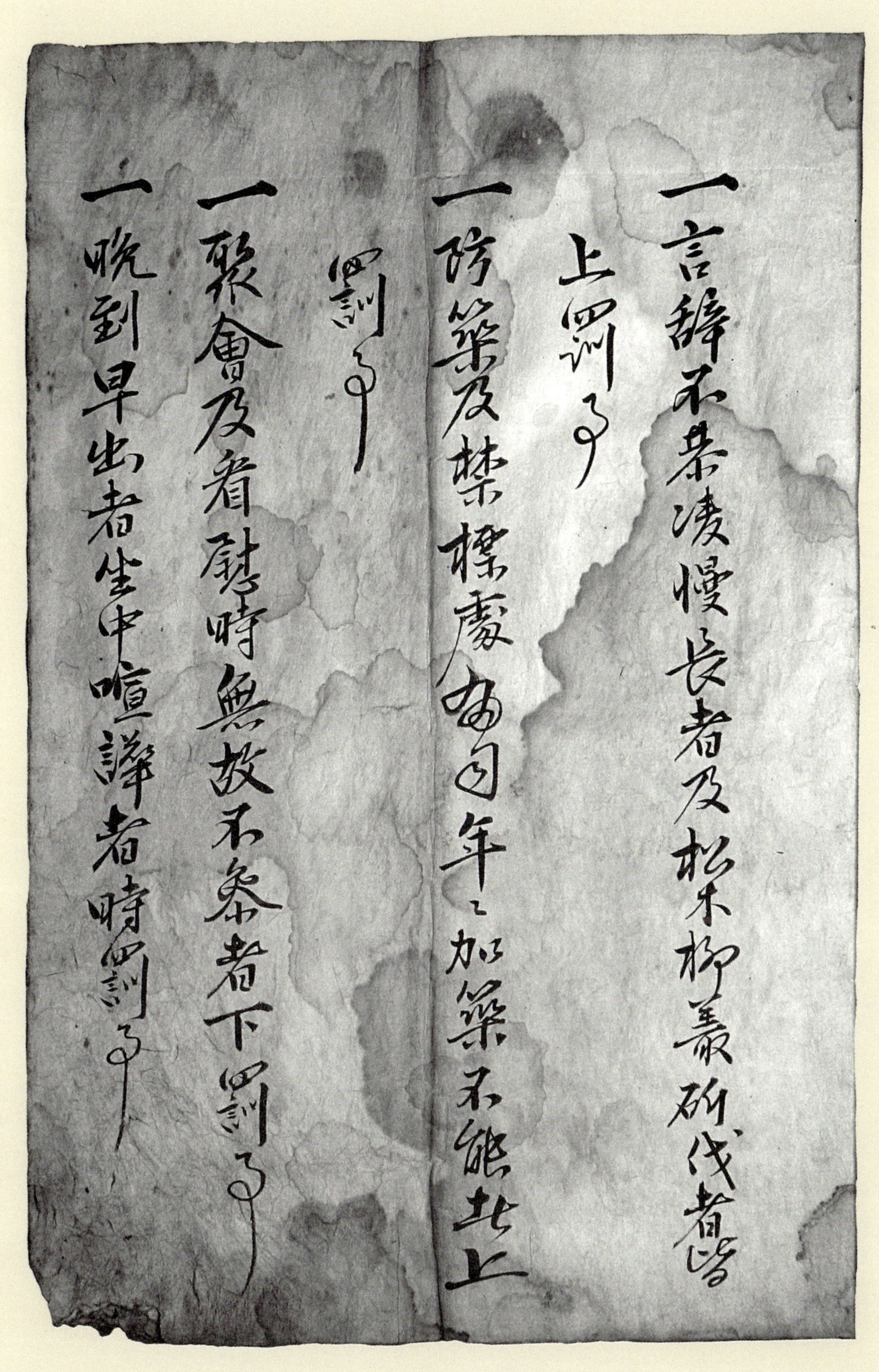

一 言辭不恭凌慢長者及松楸柳叢斫伐者皆
上罰

一 防築及禁標處每四年々加築不能壯上
罰

一 聚會及看尉時無故不參者下罰

一 晩到早出者坐中喧譁者時罰

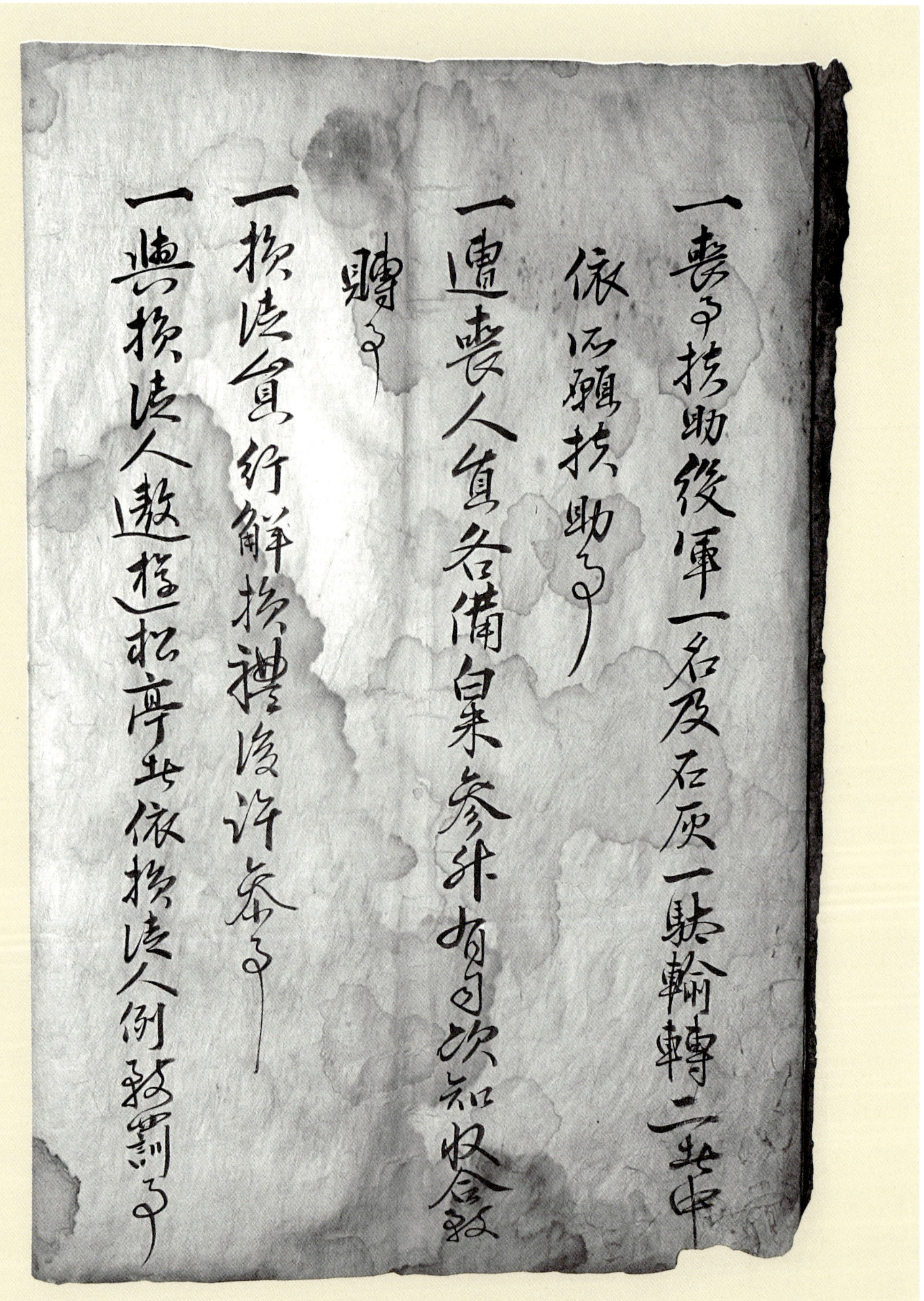
一喪事扶助後軍一名及石灰一駄輸轉二井中
依例願扶助事
一遭喪人員各備白米參升每月次知收合致
賻事
一損徒員行解損禮後許叅事
一無損徒人遨[illegible]松亭者依損徒人例施罰事

一 座目人員牛隻講信時勿許代用事

一 東床禮及新參禮時各持自捧盤事

一 上罰 清酒參盆 濁酒參盆 大行果肆

中罰 清酒貳盆 濁酒貳盆 大行果參

下罰 清酒壹盆 濁酒壹盆 大行果貳

一 春秋講信時未參員黃肉外烹肉及肉腸

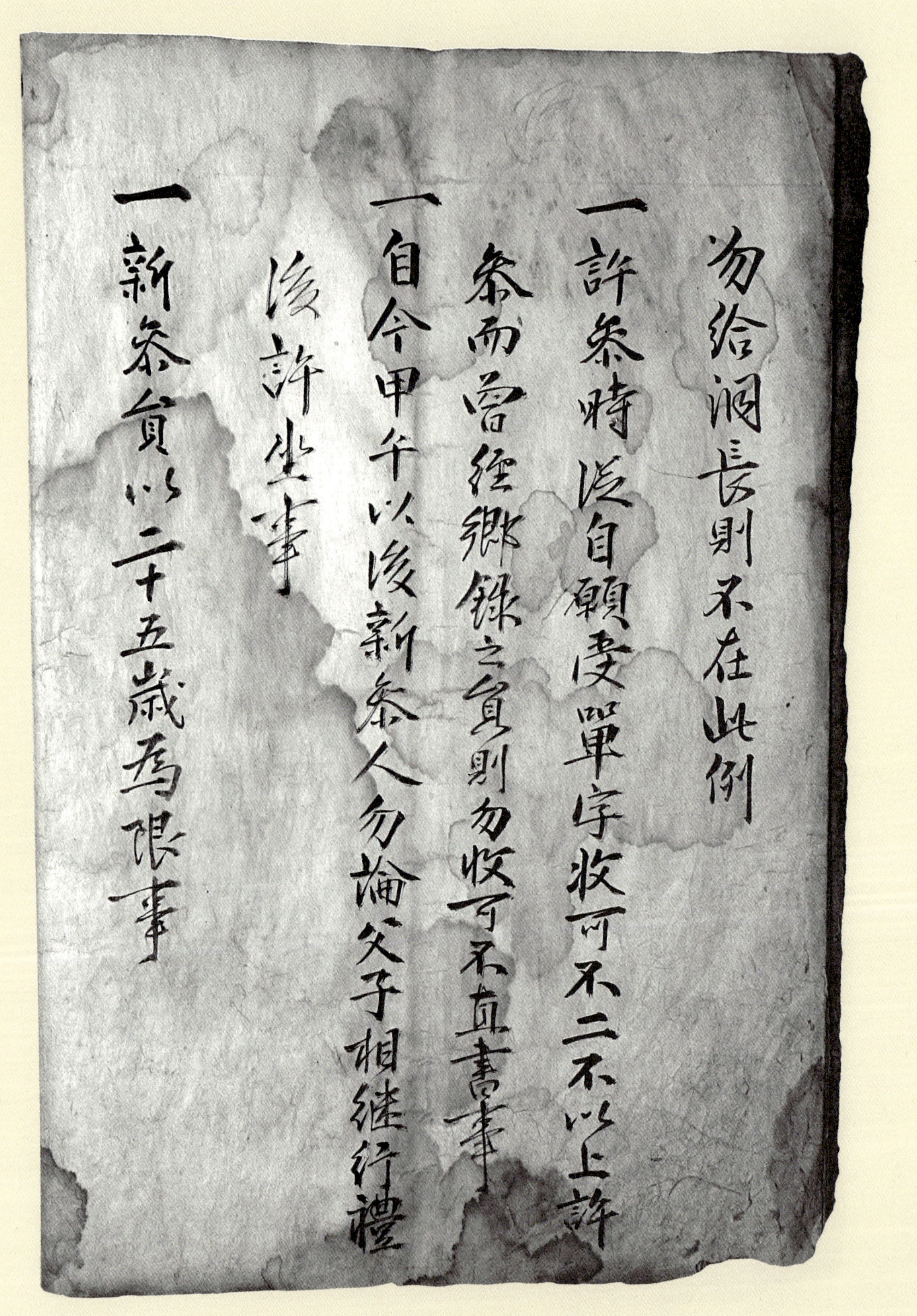

勿給洞長則不在此例
一許參時從自願受單字收可不二不以上許
參而曾經鄕錄之貟則勿收可不直書事
一自今甲午以後新參人勿論父子相継行禮
後許坐事
一新參貟以二十五歲爲限事

座目

仙 幼學崔起龍 見甫 壬申

仚 朴廷英 君彦 乙酉

仙 縣監朴潤緒 季孝 丁亥

仙 幼學權醒 濟甫 庚寅

仙 司果李世璧 巨卿 庚寅

仙 幼學全瑾 容甫 辛卯

仚 全瓘 瑩甫 乙未

仙 金受徽 美仲 己亥

仚 崔成屹 卓甫 己亥

仙 全琬 翼甫 己亥

仙 僉知金復輝 景晦 庚子

仝 幼學 李世彥 美卿 庚子

仝 金垷 潤吾 庚子

仙 金⿰石進 而獻 辛丑

仝 朴以梲 汝擎 辛丑

仝 都汝城 峻甫 辛丑

仝 崔鳳儀 聖應 壬寅

仙 全禩 擇吾 壬寅

仙 權[illegible] 濟卿 癸卯

仙 韓汝德 思叔 癸卯

仙 司僕 全[illegible] 美甫 甲辰

佥 幼學 崔成[illegible] 卓夫 丁未

佥 吳益烇 子梅 戊申

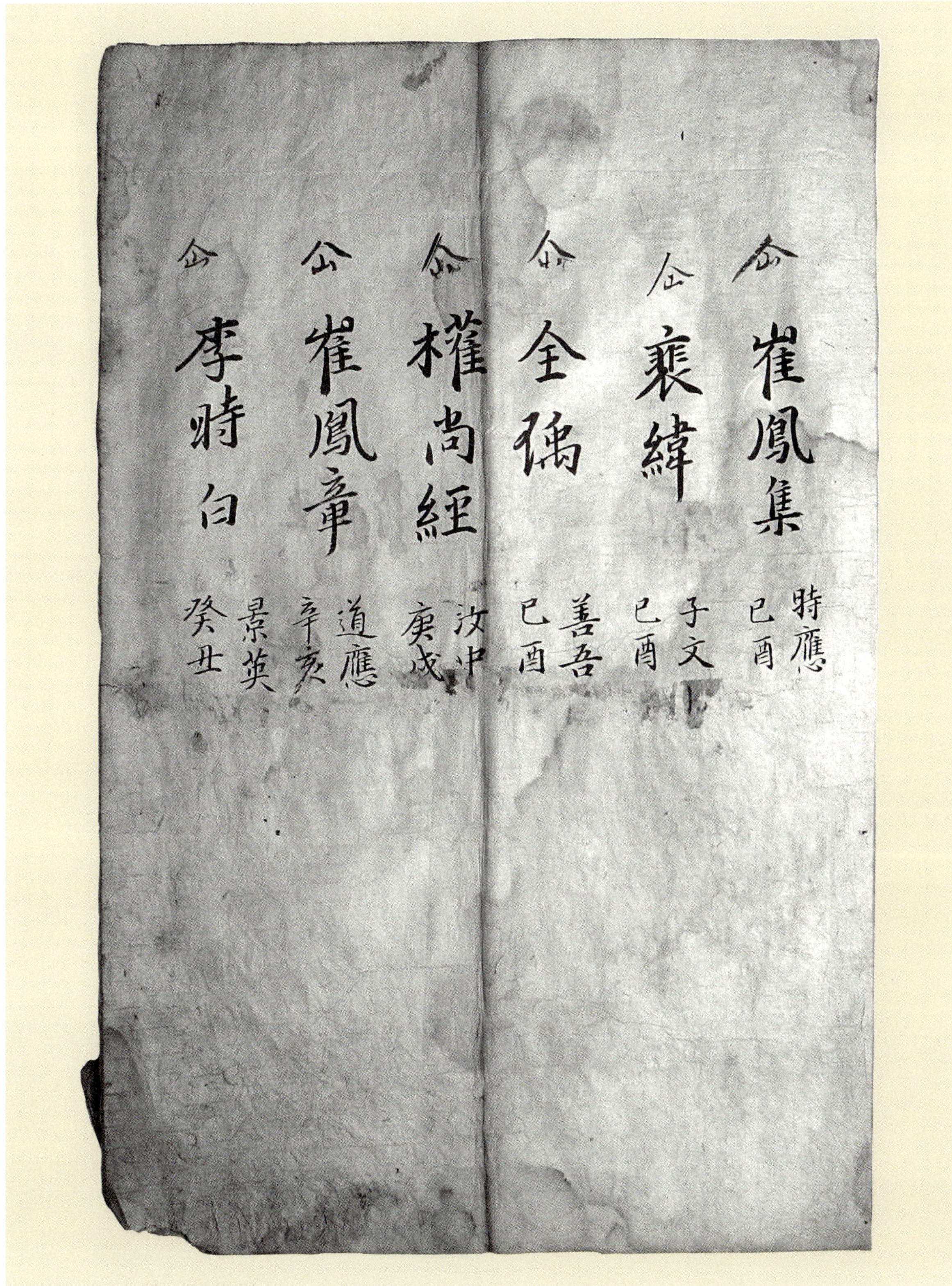

公 崔鳳集 特應 己酉

公 裵緯 子文 己酉

公 全偶 善吾 己酉

公 權尚經 汝中 庚戌

公 崔鳳章 道應 辛亥

公 李時白 景英 癸丑

公 全玨 燁吾 甲寅

公 全繼達 彥卿 甲寅

公 崔鳳擧 文應 甲寅

仙 生員 郭壽岡 鎭翁 己未

公 幼學 金慶曼 吉遠 壬戌

公 李益茂 德翁 壬戌

仙 全秀達 後卿 癸亥

公 全敬達 直卿 丁卯

際

仙 幼學全秔 獻甫 癸卯

公 典籍都汝垣 正甫 乙巳

公 幼學崔鳳輝 德應 丙辰

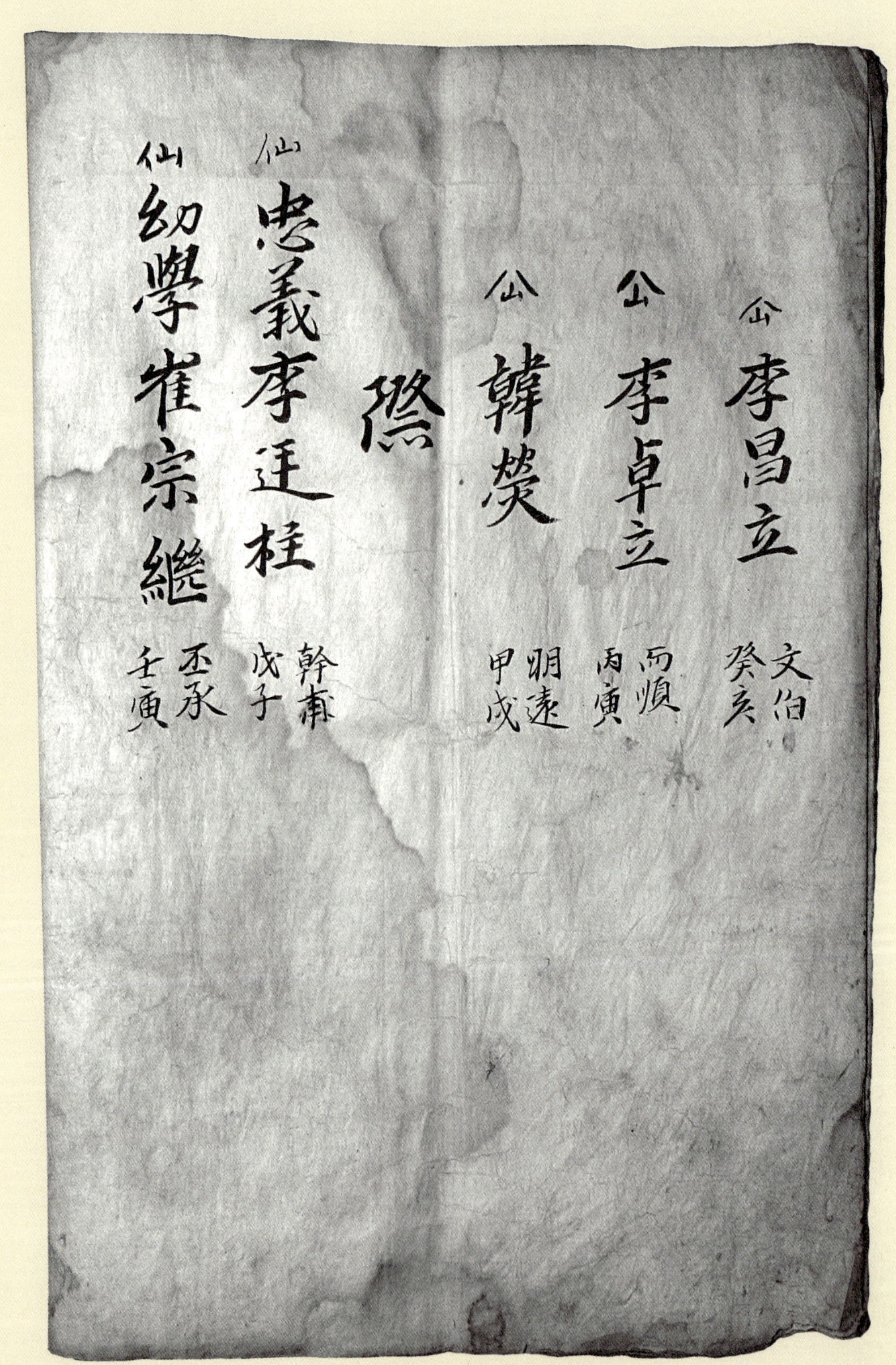

公 李昌立 文伯 癸亥

公 李卓立 而順 丙寅

公 韓燮 明遠 甲戌

際

仙 忠義李廷柱 幹甫 戊子

仙 幼學崔宗繼 丕承 壬寅

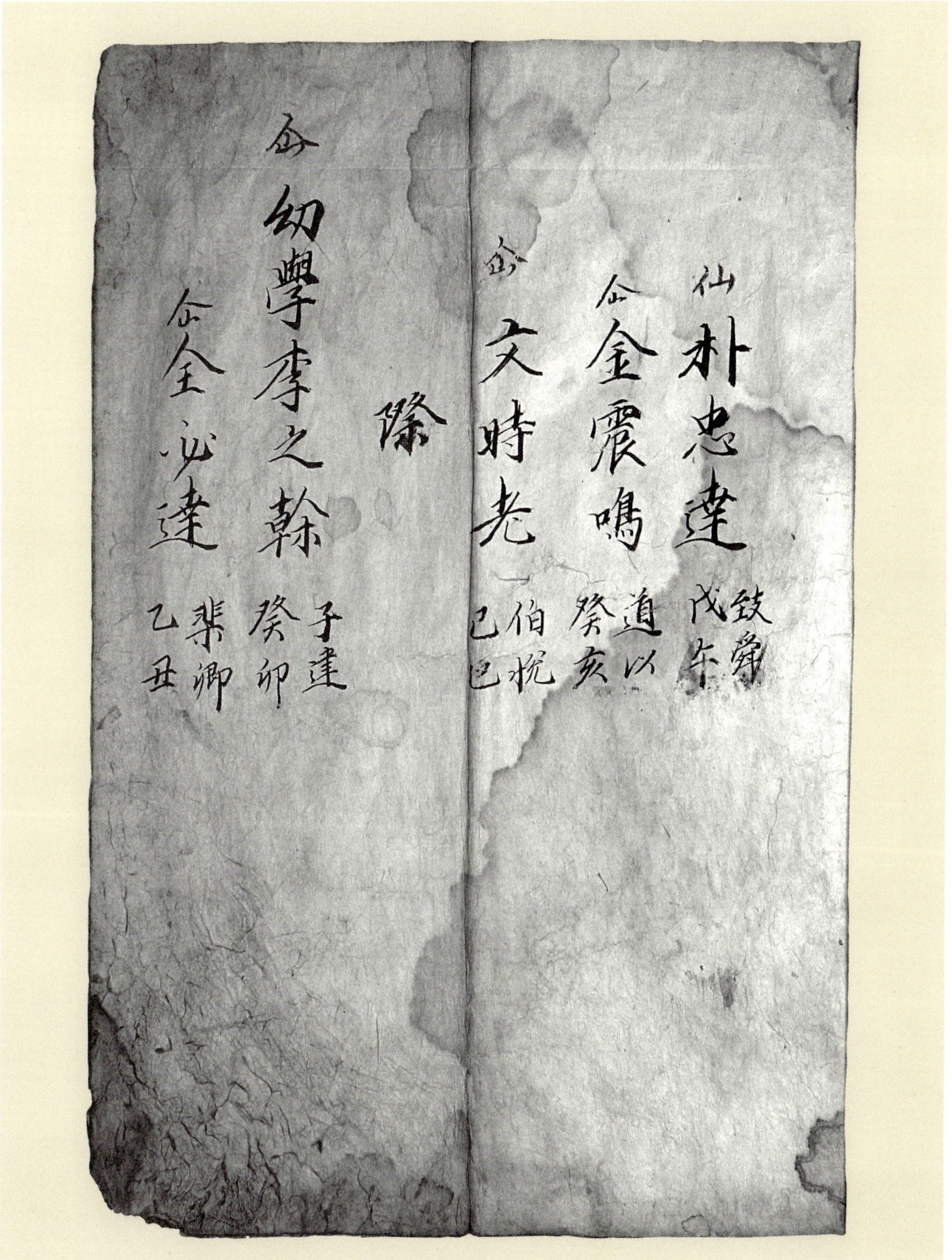

仙 朴忠達 致舜 戊午

仝 金震鳴 道以 癸亥

仝 文時老 伯悅 己巳

除

仝 幼學李之榦 子達 癸卯

仝 全必達 棐卿 乙丑

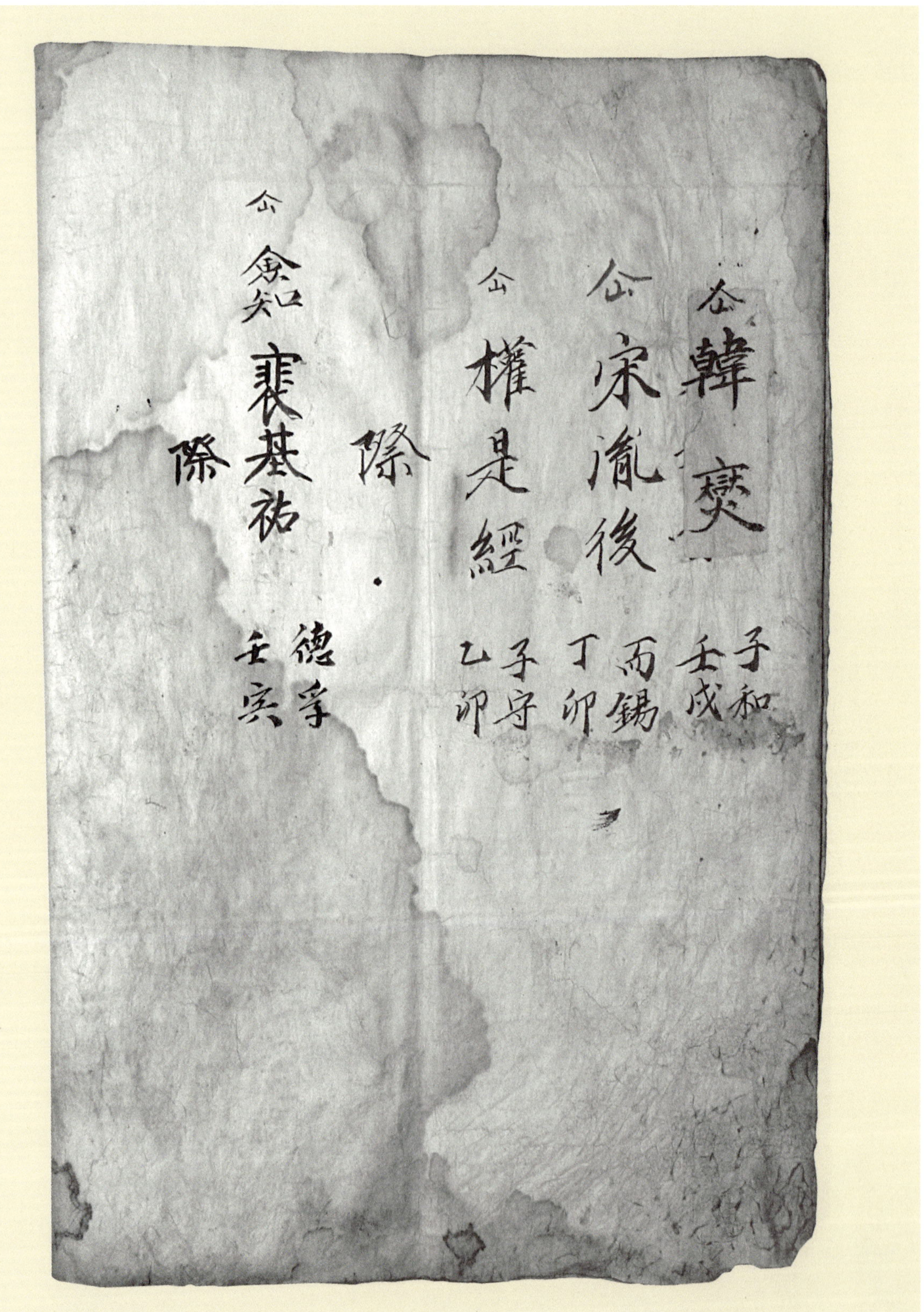
公 韓 燮 子和 壬戌
公 宋 瀗 後 丙錫 丁卯
公 權 是 經 子守 乙卯
際
公 僉知 裵 基 祐 德孚 壬寅
際

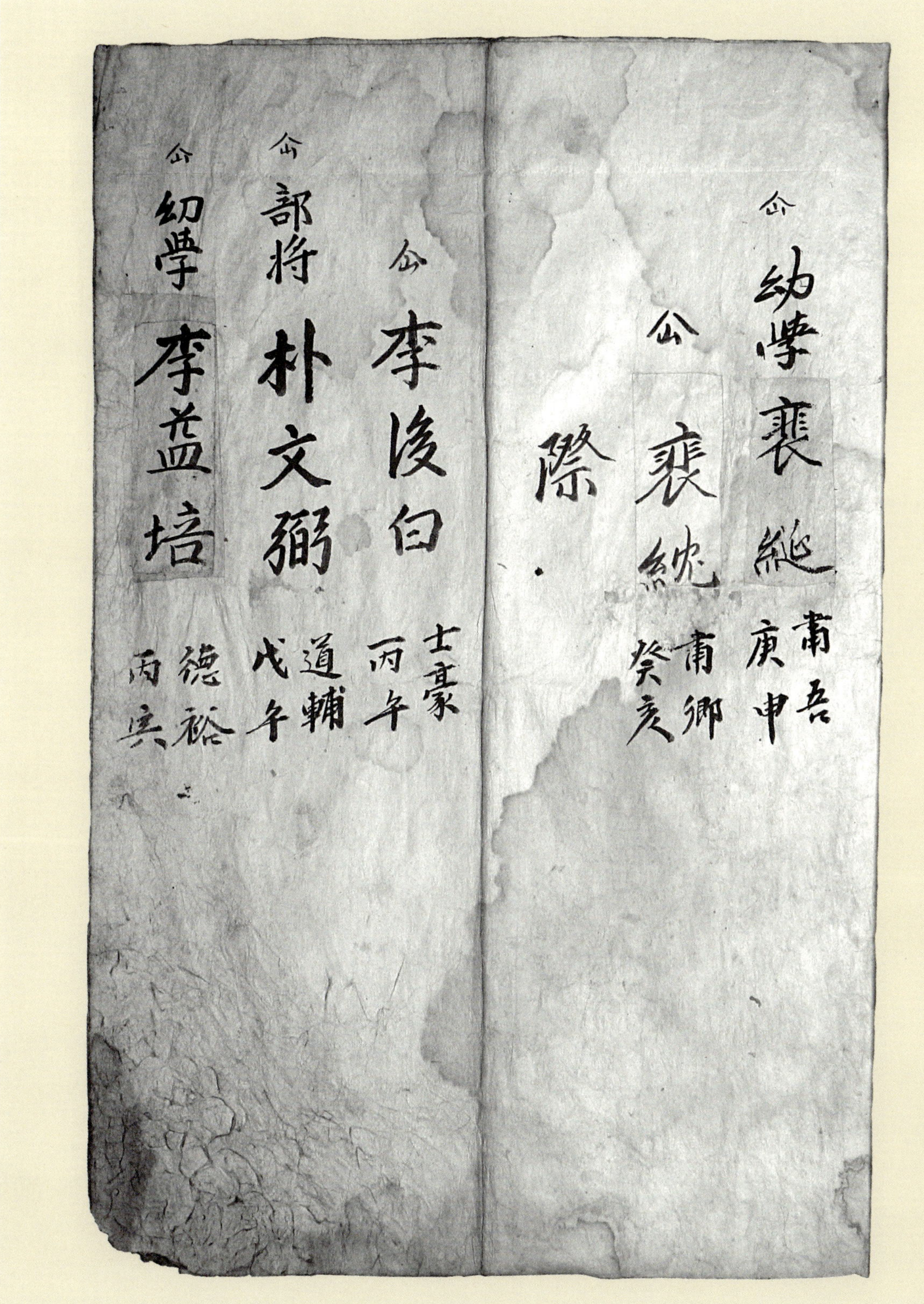

公 幼學 裵繼 甫吾 庚申

公 裵綂 甫卿 癸亥

際

公 李後白 士豪 丙午

公 部將 朴文彌 道輔 戊午

公 幼學 李益培 德裕 丙寅

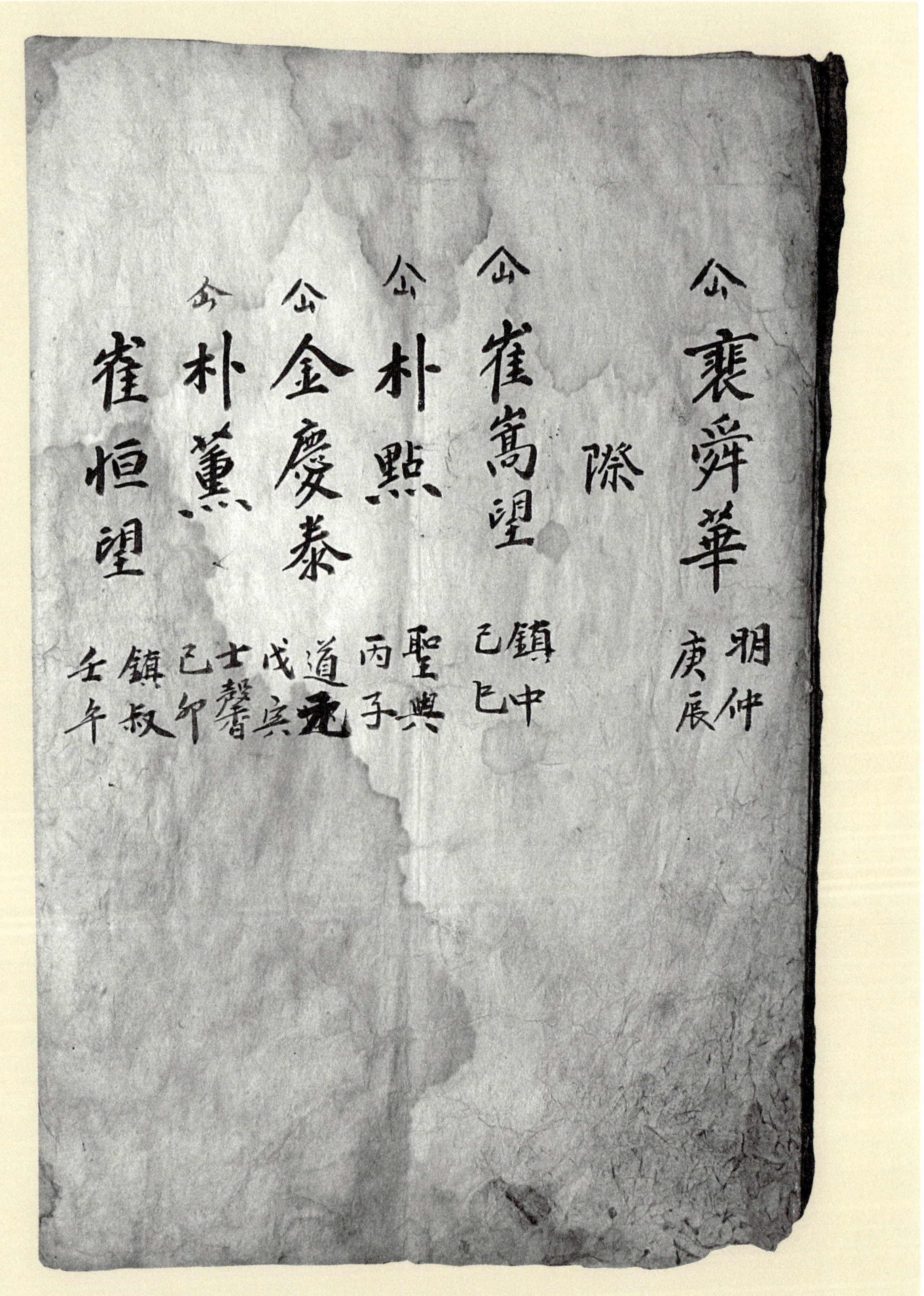

公 裵舜華 明仲 庚辰

際

公 崔嵩望 鎭中 己巳

公 朴點 聖興 丙子

公 金慶泰 道元 戊辰

公 朴薰 士馨 己卯

公 崔恒望 鎭叔 壬午

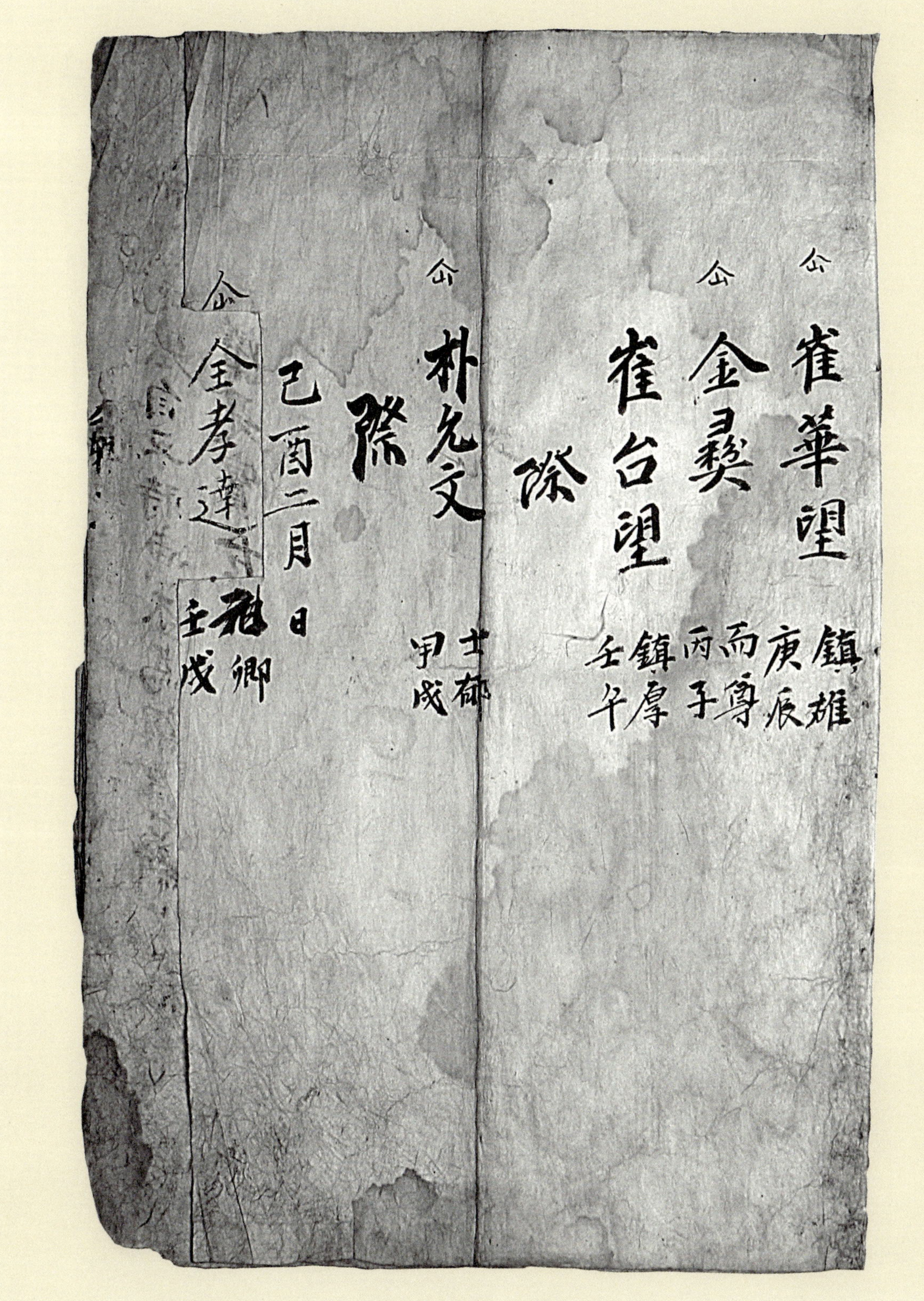

公 崔華望 鎭雄 庚辰

公 金夔 而尊 丙子

崔台望 鎭厚 壬午

際

公 朴允文 士郁 甲戌

際

己酉二月日

公 金孝達 聖卿 壬戌

袱梁之塞自平時曳木爲梁負薪爲袱斲木爲杙待時而灌是實古人之用智非今人之所不可及際也而近觀乙酉己亥之水盡爲衝破變作深淵所日之年年修葺者不斷於一水之怒濤則知其功勞重而利未遠此乃洞內之一所常怏然者也茲與全負同議創智營葺石梁不月而成將來之究破今未可預測石砌之狀岩岩之壯有如虹橋之亘霄比前古所未有之極功也由是而永賴無窮則將有辭於後世之人是爲之記

己亥七月日監官權尚經

全珽

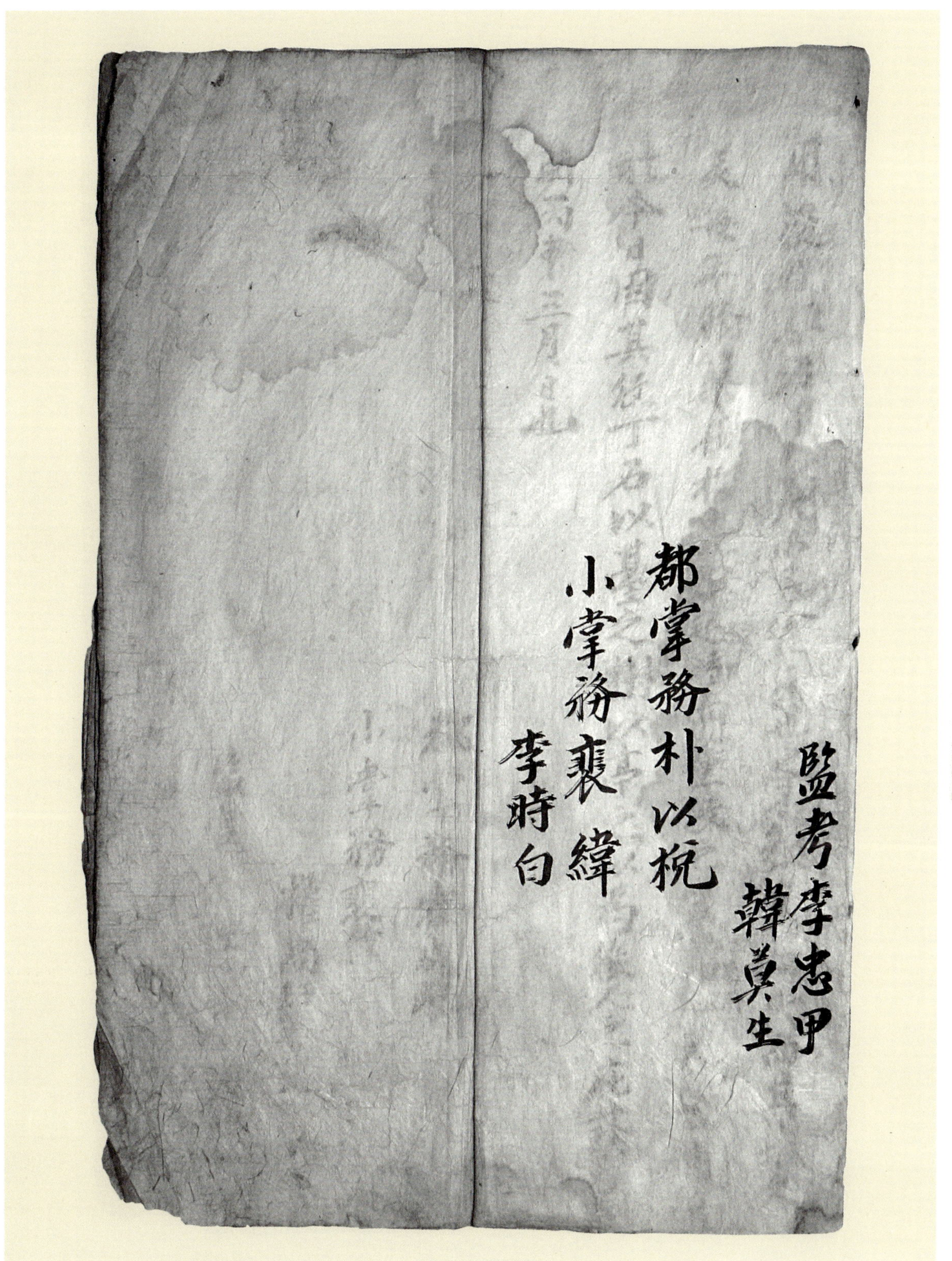
監考李忠甲
韓莫生
都掌務朴以梲
小掌務裵緯
李時白

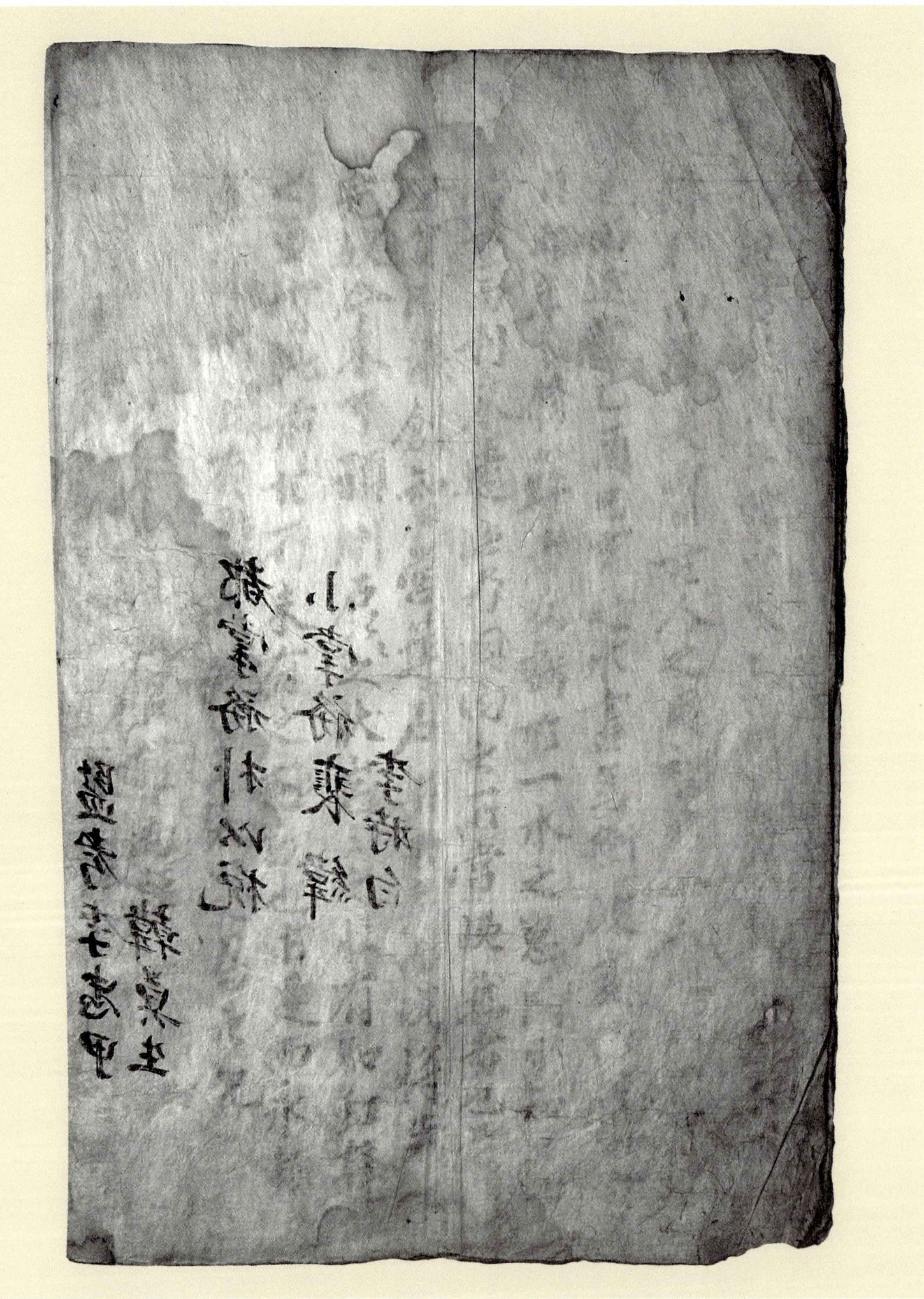

用洑楸梁者用洑大小民食。天也之上不知創自何代而其來久
矣每年修築在於炎燠之時而董役之負。未有所庇常以爲苦適
於今日因其後丁石以其臺之樹以亭之以爲後人之庇蔭云
時丙申三月日也

都掌務崔成屹
小掌務裵緯
權尚經
監官金珏

空紙九張半

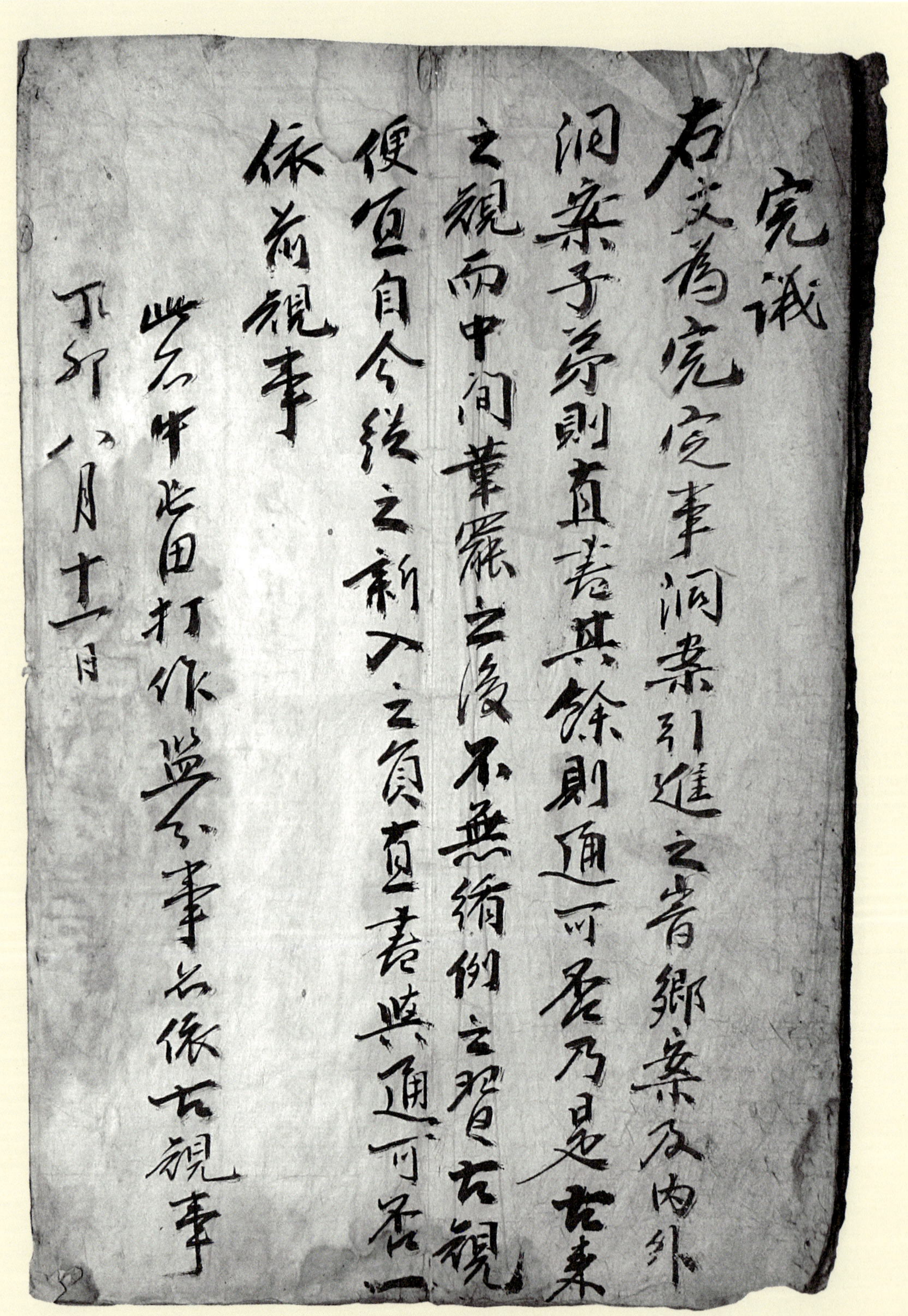

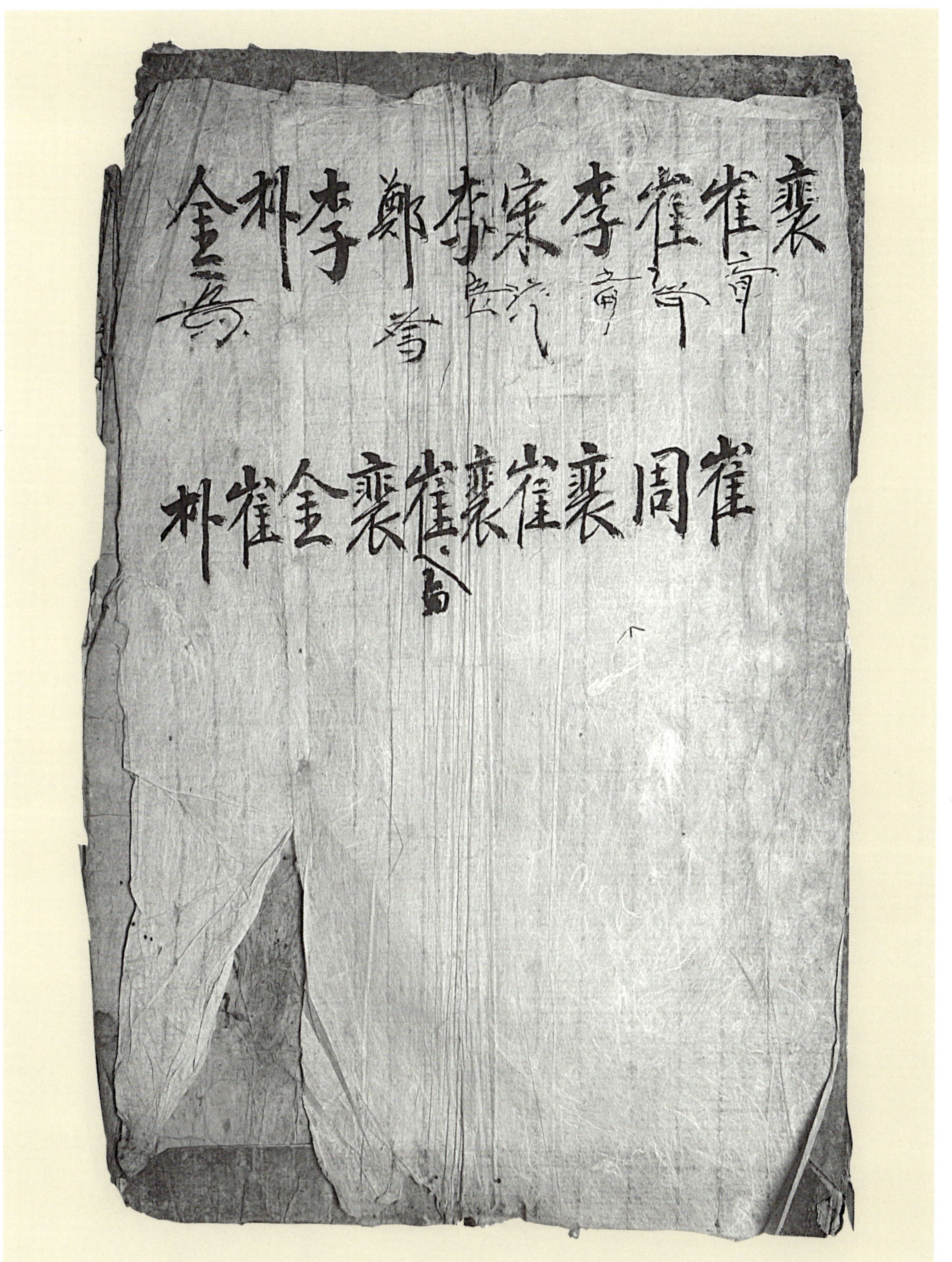
裵 崔 李 宋 李 鄭 李 朴 金

崔 周 裵 崔 裵 崔 裵 金 崔 朴

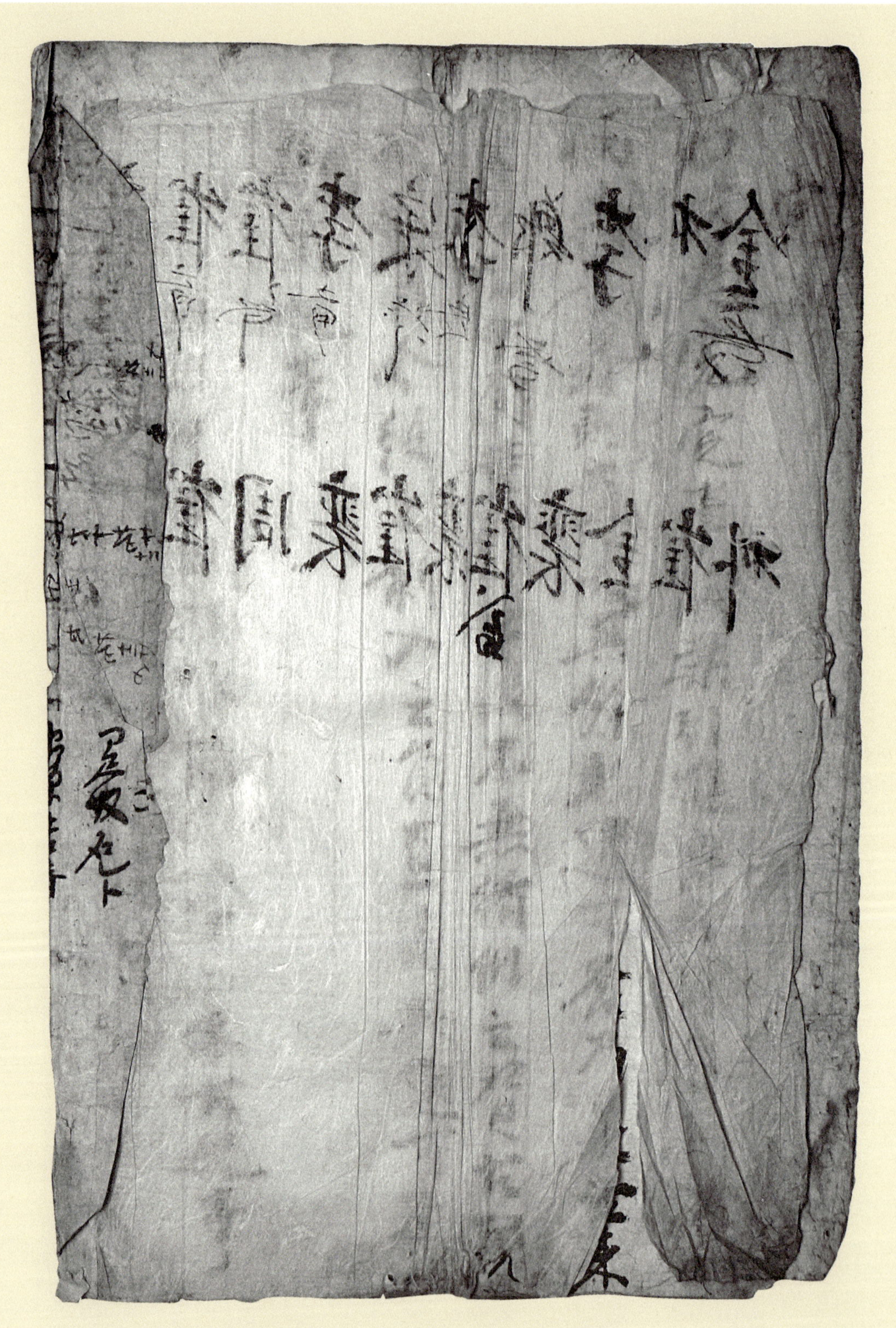

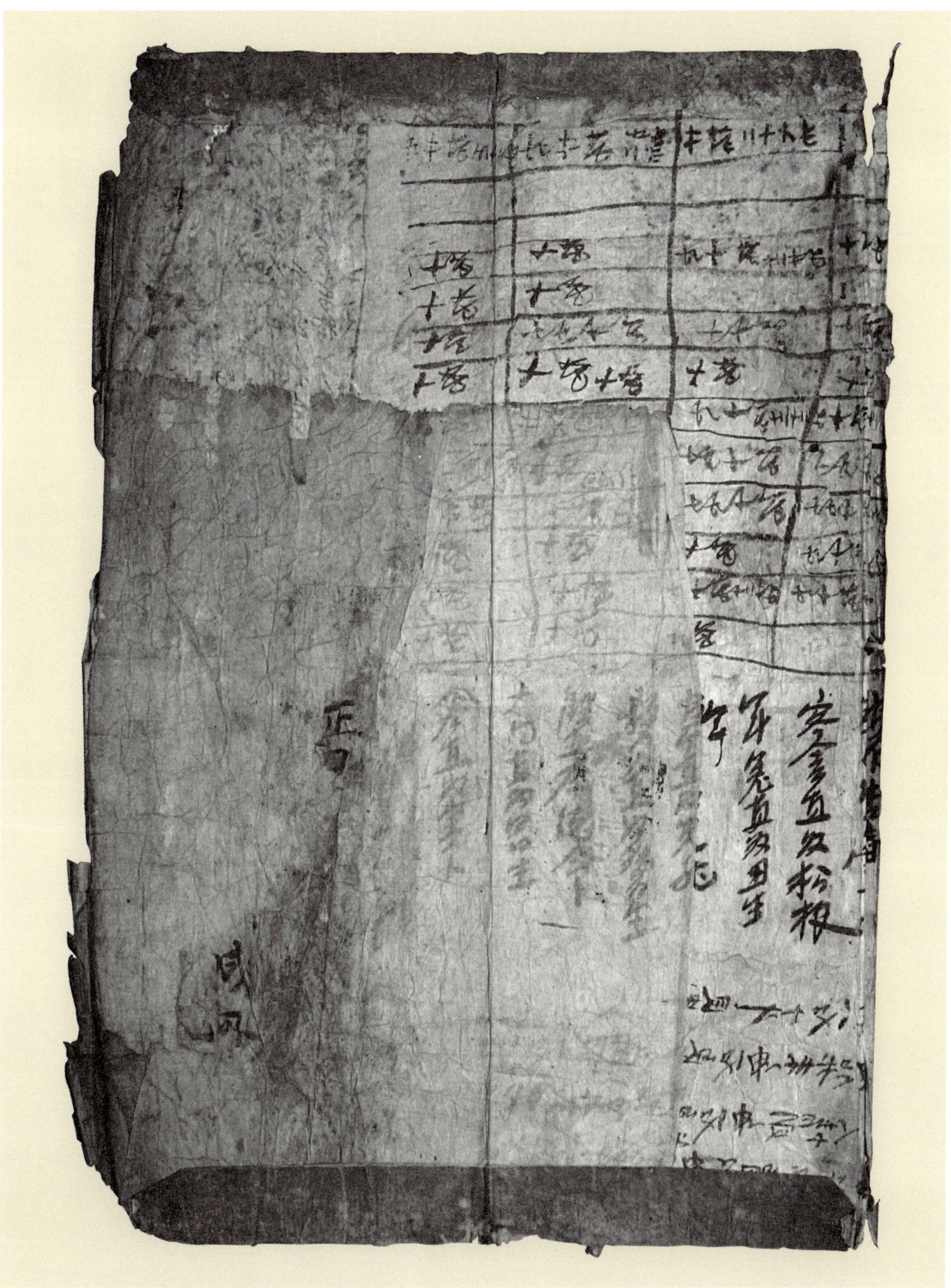

碧松亭案

碧松亭案

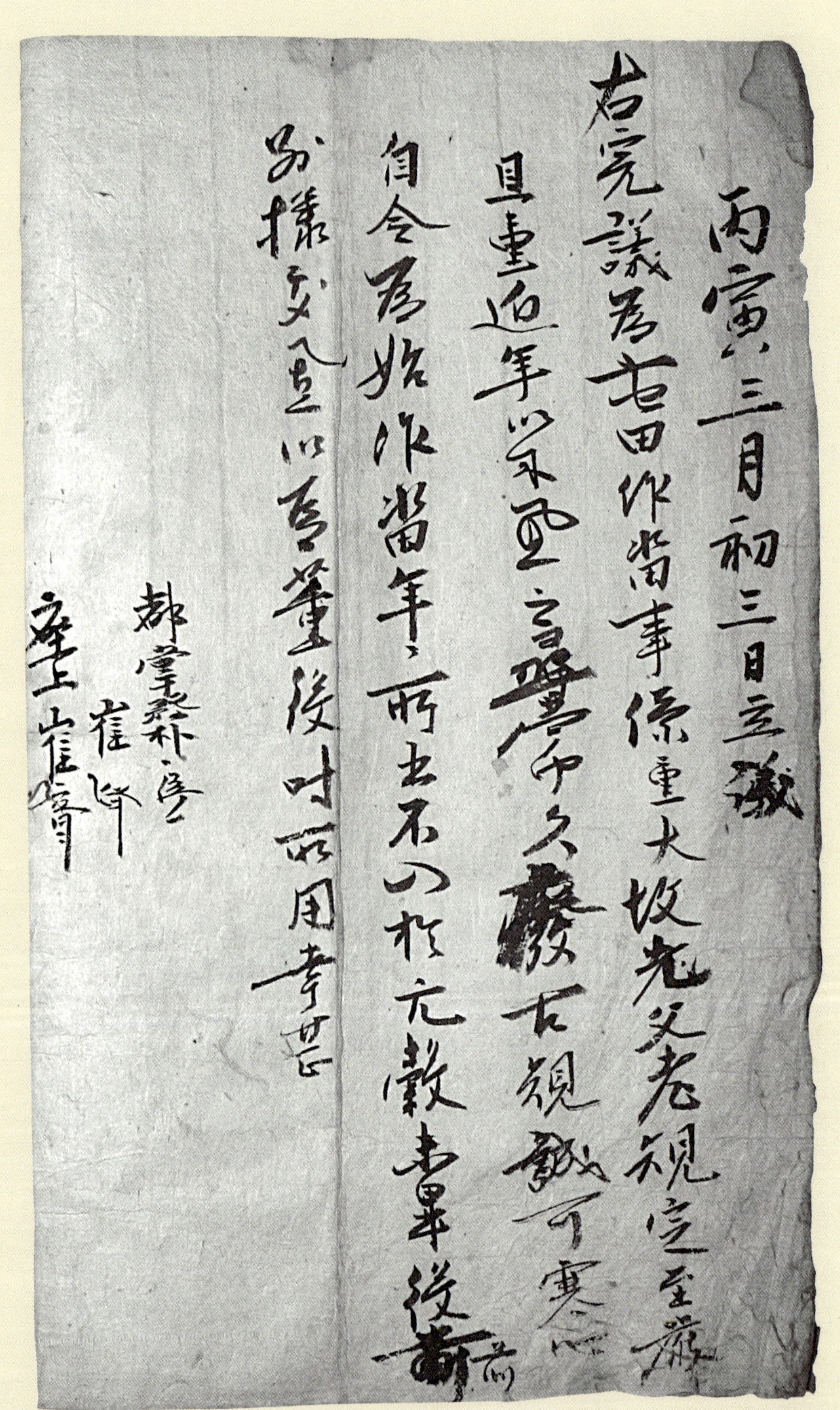

壬子三月日松亭完議

松亭自古以來父老觀射娛樂之所也營亭修睦趁時飲娛此誠一時之勝事而非後人所可及也近世以降人心不古仗信和樂之意已[illegible]如前式挾私忿喧譁相尙同處[illegible]

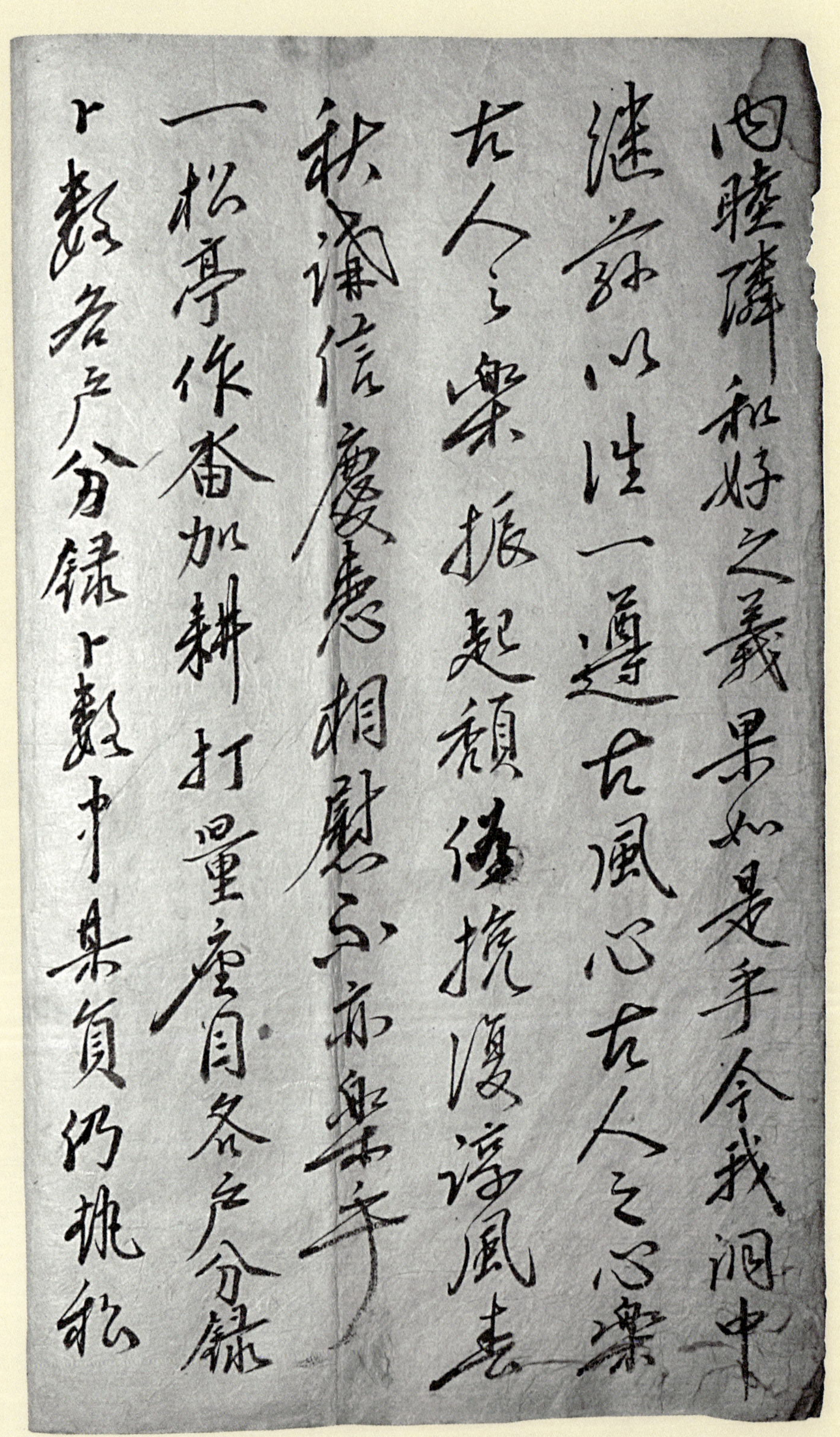

由睦隣和好之義果如是乎今我洞中
継蘇以生一遵古風心古人之心樂
古人之樂振起頹俗挽復淳風春
秋講信慶恵相慰亦樂乎
一松亭作畓加耕打量座目各戶分錄
々數各戶分錄々數中某負仍排松

耕謀計 此告官治罪後子孫消削迹事

一 射亭四面及位畓四標割耕 此永〻

削迹 常漢則告官治罪事

一 雨漏處有司看審改瓦不能 此下罰事

一 凡聚會時有司先到亭舍廳堂及

階洒掃不能則時罰事

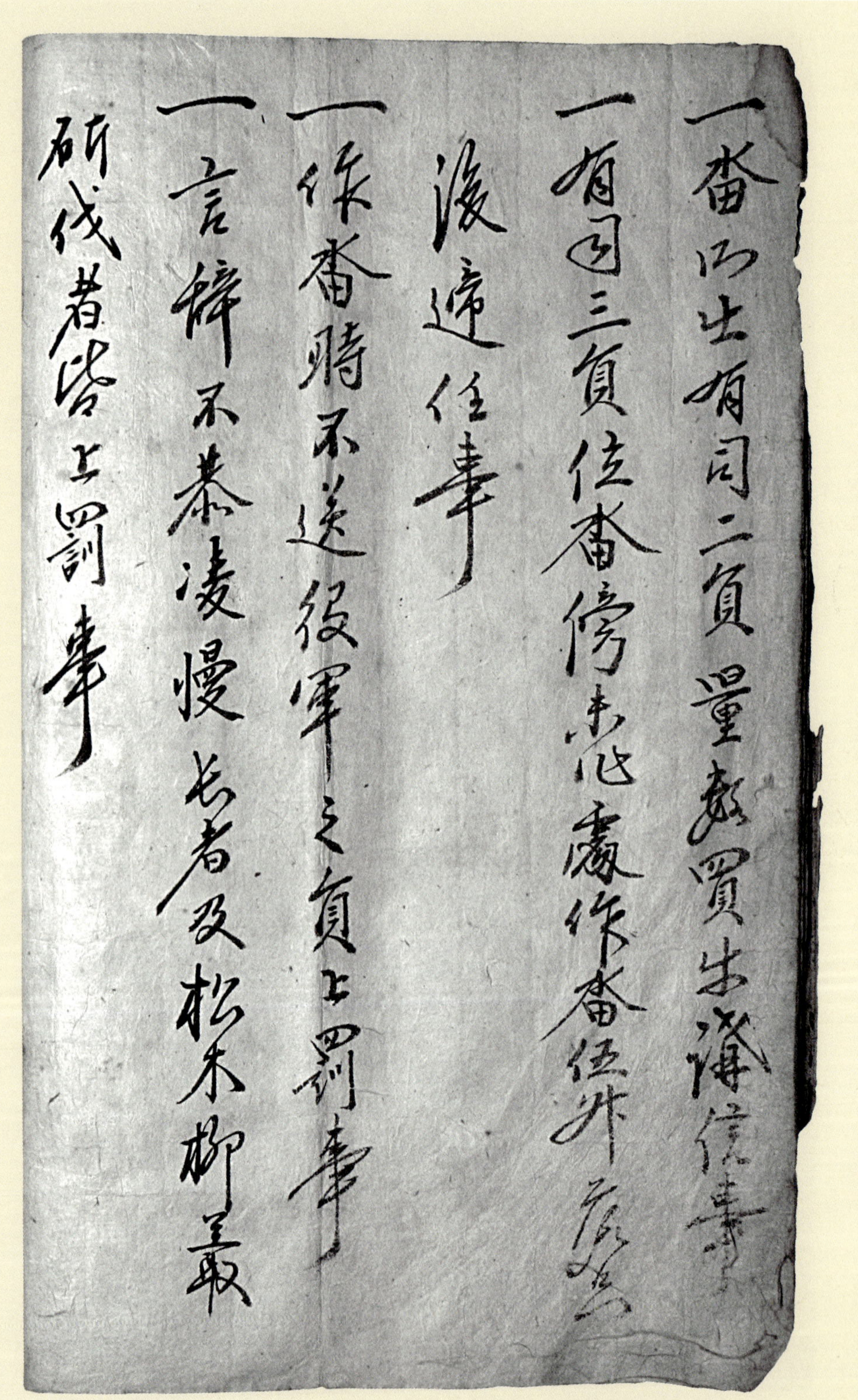

一番內出有司二員量數買生[illegible][illegible]事
一有司三員位番傍[illegible]處作番任外[illegible][illegible]
後違任事
一係番時不送役軍之員上罰事
一言辭不恭凌慢長者及松木柳叢
斫伐者皆上罰事

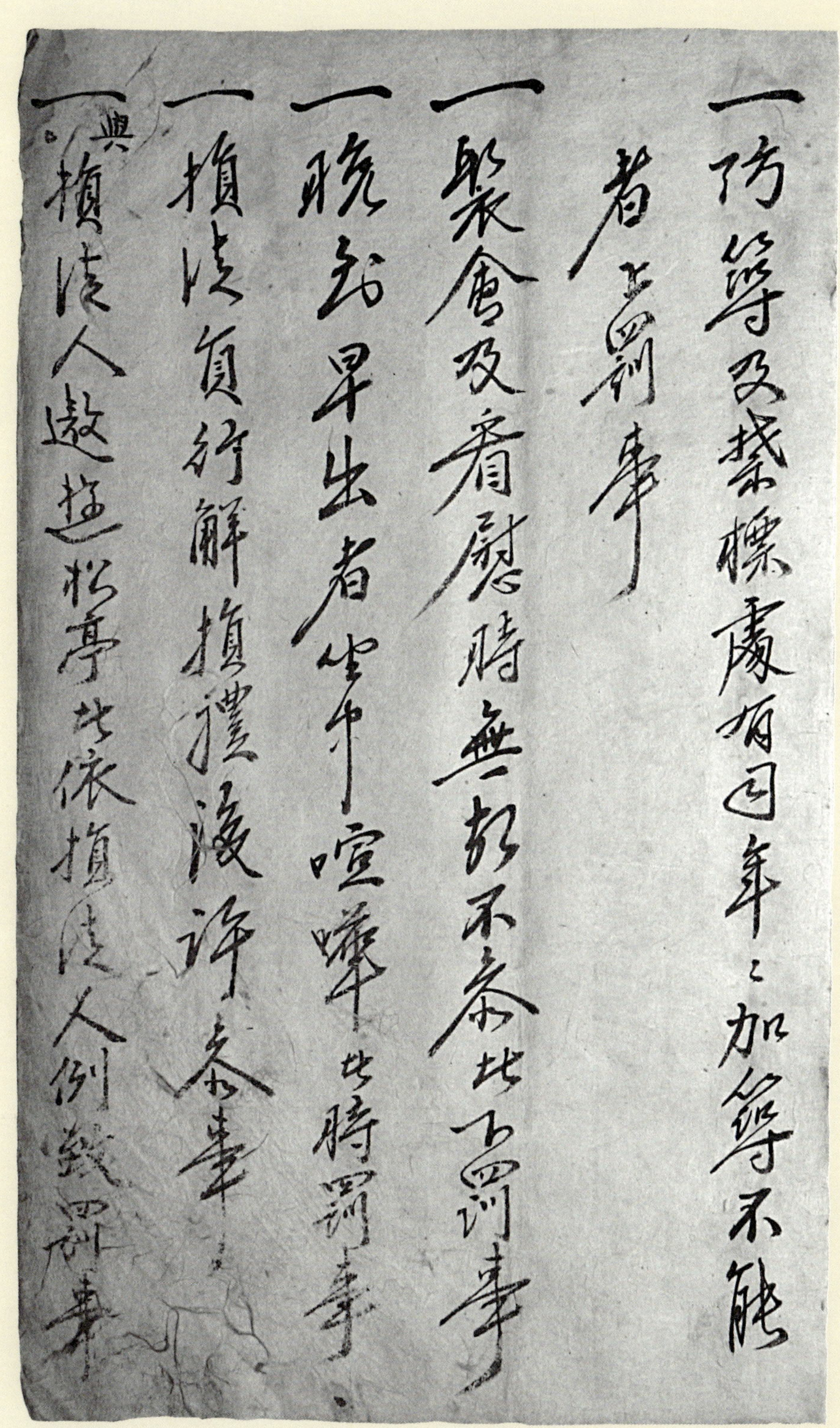

一防等及禁標處有同年〃加等不能
者上罰事

一衆會及看尉時無故不參者下罰事

一晩到早出者坐中喧嘩者時罰事

一損債負行解損攫後許參事

一與損債人遨遊松亭者依損債人例減罰事

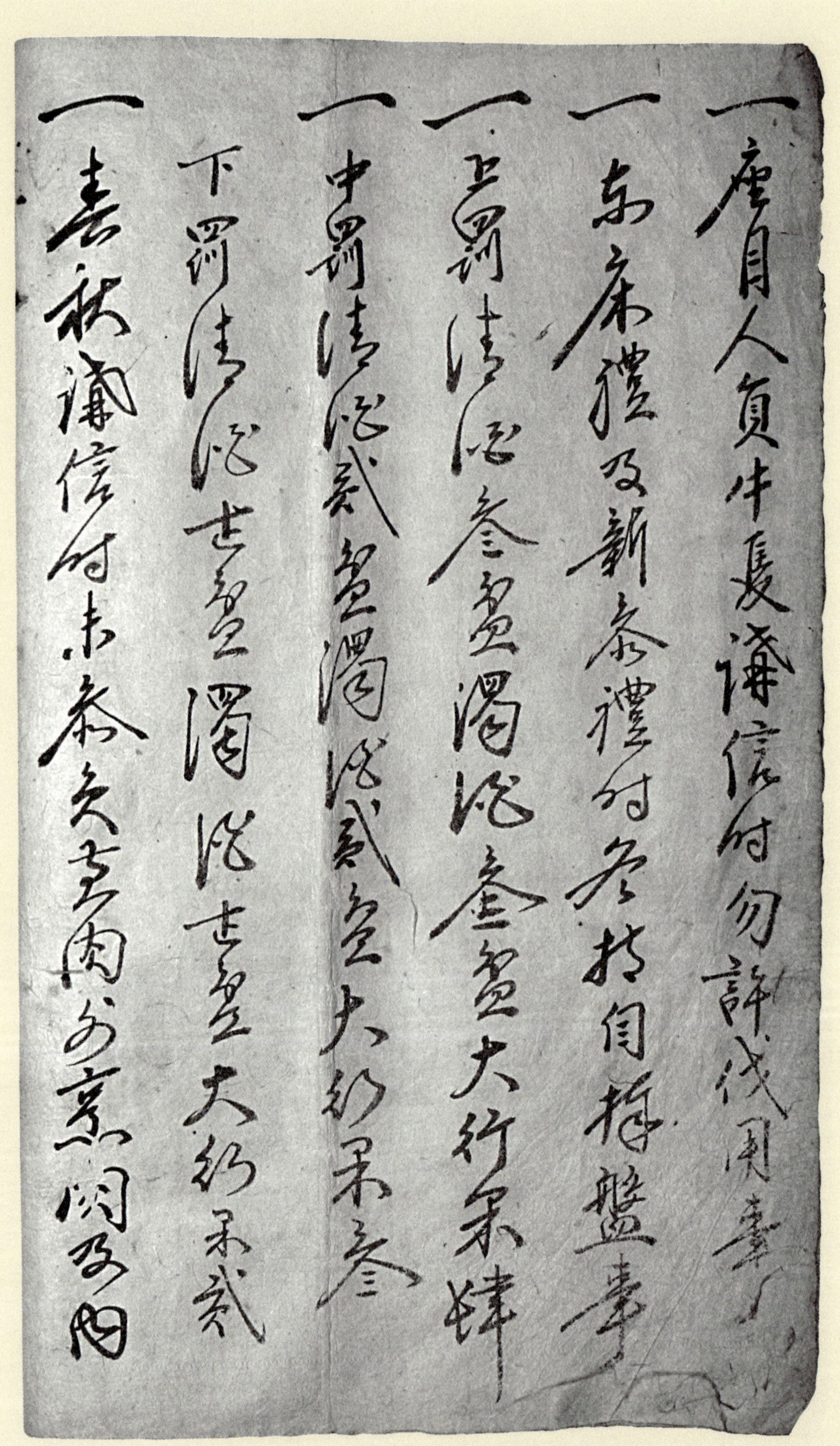
一 座目人員中長講信付勿許代用事
一 東床禮及新參禮付於自擇盤事
一 上罰 清酒參盆 濁酒參盆 大行果肆
一 中罰 清酒貳盆 濁酒貳盆 大行果參
一 下罰 清酒壹盆 濁酒壹盆 大行果貳
一 春秋講信付未參人矣 生肉分烹闕及肉

賻儀猶長則不在此例

一 許參時從自願度單字收可不二不上

許參而曾經鄕錄之意者勿收不可直書者

一 自今甲午以後新參人勿論父子相繼行

禮後許參事

一 新參須以二十五歲爲限事

一 父老完定之條約不爲不重而世降俗末人
心不古或有內亂之兄弟或有侮長之年少此實
洞風之不美也而遵奉完議未聞其人自今以後
如有風聞一從完議以振古風事

一 洞內不美之事混皆無異於視聽故雖有風聞
恬不致察自今以後洞內當任銘心致察先告于

洞會之日之行罰罰而其時所任若掩不發先削時任事

一 松亭下卒武爲被誚於軍兵而洞負之爲將官終不杜護則非但當身其先世亦爲削去事

一 新參之負債權學行有違古規自今以後一級

古規行禮後許參事

一 祓梁該塞各自爲已而終焉不送寶齊于庫

自茲以後一年畢役之後其蹟監官擲于樓
送于洞內依番時使役而終始非違者自洞內報
官處置事

一 袱梁防塞一年之內頻數無限而時帶監任丁當長
日若飢莫比自今以後老祖參什(上下)使其日隨從下人饋
進點心事

一 損徒之負不爲行禮則士無忌憚之事自今以後依
古例行禮事是乎矣自丙寅秋爲始施行事

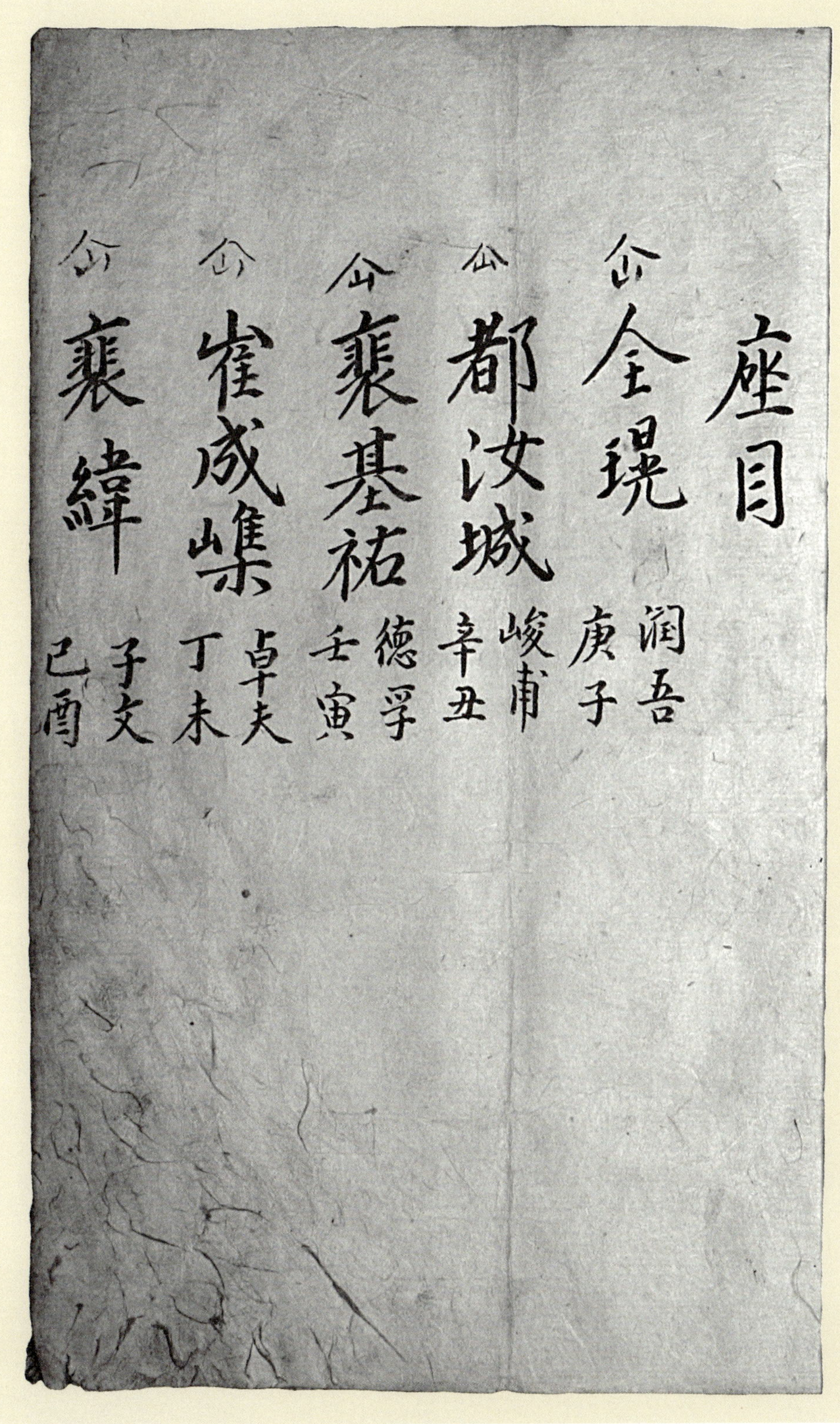

座目

公 全琨 潤吾 庚子

公 都汝城 峻甫 辛丑

公 裵基祐 德孚 壬寅

公 崔成嶕 卓夫 丁未

公 裵緯 子文 己酉

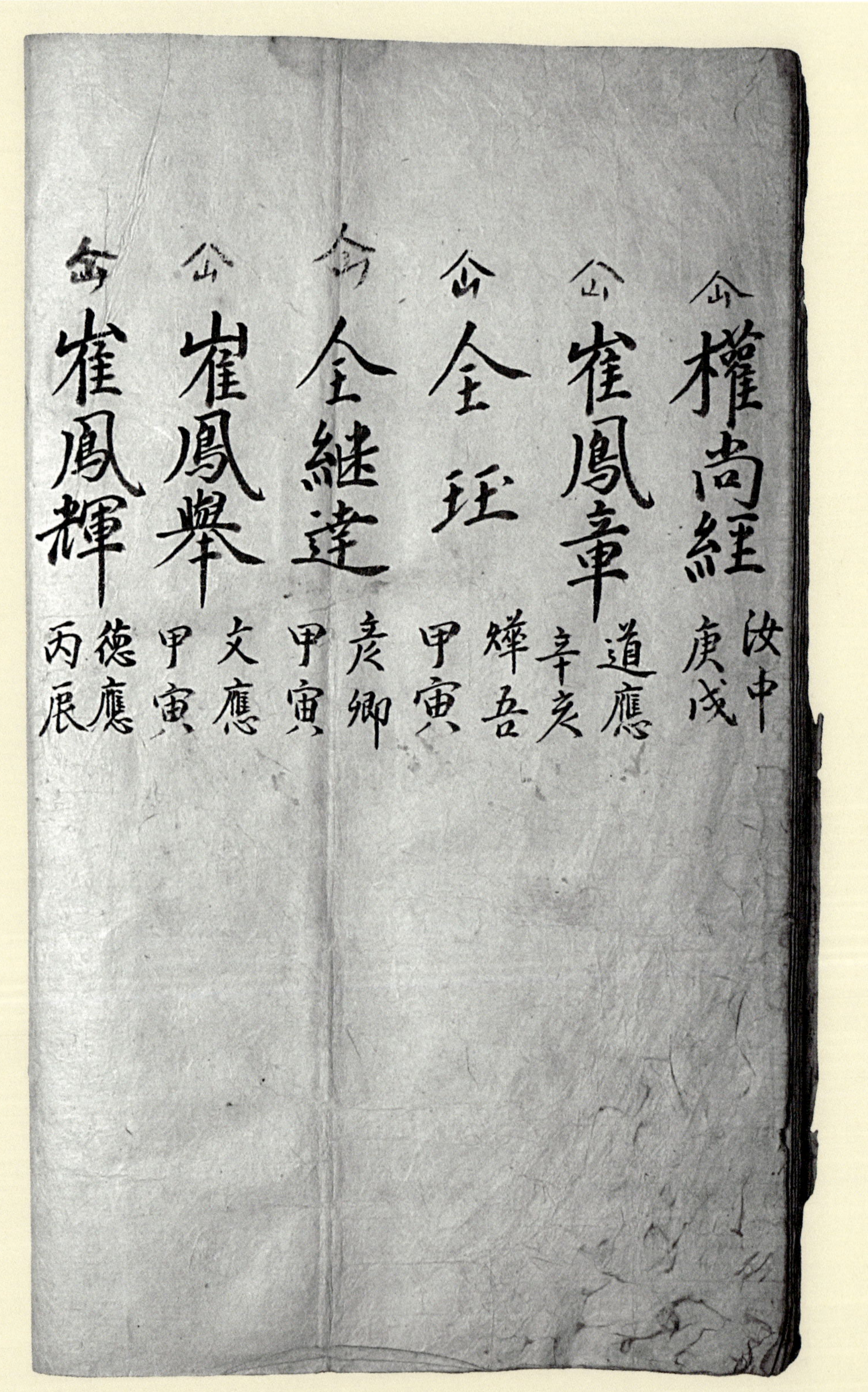

公 權尙經 汝中 庚戌
公 崔鳳章 道應 辛亥
公 全珏 㦤吾 甲寅
公 全繼達 彥卿 甲寅
公 崔鳳擧 文應 甲寅
公 崔鳳輝 德應 丙辰

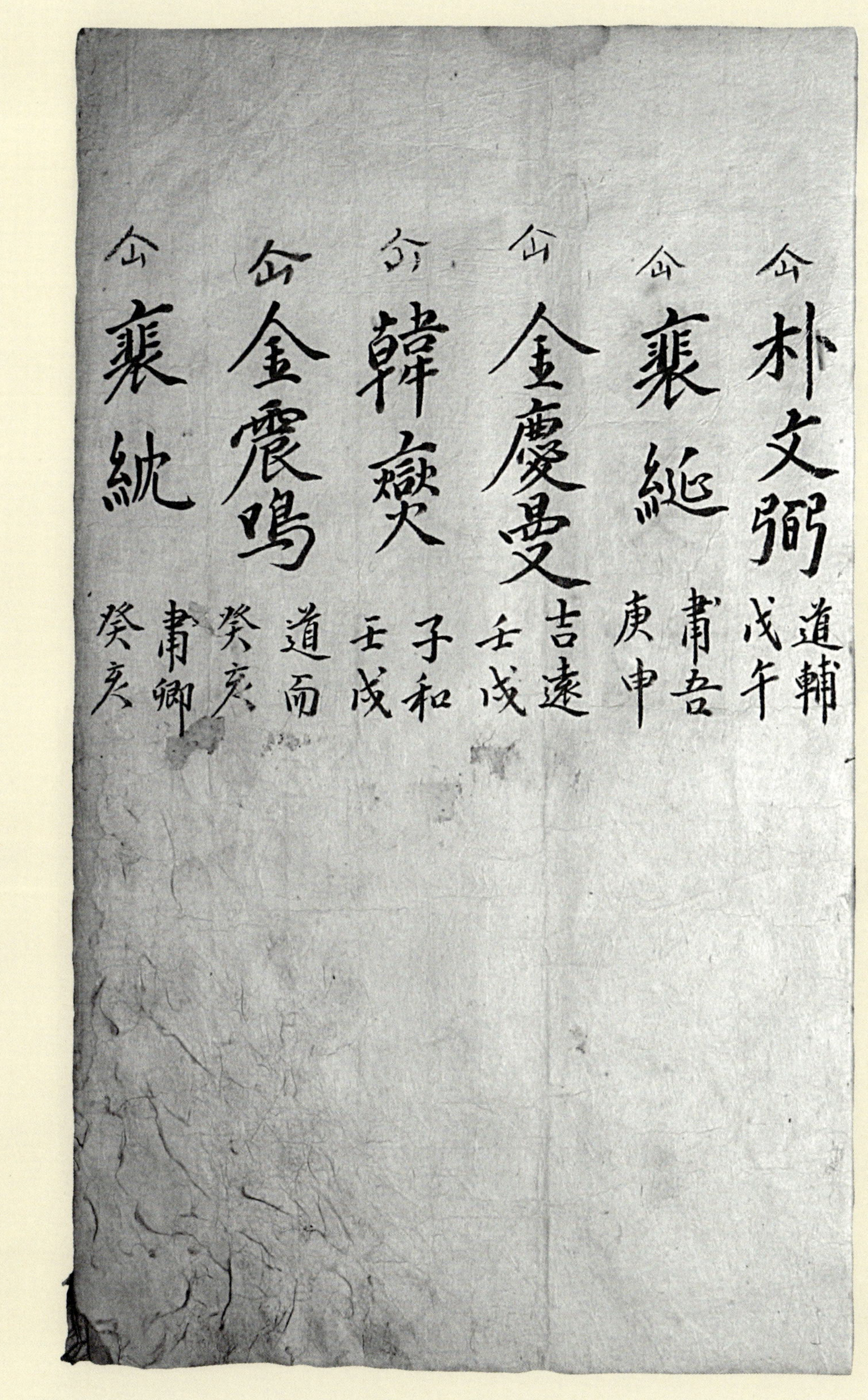
仝 朴文弼 道輔 戊午
仝 裵縆 肅吾 庚申
仝 金慶曼 吉遠 壬戌
仝 韓爕 子和 壬戌
仝 金震鳴 道而 癸亥
仝 裵紞 肅卿 癸亥

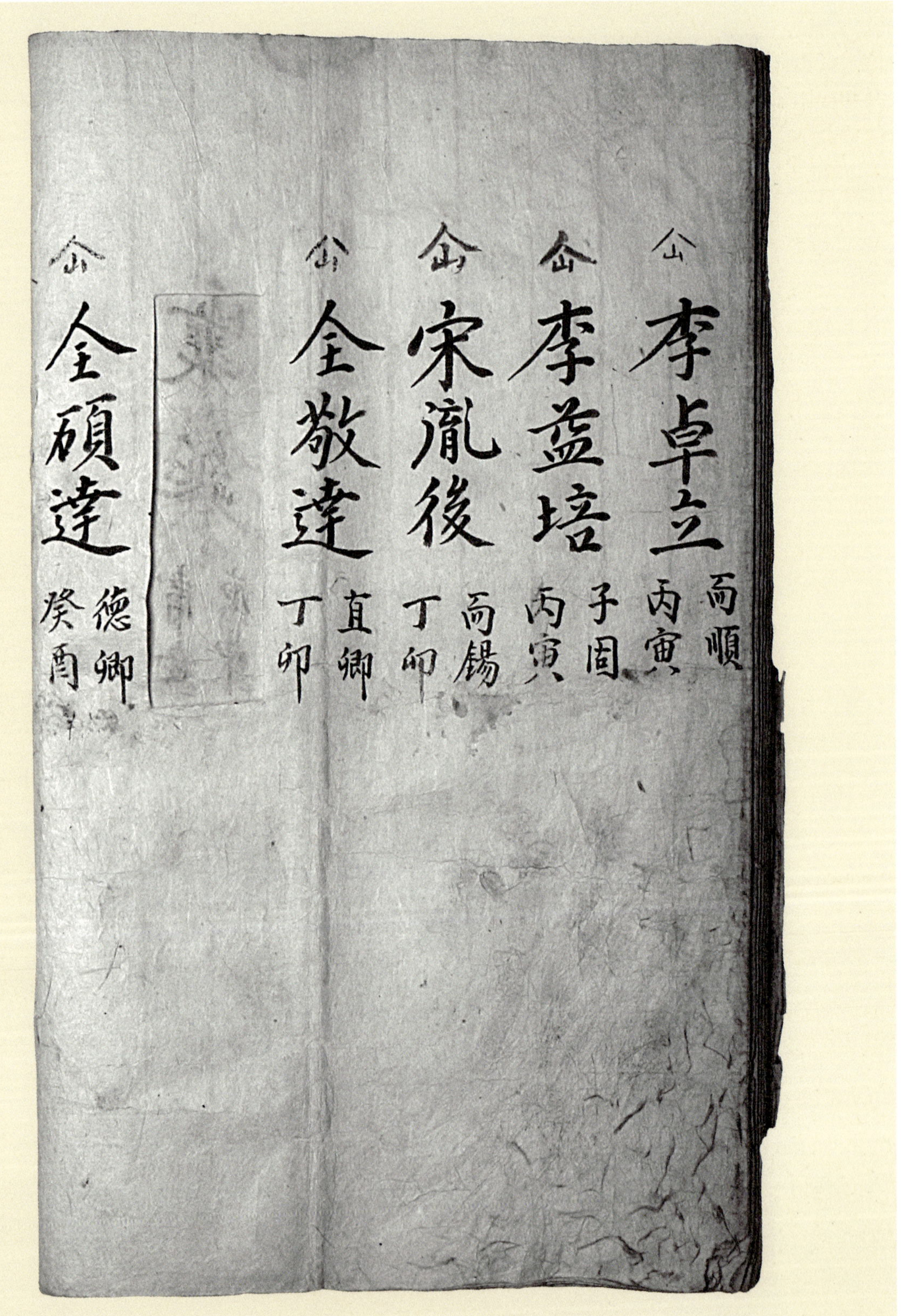
公 李卓立 而順 丙寅
公 李益培 子固 丙寅
公 宋胤後 而錫 丁卯
公 全敬達 直卿 丁卯
公 全頎達 德卿 癸酉

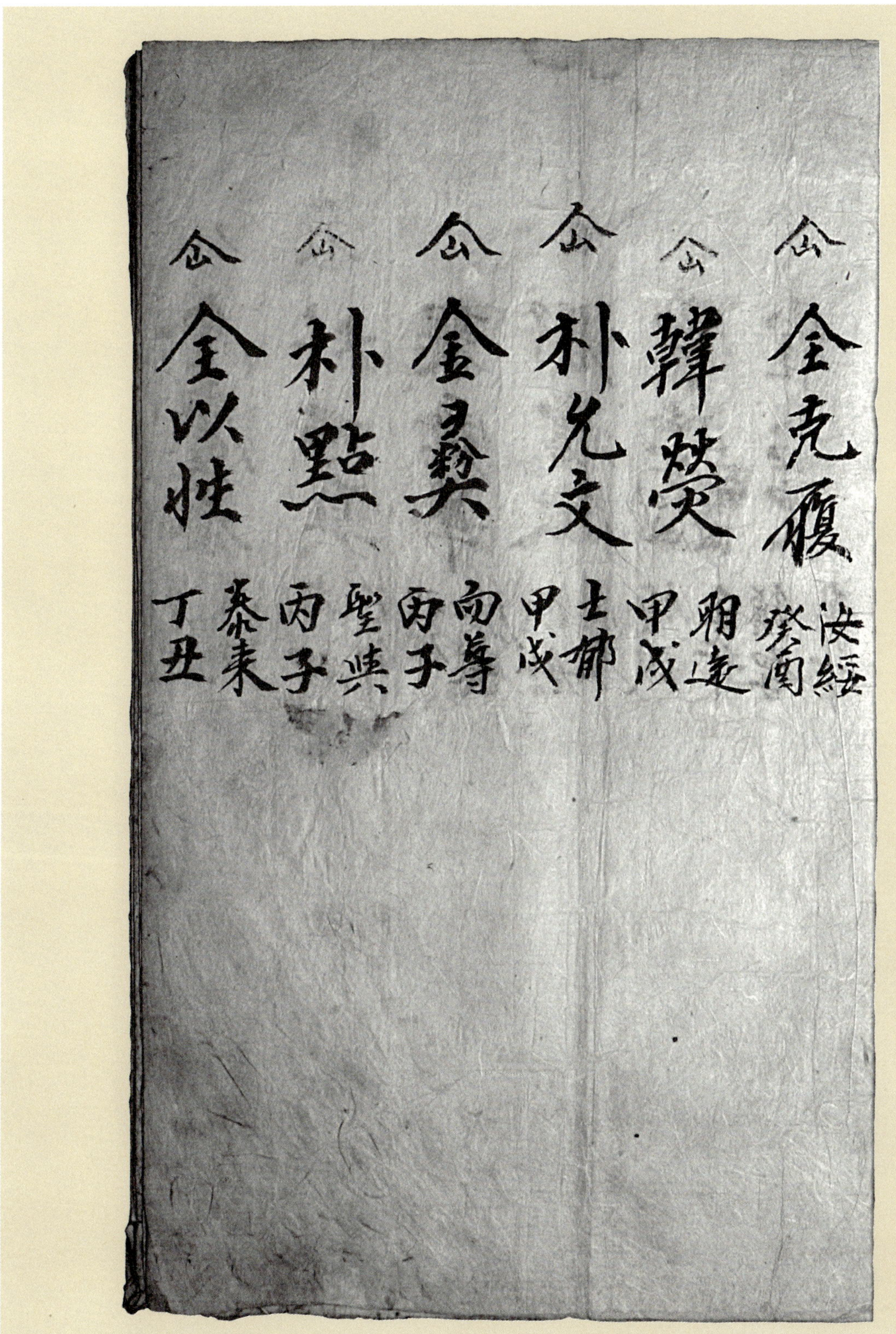

公
金克履
汝綏
癸酉
公
韓榮
翔遠
甲戌
公
朴先文
士郁
甲戌
公
金彛
向尊
丙子
公
朴點
聖洪
丙子
公
金以性
泰來
丁丑

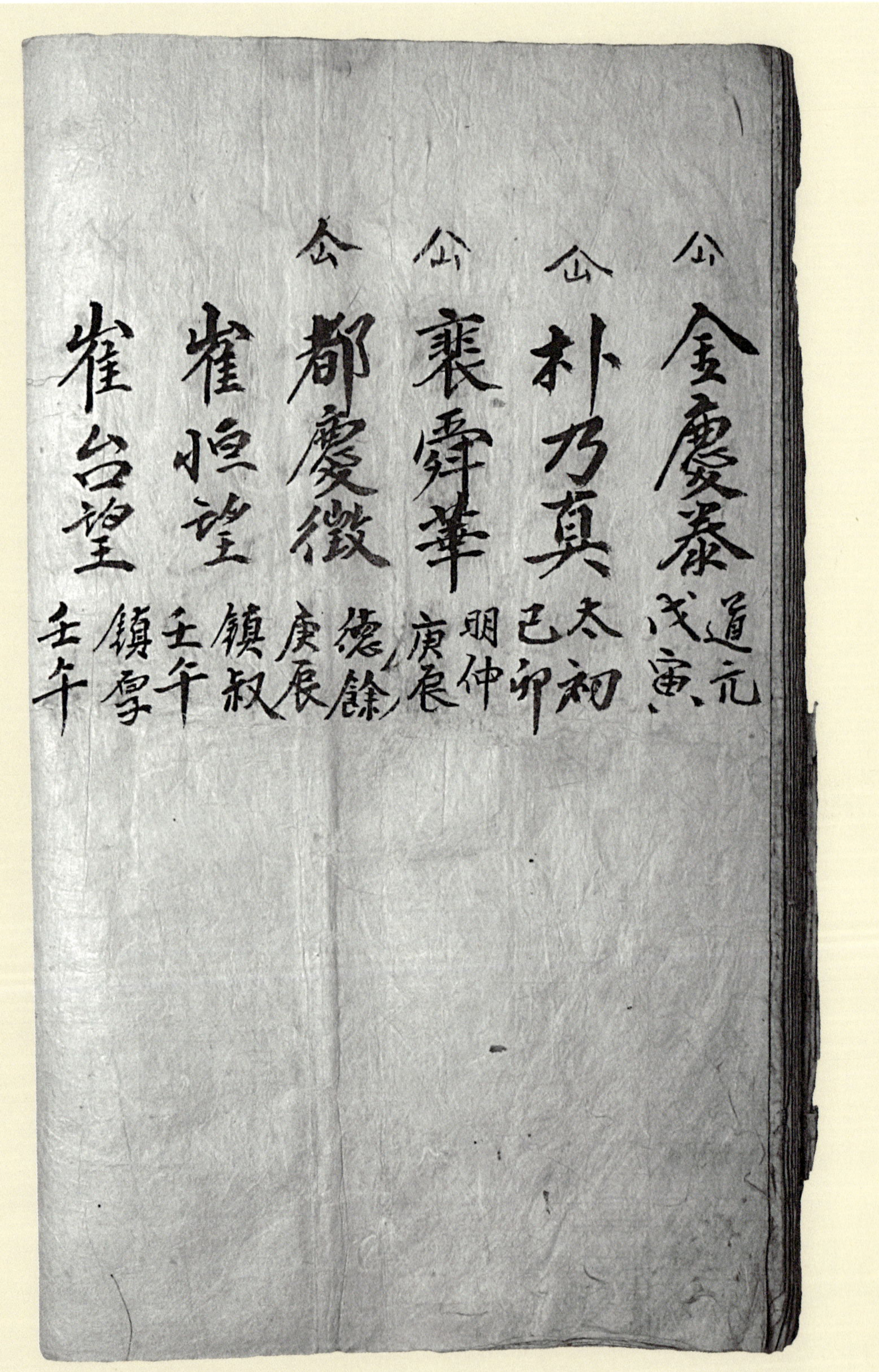

公 金慶泰 道元 戊寅
公 朴乃真 太初 己卯
公 裵舜華 明仲 庚辰
公 鄭慶徵 德餘 庚辰
崔恒望 鎭叔 壬午
崔台望 鎭亭 壬午

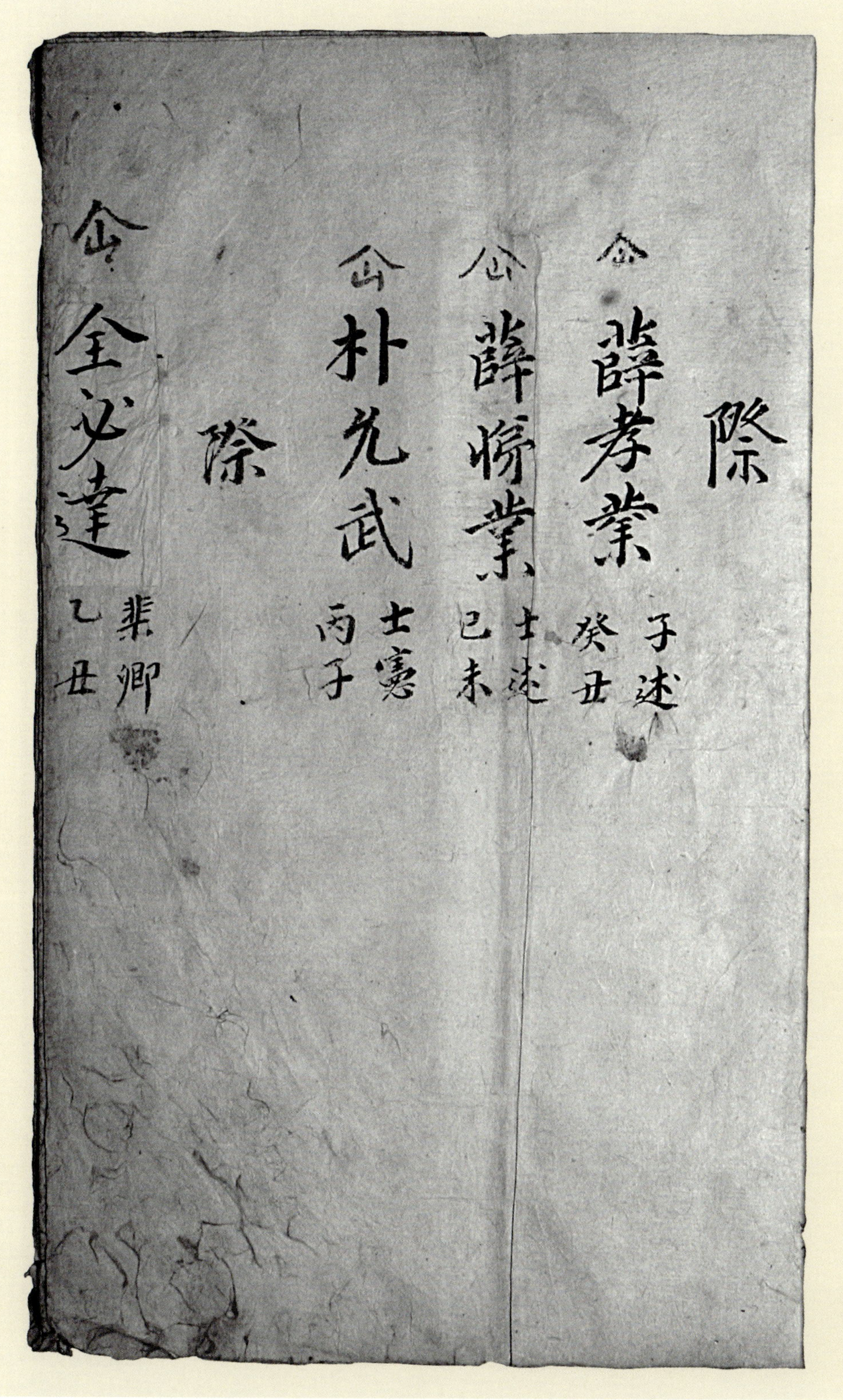
際
僉 薛孝業 子述 癸丑
僉 薛愶業 士述 巳未
僉 朴允武 士憲 丙子
際
僉 全必達 棐卿 乙丑

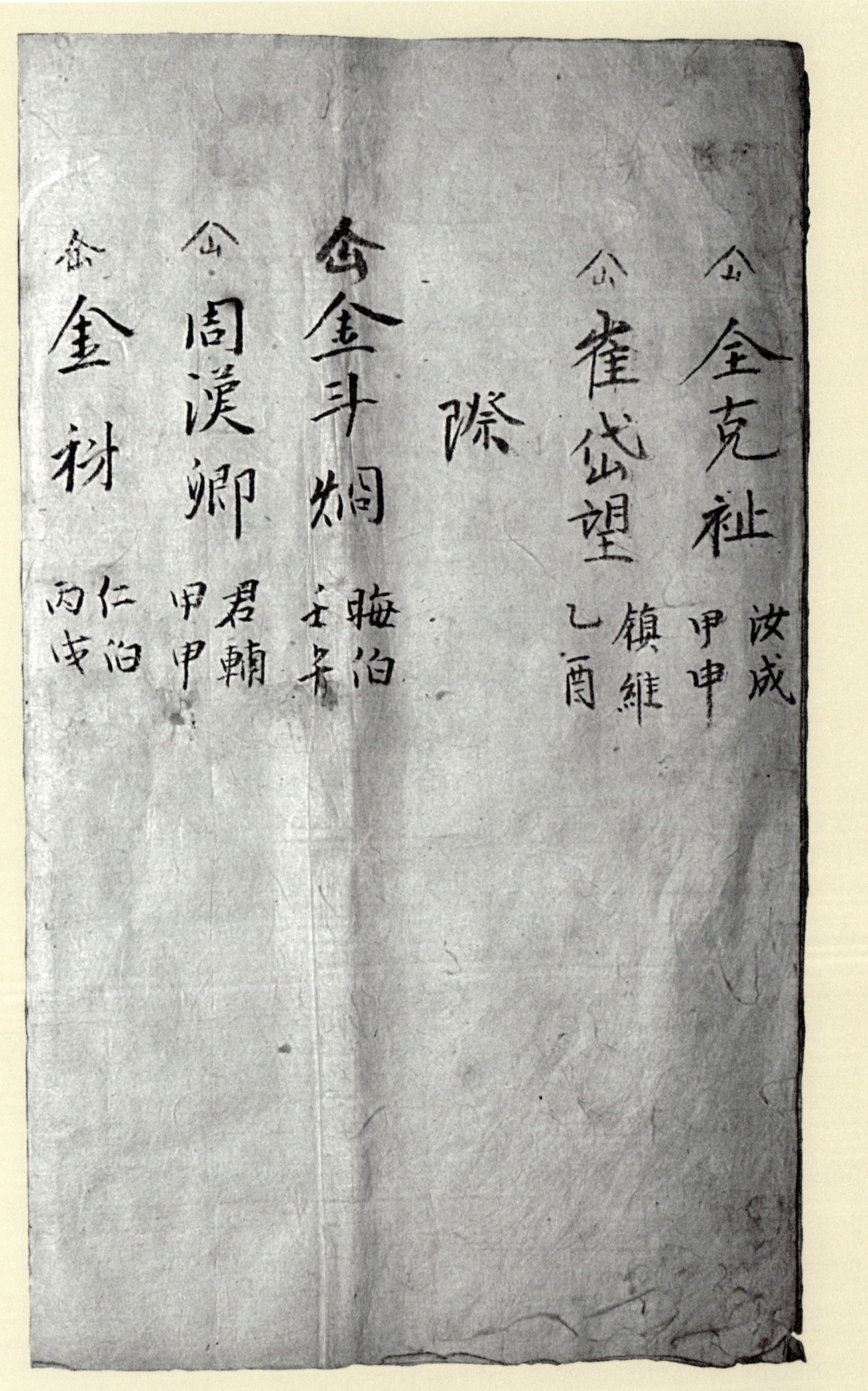

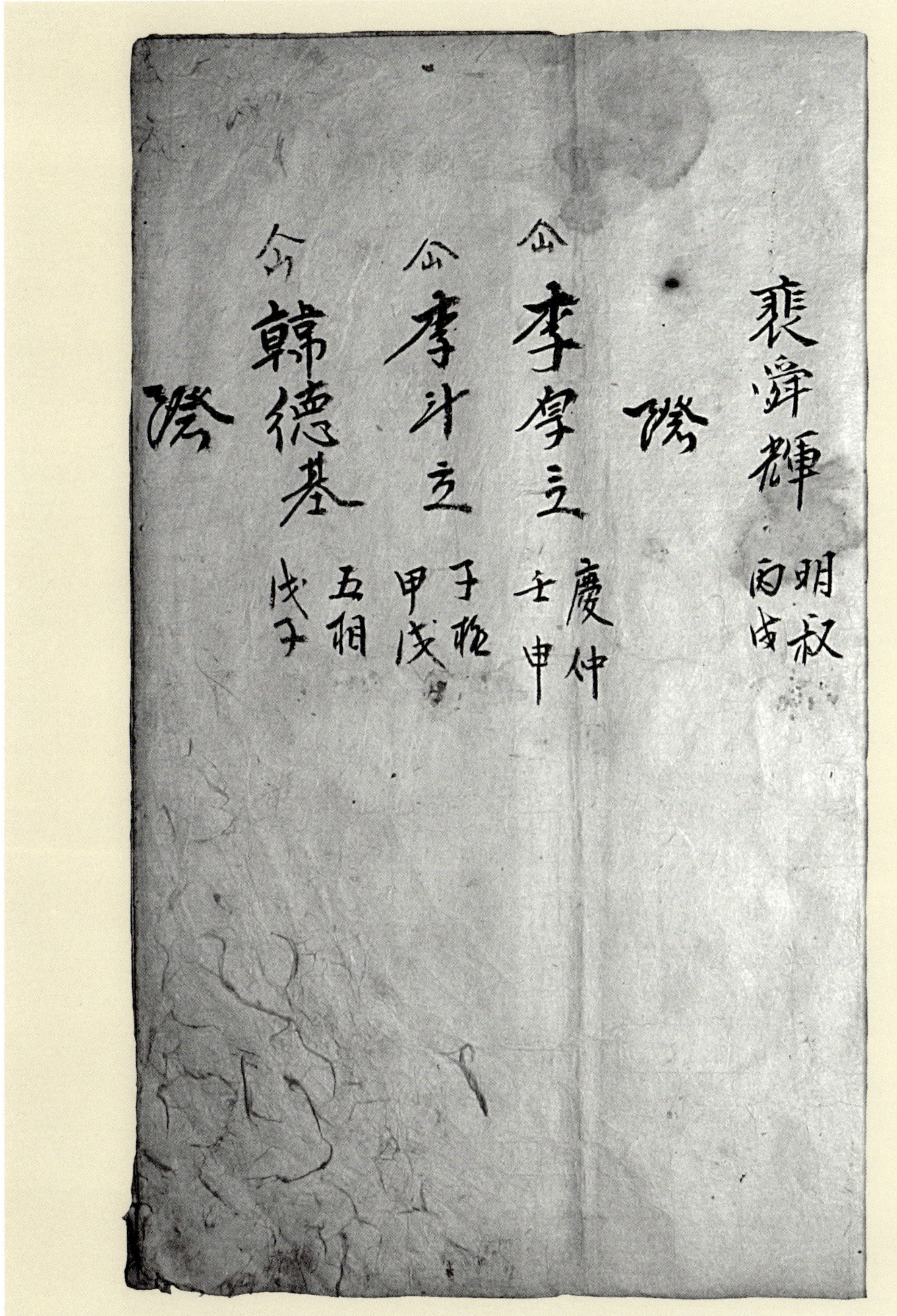

裵舜輝 明叔 丙戌

公 李學立 慶仲 壬申

公 李斗立 子晦 甲戌

公 韓德基 五相 戊子

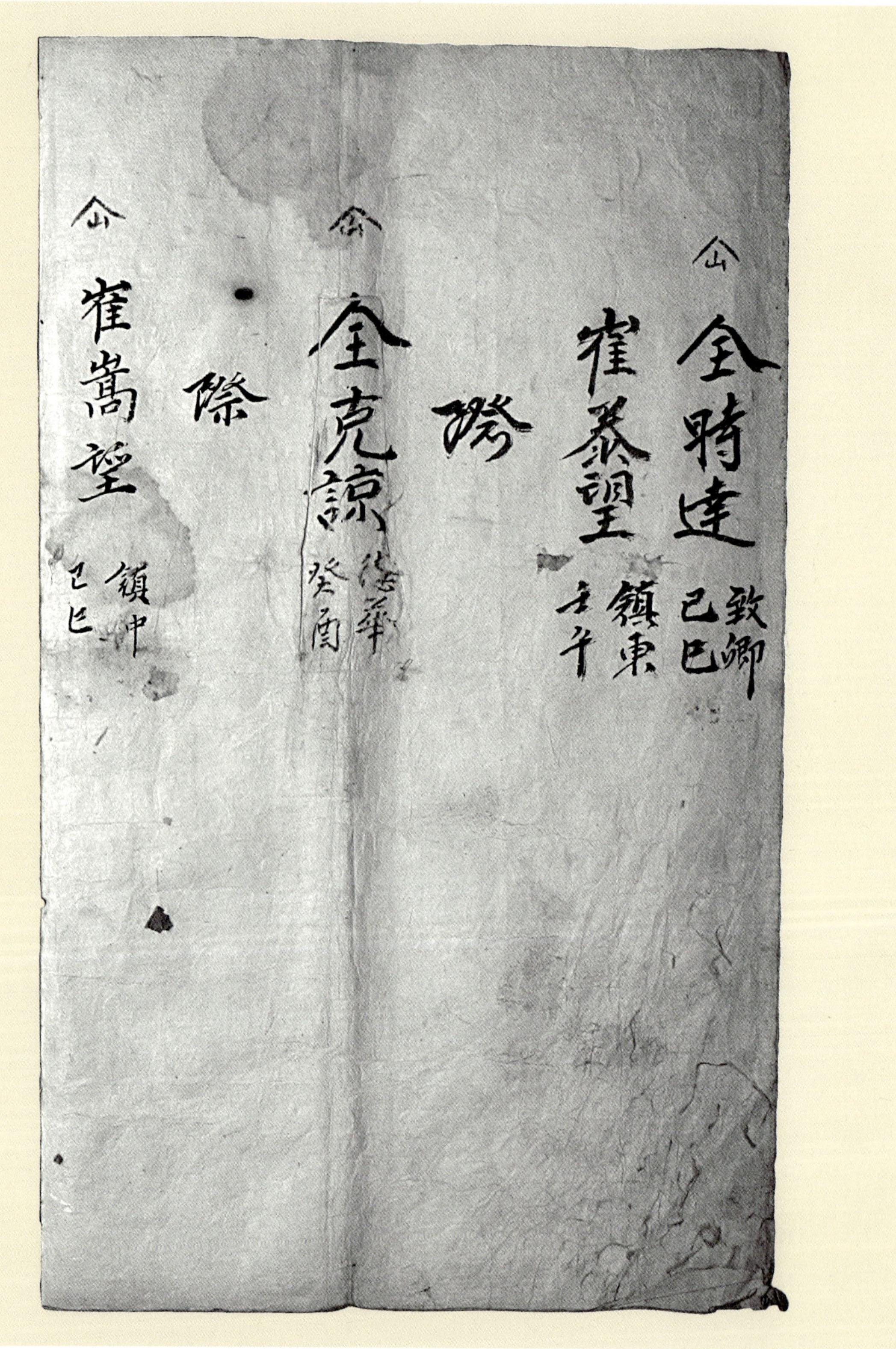

全晴達 致卿 己巳
崔蒸望 鎭東 壬午
除
全克諒 德華 癸酉
除
崔嵩望 鎭中 乙巳

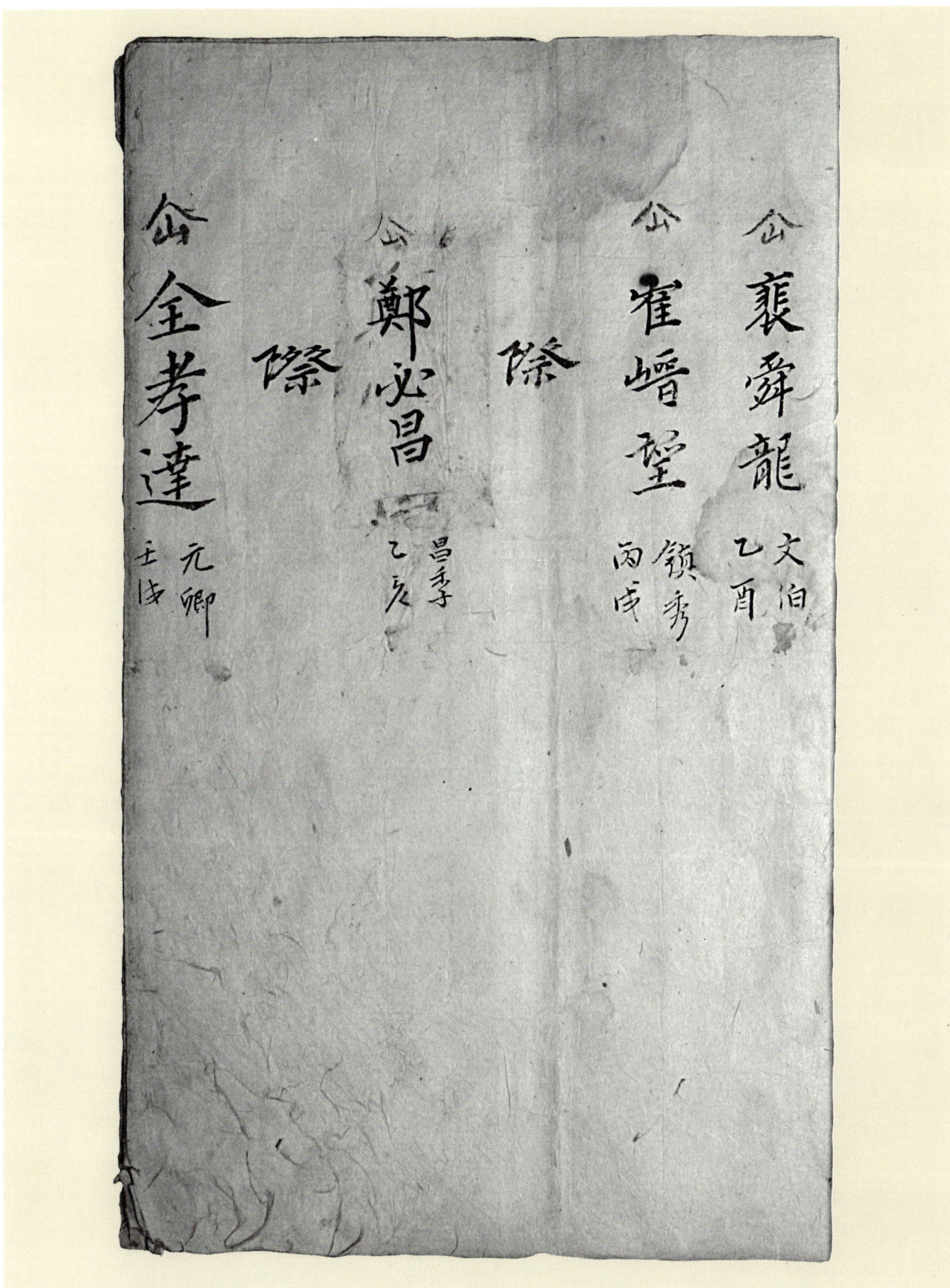

公 裵舜龍 文伯 乙酉

公 崔嶒望 鎭秀 丙戌

除

公 鄭必昌 昌季 乙亥

除

公 金孝達 元卿 壬戌

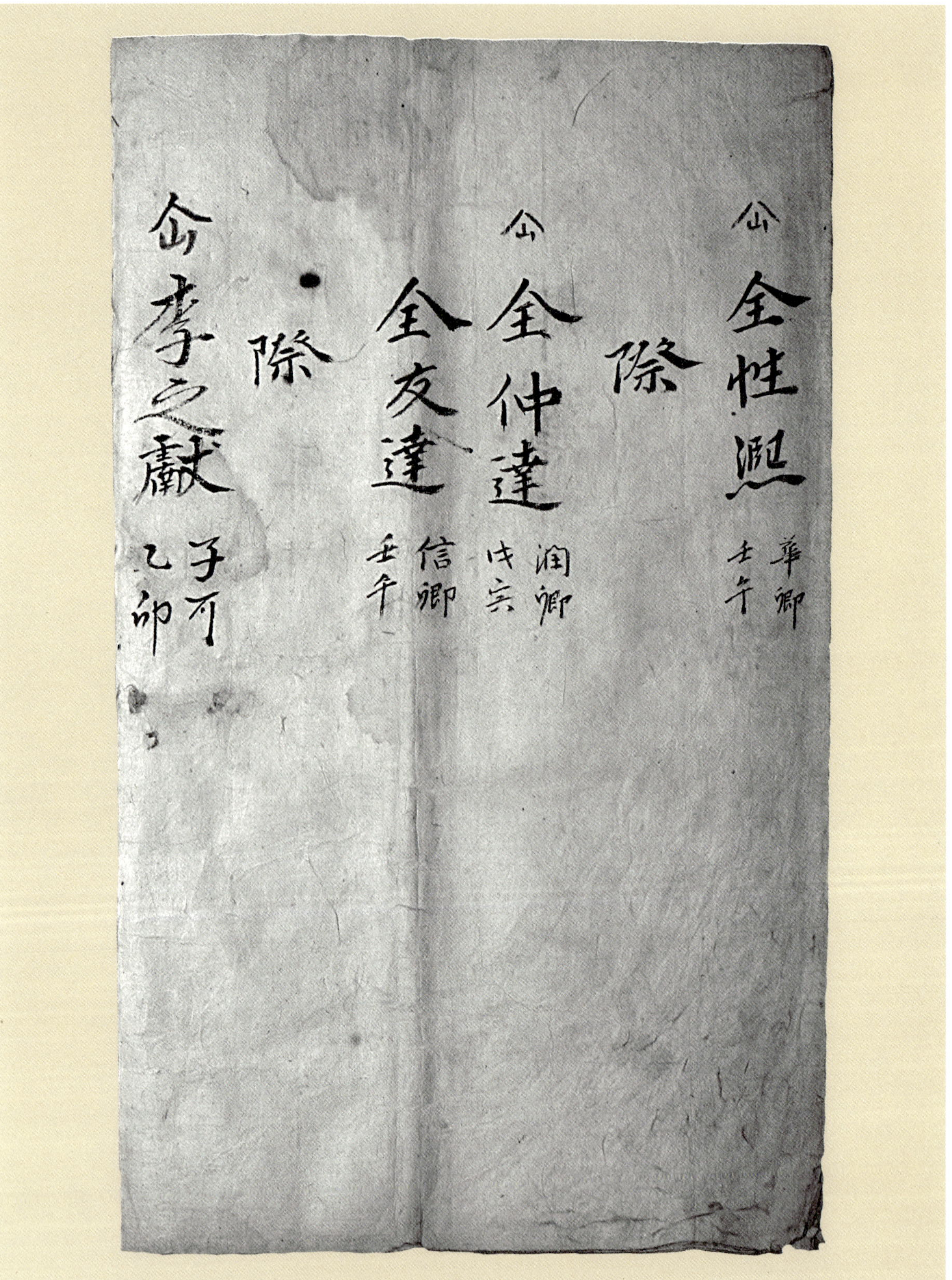

公 全性熈 華卿 壬午

除

公 全仲達 潤卿 戊寅

全友達 信卿 壬午

除

公 李之獻 子可 乙卯

裵舜叟 明汝 己丑

崔碩望 元老 乙未

除

金稛 仁仲 戊子

朴世尹 殷卿 戊戌

公

朴安世 大甫 己亥

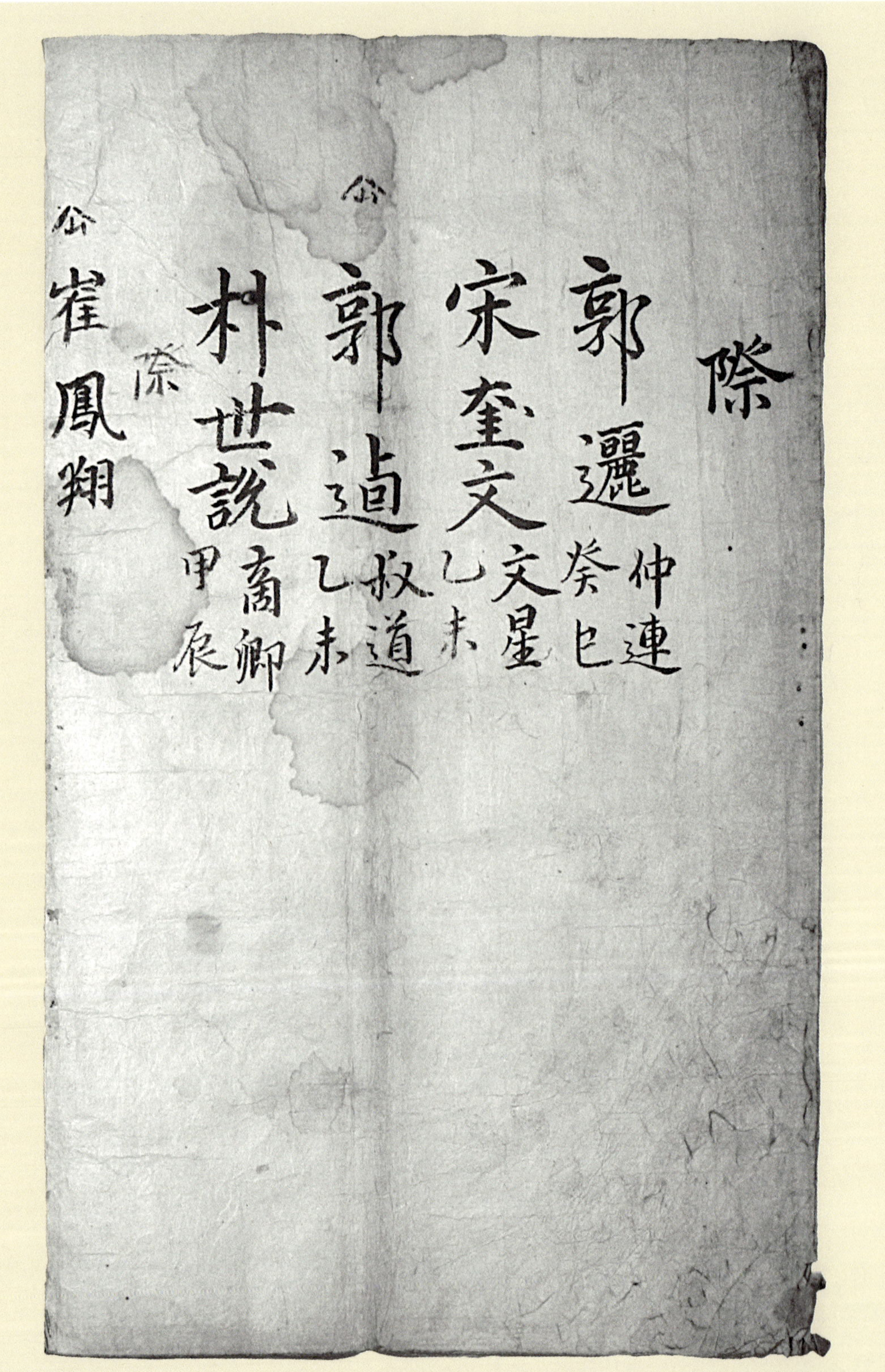

際

郭灑 仲連 癸巳

公 宋奎文 文星 乙未

公 郭逌 叔道 乙未

朴世說 商卿 甲辰

際

公 崔鳳翔

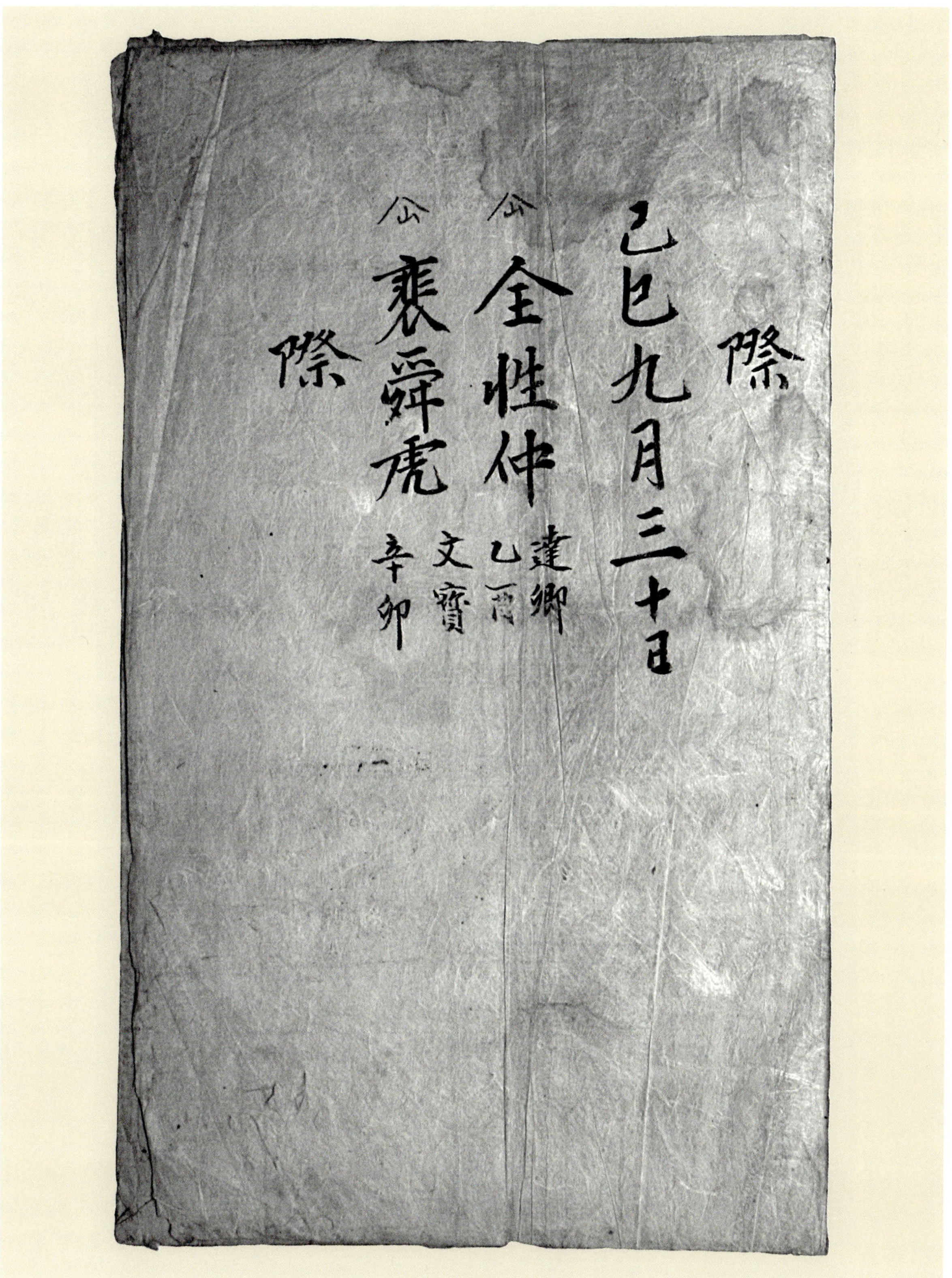

際

乙巳九月三十日

公 全性仲 達卿 乙酉

公 裵舜虎 文寶 辛卯

際

碧松亭案

第7册

壬申二月 日松亭完議

松亭自古以來父老觀射遊樂之所也營
亭脩陸趂時歡娛此誠一時之勝事而
非後人所可及也逮世以來人心不古仗信
和樂之意反不如前或挾私怨喧譁
相尙同居洞內睦隣和好之義果如是
乎令我洞中繼茲以往壹遵古風心

古人之心樂古人之樂振起頹俗挽復
淳風春秋講信慶患相慰不亦樂乎
一松亭作畓加耕打量座目各户分祿卜
數各户分祿卜數中其貪仍執私耕謀
計者告官治罪後子孙削迹事
一射亭四面及位畓四標割耕者永〻削
迹常漢則告官治罪事

一雨漏處有司看審改瓦不能者下罰事

一凡聚會時有司先到亭舍廳上及四面階洒掃不能則時罰事

一畓所出有司二員量好買牛講信事

一有司三員位畓傍未作處作畓伍外落

一只後遠任事

一作畓皆不送役軍之員上罰事

一言辭不恭凌慢長者及松木柳叢斫伐者皆上罰事

一防等及禁標處有司年年加等不能者上罰事

一聚會及看慰皆無故不參者下罰事

一晩到早出者坐中喧譁者時罰事

一損違貧行解損禮後許參事

一其損徒人遨遊松亭者依損徒人例致罰事

一座目人員牛隻講信皆勿許伐用事

一東床禮及新叅禮時各持自捧盤事

一上罰清酒叄盆濁酒叄盆大行果肆

一中罰清酒貳盆濁酒貳盆大行果叄

一下罰清酒壹盆濁酒壹盆大行果貳

一春秋講信皆來叅員莫肉外烹肉及內膓

勿給洞長則不在此例

一許叅皆從自願受單字收可不二不以上

許叅而曾經鄉錄之員則勿收可不宜之事

一自今甲午以後新叅人勿論父子相繼行

禮後許叅事

一新叅員以二十五歲爲限事

一父老完定之條約不爲不重而世降俗末

人心不古或有內閱之兄弟或有侮長之年
少此實洞風之不美也而遵奉完議未聞其
人自今以後如有風聞一從完議以振古風事
一洞內不美之事混皆無異於視聽故雖有
風聞恬不致詧自今以後洞內當任銘心致
詧先告于洞會之日定行罪罰而其時所任
若掩不發先罰時任事

一松亭下卒或為被訴於軍兵而問員之為
将官終不杜護則非但當身其先世亦為削
去事
一新参之員從權卒行有違古規自今以後一
依上古規行禮後許参事
一祇梁防塞各自為己而終焉不送空弃干
軍自茲以後一年畢役之後其時監官抄干

移送于洞内作畓旹使役而終始拒逆者
自洞内報官處置事
一損徳之員不為行禮則少無忌憚之事自
今以後依古例行禮而自丙寅秋為始施行事
一無故不参之員則依完議施罰乃是古規
而世降俗末不遵完議各自尊大誠可寒
心自今以後依古規施罰事

一屯田作畓事係重大故先父老定規云云
嚴且重近來年以久廢古規自今爲始年年
作畓所出不入於元穀末畢役前別據處畫
董役者所用事
一新参之日三員行禮乃是古規而自備盘
床具三味後各大行果貳坐清酒大貳盆進
呈後許参事

座目

公僉知崔鳳章 道應 辛亥

公幼學薛孝業 子述 癸丑

公崔鳳擧 文應 甲寅

公崔鳳翔 和應 丁巳

公薛[illegible]業 士述 己未

公裵紞 甫卿 癸亥

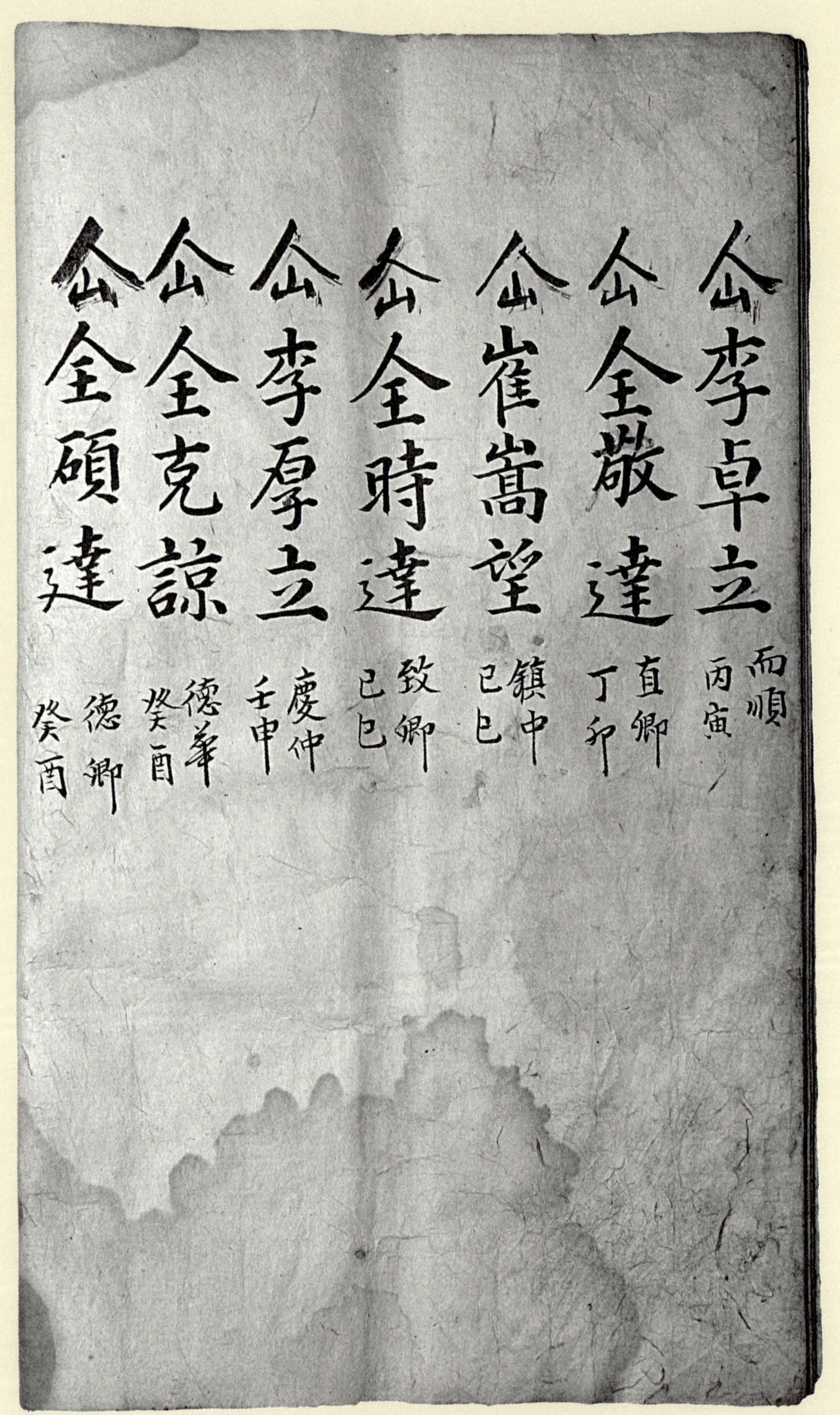

公李卓立 而順 丙寅
公金敬達 直卿 丁卯
公崔嵩望 鎭中 己巳
公金時達 致卿 己巳
公李厚立 慶仲 壬申
公金克諒 德華 癸酉
公金碩達 德卿 癸酉

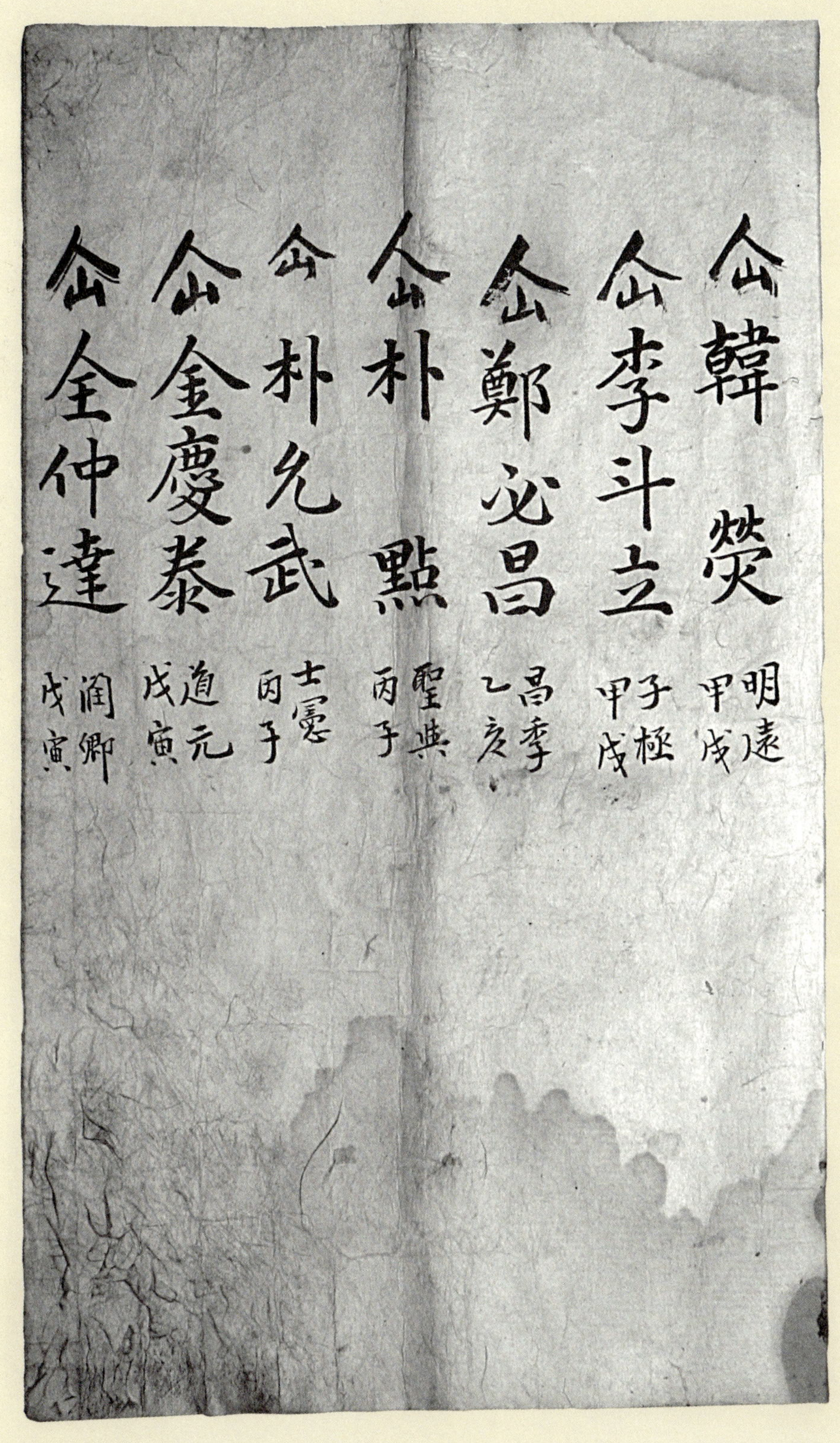
僉 韓 熒 明遠 甲戌
僉 李斗立 子極 甲戌
僉 鄭必昌 昌季 乙亥
僉 朴 點 聖與 丙子
僉 朴允武 士憲 丙子
僉 金慶泰 道元 戊寅
僉 全仲達 潤卿 戊寅

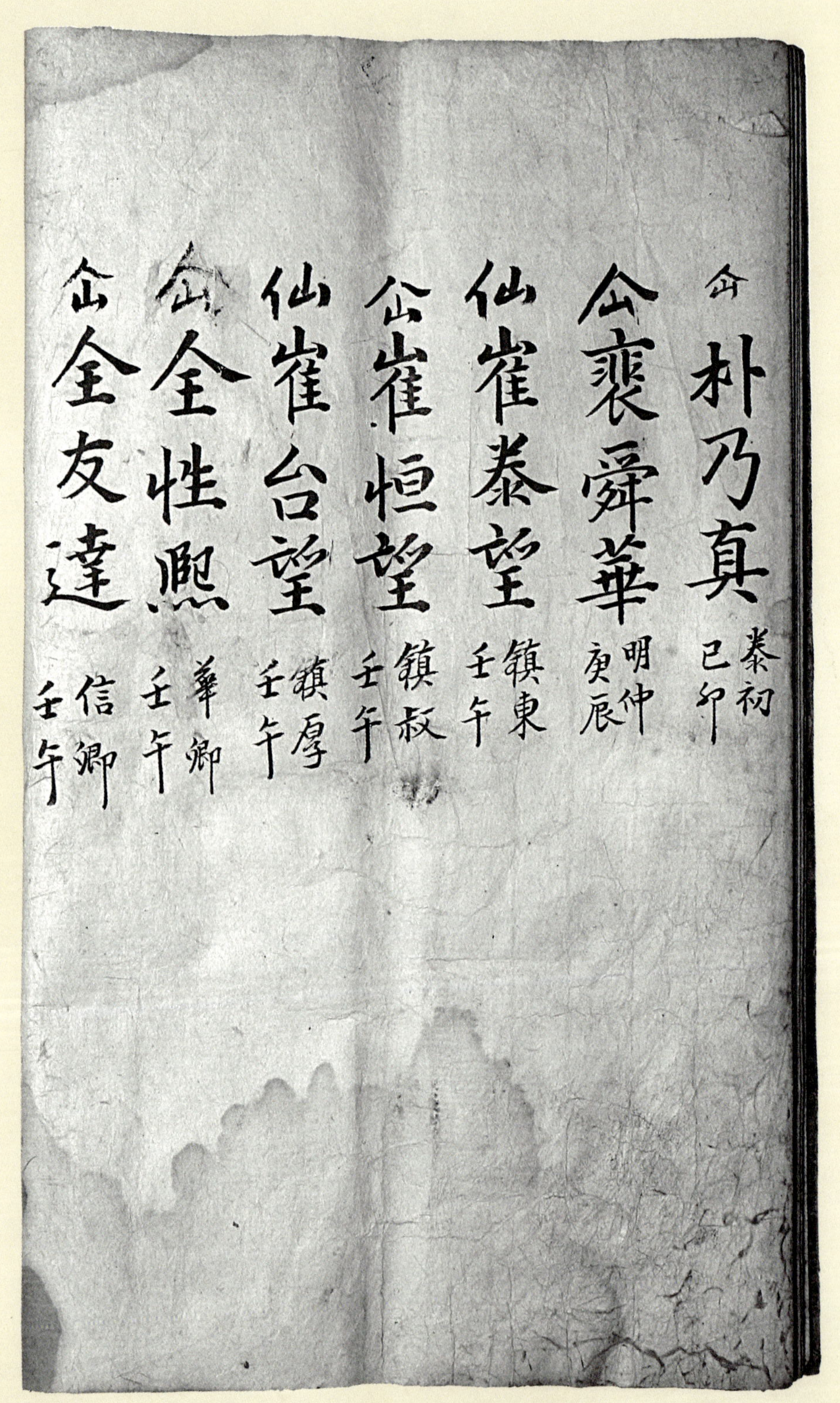

仚 朴乃眞 泰初 己卯
仚 裵舜華 明仲 庚辰
仙 崔泰望 鎭東 壬午
仚 崔恒望 鎭叔 壬午
仙 崔台望 鎭厚 壬午
仚 全性熙 華卿 壬午
仚 全友達 信卿 壬午

仚全克祉 汝成 甲申
仚周漢卿 君寶 甲申
仚崔岱望 鎭維 乙酉
仚先達裵舜龍 文伯 乙酉
仚幼學全性仲 達卿 乙酉
仚崔嶒望 鎭秀 丙戌
仚裵舜輝 明叔 丙戌

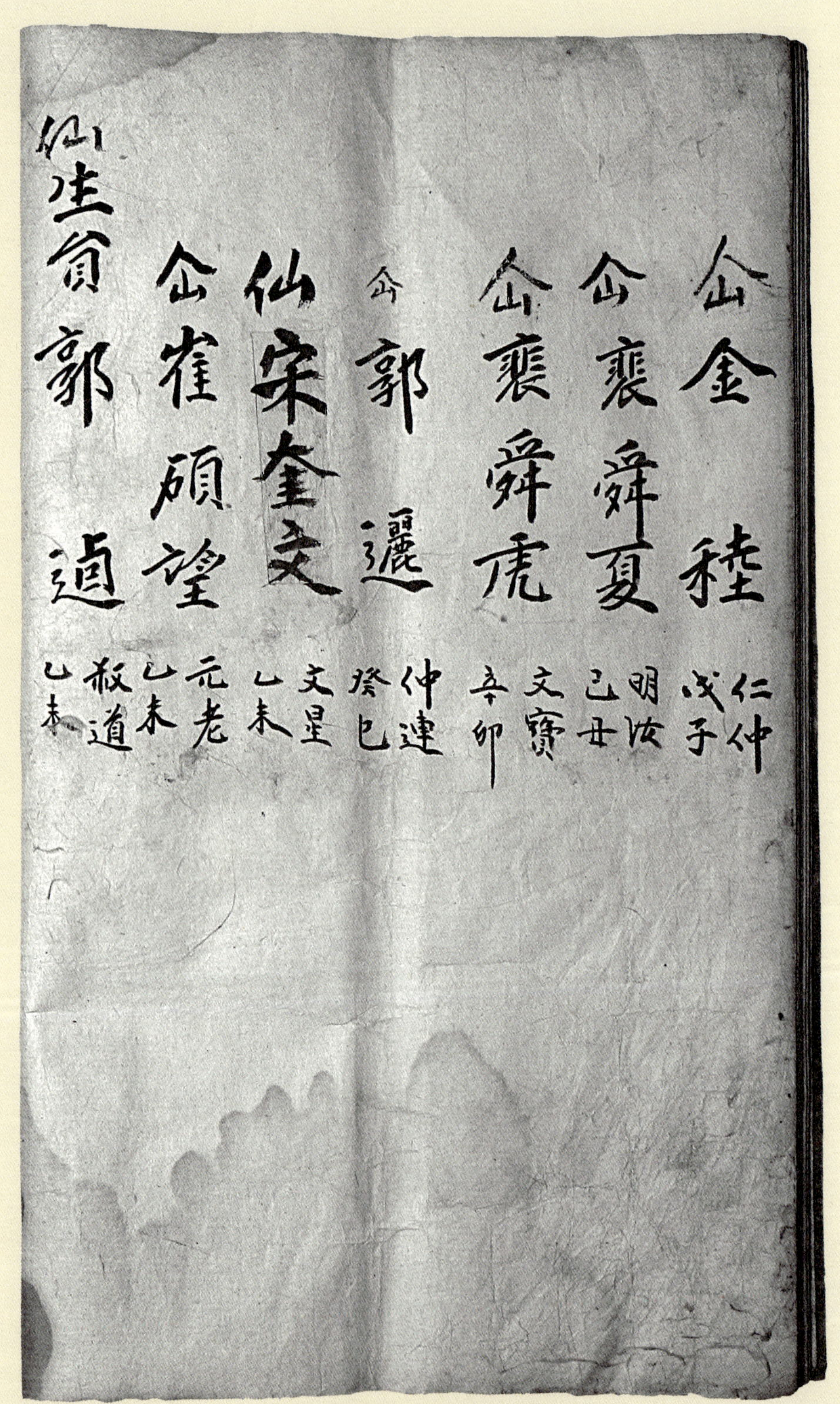

幼學 朴世尹 殷卿 戊戌

仝 朴安世 漢輔 己亥

仝 朴世説 商卿 甲辰

際

仙 金釋 仁叟 辛丑

仙 金鐵 茂卿 壬寅

仝 崔載天 大明 癸卯

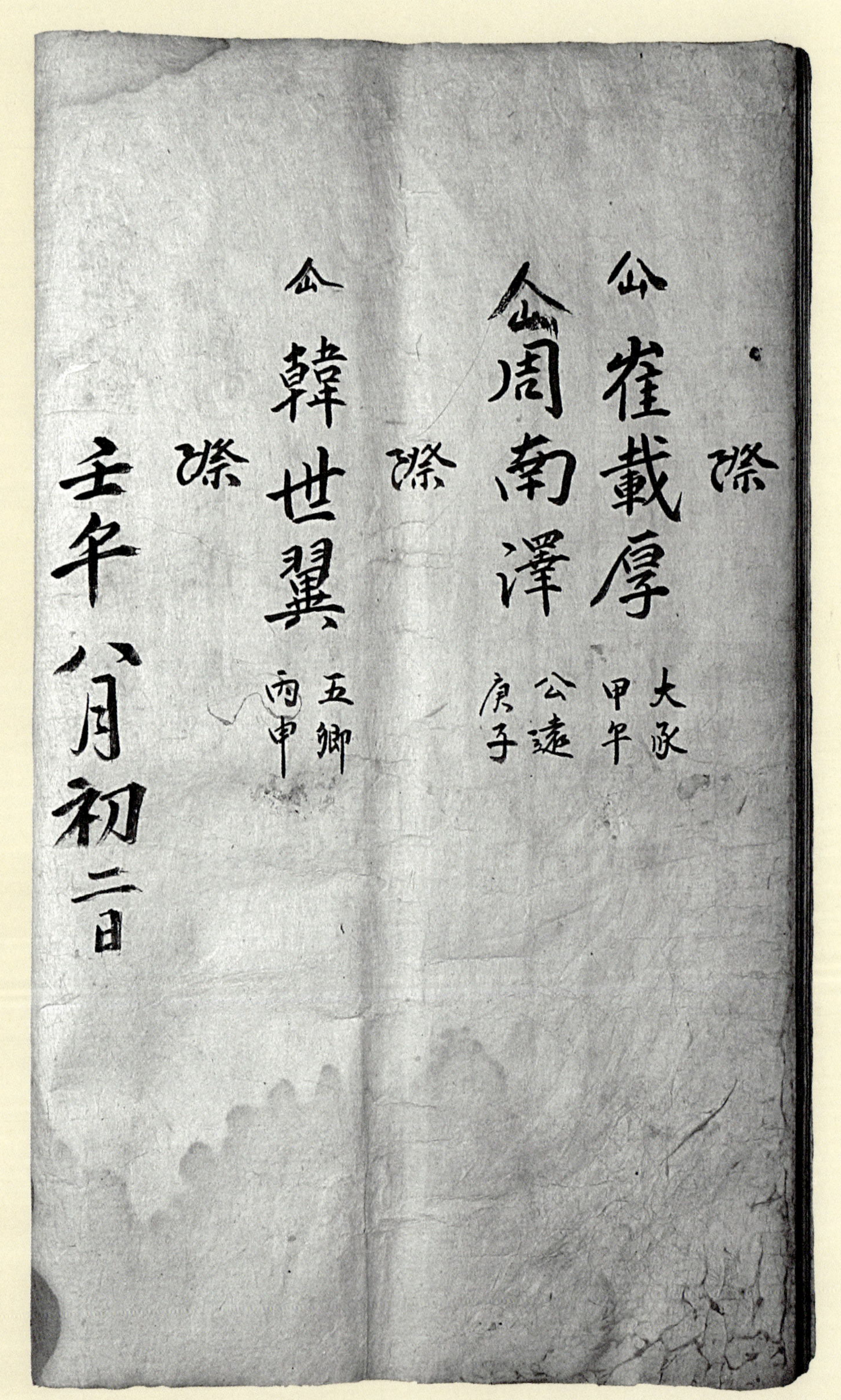

際
公 崔載厚 大丞 甲午
公 周南澤 公遠 庚子
際
公 韓世翼 五卿 丙申
際
壬午八月初二日

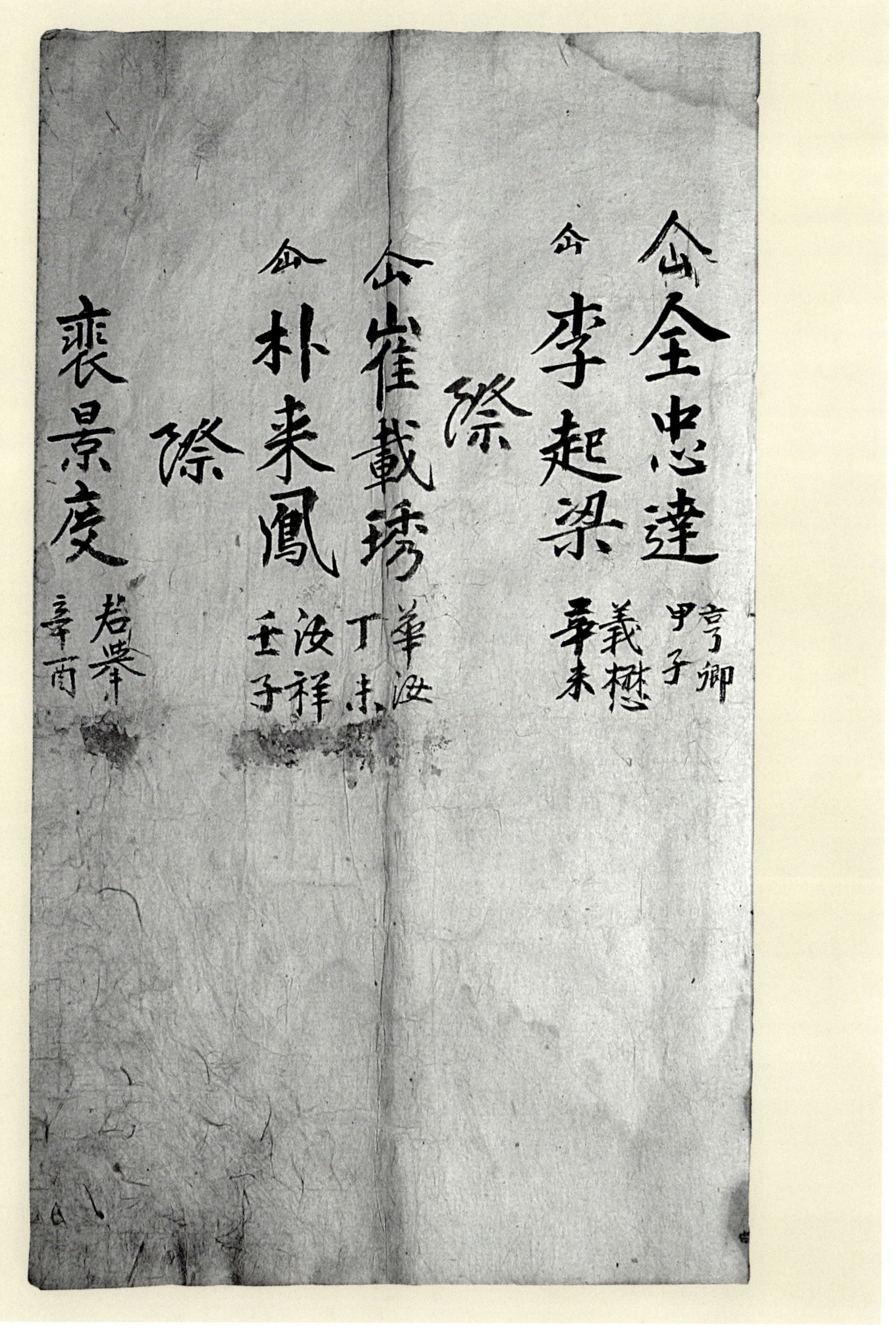

仚 全忠達 亨卿 甲子

仚 李起梁 義懋 辛未

除

仚 崔載琇 華汝 丁未

仚 朴来鳳 汝祥 壬子

除

裵景度 若峯 辛酉

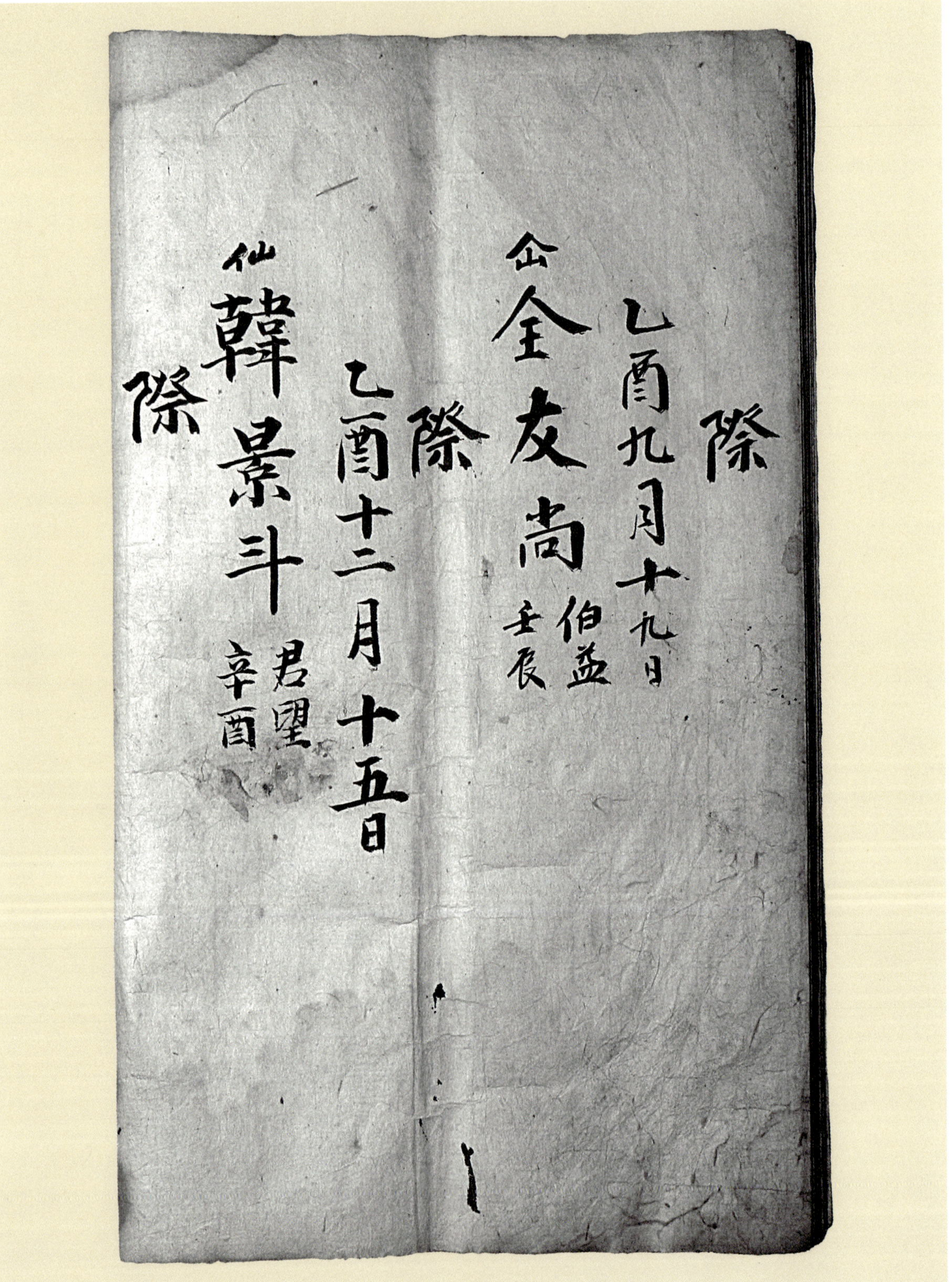
際
乙酉九月十九日
公 金友尙 伯益 壬辰
際
乙酉十二月十五日
仙 韓景斗 君望 辛酉
際

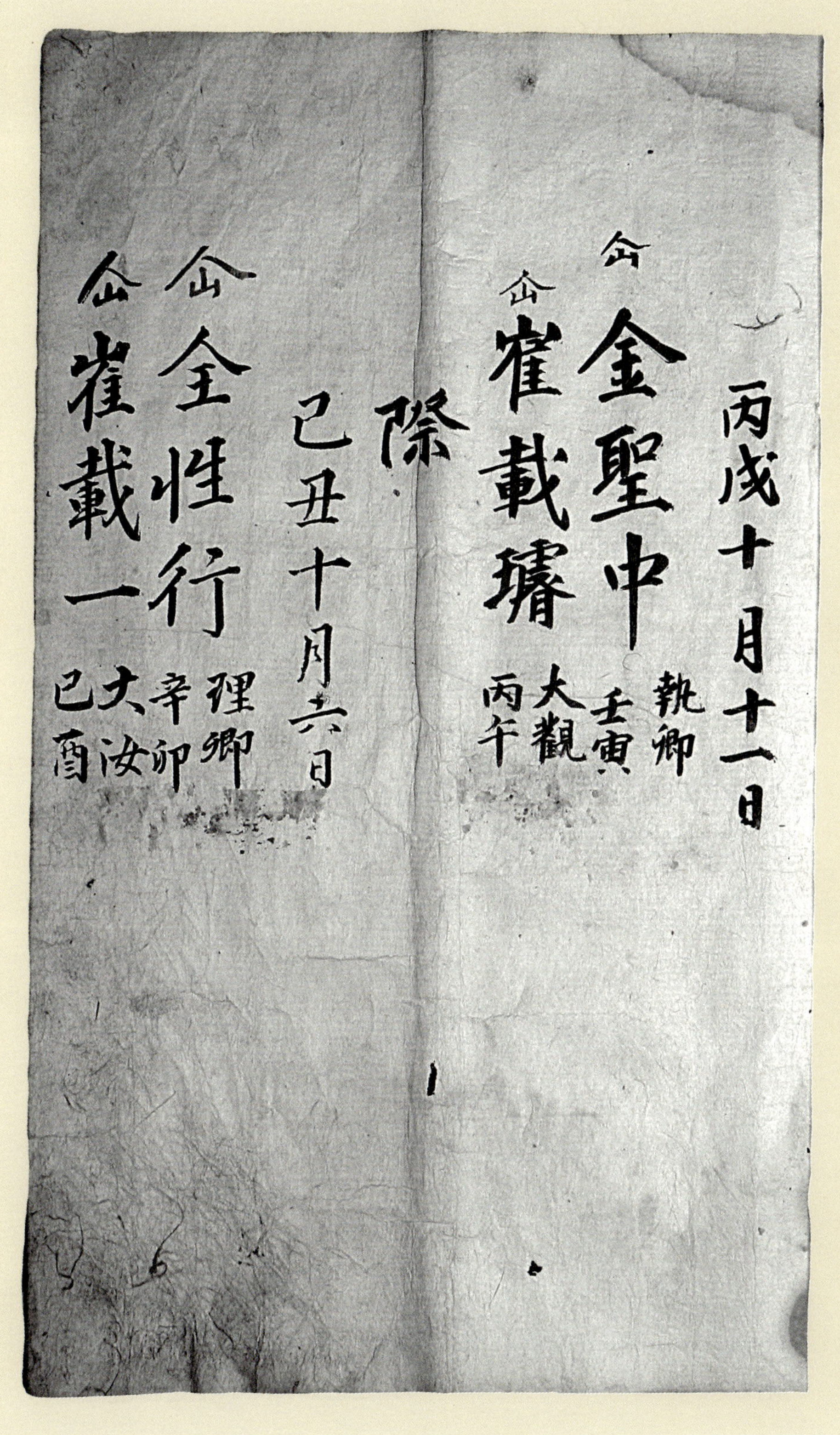

丙戌十月十一日

僉 金聖中 執卿 壬寅

僉 崔載璿 大觀 丙午

除

己丑十月六日

僉 金性行 理卿 辛卯

僉 崔載一 大汝 己酉

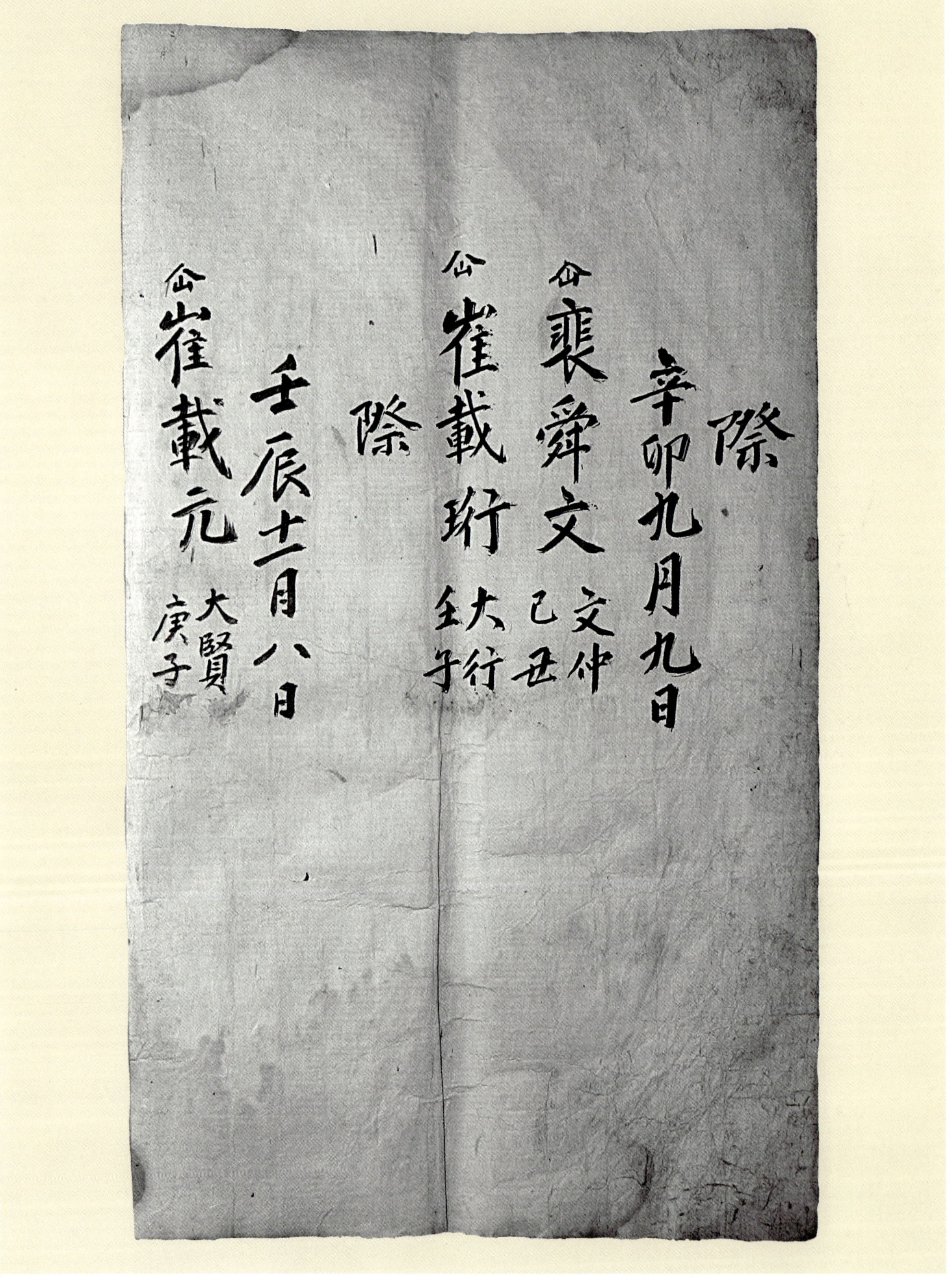
際
辛卯九月九日
公 裵舜文 文仲 乙丑
公 崔載珩 大行 壬午
際
壬辰十一月八日
公 崔載元 大賢 庚子

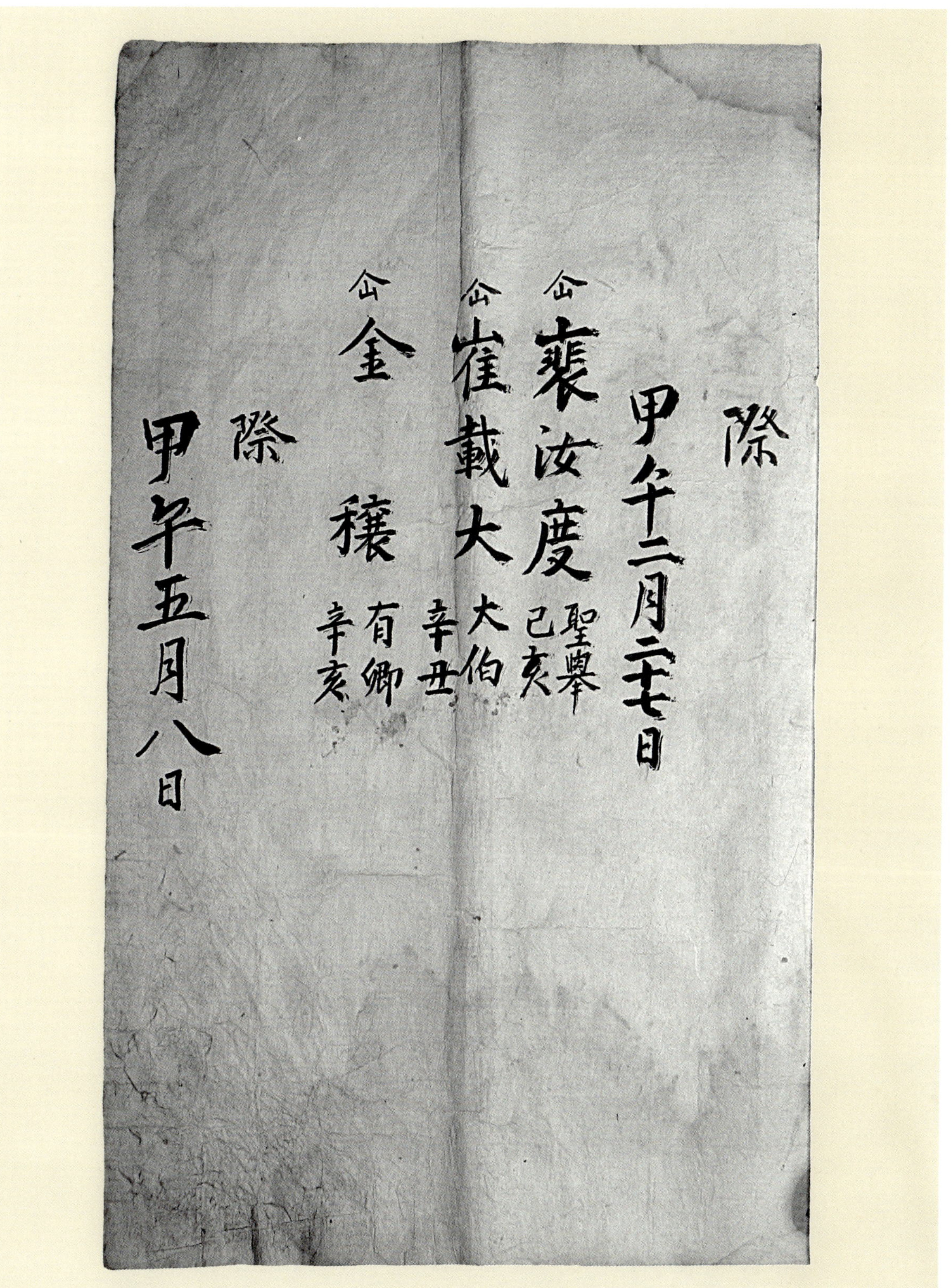

際

甲午十二月二十七日

公 裵汝度 聖擧 己亥

公 崔載大 大伯 辛丑

公 金穰 有鄕 辛亥

際

甲午五月八日

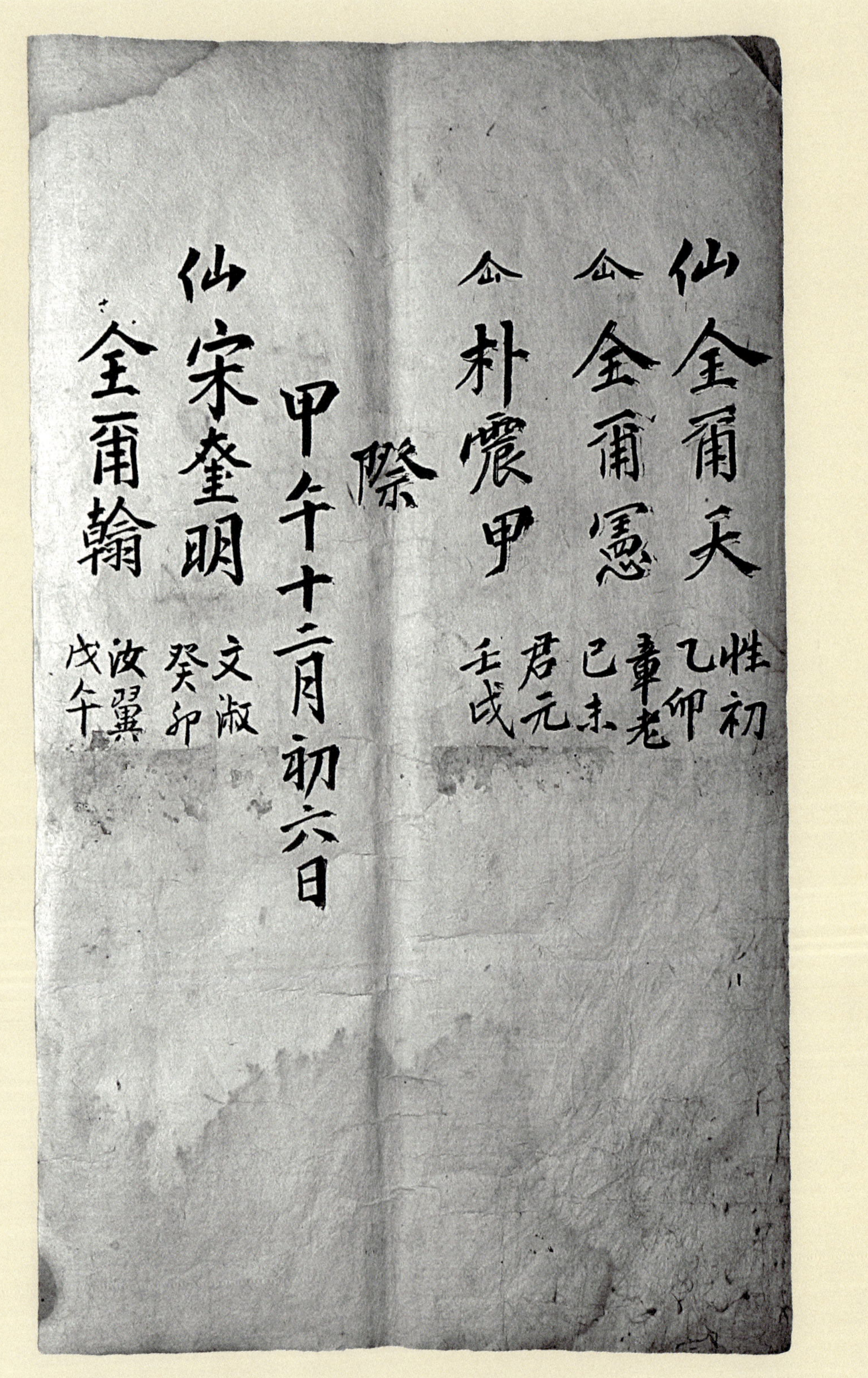

仙 金甬天 性初 乙卯

仚 金甬憲 章老 己未

仚 朴震甲 君元 壬戌

際

甲午十二月初六日

仙 宋奎明 文淑 癸卯

全甬翰 汝翼 戊午

際
丙申十二月十五日
全命一 君一 壬戌
際
戊戌二月二十二日
全甯紀 維世 癸丑
際

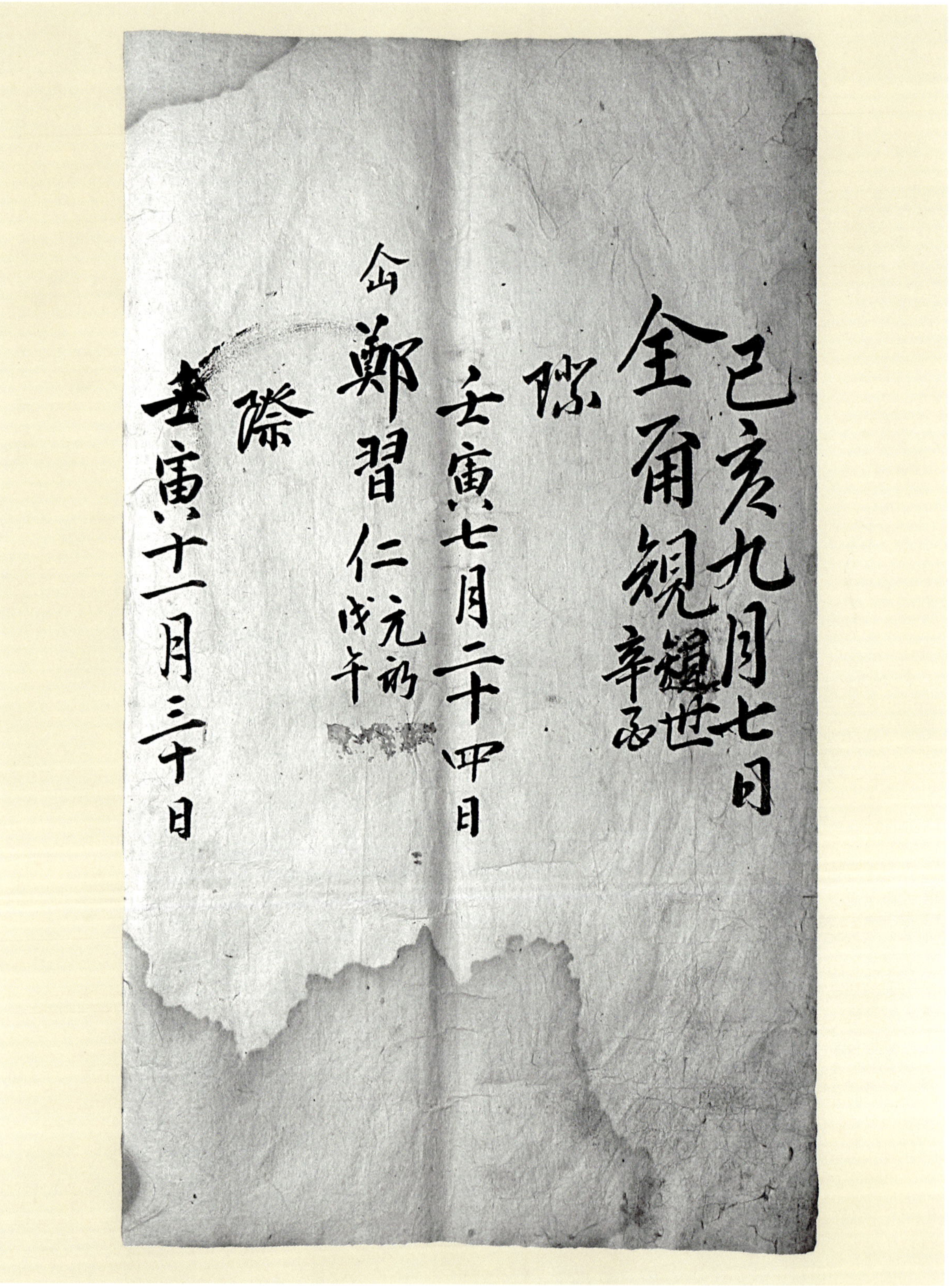
己亥九月七日
全甬(?)覲世
辛丙
除
壬寅七月二十四日
僉 鄭習仁 元祁 戊午
除
壬寅十一月三十日

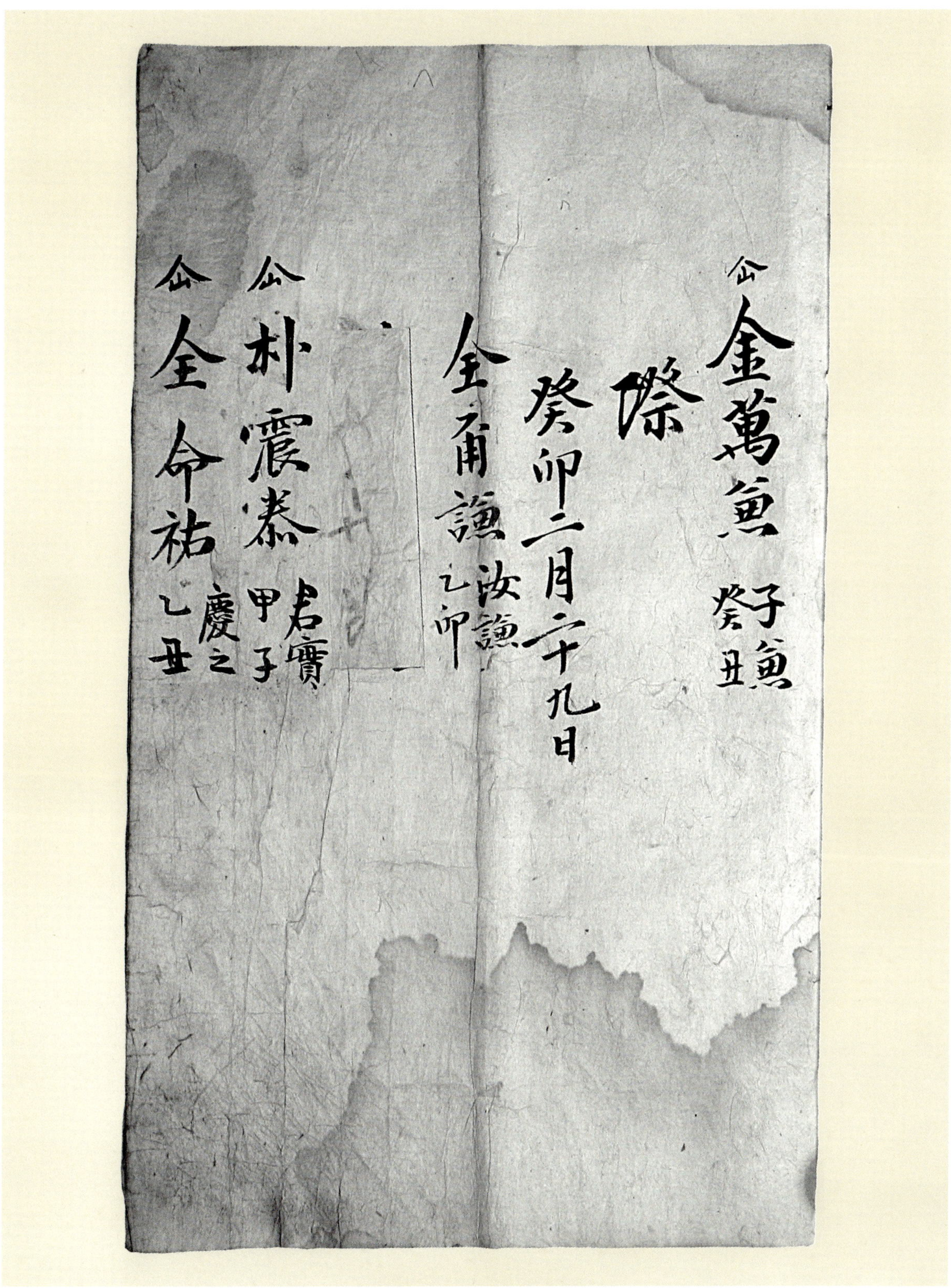

公 金萬魚 子魚 癸丑

際 癸卯二月二十九日

全甫譓 汝譓 乙卯

公 朴震泰 君實 甲子

公 全命祐 慶之 乙丑

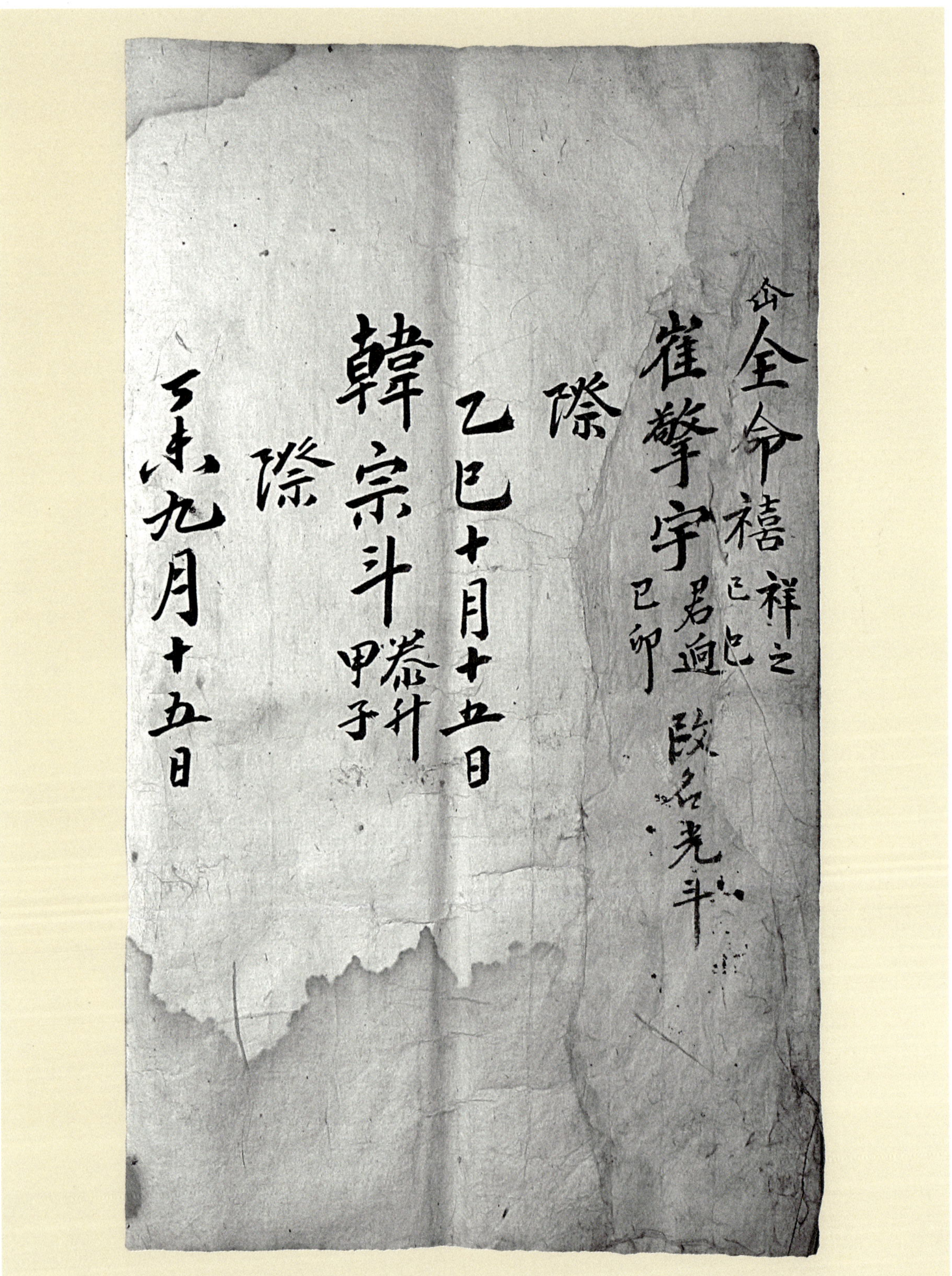

全命禧 祥之 己巳

崔擎宇 君迥 己卯 改名光斗

除

乙巳十月十五日

韓宗斗 恭升 甲子

除

丁未九月十五日

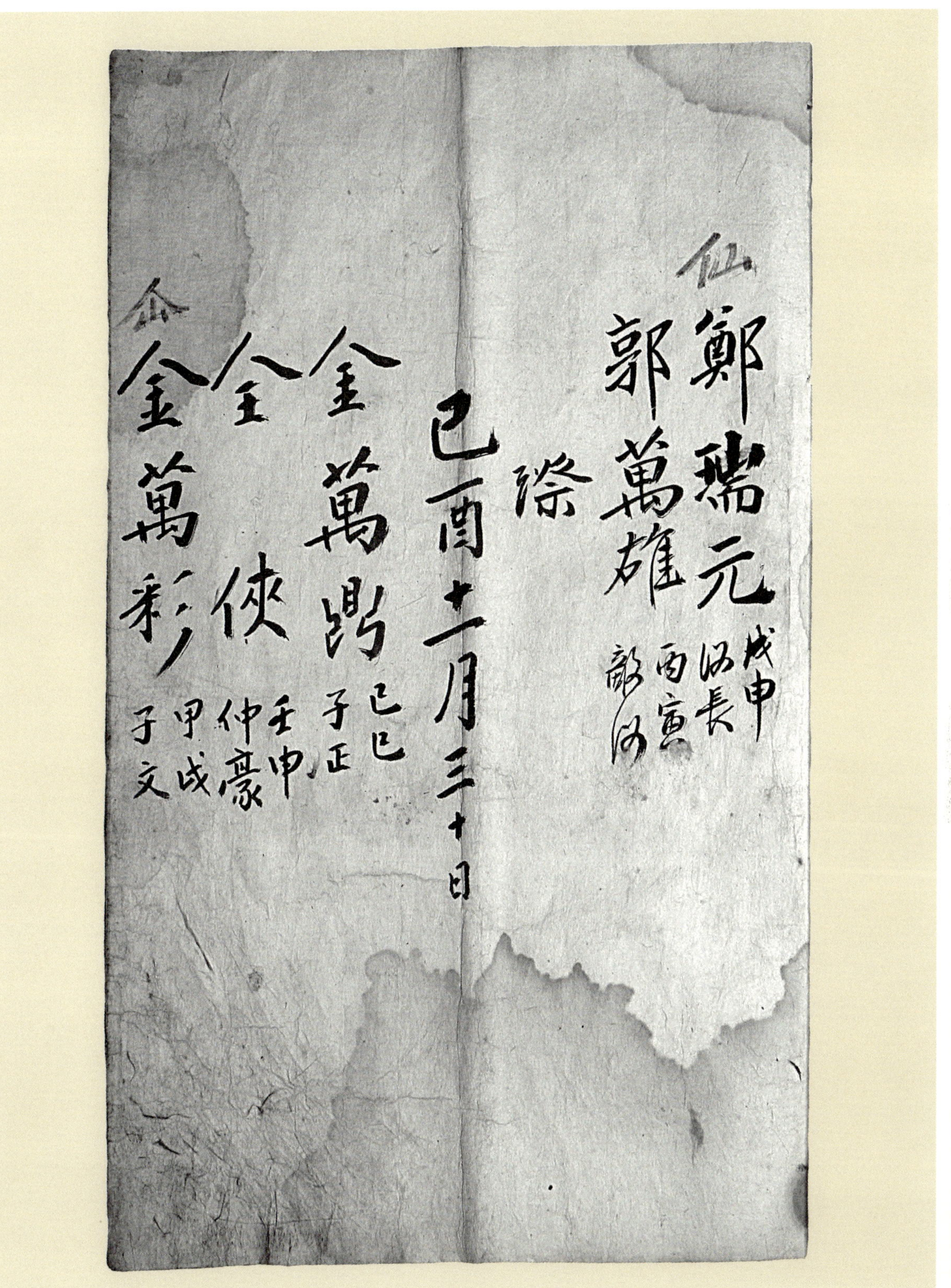

鄭瑞元 戊申 汝長
郭萬雄 丙寅 彥汝
除
己酉十二月三十日
金萬鶚 己巳 子正
金俠 壬申 仲豪
金萬彩 甲戌 子文

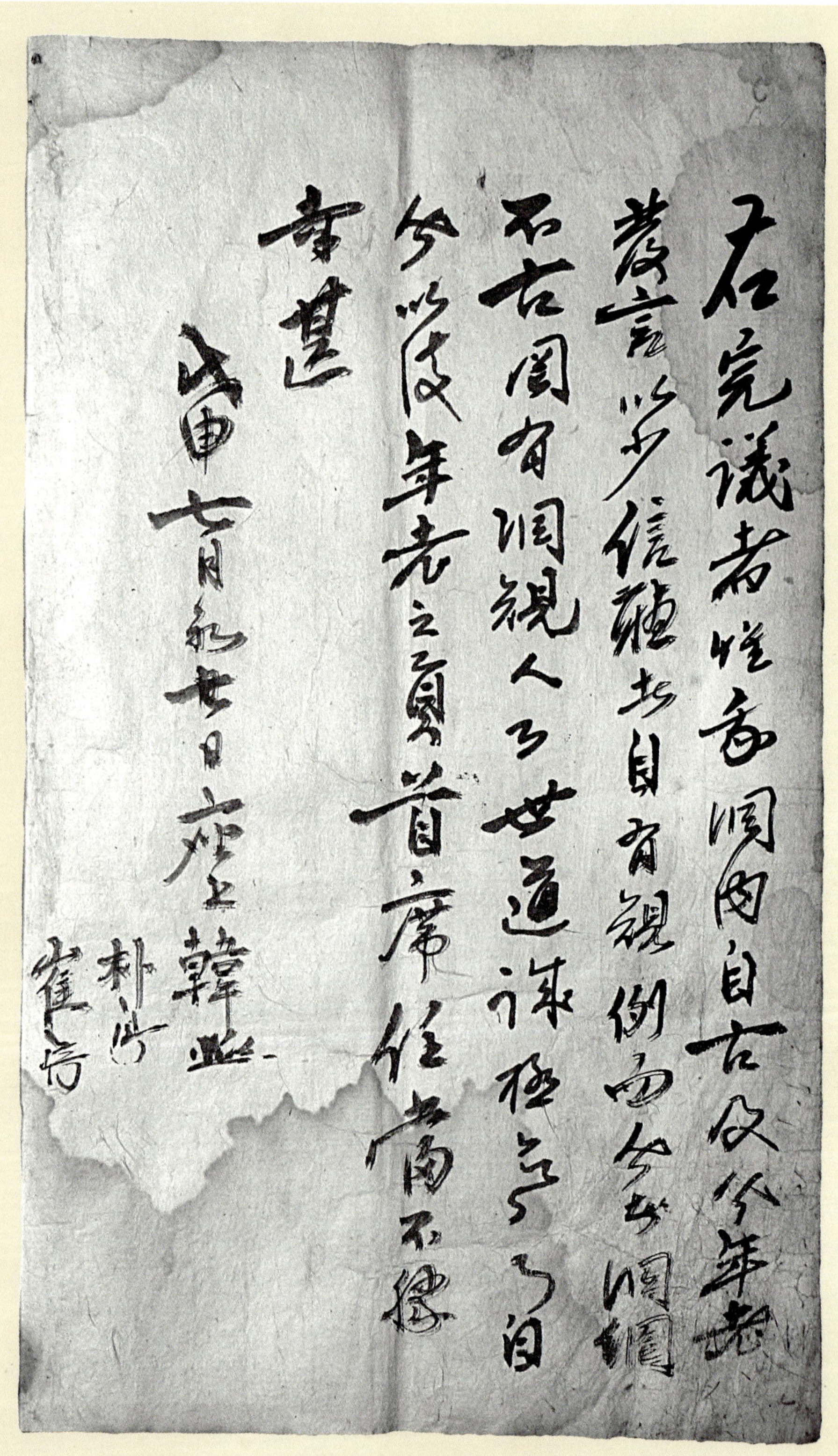

右完議者惟吾洞內自古及今年老
發言以少信雖者自有親例而今此洞
不古同有洞親人乃世道誅極之可自
今以後年老之員首席任當不得
幸甚

戊申七月初七日 座上 韓

朴

崔

右文爲立議事 傳曰 鄕井同井 出入相友 守望相

助 疾病相扶持 此聖賢說德歸學之言也 惟我同

案自少同盃情 稱出凡而 一自存亡殊道之後 別無

念及之事 姪保情誼 有同路人 自今以後 同案中 如

看損世之負 自本所措備喪布肆拾[illegible]尺 壹疋及草席

銘旌坐白紙一卷

郞之式 扶助而同往 形喪葬事時 發文護喪事

壬寅八月十七日

裵舜文 金織 朴來鳳

韓世翼 崔載[illegible] 全甫紀

壬寅七月旣望立約

右文爲立約事段本洞契案流來久矣
而世道日下人心不古舊也敗人之協不云
拘循之事致此已以將至之限之契自此
以後限洞案之約父子祖孫入洞案者以許之
其也而其孫二代未參者以執此而手以一不許參
事

座上 韓世翼

崔載一

金穡彦

金穢一

朴來鳳

丙戌五月初六日完議

右文為完議事松亭洞内風憲之任都
掌務是乃執綱之任相遞相任不亦重
乎自今以後都掌務出定之時備三望圈
點事

全甬紀
朴震甲
裵景燮

座上 李起梁
朴允武

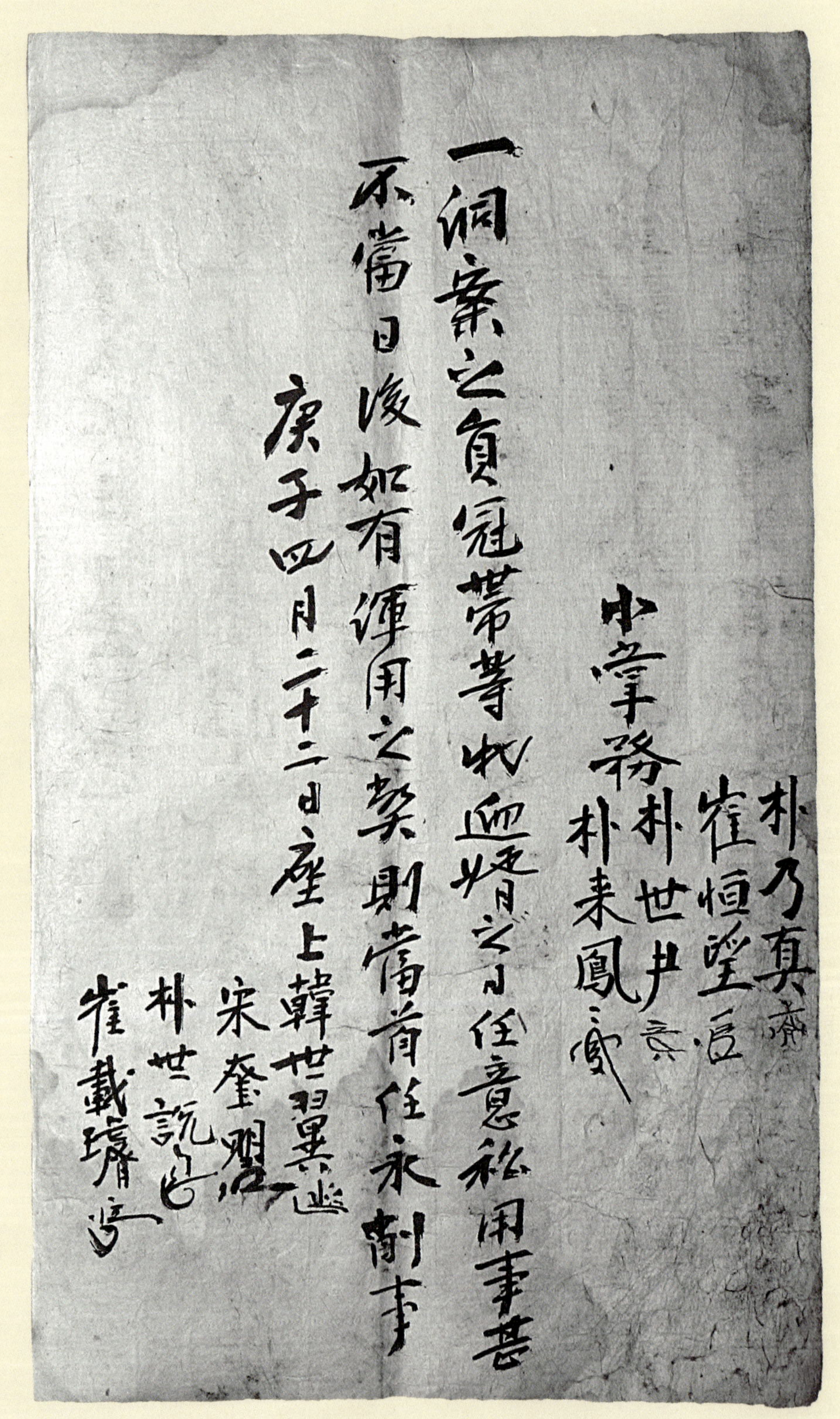

朴乃真

崔恒望

中掌務朴世尹

朴来鳳

一洞案之負冠帶等收迎壻之日任意私用事甚

不當日後如有渾用之弊則當首任永削事

庚子四月二十二日座上韓世翼

宋奎烈

朴世訥

崔載璿

癸未五月三日完議

右文爲完議事惟我松亭乃但勝地風流
景物借於他洞可以從事視瞻於户外者
文物禮服是今因癸未始成三件乃禮服
也紗帽也下馬赤也此是一大事既備
之後不可無保存之道故定之條目于左

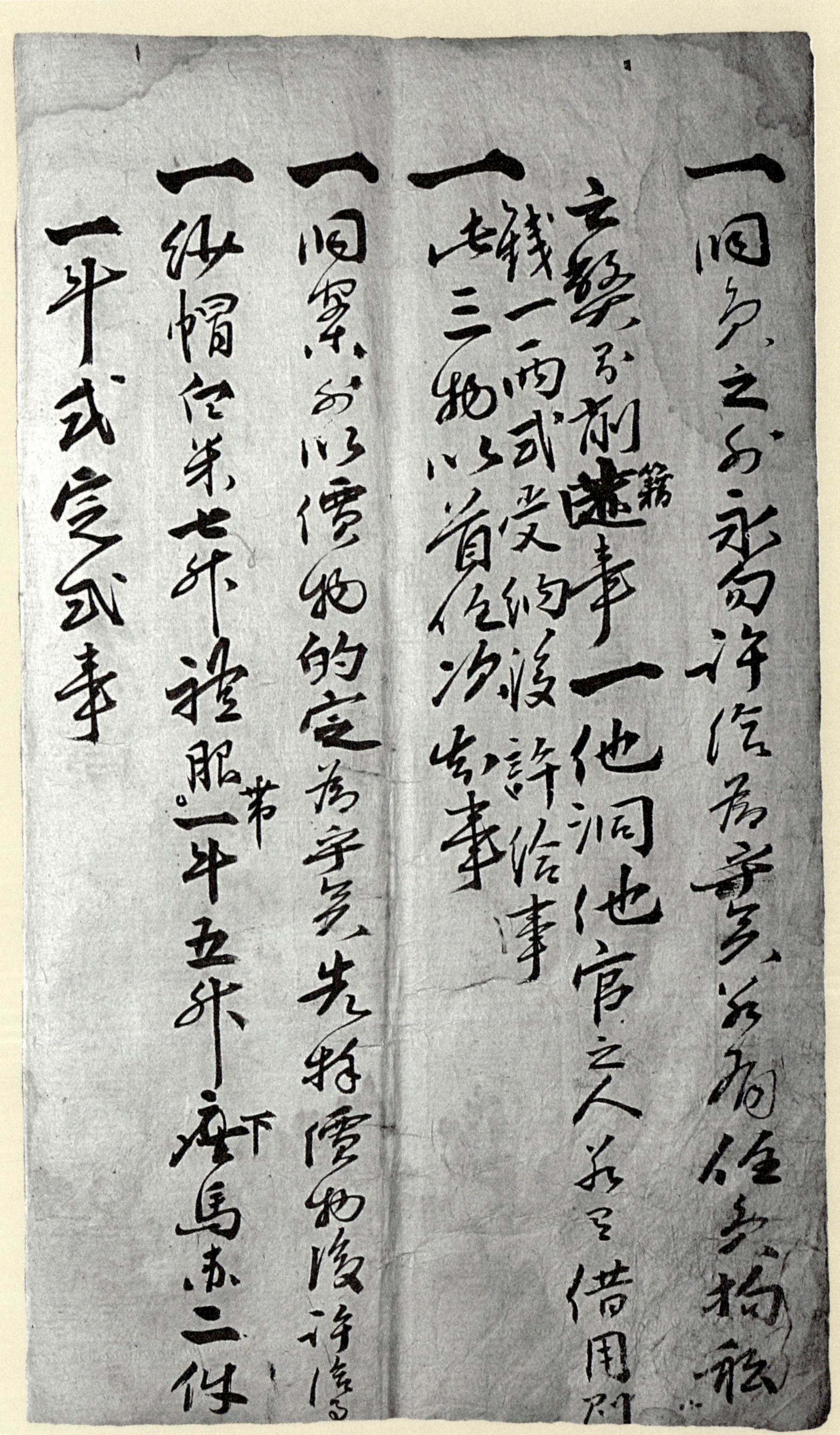

一 同員之子永爲許給爲齋員爲稱[illegible]

立議子削籍事 一 他洞他官之人乙借用[illegible]

錢一兩式受納後許給事

一 出錢三兩以首位次出事

一 同案之子以價物的定爲齋員先將價物後許給

一 紗帽[illegible]朱七升禮服第一斗五升下座馬赤二件

一斗式定式事

一 勿論門內外有傷破者所用之人修補事

一 新備上等物他門他官永勿許貰事

都掌務 崔恒望

小掌務 韓世翼

朴来鳳

座上

李起梁

全碩達

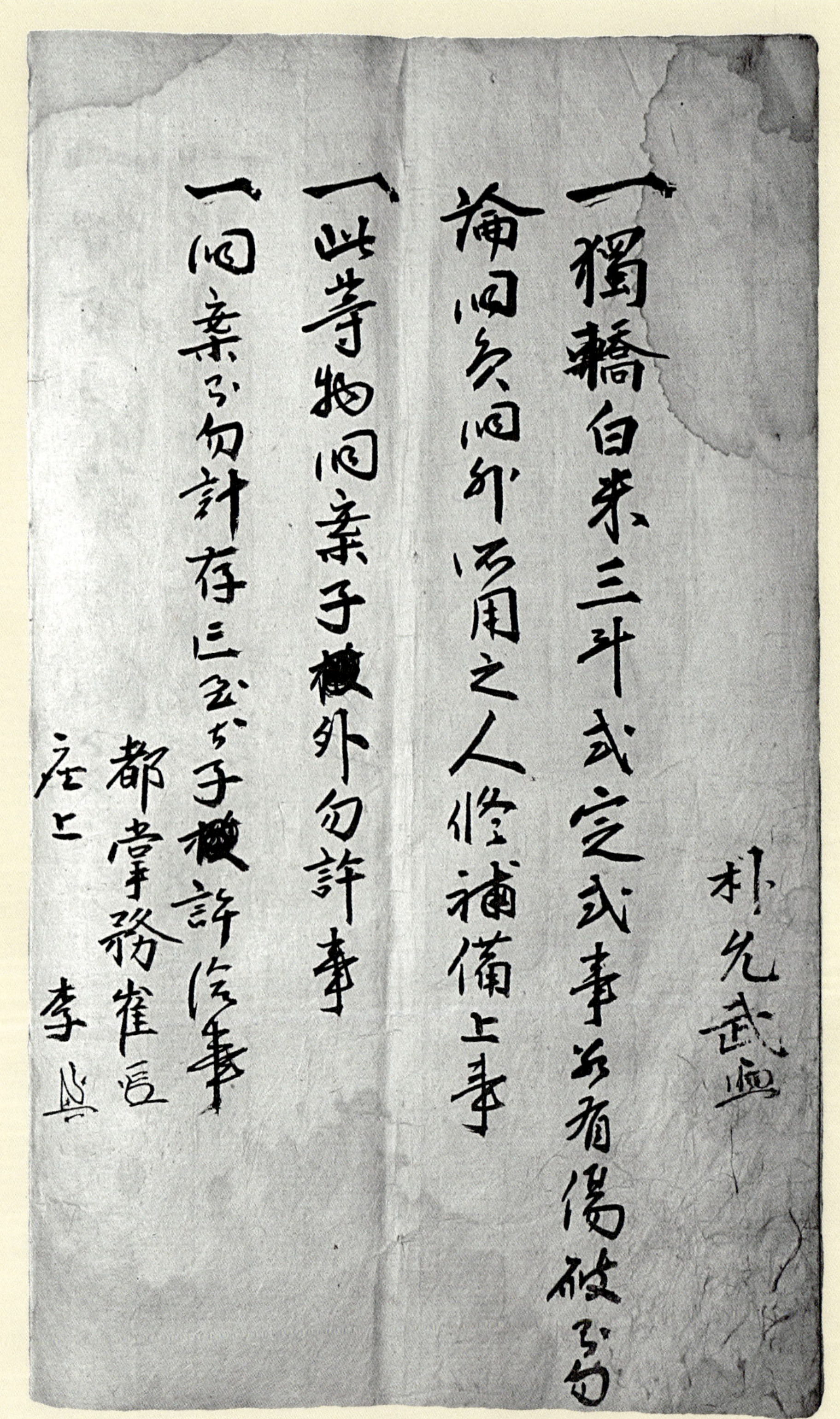

朴允武

一 獨轎白米三斗式定式事若有傷破爲白

論洞負洞外所用之人修補備上事

一 此等物洞親子被外勿許事

一 洞親乙勿論存三兩式子被許給事

都掌務崔

座上 李

祇緣灘水古人明智而薪木之塞來及石
果之完坡法在己亥 先君建議衝破橫濶堤
過石格深深之勢遠浮於積薪之構岩岩之狀
何遽今斷木之棧智慮新創切制過古矣
前水後水古今相續而昔者屢切既破於亭
未之水新人述古更議修創則今夕小子之功
前日 先君之事竭力堤防豈但爲永利

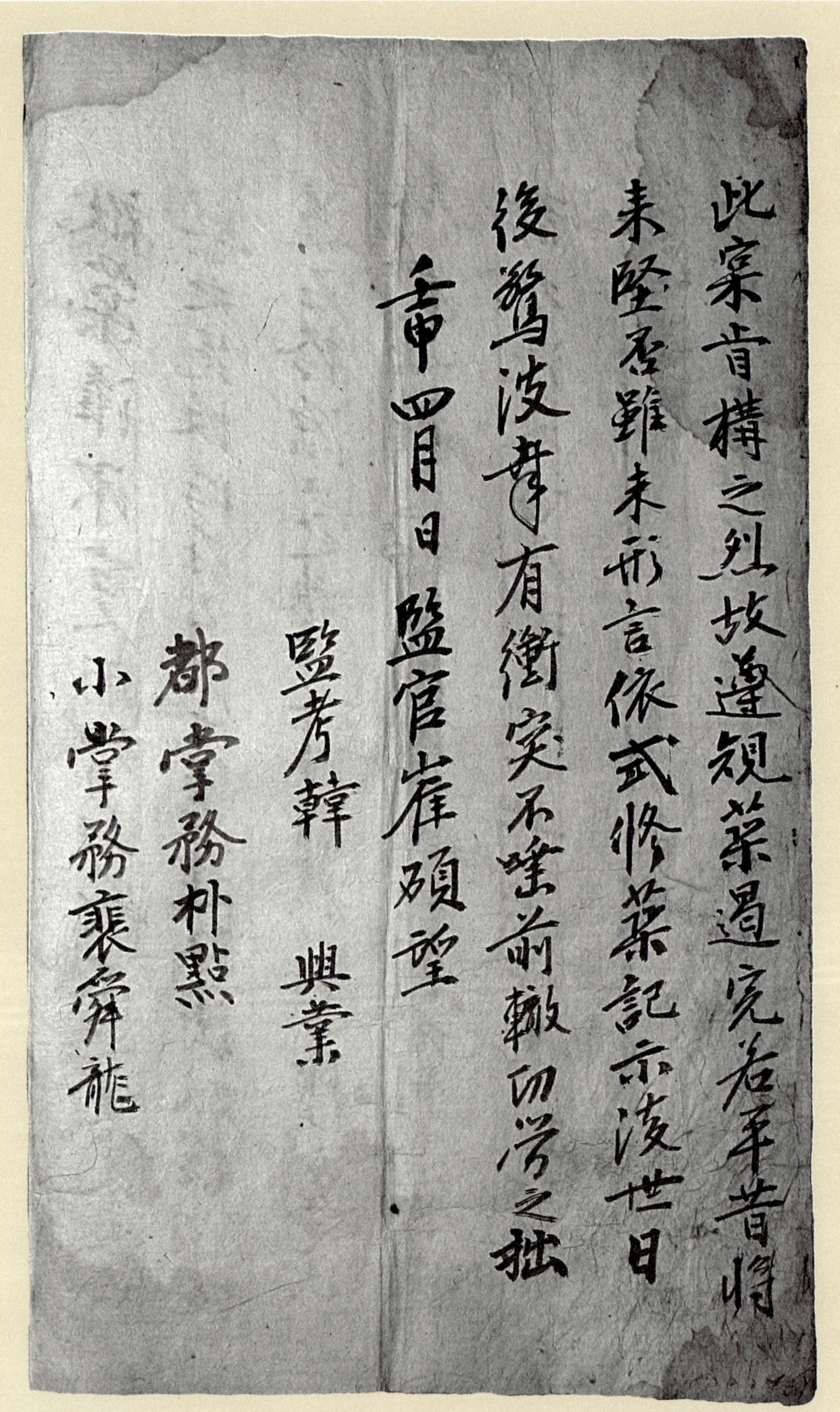

此案肯構之外故遵觀案過完若平昔時
未堅者雖未形言依式修案記示後世日
後鷥波毋有衝突不嗟前轍仍以之㧗
年四月日 監官崔碩望
監考韓 興業
都掌務朴點
小掌務裵舜龍

崔嶒望

丁亥三月初六日

一 龍三丁定價爲手美洞外如有用者則捧價白米

一斗後許給事

前後背價白米五升

紋帽價白米七升

禮服價白米一斗

帶價白五升

下馬赤價白米一斗

獨轎價米三斗

龍衫丁價米一斗

都掌 崔嶒望

小掌務 韓世翼

朴世說

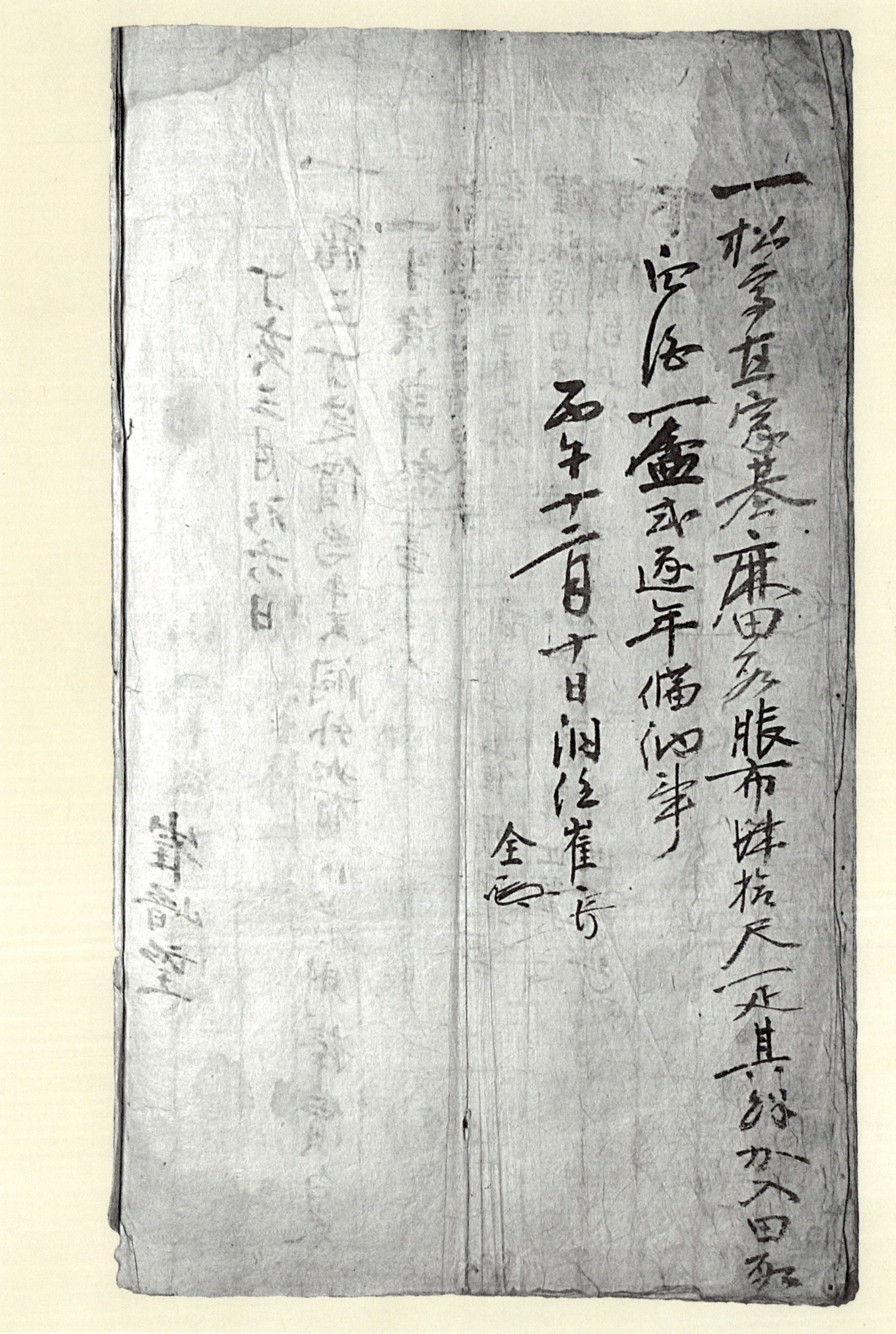

碧松亭儒契案

第8册

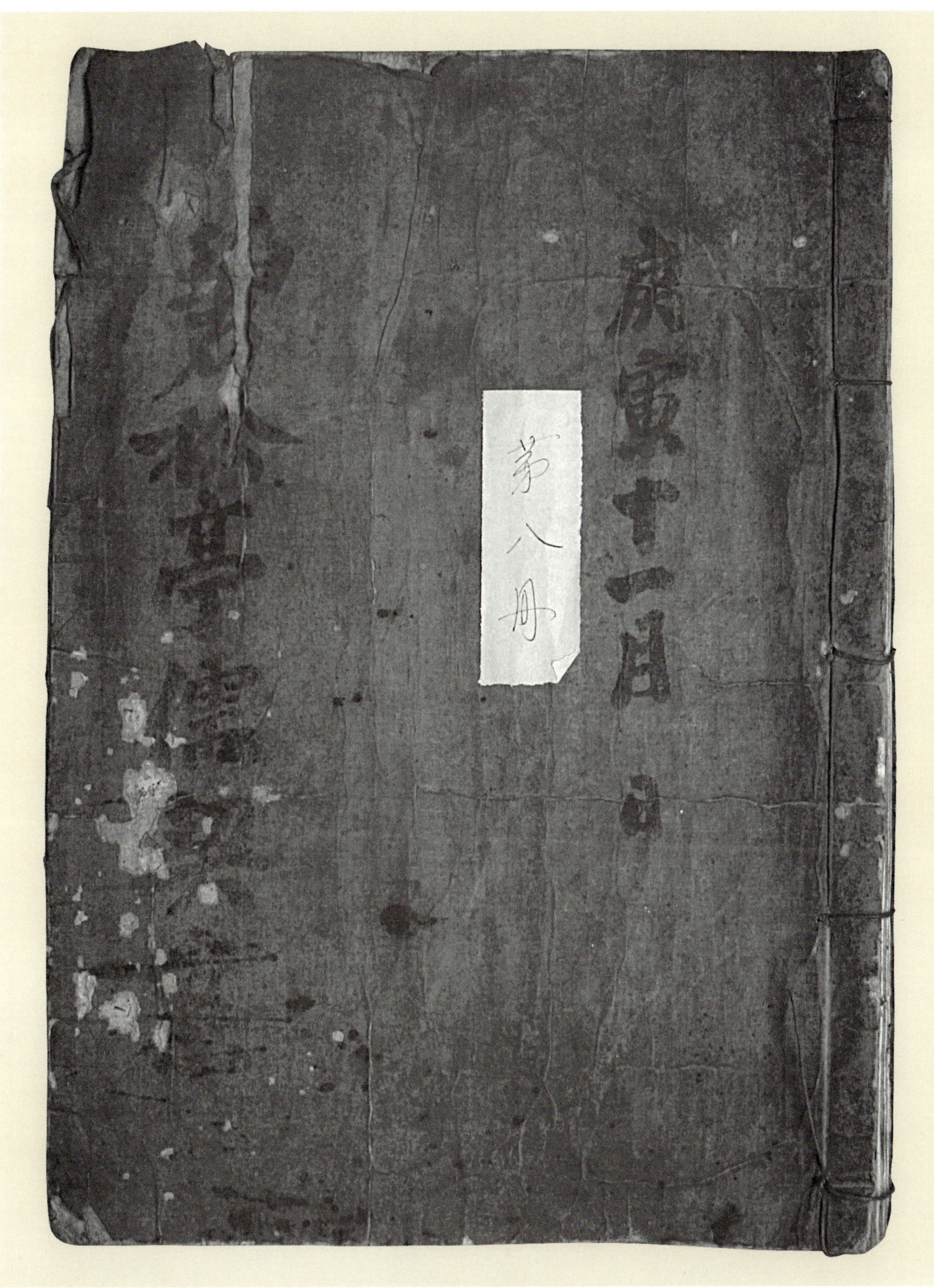
庚寅十一月 日
第八冊

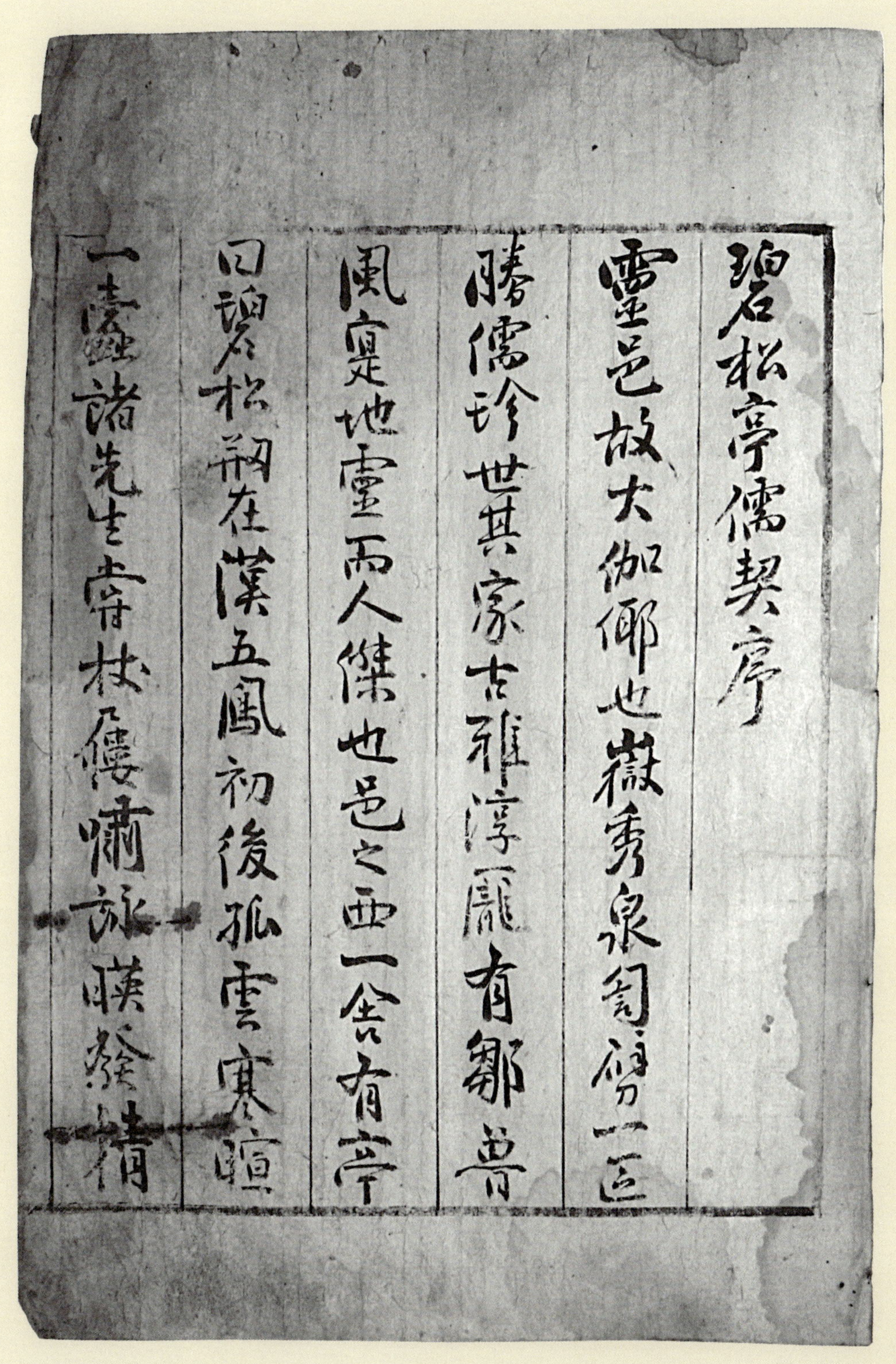

碧松亭儒契序

靈邑故大伽倻也嶽秀泉訇傍一區

睹儒珍世其家古雅淳厖有鄒魯

風寔地靈而人傑也邑之西一舍有亭

曰碧松祠在漢五鳳初後孤雲寓

一處諸先生寄杖屨嘯詠騁發精

采錄是士流盛景作久久存蹟也昔
庚寅吾先君子莅玆邑政盛人和翌
年辛卯邀鄉堂宿儒暢遊是亭措
詩與文屬而和者三十餘人時余年
甫小學斑彩追嬉躬覩盛儀遂長
於斯凡五年矣某水某邱尚森然不

眛若故山一幅月臺之儒踵門講舊
道松亭事亭今為士林藏修之所
逵峕三十餘人之子孫及門生諏達一
契所以基先蹟滿後學而俱為其
繼述也故推余為契長余固不敢當
而顧義有所難辭者夫桑梓必

敬止況亭榭於是三宿循因果況
五載於是且契之設適遇甲於是
是亦不偶樹今視昔烏能無感於
是也嗚乎山陰會禊群賢畢集
而非為儒學南康起院多士濟蹌
而未有契事斯亭也迺兩美具也

夫以蘭榭鹿院猶且興廢斯亭
也起於五鳳閣闌於三賢文獻備於先
庚儒契成於後庚寢降而寢且興
儘大數乘也歟就由亭而立契則亦
當由契而護亭惟僉賢懋哉永圖
子子孫孫勿替引之夫豈四書閱千歲

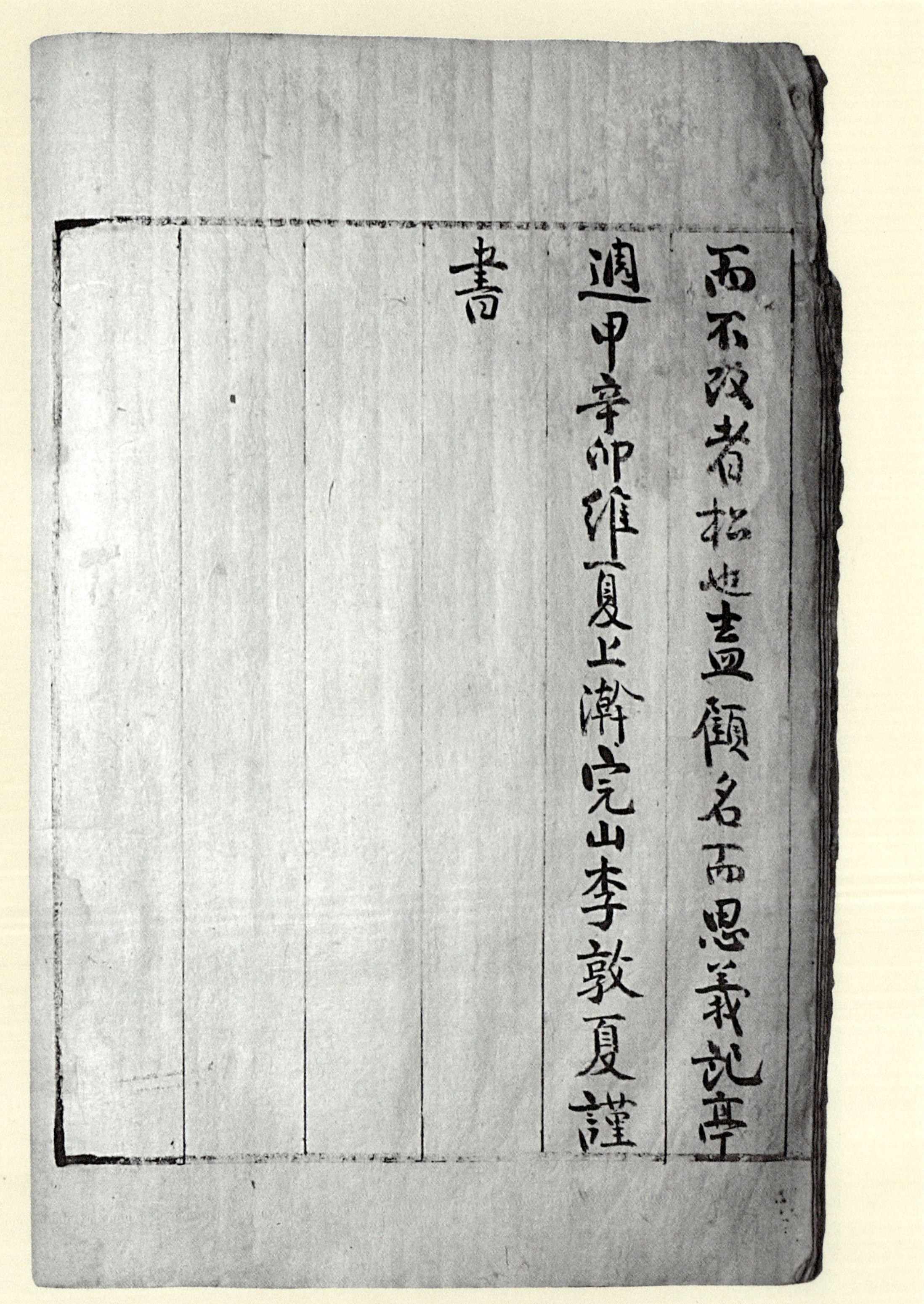
而不改者松也盍顧名而思義乎亭
週甲辛卯維夏上澣完山李敦夏謹
書

이하 8면 동일한 여백

碧松亭儒契案

庚寅十一月二十九日

仙 判書李敦夏 叙五 甲申 完山人 京 校洞

仙 縣監宋淳爀 允卿 戊子 鎭川人 礪山 龍南

落 都正崔宇文 士洪 乙亥 陽川人 松亭后

仙 幼學金啓鉉 成叔 丙戌 一善人 梅邨

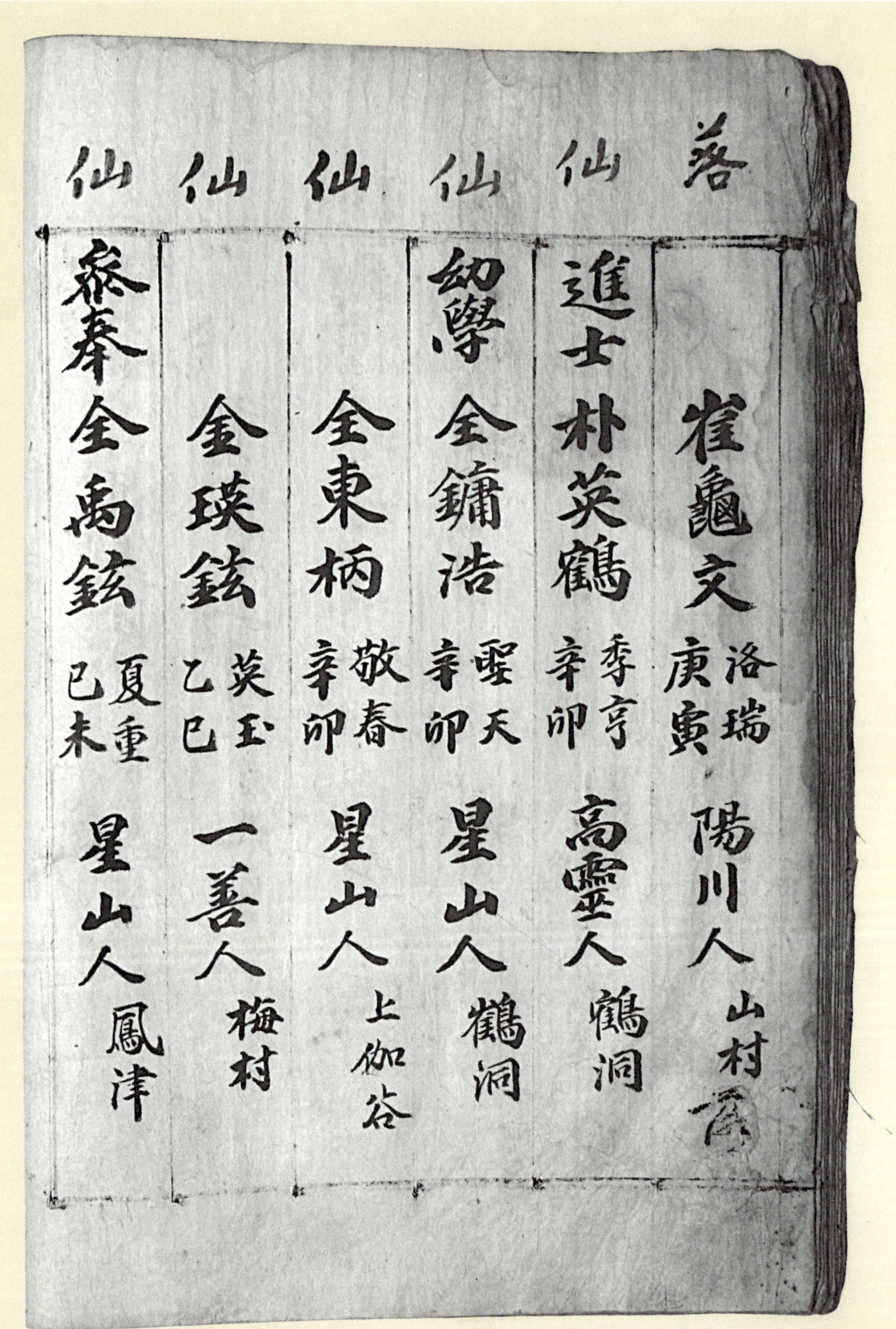

落 崔龜文 洛瑞 庚寅 陽川人 山村

仙 進士朴英鶴 季亨 辛卯 高靈人 鶴洞

仙 幼學金鏞浩 聖天 辛卯 星山人 鶴洞

仙 金東柄 敬春 辛卯 星山人 上伽谷

仙 金瑛鉉 英玉 乙巳 一善人 梅村

仙 參奉金禹鉉 夏重 己未 星山人 鳳津

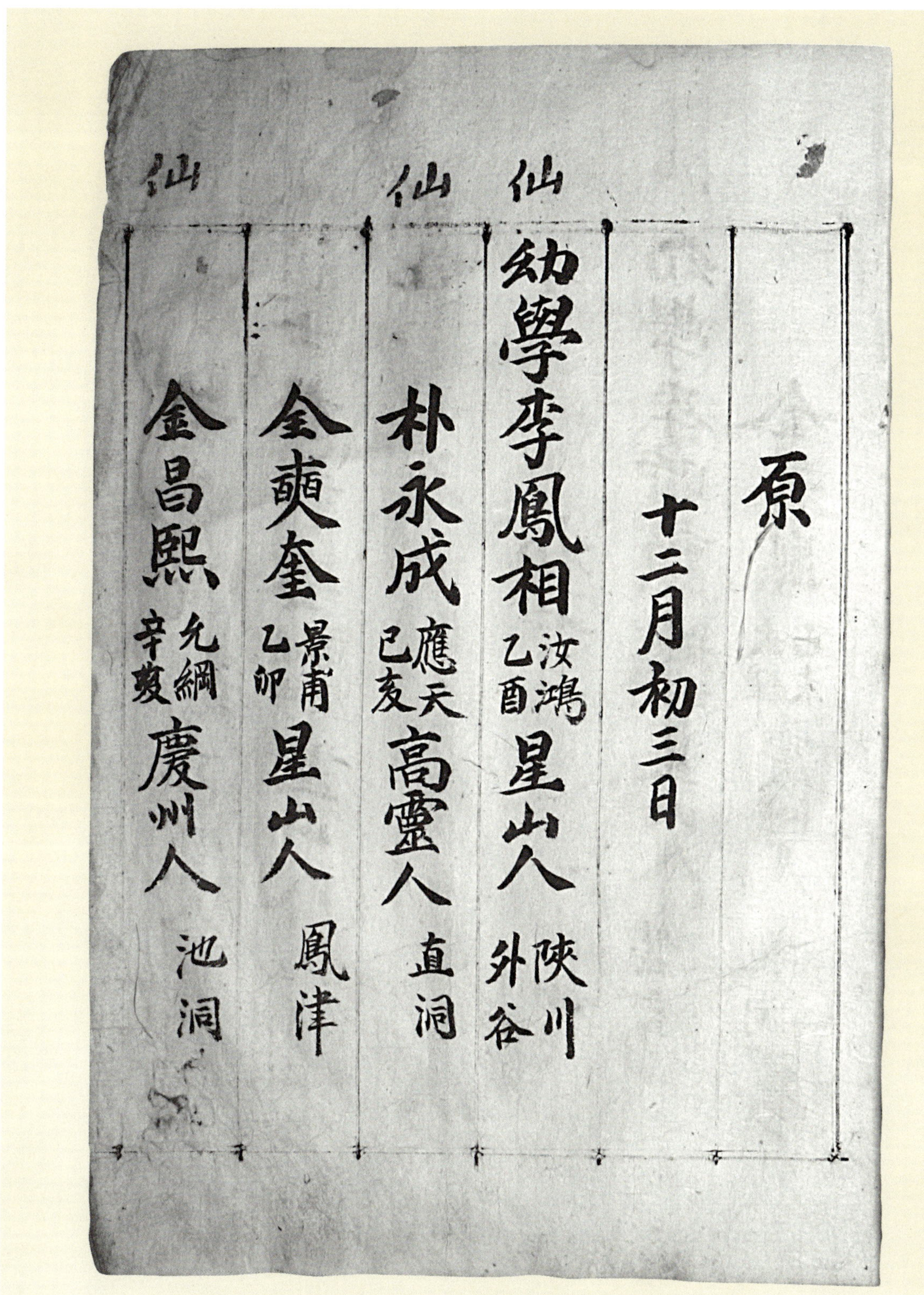

原

十二月初三日

仙 幼學李鳳相 汝鴻 乙酉 星山人 陝川 外谷

仙 朴永成 應天 己亥 高靈人 直洞

金奭奎 景甫 乙卯 星山人 鳳津

仙 金昌熙 允綱 辛亥 慶州人 池洞

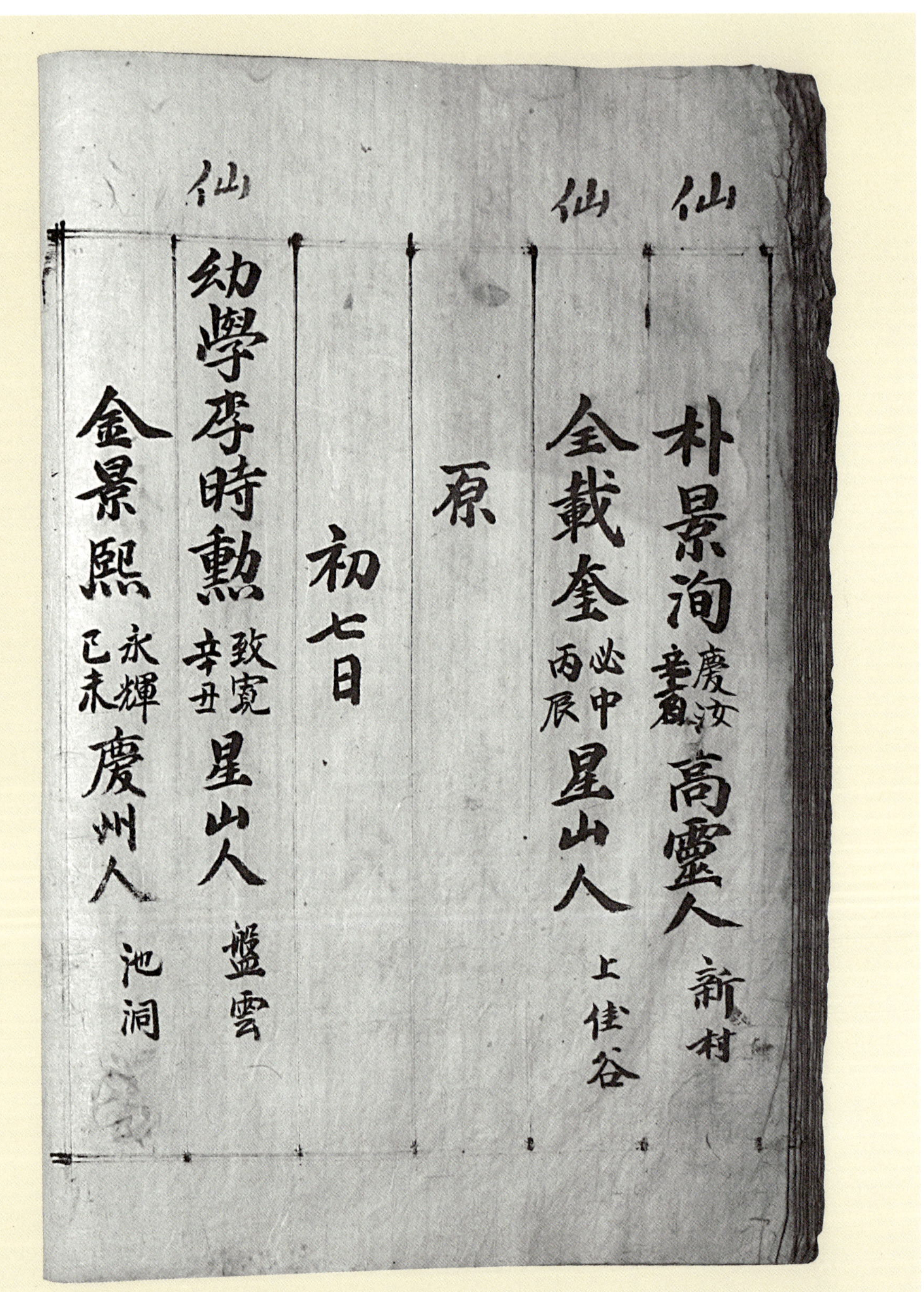

仙 朴景洵 慶汝 辛酉 高靈人 新村

仙 金載奎 必中 丙辰 星山人 上佳谷

原

初七日

仙 幼學李時勳 致寬 辛丑 星山人 盤雲

金景熙 永輝 乙未 慶州人 池洞

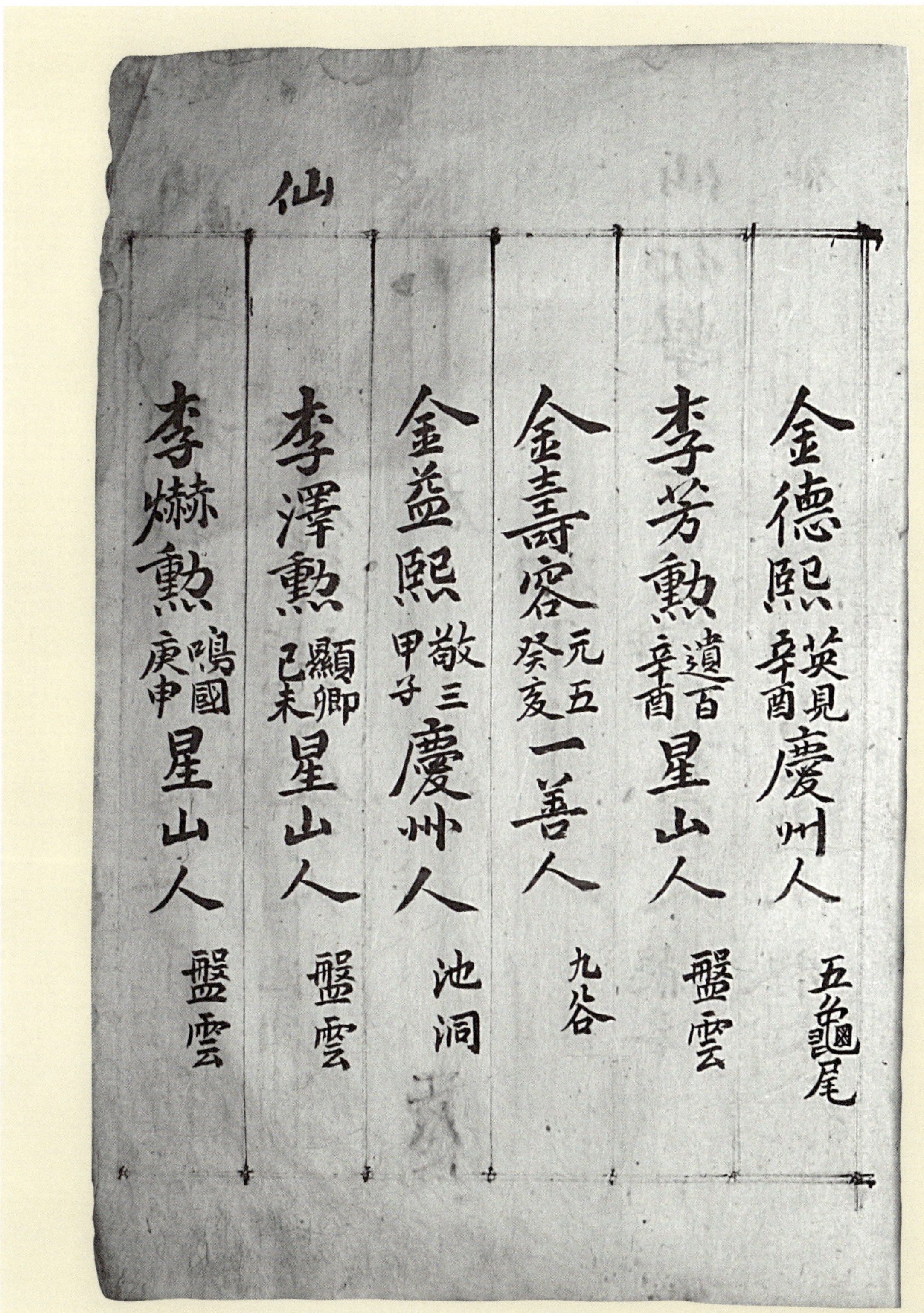

仙

金德熙 英見 辛酉 慶州人 五龜尾

李芳勳 遺百 辛酉 星山人 盤雲

金壽容 元五 癸亥 一善人 九谷

金益熙 敬三 甲子 慶州人 池洞

李澤勳 顯卿 己未 星山人 盤雲

李爀勳 鳴國 庚申 星山人 盤雲

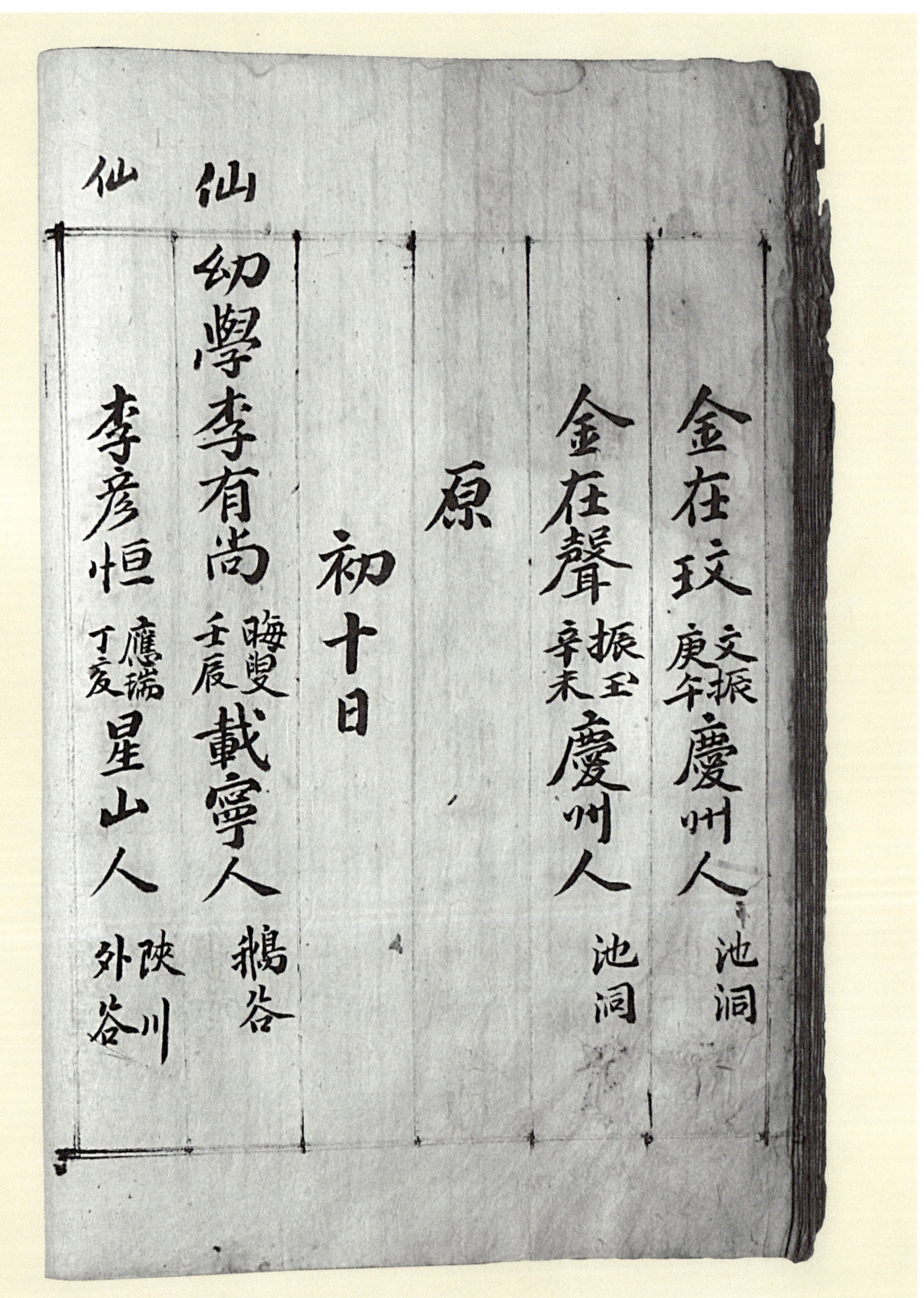

金在玟 文振 庚午 慶州人 池洞

金在聲 振玉 辛未 慶州人 池洞

原

初十日

仙 幼學李有尙 晦叟 壬辰 載寧人 鵝谷

仙 李彦恒 應瑞 丁亥 星山人 陜川 外谷

李演 景晦 癸巳 星山人 陜川外谷

仙 鄭度鎮 丙弼 甲午 東萊人 陜川九汀

仙 李源在 大汝 戊戌 星山人 陜川外谷

仙 李志琰 君弼 癸卯 星山人 陜川外谷

鄭珏 周八 乙酉 東萊人 陜川九汀

仙 李相維 廷茂 乙巳 陜川人 陜川內谷

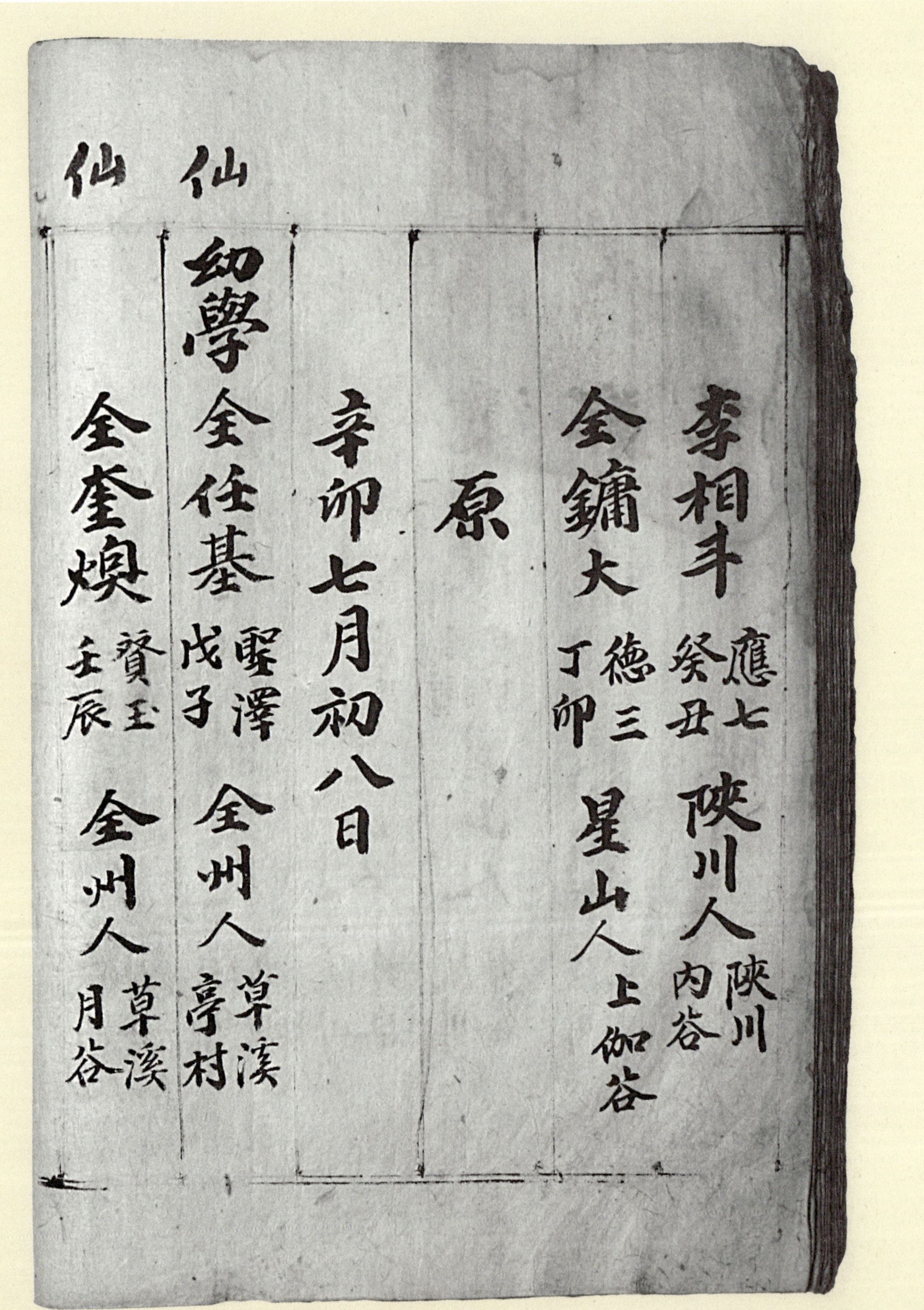

仙 仙

李相丰 應七 癸丑 陜川人 陜川內谷

金鏞大 德三 丁卯 星山人 上伽谷

原

辛卯七月初八日

幼學 全任基 堅澤 戊子 全州人 草溪亭村

全奎煥 贊玉 壬辰 全州人 草溪月谷

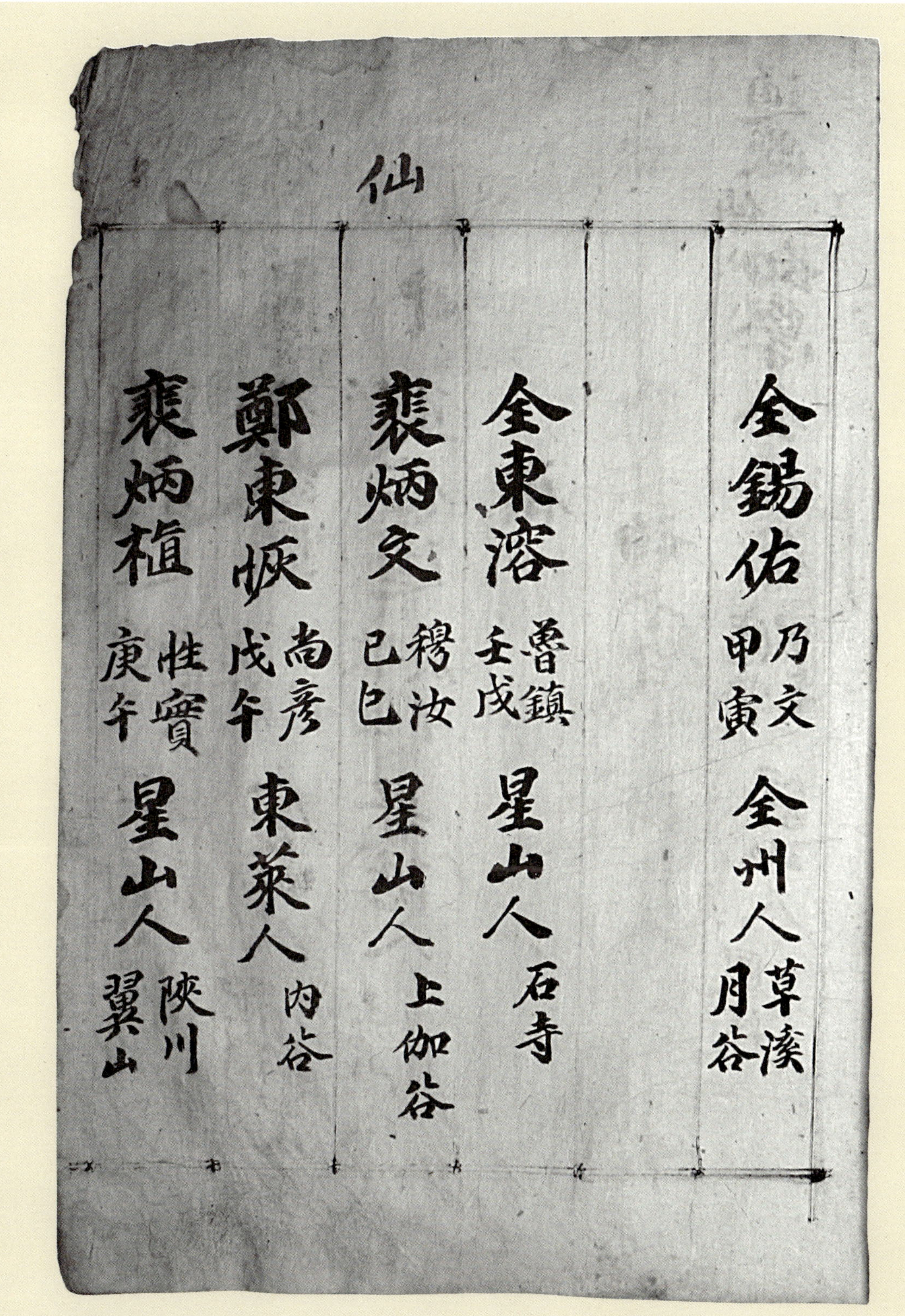
仙

全錫佑 乃文 甲寅 全州人 草溪 月谷

全東溶 魯鎭 壬戌 星山人 石寺

裵炳文 穆汝 己巳 星山人 上伽谷

鄭東烍 尙彦 戊午 東萊人 内谷

裵炳植 性賓 庚午 星山人 陜川 翼山

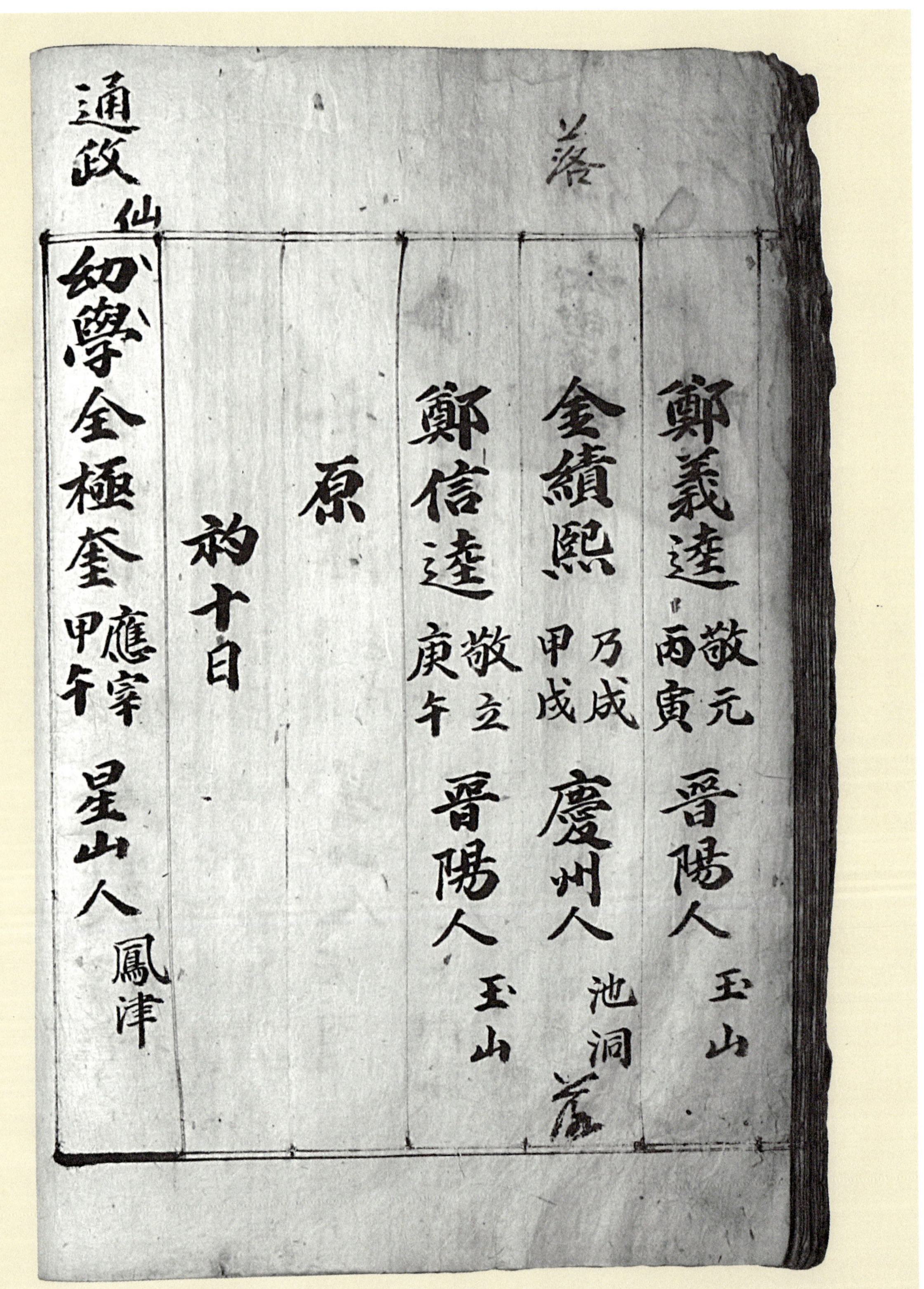
落

鄭義達 敬元 丙寅 晉陽人 玉山

金績熙 乃成 甲戌 慶州人 池洞居

鄭信達 敬立 庚午 晉陽人 玉山

原

初十日

通政 仙

幼學全極奎 應宰 甲午 星山人 鳳津

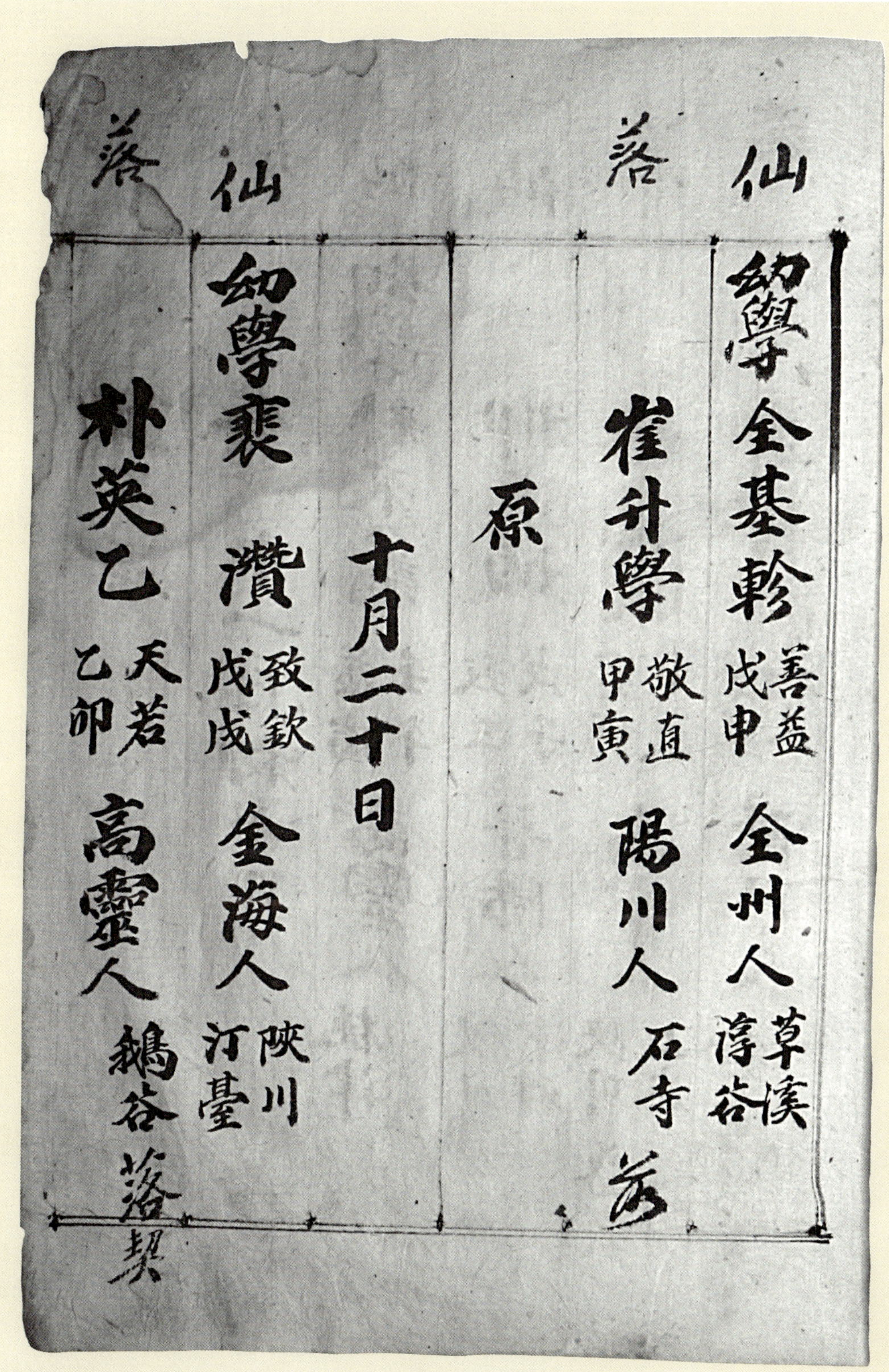

仙 幼學全基軫 善益 戊申 全州人 草溪 淳谷

落 崔升學 敬直 甲寅 陽川人 石寺 落

原

十月二十日

仙 幼學裵濽 致欽 戊戌 金海人 陜川 汀臺

落 朴英乙 天若 乙卯 高靈人 鵝谷 落契

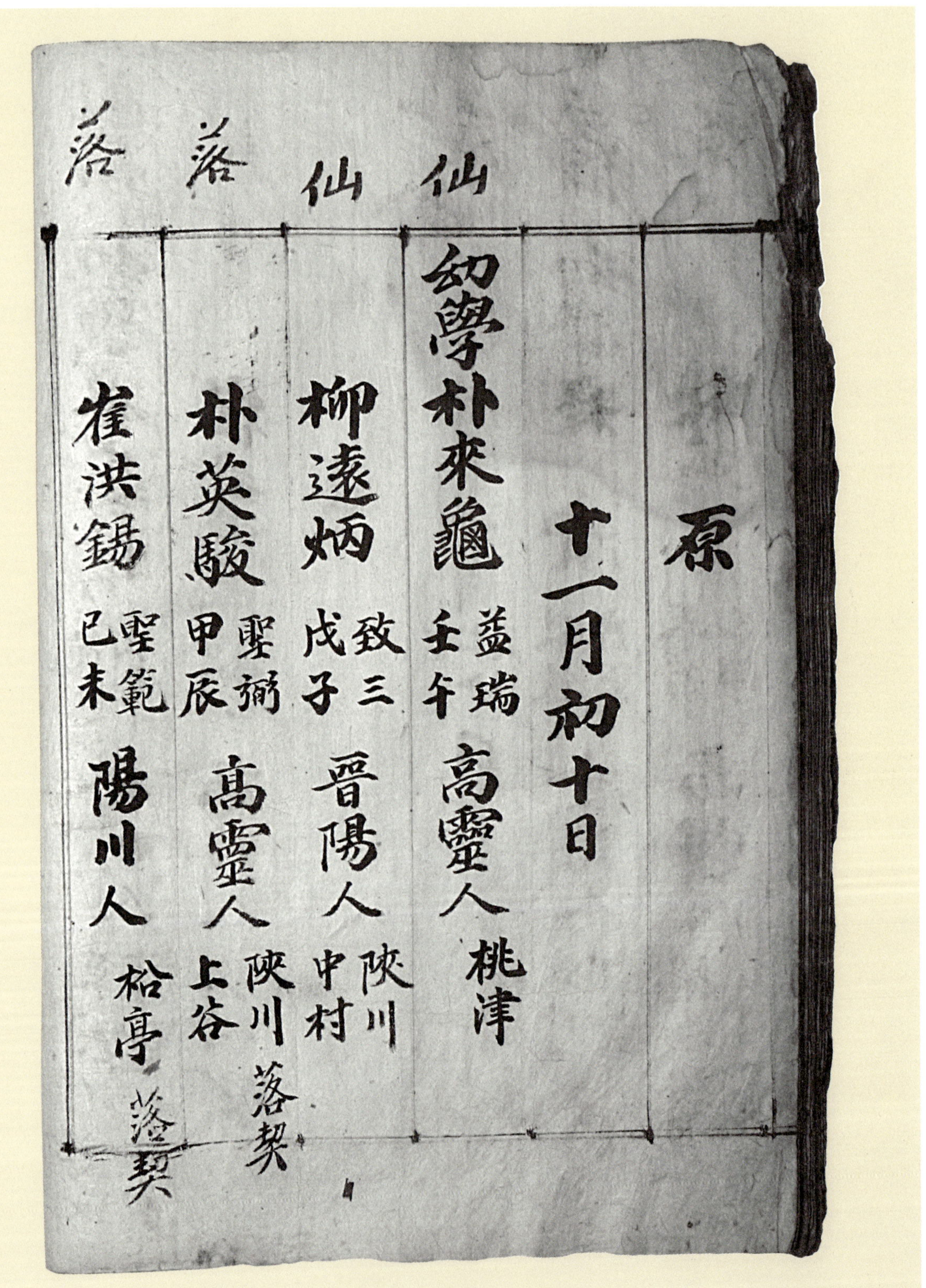

原

十一月初十日

仙 幼學朴來龜 益瑞 壬午 高靈人 桃津

仙 柳遠炳 致三 戊子 晉陽人 陝川 中村

落 朴英駿 聖彌 甲辰 高靈人 陝川 上谷 落契

落 崔洪錫 聖範 己未 陽川人 柗亭 落契

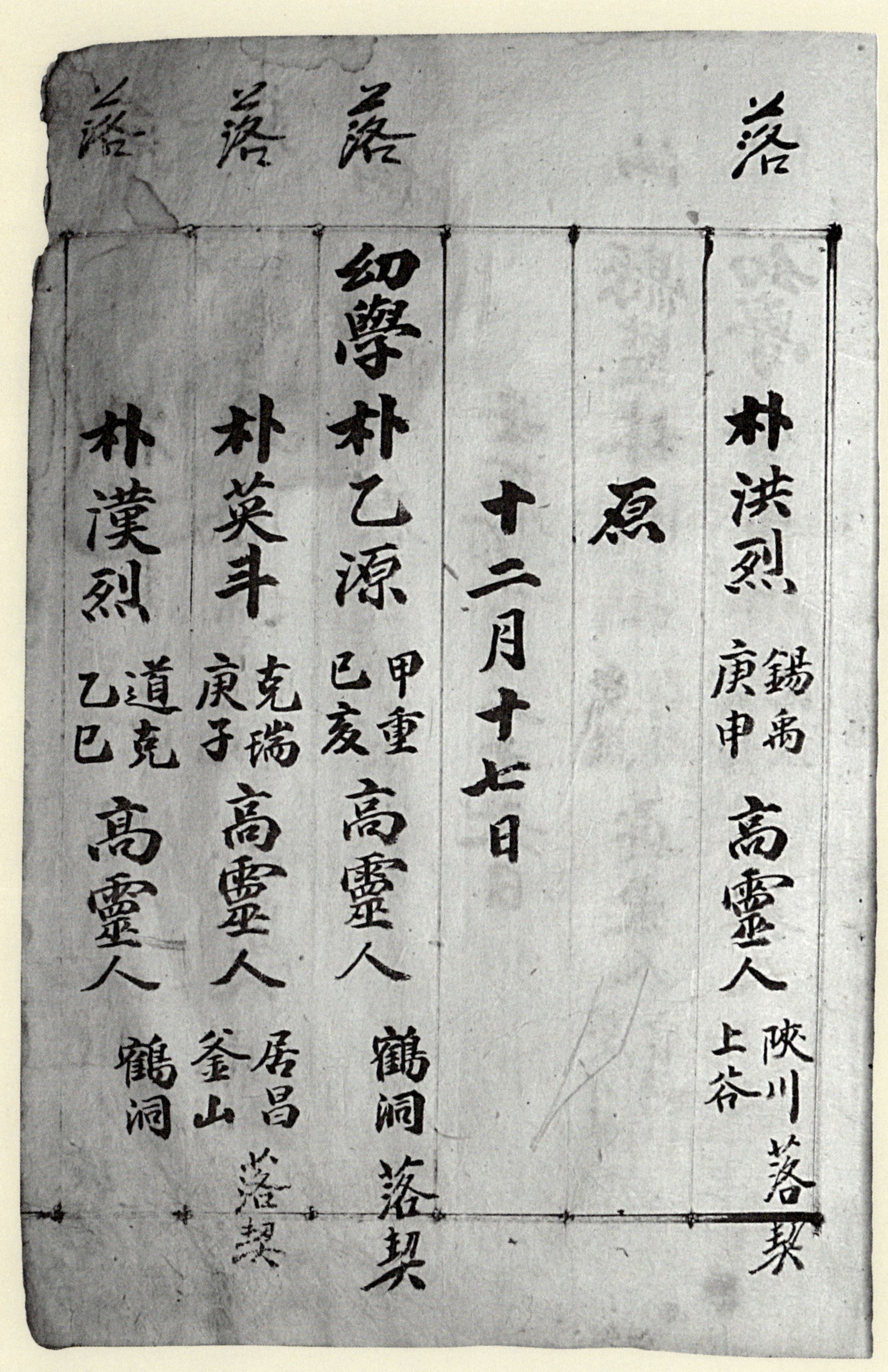

落 朴洪烈 錫禹 庚申 高靈人 陝川 上谷 落契

原

十二月十七日

落 幼學朴乙源 甲重 巳亥 高靈人 鶴洞 落契

落 朴英斗 克瑞 庚子 高靈人 居昌 釜山 落契

落 朴漢烈 道克 乙巳 高靈人 鶴洞

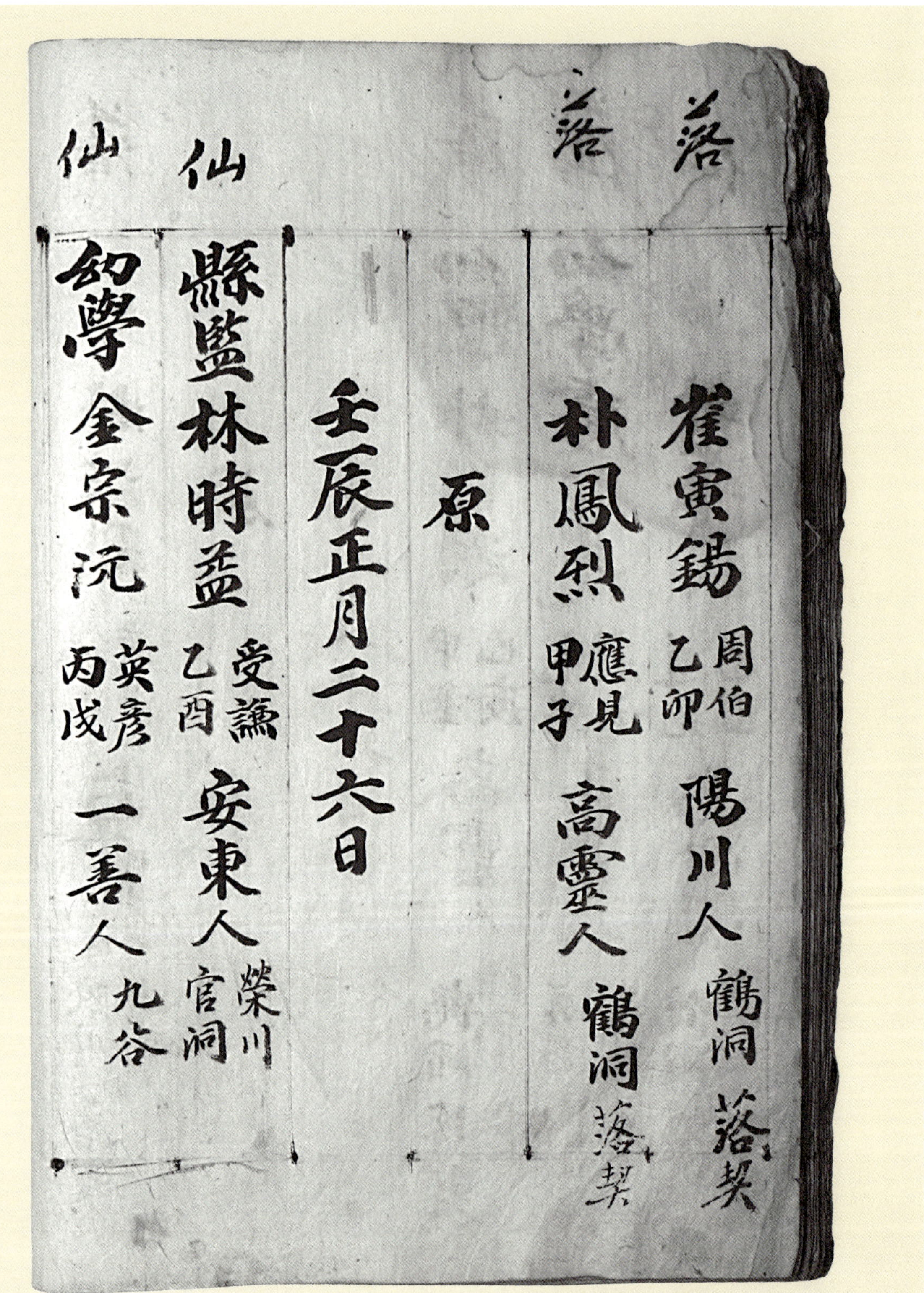
落 崔寅錫 周伯 乙卯 陽川人 鶴洞 落契

落 朴鳳烈 應見 甲子 高靈人 鶴洞 落契

原

壬辰正月二十六日

仙 縣監林時益 受謙 乙酉 安東人 榮川 官洞

仙 幼學金宗沅 英彥 丙戌 一善人 九谷

仙 仙 仙 仙

李膺奎 元極 壬辰 碧珍人 陜川 河濱

許鴻默 翼叟 戊戌 金海人 陜川 明洞

原

二月二十八日

幼學盧秀鉉 可暉 辛卯 光州人 桃津

朴英琦 稺圭 甲午 高靈人 桃津

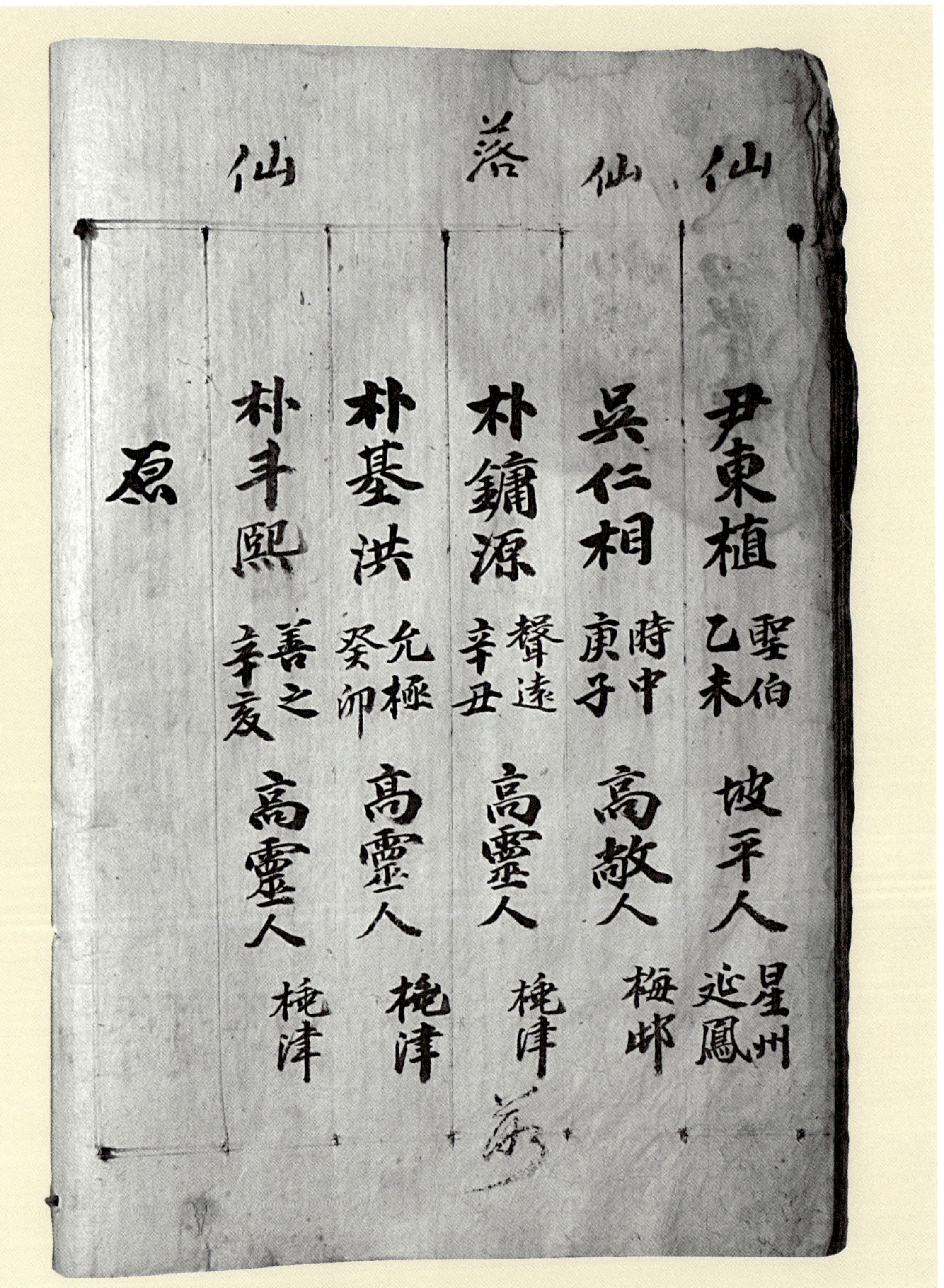

仙 尹東植 聖伯 乙未 坡平人 星州 延鳳

仙 吳仁相 時中 庚子 高敞人 梅岫

落 朴鏞源 聲遠 辛丑 高靈人 桅津

朴基洪 允極 癸卯 高靈人 桅津

仙 朴手熙 善之 辛亥 高靈人 桅津

愿

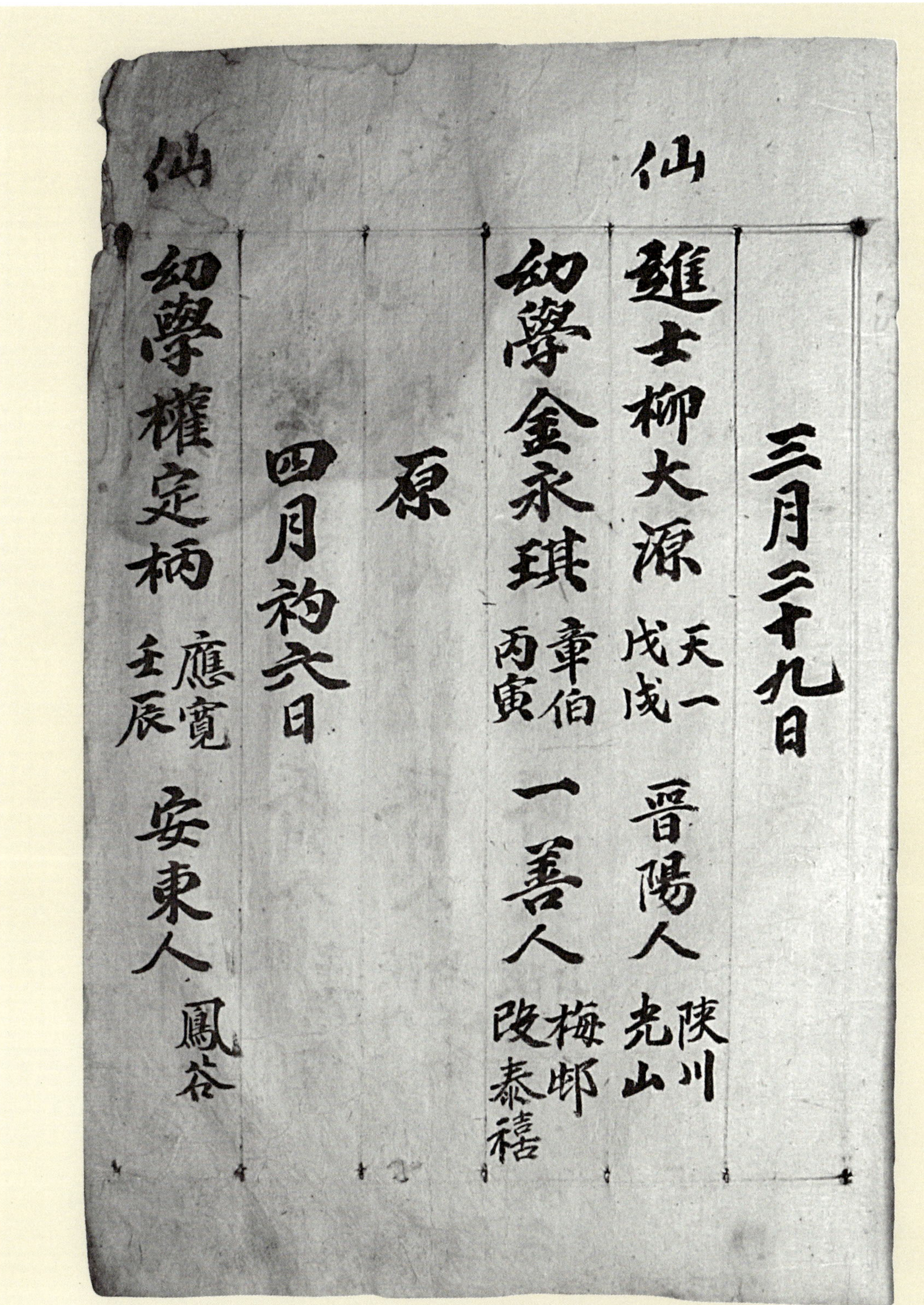

三月二十九日

仙

進士柳大源 天一 戊戌 晉陽人 陝川 先山

幼學金永琪 章伯 丙寅 一善人 梅邨 改泰禧

原

四月初六日

仙

幼學權定柄 應寬 壬辰 安東人 鳳谷

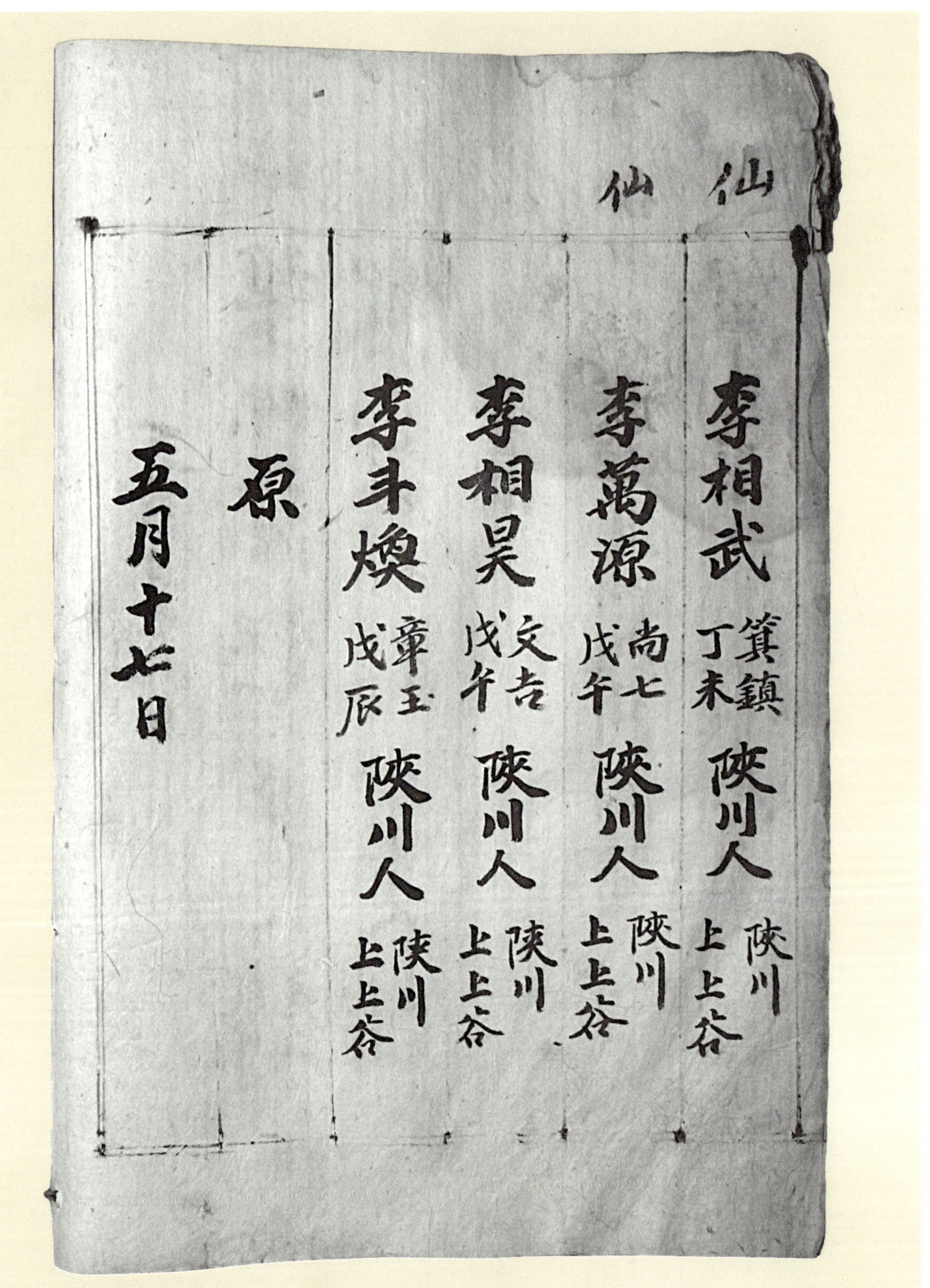

仙 仙

李相武 箕鎮 丁未 陜川人 陜川 上上谷

李萬源 尚七 戊午 陜川人 陜川 上上谷

李相昊 文吉 戊午 陜川人 陜川 上上谷

李丰煥 章玉 戊辰 陜川人 陜川 上上谷

原

五月十七日

仙 仙 仙 仙 仙

幼學李 灝 元庸 甲申 星山人 館洞

朴龍燦 士善 癸巳 高靈人 梔津

盧永欽 賀瑞 壬寅 長淵人 大谷

全鏞德 君選 乙巳 星山人 鶴洞

成載晳 聖與 庚申 昌寧人 新津

原

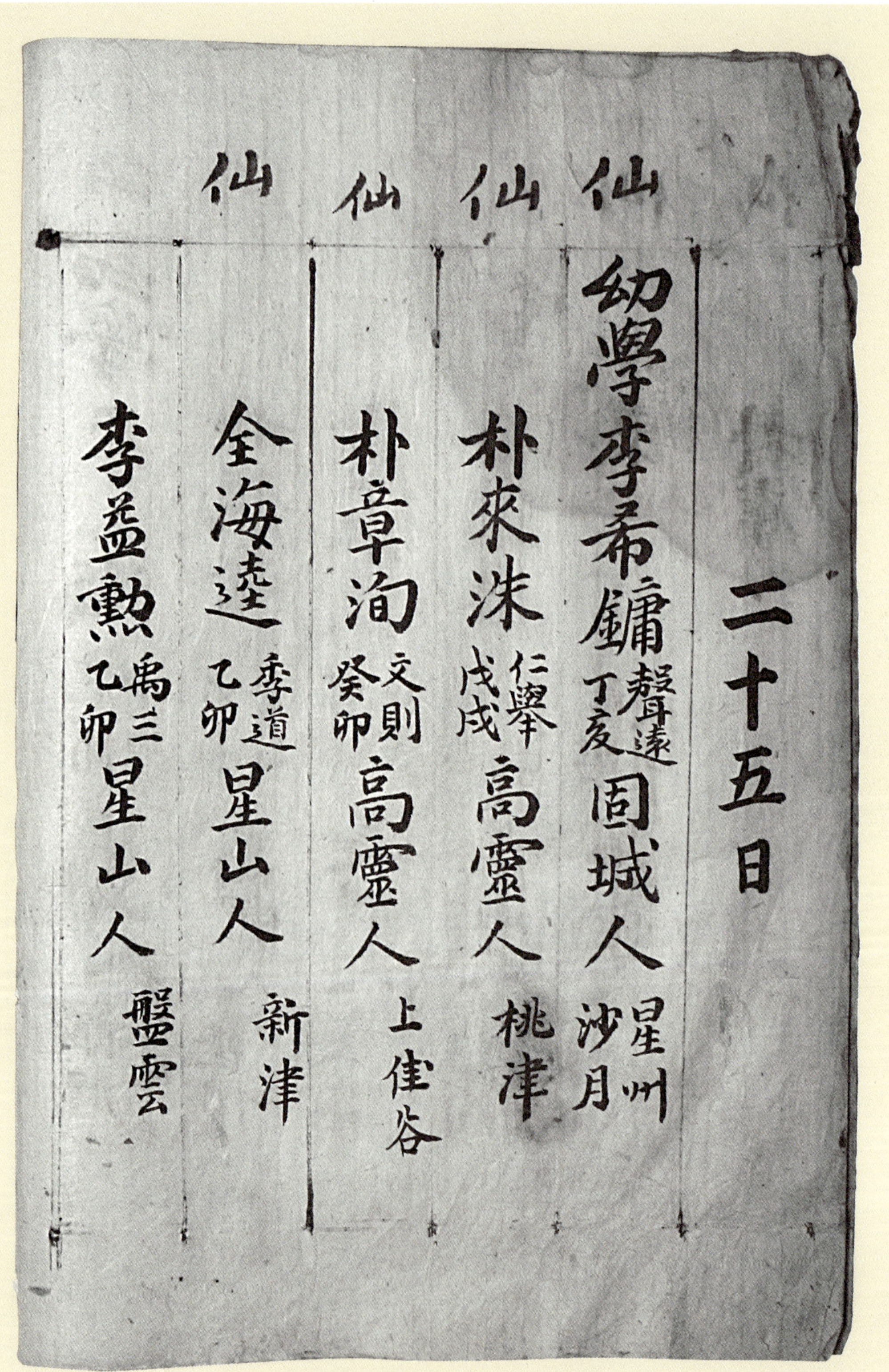

二十五日

幼學李希鏞 聲遠 丁亥 固城人 星州 沙月 仙

朴來洙 仁擧 戊戌 高靈人 桃津 仙

朴章洵 文則 癸卯 高靈人 上 佳谷 仙

全海逵 季道 乙卯 星山人 新津 仙

李益勳 禹三 乙卯 星山人 鑿雲

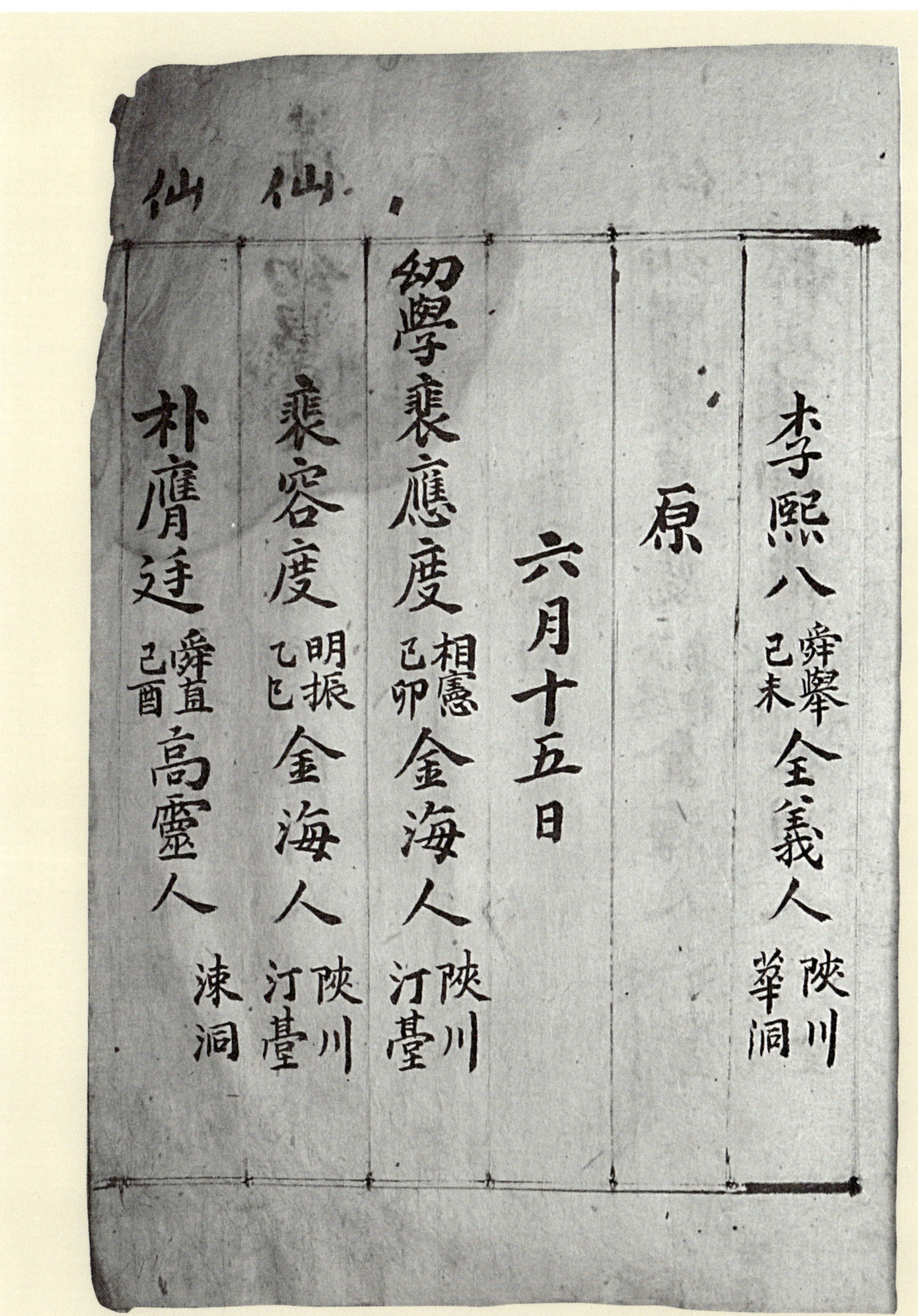

李熙八 舜擧 己未 全義人 陝川 華洞

原

六月十五日

幼學 裵應度 相憲 己卯 金海人 陝川 汀臺

裵容度 明振 乙巳 金海人 陝川 汀臺

朴膺廷 舜直 己酉 高靈人 涑洞

仙 仙

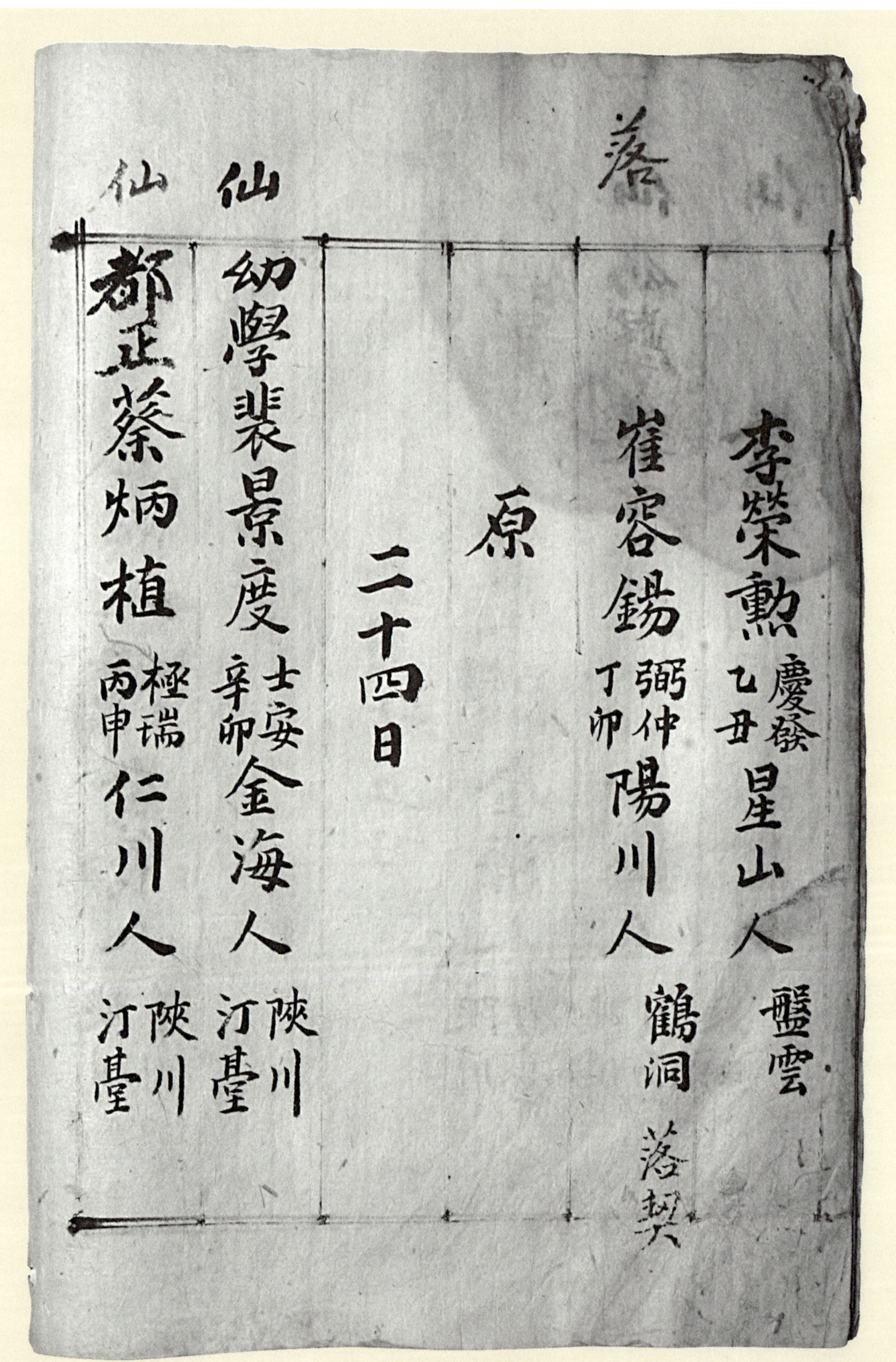

落

李榮勳 慶發 乙丑 星山人 盤雲

崔容錫 弼仲 丁卯 陽川人 鶴洞 落契

原

二十四日

仙 幼學裵景度 士安 辛卯 金海人 陜川 汀臺

仙 都正蔡炳植 極端 丙申 仁川人 陜川 汀臺

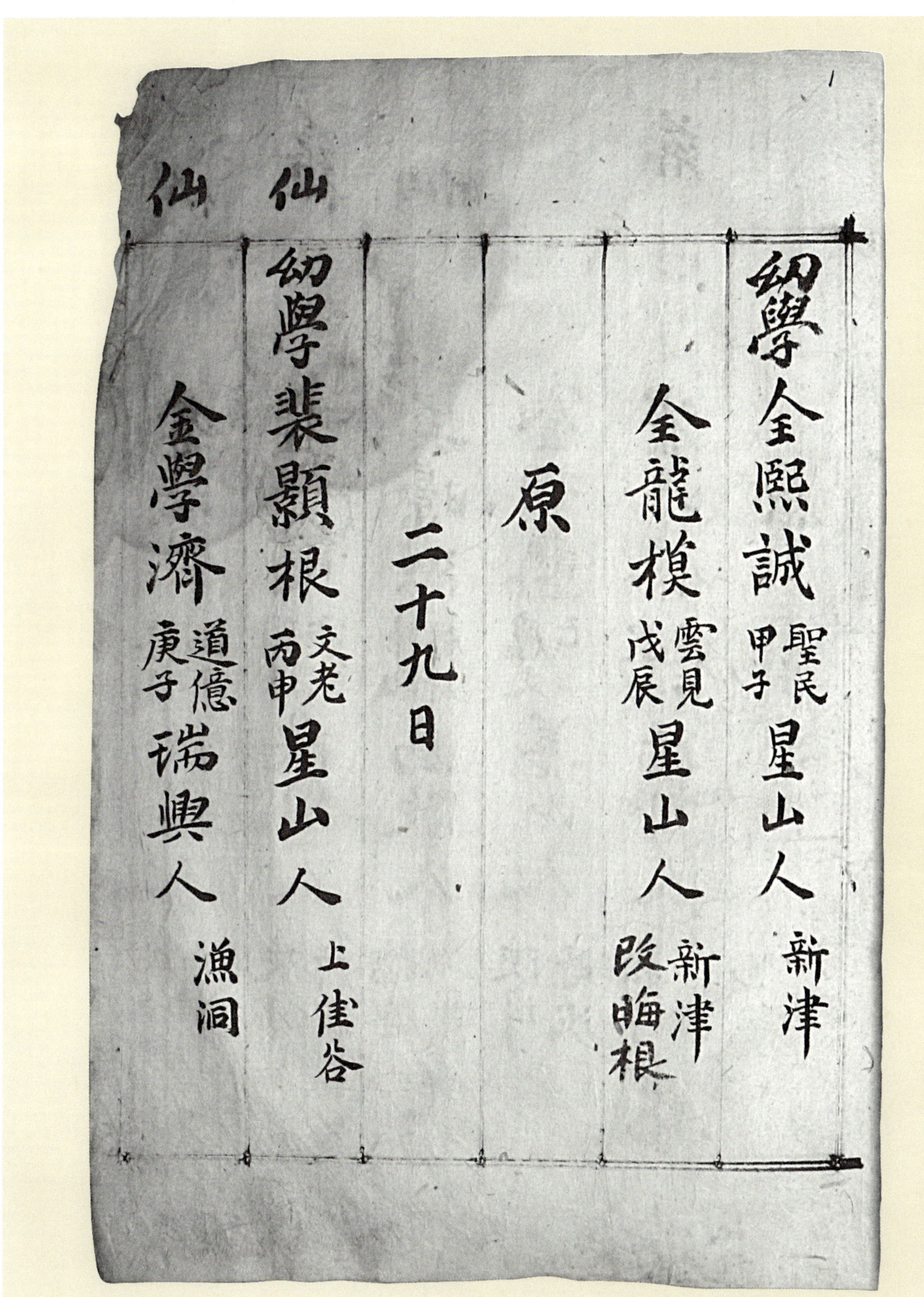

幼學金熙誠 聖民 甲子 星山人 新津

金龍模 雲見 戊辰 星山人 新津 改晦根

原

二十九日

仙

幼學裵顥根 文老 丙申 星山人 上佳谷

仙

金學濟 道億 庚子 瑞興人 漁洞

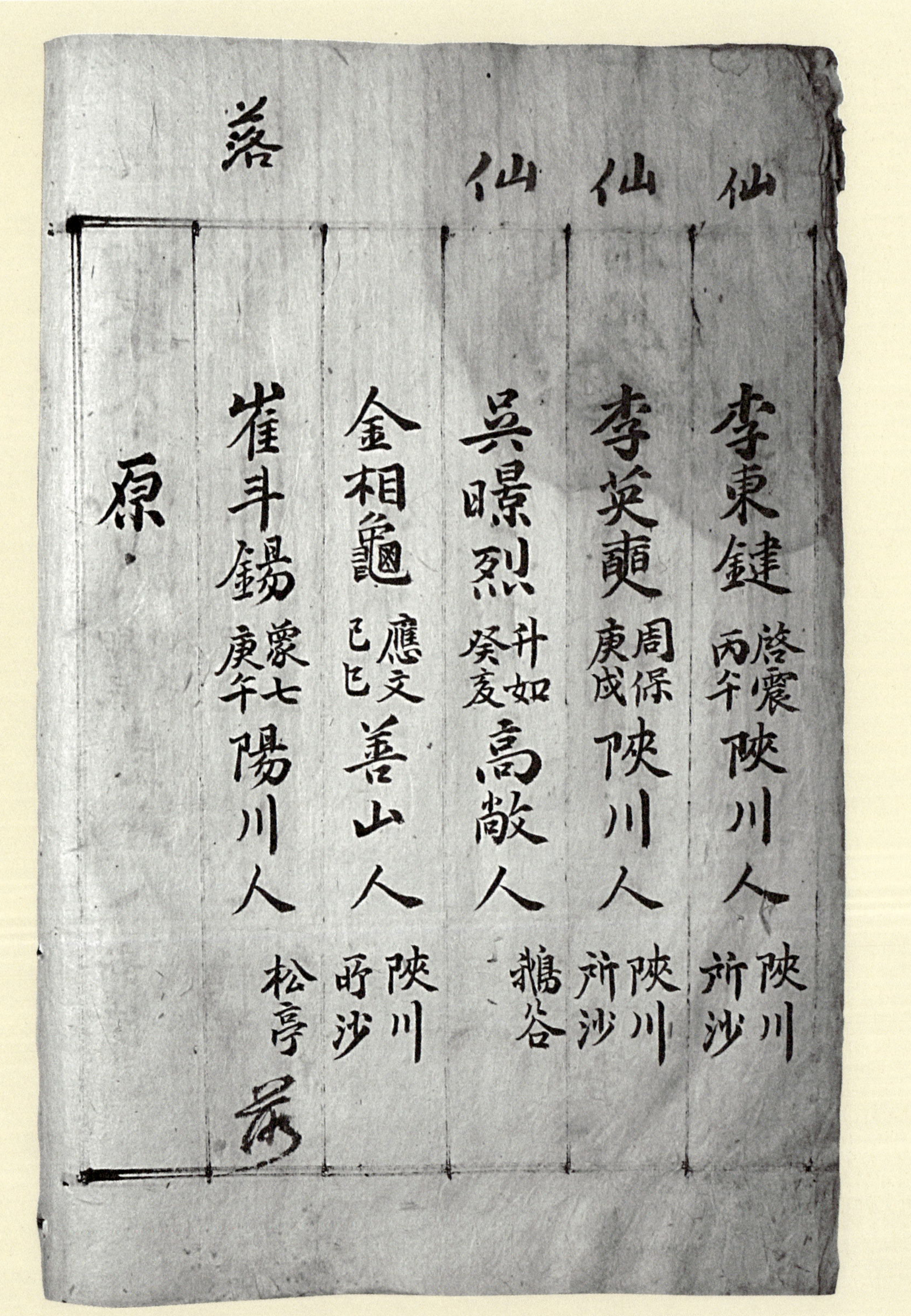

仙 仙 仙 落

李東鍵 啓震 丙午 陜川人 陜川 所沙

李英頙 周保 庚戌 陜川人 陜川 所沙

吳暻烈 升如 癸亥 高敞人 鵝谷

金相龜 應文 乙巳 善山人 陜川 所沙

崔斗錫 蒙七 庚午 陽川人 松亭

原

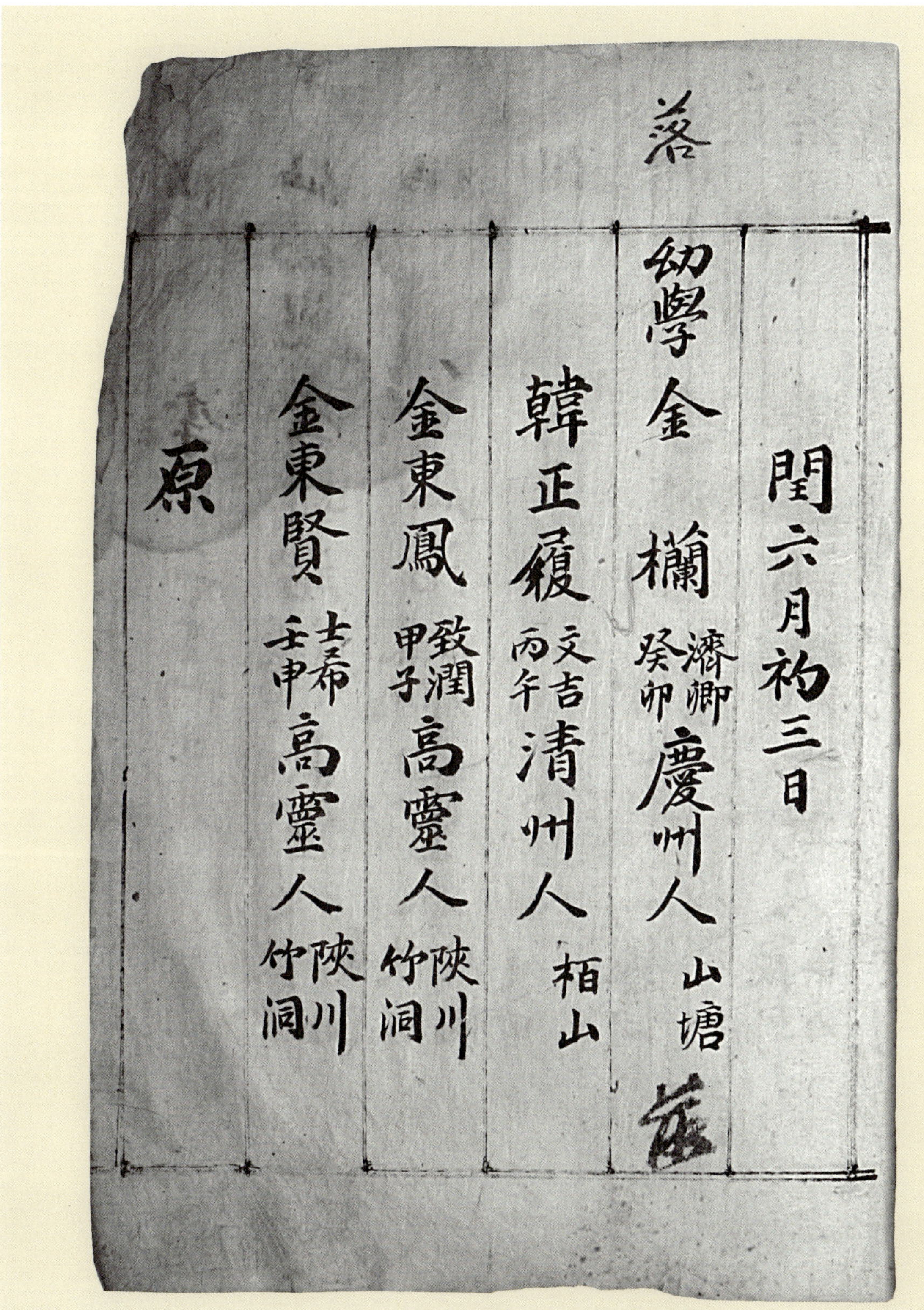
落

閏六月初三日

幼學金 欗 濟卿 癸卯 慶州人 山塘

韓正履 文吉 丙午 清州人 栢山

金東鳳 致潤 甲子 高靈人 陜川 竹洞

金東賢 士希 壬申 高靈人 陜川 竹洞

原

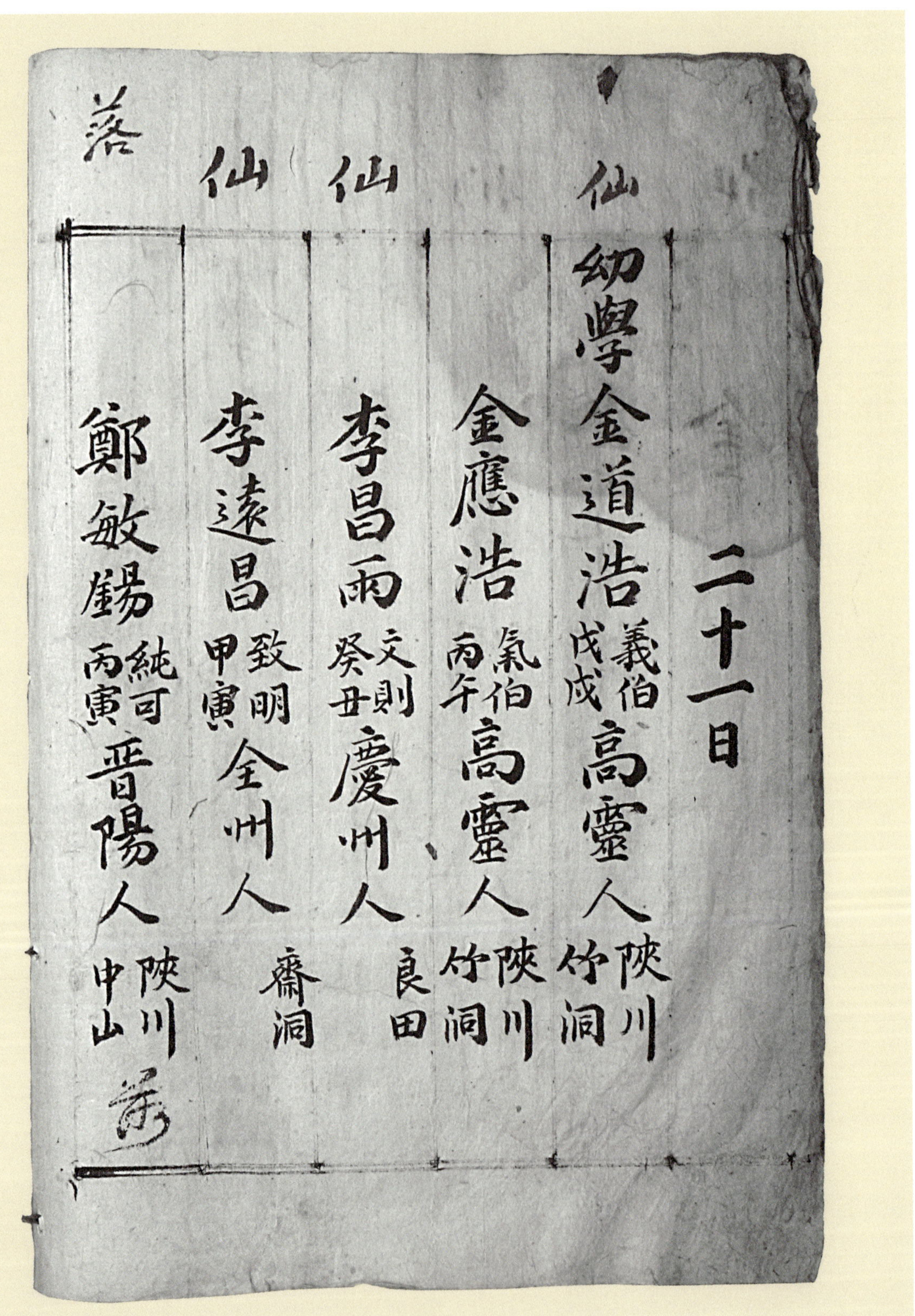

二十一日

仙 幼學金道浩 義伯 戊戌 高靈人 陜川 竹洞

金應浩 氣伯 丙午 高靈人 陜川 竹洞

仙 李昌雨 文則 癸丑 慶州人 良田

仙 李遠昌 致明 甲寅 全州人 齋洞

落 鄭敏錫 純可 丙寅 晋陽人 陜川 中山

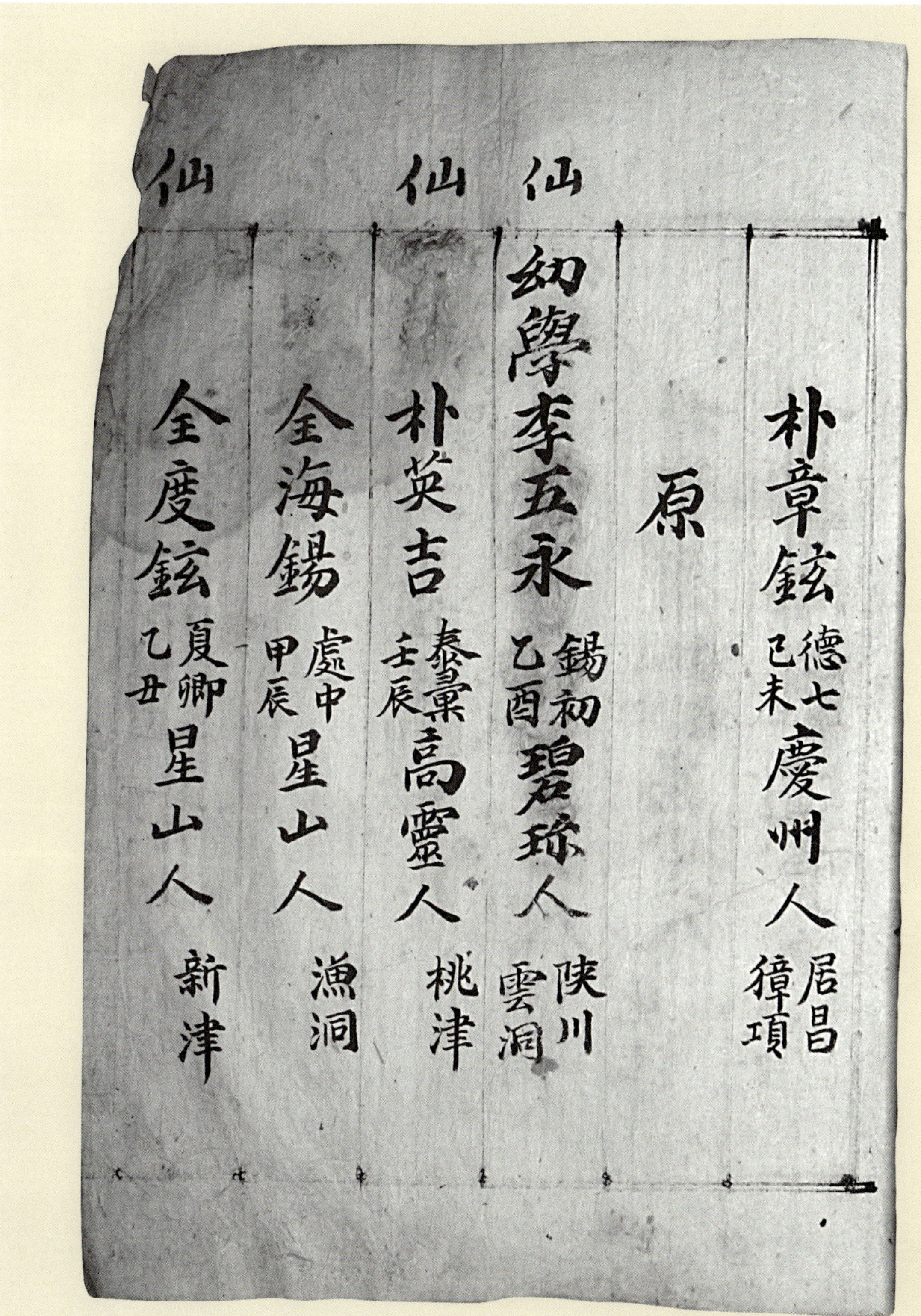

朴章鉉 德七 己未 慶州人 居昌 獐項

原

仙 幼學李五永 錫初 乙酉 碧珍人 陜川 雲洞

仙 朴英吉 泰彙 壬辰 高靈人 桃津

全海錫 處中 甲辰 星山人 漁洞

仙 全度鉉 夏卿 乙丑 星山人 新津

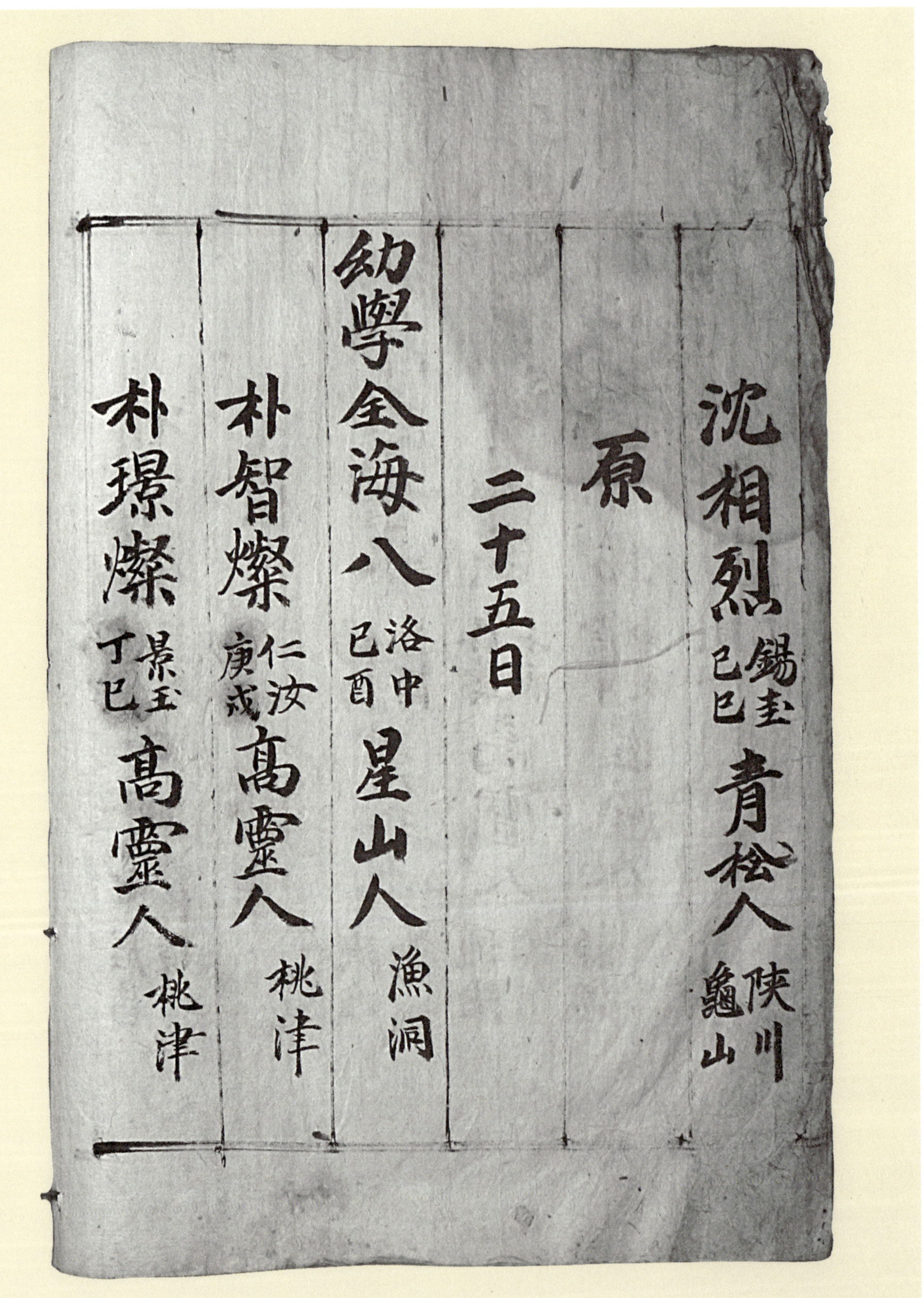

沈相烈 錫圭 己巳 青松人 陝川 龜山

原

二十五日

幼學全海八 洛中 己酉 星山人 漁洞

朴智燦 仁汝 庚戌 高靈人 桃津

朴璟燦 景玉 丁巳 高靈人 桃津

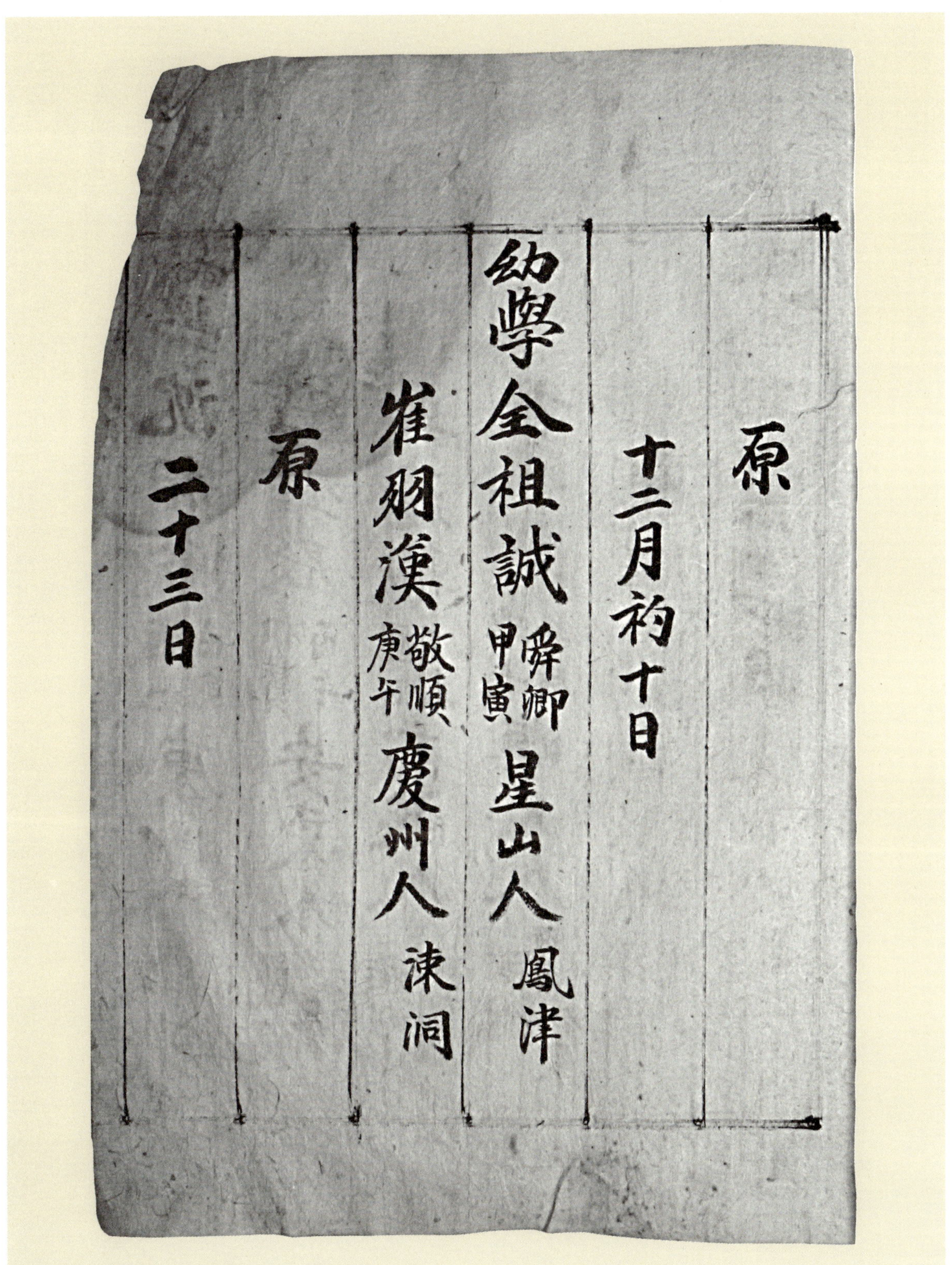
原

十二月初十日

幼學全祖誠 舜卿 甲寅 星山人 鳳津

崔翊漢 敬順 庚午 慶州人 涑洞

原

二十三日

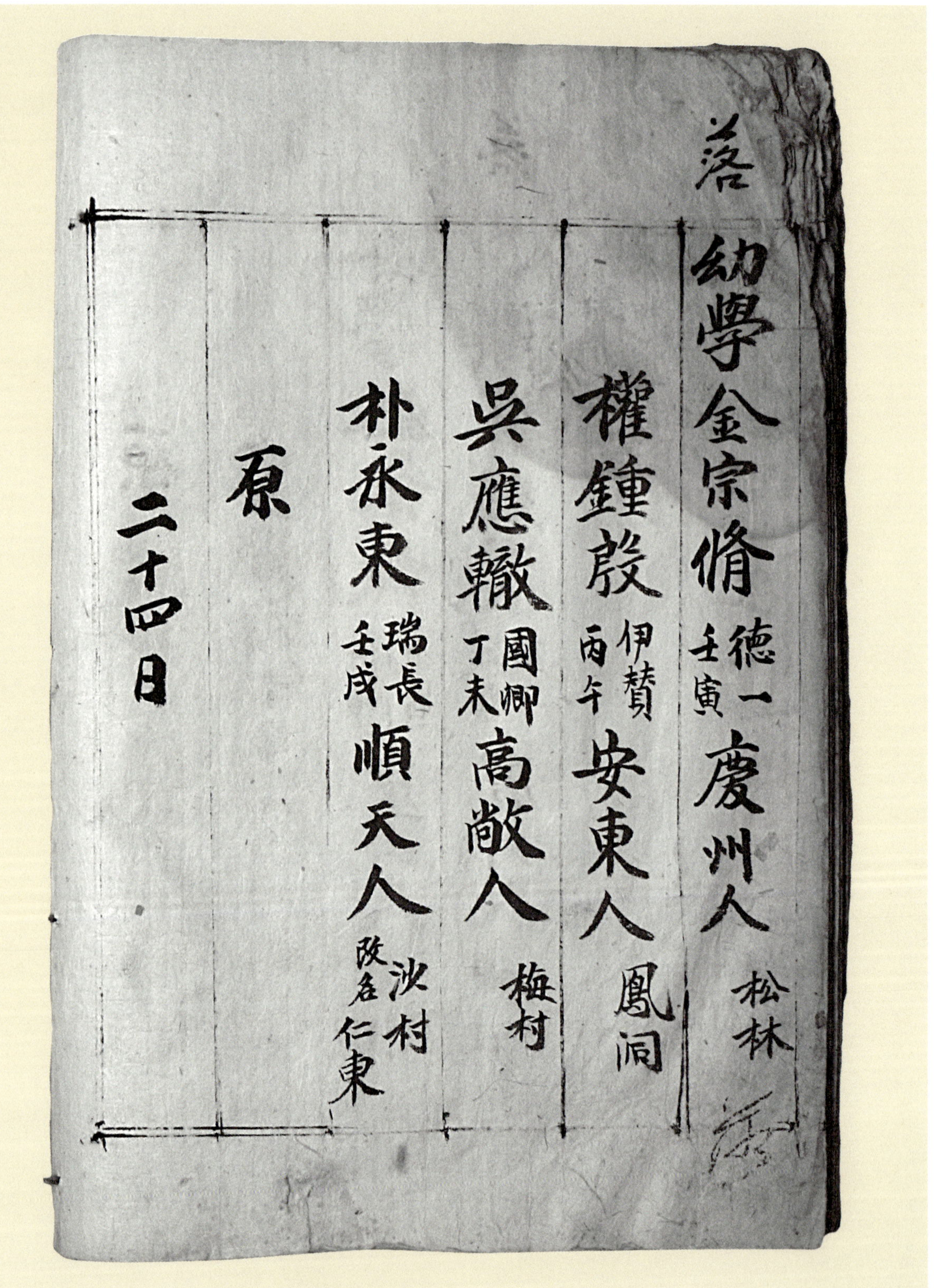
落
幼學金宗脩 德一 壬寅 慶州人 松林
權鍾殷 伊贊 丙午 安東人 鳳洞
吳應轍 國卿 丁未 高敞人 梅村
朴永東 瑞長 壬戌 順天人 沁村 改名 仁東
原
二十四日

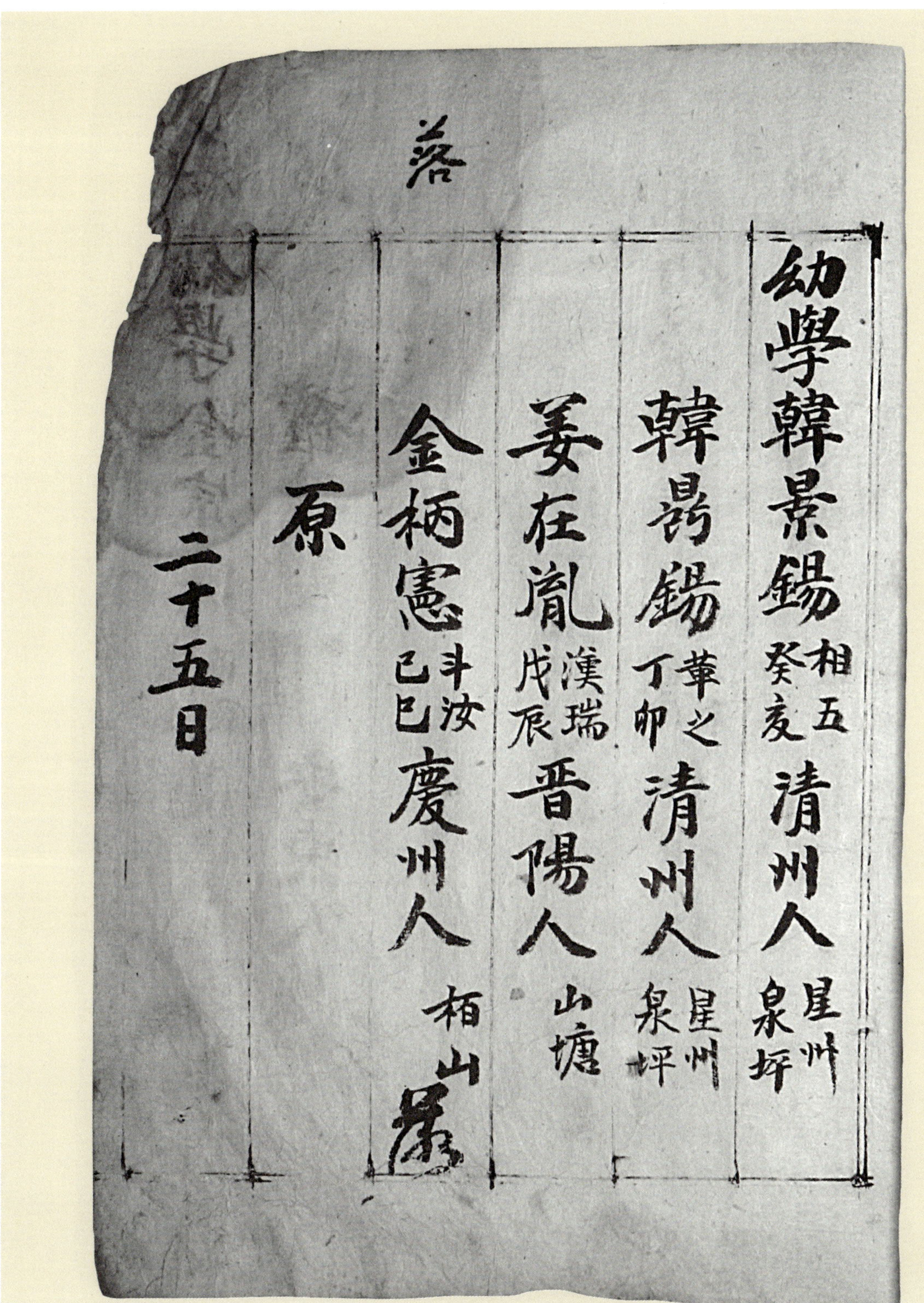
幼學韓景錫 相五 癸亥 淸州人 星州泉坪
韓昌錫 華之 丁卯 淸州人 星州泉坪
姜在胤 漢瑞 戊辰 晉陽人 山塘
金柄憲 斗汝 己巳 慶州人 栢山

原
二十五日

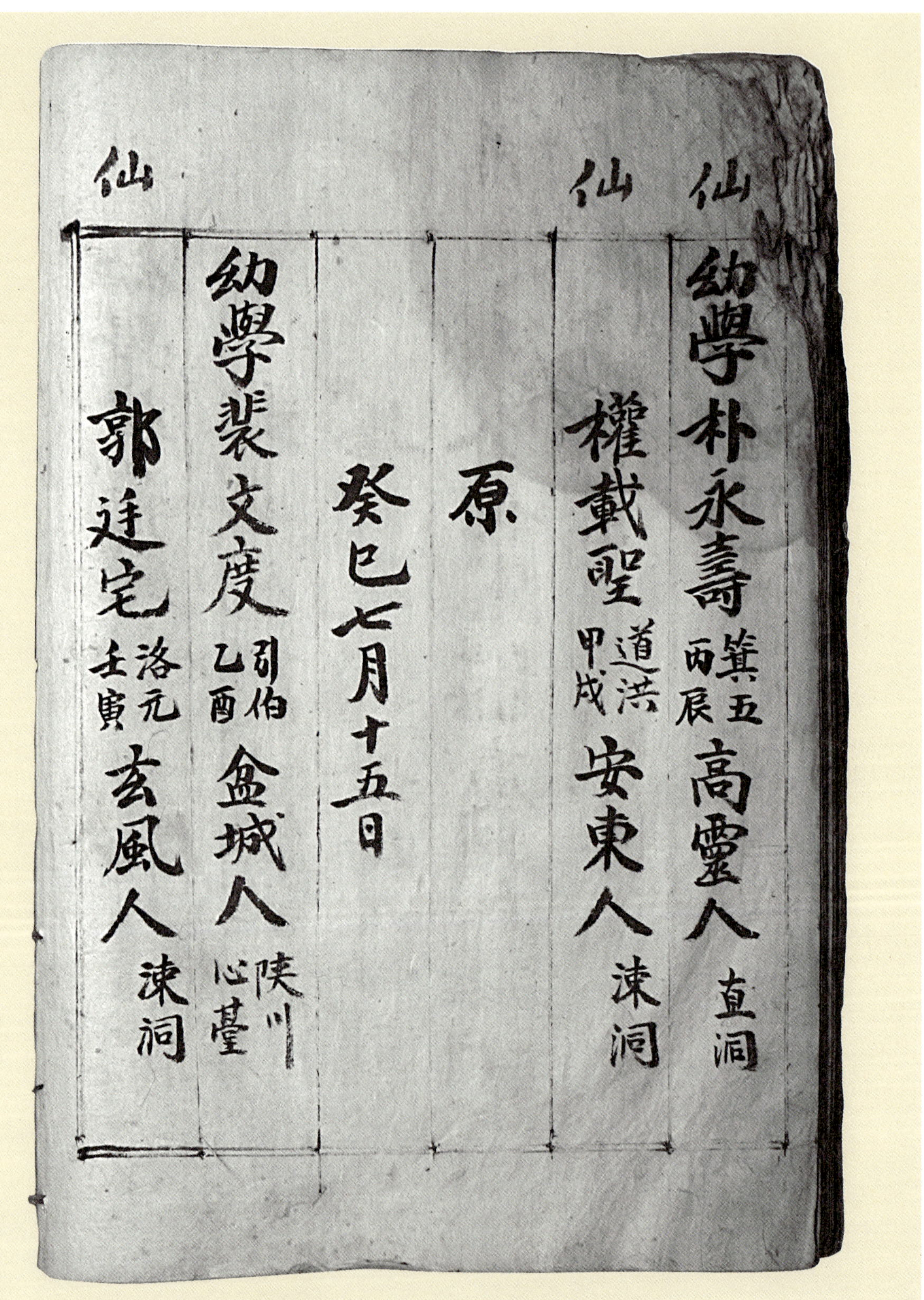

仙 幼學朴永壽 箕五 丙辰 高靈人 直洞

仙 權載聖 道洪 甲戌 安東人 涑洞

原

癸巳七月十五日

幼學裵文度 引伯 乙酉 盆城人 陝川 心臺

仙 郭廷宅 洛元 壬寅 玄風人 涑洞

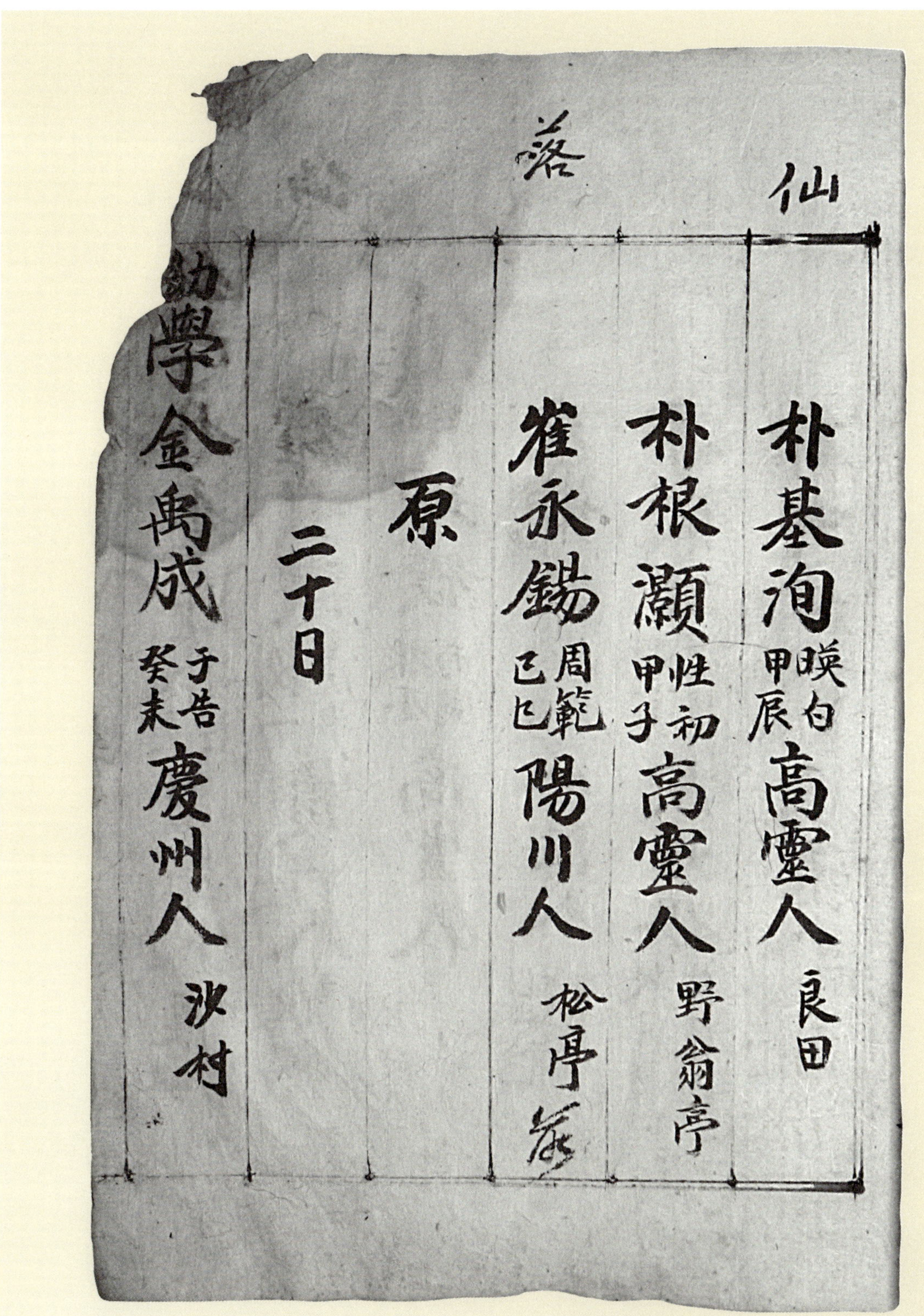

仙

朴基洵 暎白 甲辰 高靈人 良田

朴根灝 性初 甲子 高靈人 野翁亭

崔永錫 周範 己巳 陽川人 松亭

落

原

二十日

幼學金禹成 子告 癸未 慶州人 汲村

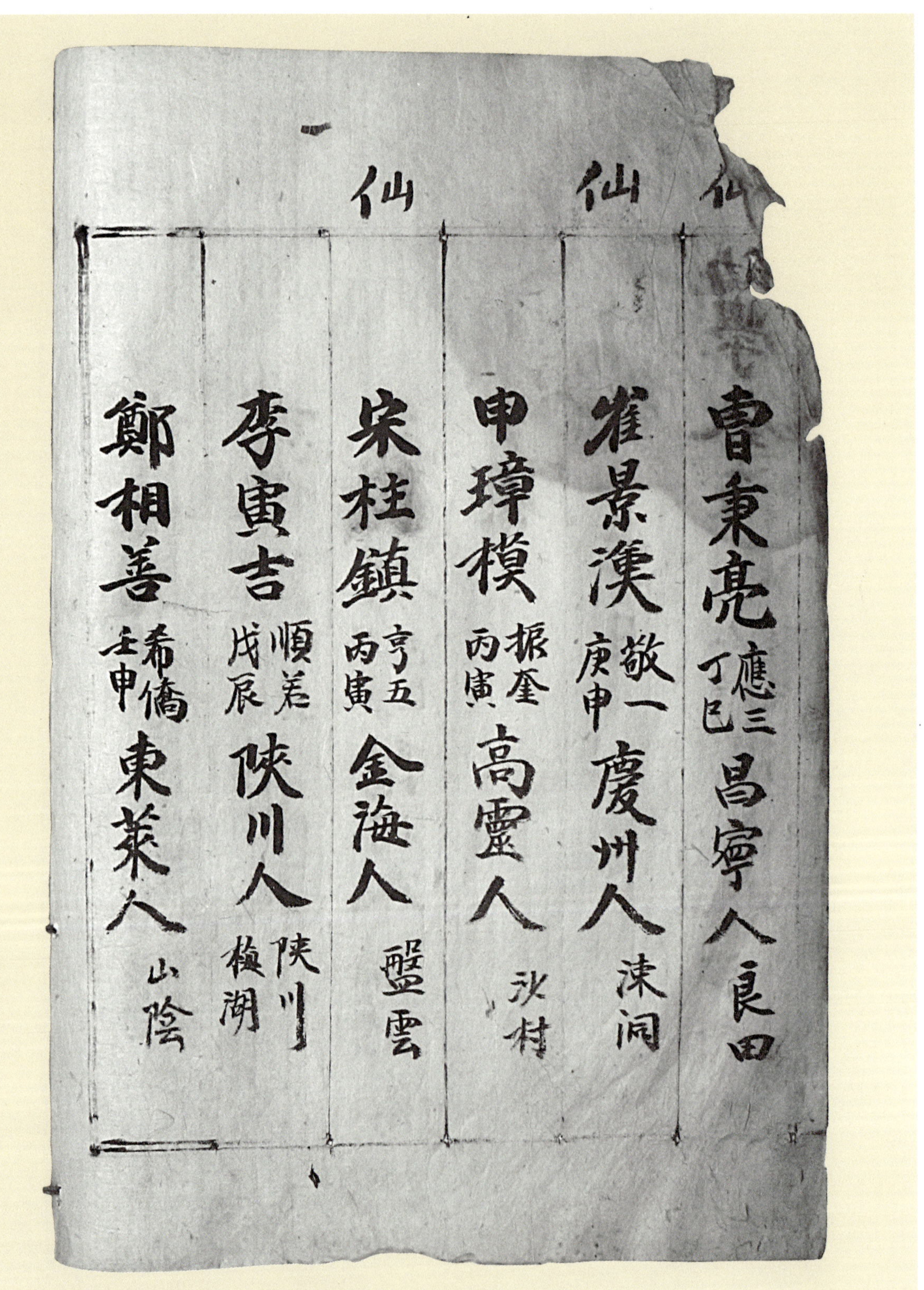

曺秉亮 應三 丁巳 昌寧人 良田
崔景漢 敬一 庚申 慶州人 涑洞
申璋模 振奎 丙寅 高靈人 氷村
宋柱鎭 亨五 丙寅 金海人 盤雲
李寅吉 順若 戊辰 陜川人 陜川 梅湖
鄭相善 希僑 壬申 東萊人 山陰

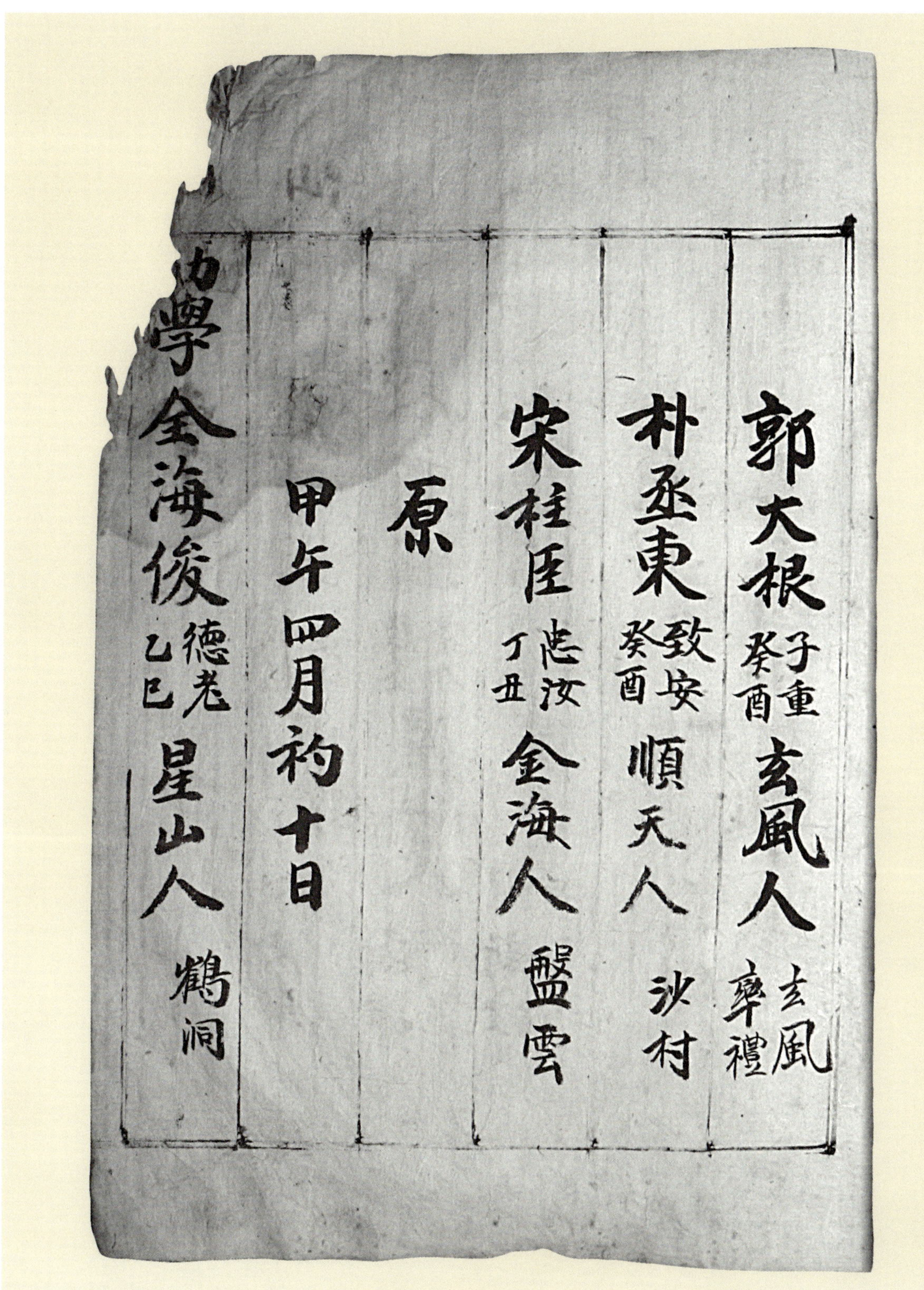

郭大根 子重 癸酉 玄風人 玄風 率禮

朴丞東 致安 癸酉 順天人 沙村

宋桂臣 彥汝 丁丑 金海人 盤雲

原

甲午四月初十日

幼學金海俊 德老 乙巳 星山人 鶴洞

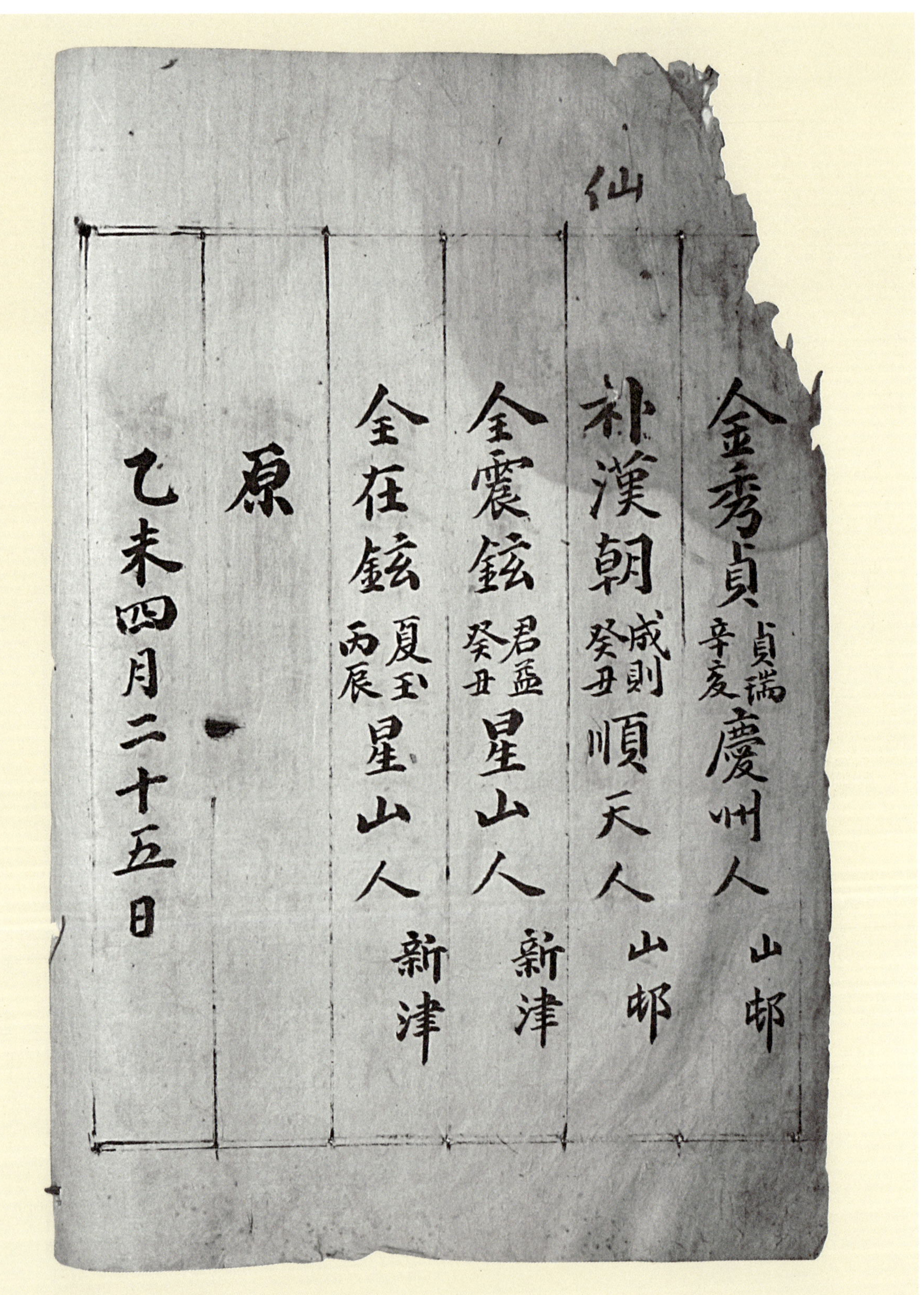

仙

金秀貞 貞瑞 辛亥 慶州人 山邨

朴漢朝 成則 癸丑 順天人 山邨

金震鉉 君益 癸丑 星山人 新津

金在鉉 夏玉 丙辰 星山人 新津

原

乙未四月二十五日

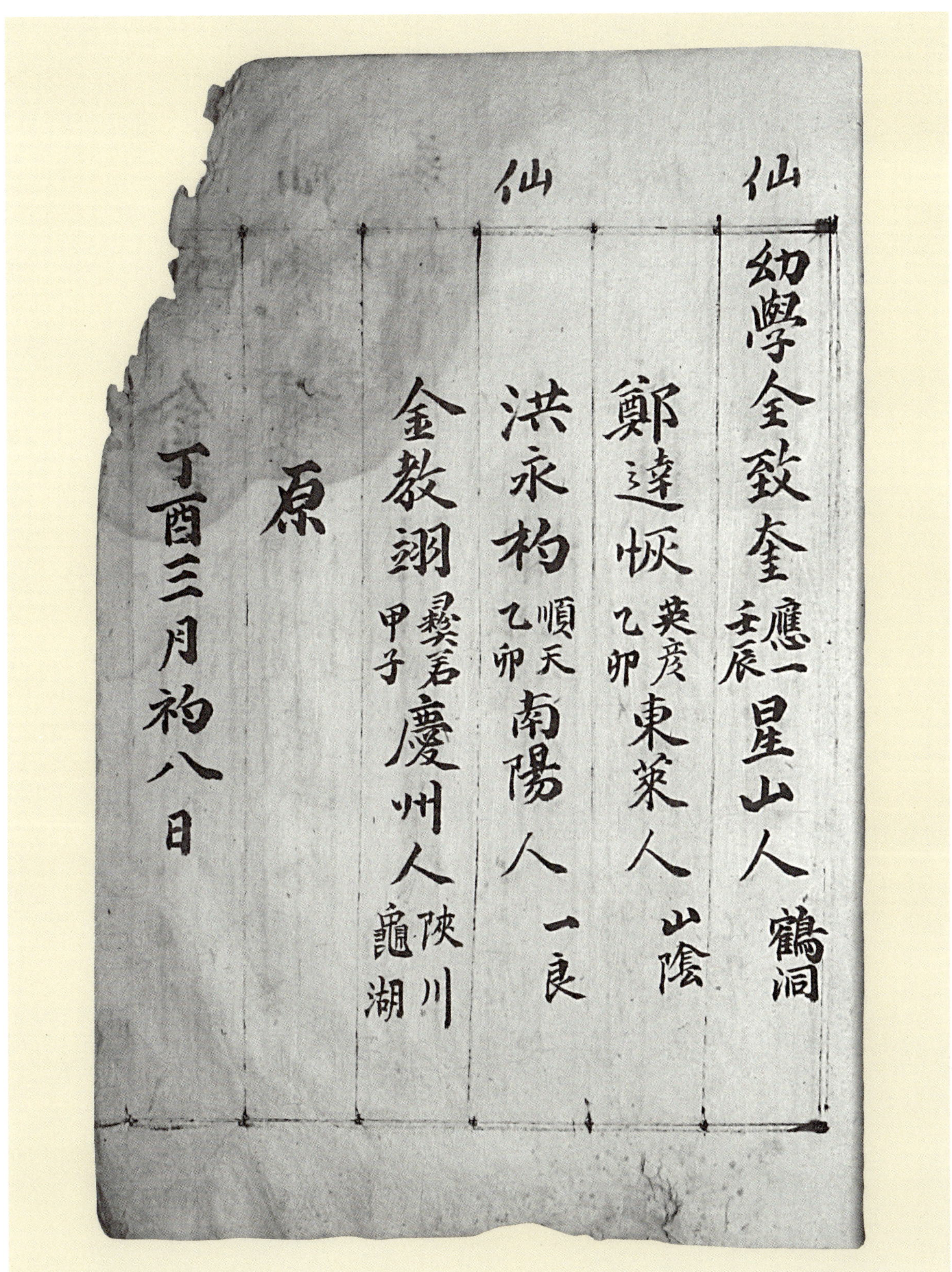

仙

幼學全致奎 應一 壬辰 星山人 鶴洞

鄭達恢 英彦 乙卯 東萊人 山陰

仙

洪永杓 順天 乙卯 南陽人 一良

金教翊 燮若 甲子 慶州人 陜川 龜湖

原

丁酉三月初八日

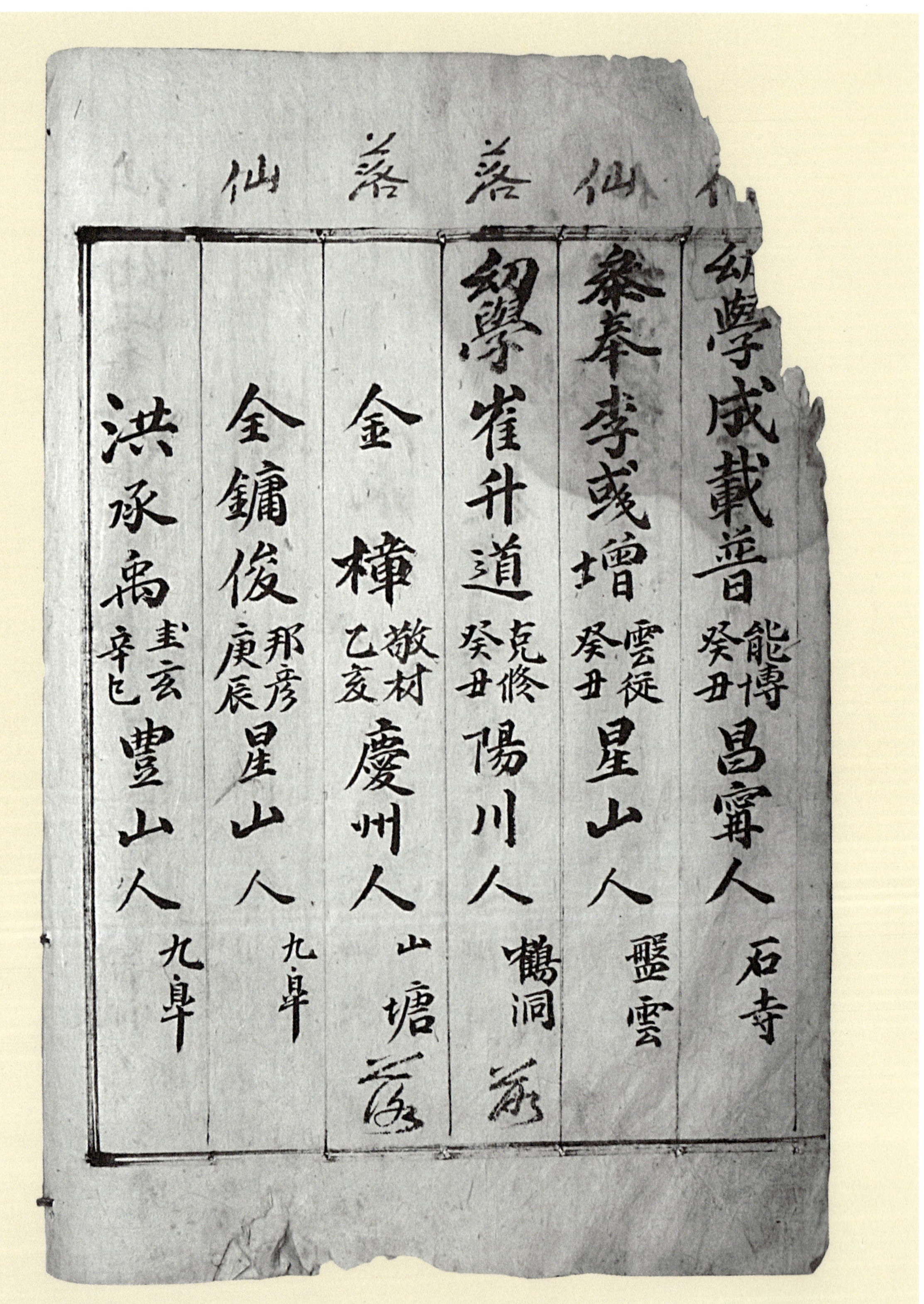

仙落仙落仙

幼學成載普 能博 癸丑 昌寧人 石寺

參奉李彧增 雲従 癸丑 星山人 甕雲

幼學崔升道 克修 癸丑 陽川人 鶴洞

金樟 敬材 乙亥 慶州人 山塘

金鏞俊 邦彦 庚辰 星山人 九皐

洪承禹 圭玄 辛巳 豊山人 九皐

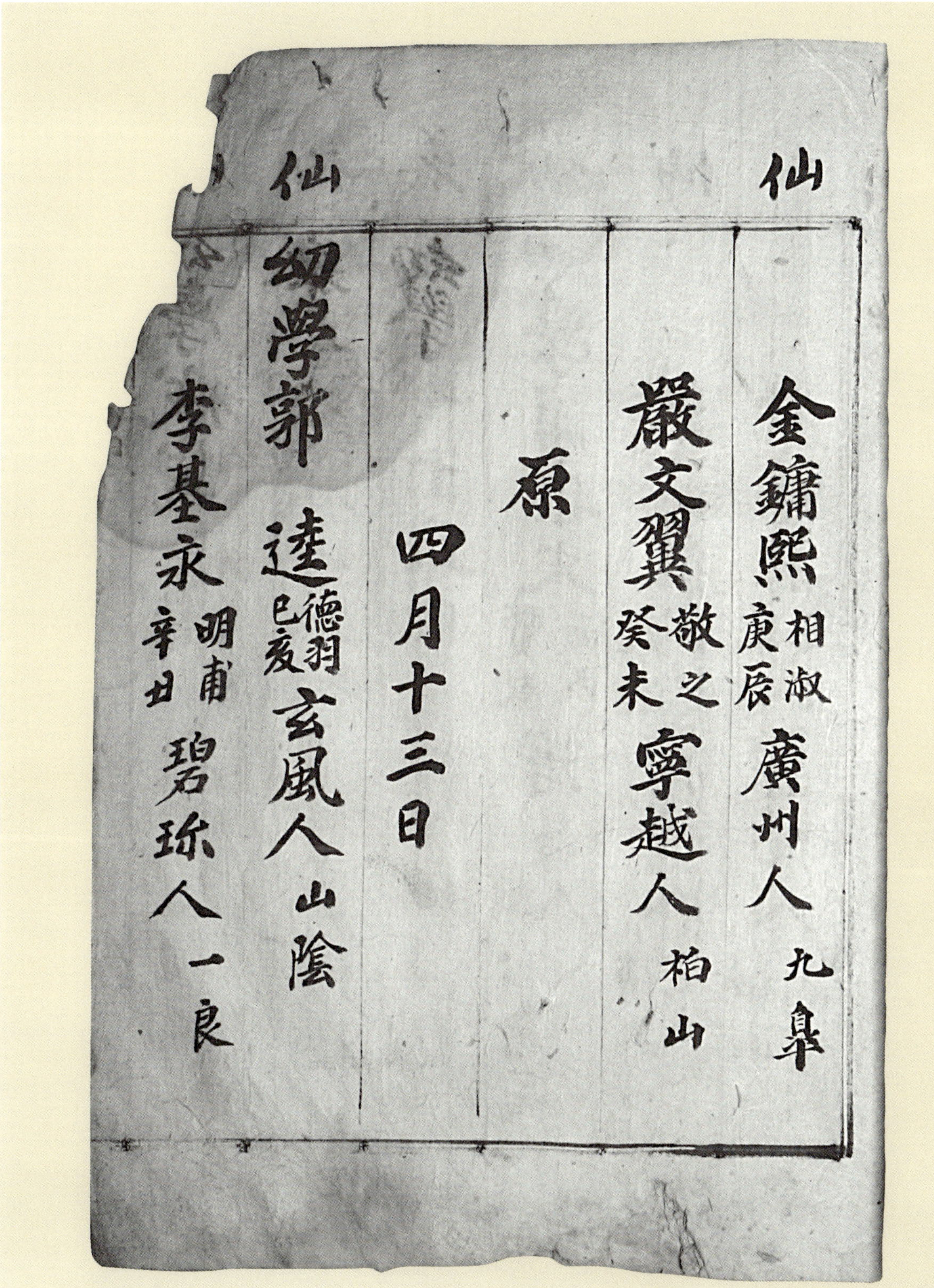

仙

金鏞熙 相淑 庚辰 廣州人 九皐

嚴文翼 敬之 癸未 寧越人 柏山

原

四月十三日

仙

幼學郭逵 德羽 己亥 玄風人 山陰

李基永 明甫 辛丑 碧珍人 一良

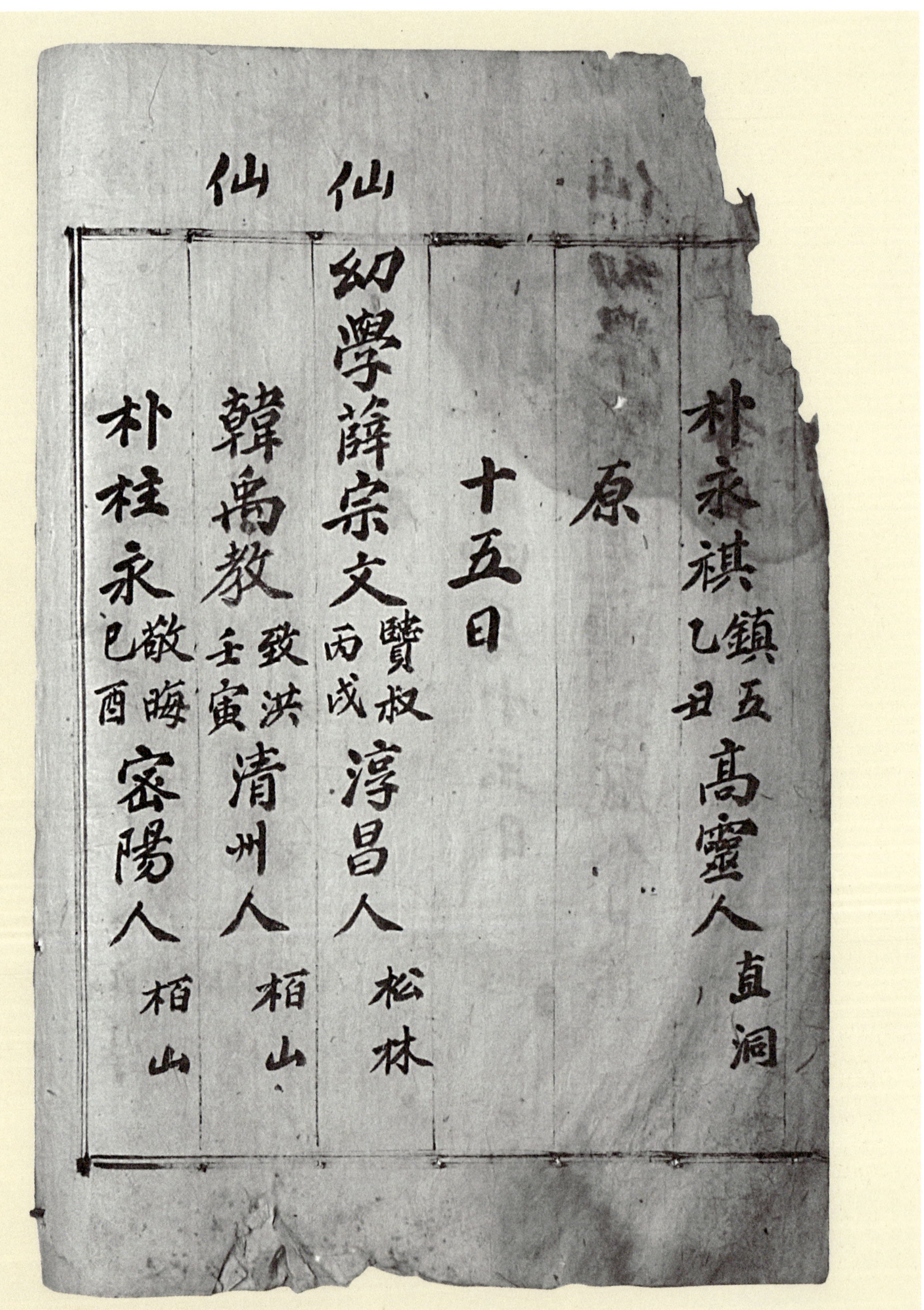

仙 仙

朴永祺 鎭五 乙丑 高靈人 直洞

原

十五日

幼學薛宗文 贊叔 丙戌 淳昌人 松林

韓禹教 致洪 壬寅 淸州人 栢山

朴桂永 敬晦 己酉 密陽人 栢山

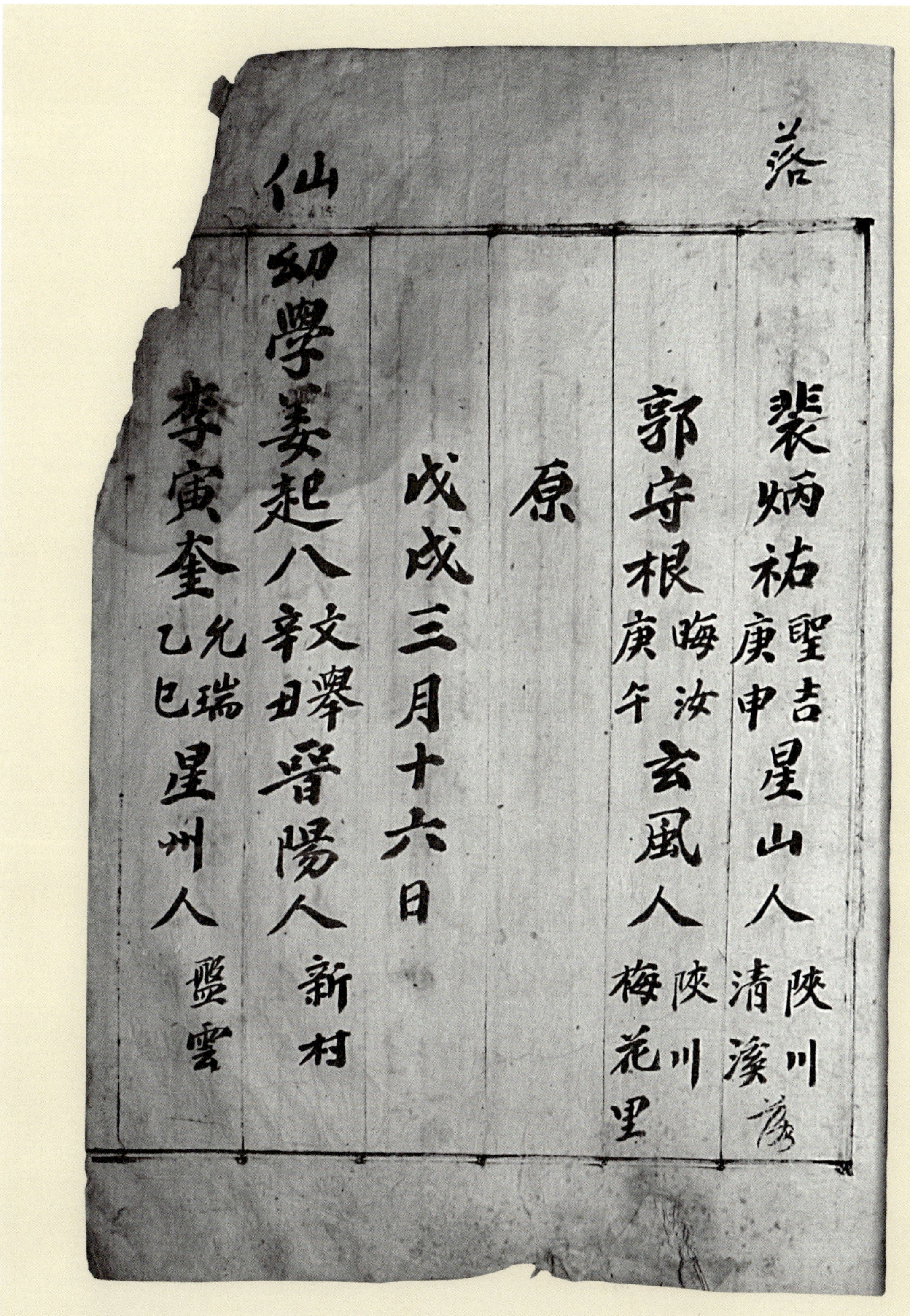
落
裵炳祐 聖吉 庚申 星山人 陝川 淸溪
郭守根 晦汝 庚午 玄風人 陝川 梅花里
原
戊戌三月十六日
仙
幼學姜起八 文擧 辛丑 晉陽人 新村
李寅奎 允瑞 乙巳 星州人 豎雲

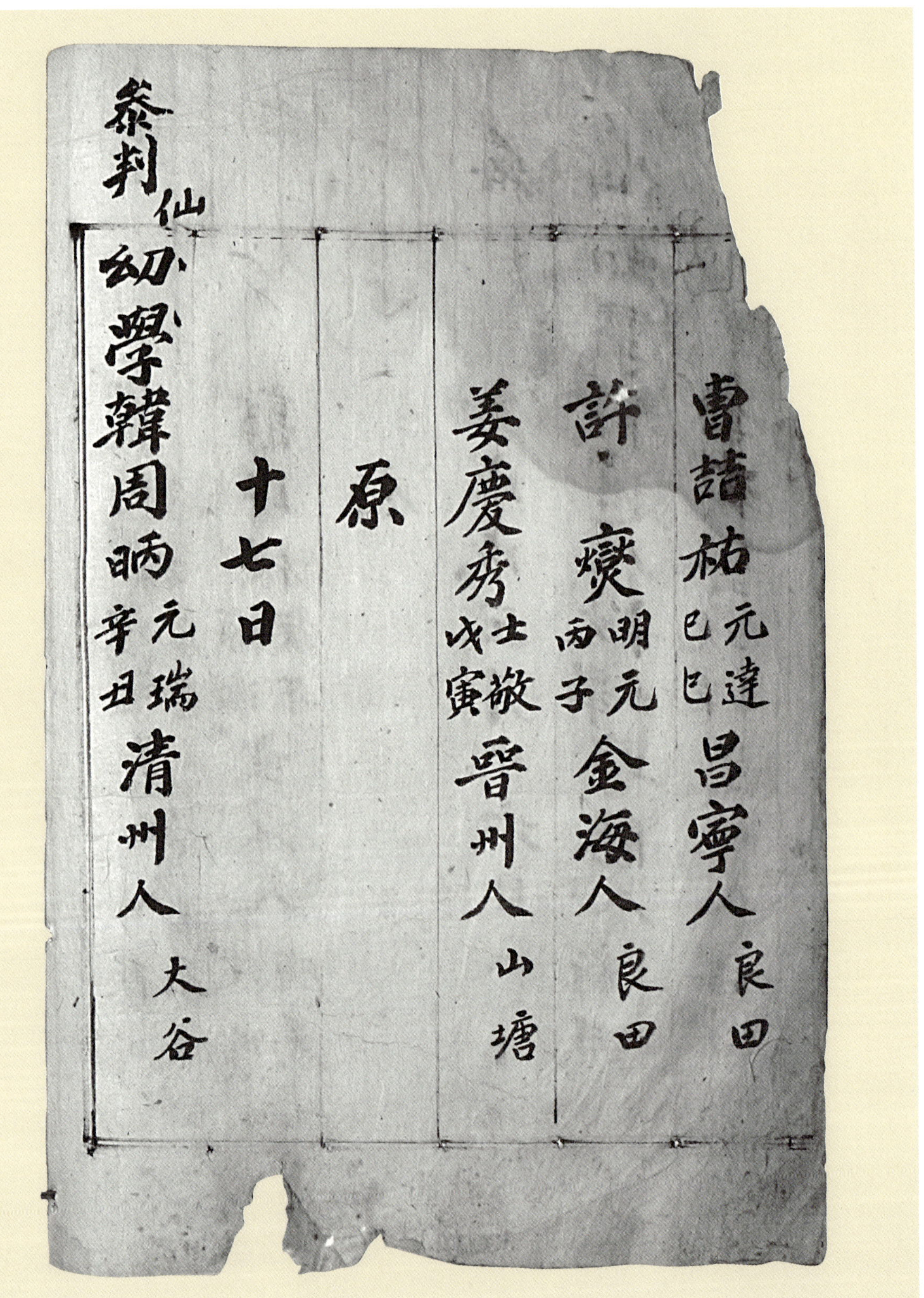
曺諸祐 元達 己巳 昌寧人 良田
許燮 明元 丙子 金海人 良田
姜慶秀 士敬 戊寅 晉州人 山塘
原
十七日
幼學韓周昞 元瑞 辛丑 淸州人 大谷
叅判 仙

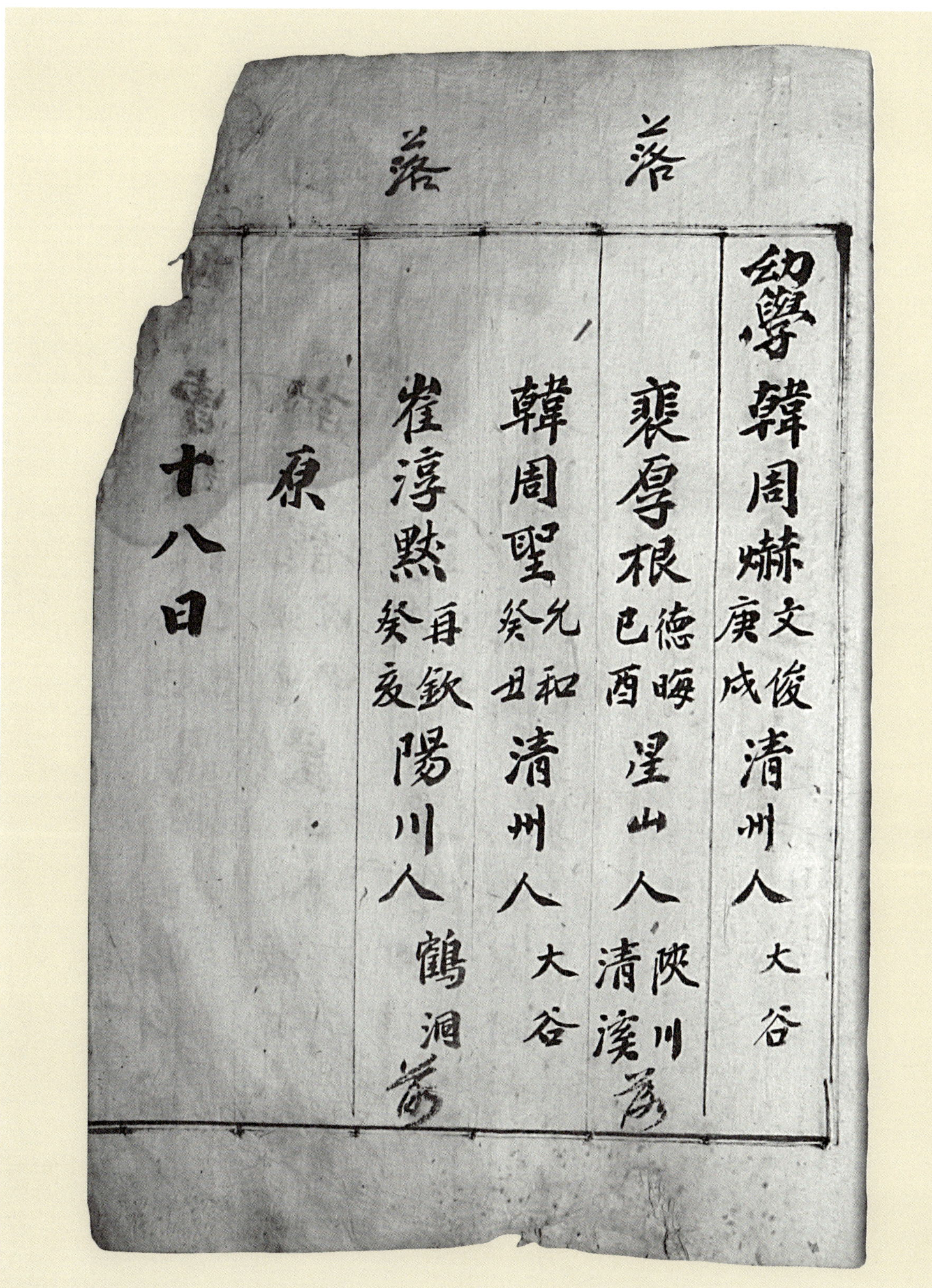
幼學韓周爀文俊 庚戌 清州人 大谷
裵厚根德晦 己酉 星山人 陜川 清溪 為
韓周聖允和 癸丑 清州人 大谷
崔淳默再欽 癸亥 陽川人 鶴洞 為
原
十八日
落
落

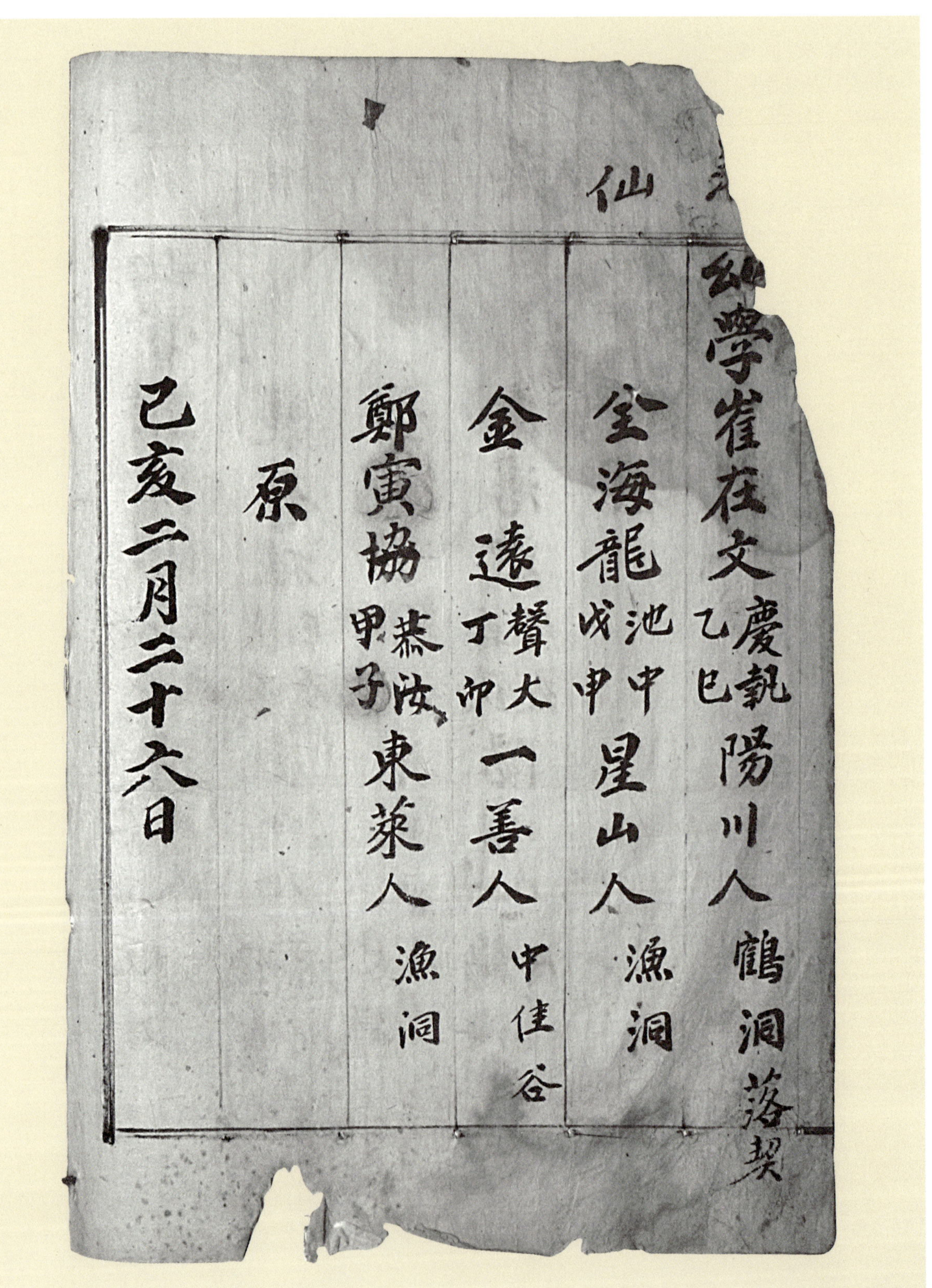
仙

幼學崔在文 慶執 乙巳 陽川人 鶴洞 落契

全海龍 池中 戊申 星山人 漁洞

金遠 贇大 丁卯 一善人 中佳谷

鄭寅協 恭汝 甲子 東萊人 漁洞

原

己亥二月二十六日

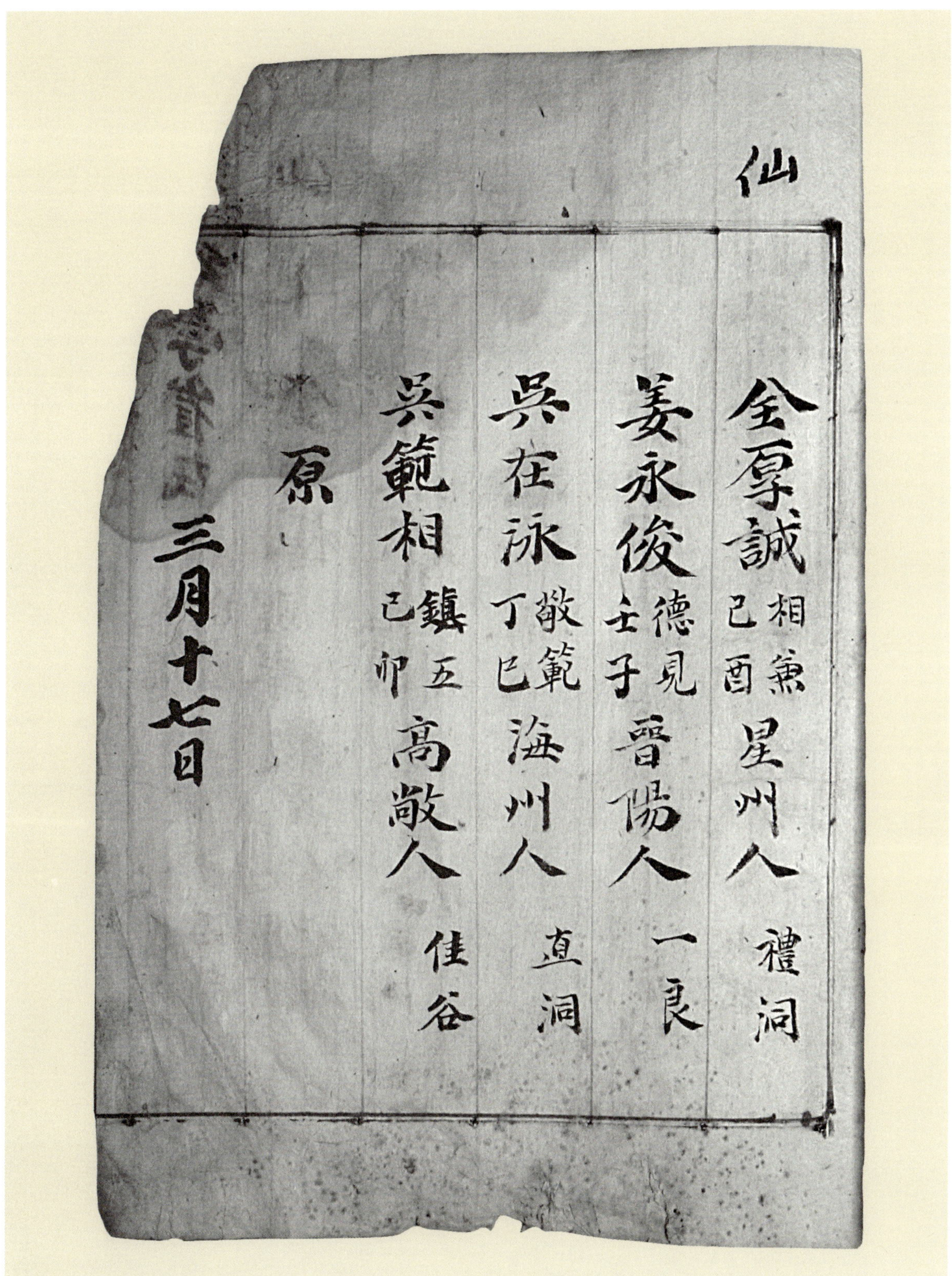

仙

全厚誠 相兼 己酉 星州人 禮洞

姜永俊 德見 壬子 晉陽人 一良

吳在泳 敬範 丁巳 海州人 直洞

吳範相 鎭五 己卯 高敞人 佳谷

原

三月十七日

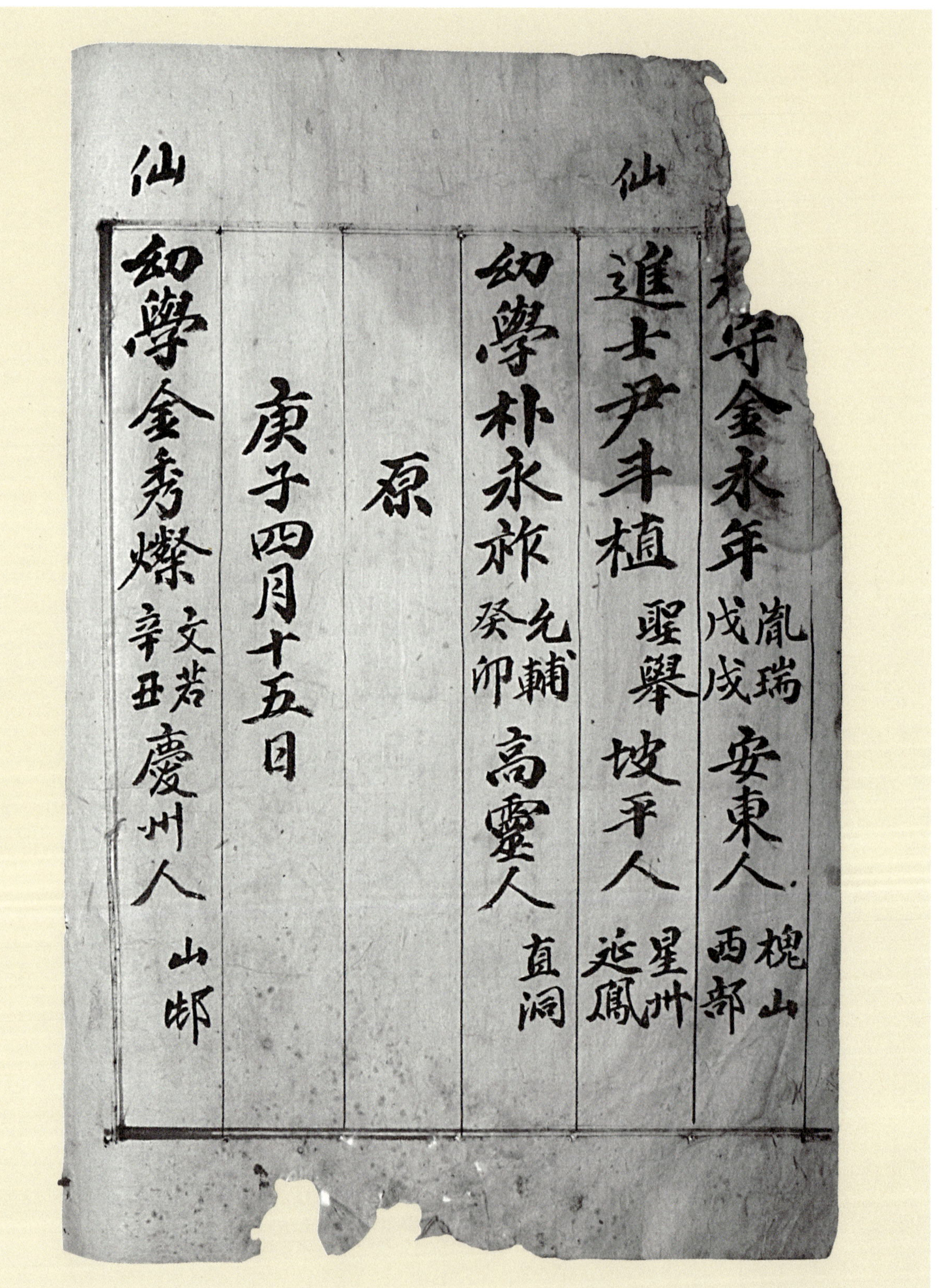
仙
郡守金永年 胤瑞 戊戌 安東人 槐山 西部
進士尹斗植 聖擧 坡平人 星州 延鳳
幼學朴永旅 允輔 癸卯 高靈人 直洞
原
庚子四月十五日
仙
幼學金秀爀 文若 辛丑 慶州人 山邸

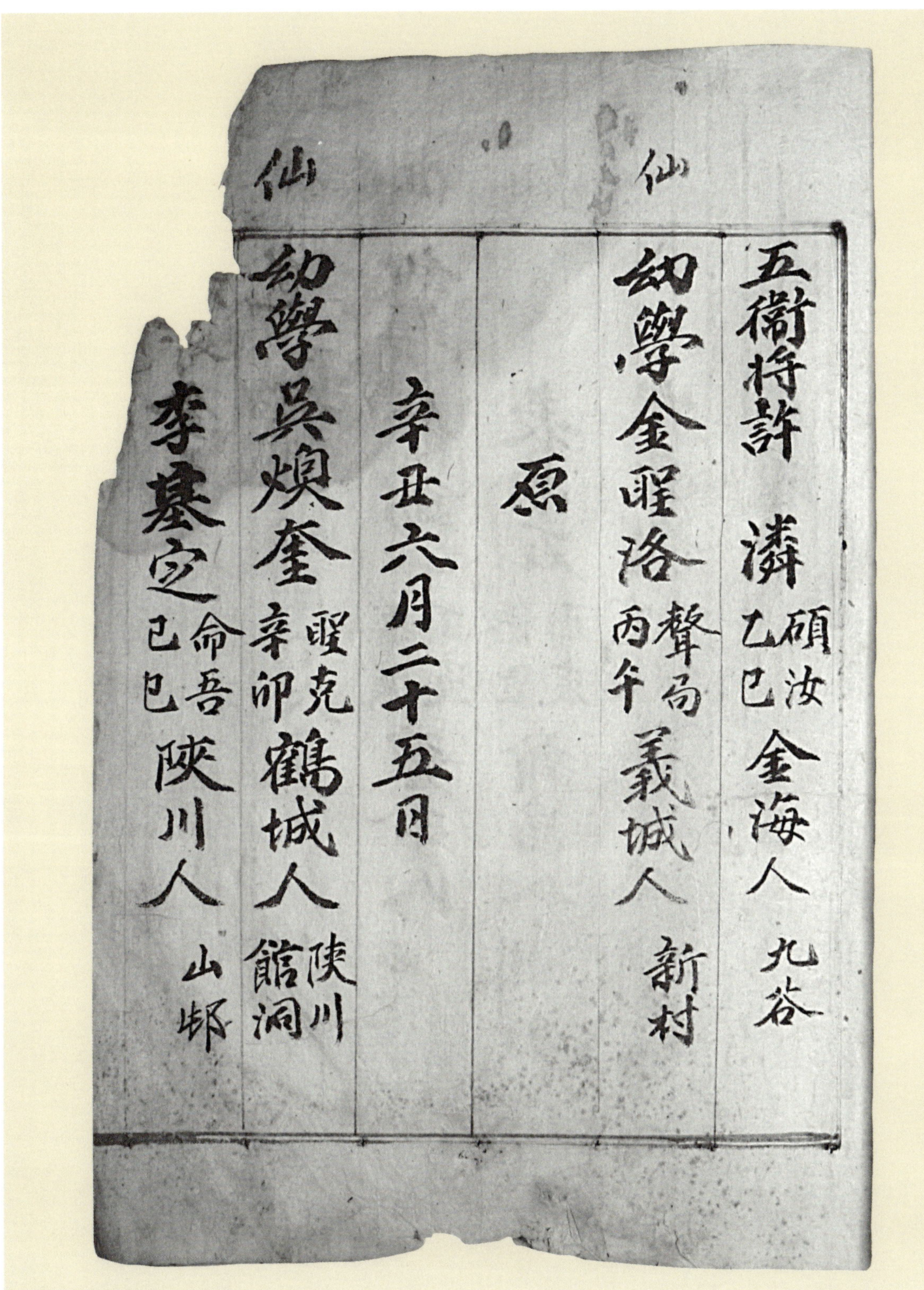

仙　仙

五衛將許　濤　碩汝　乙巳　金海人　九谷

幼學金巘洛　聲哥　丙午　義城人　新村

愿

辛丑六月二十五日

幼學吳煥奎　巘克　辛卯　鶴城人　陝川館洞

李基定　命吾　己巳　陝川人　山邨

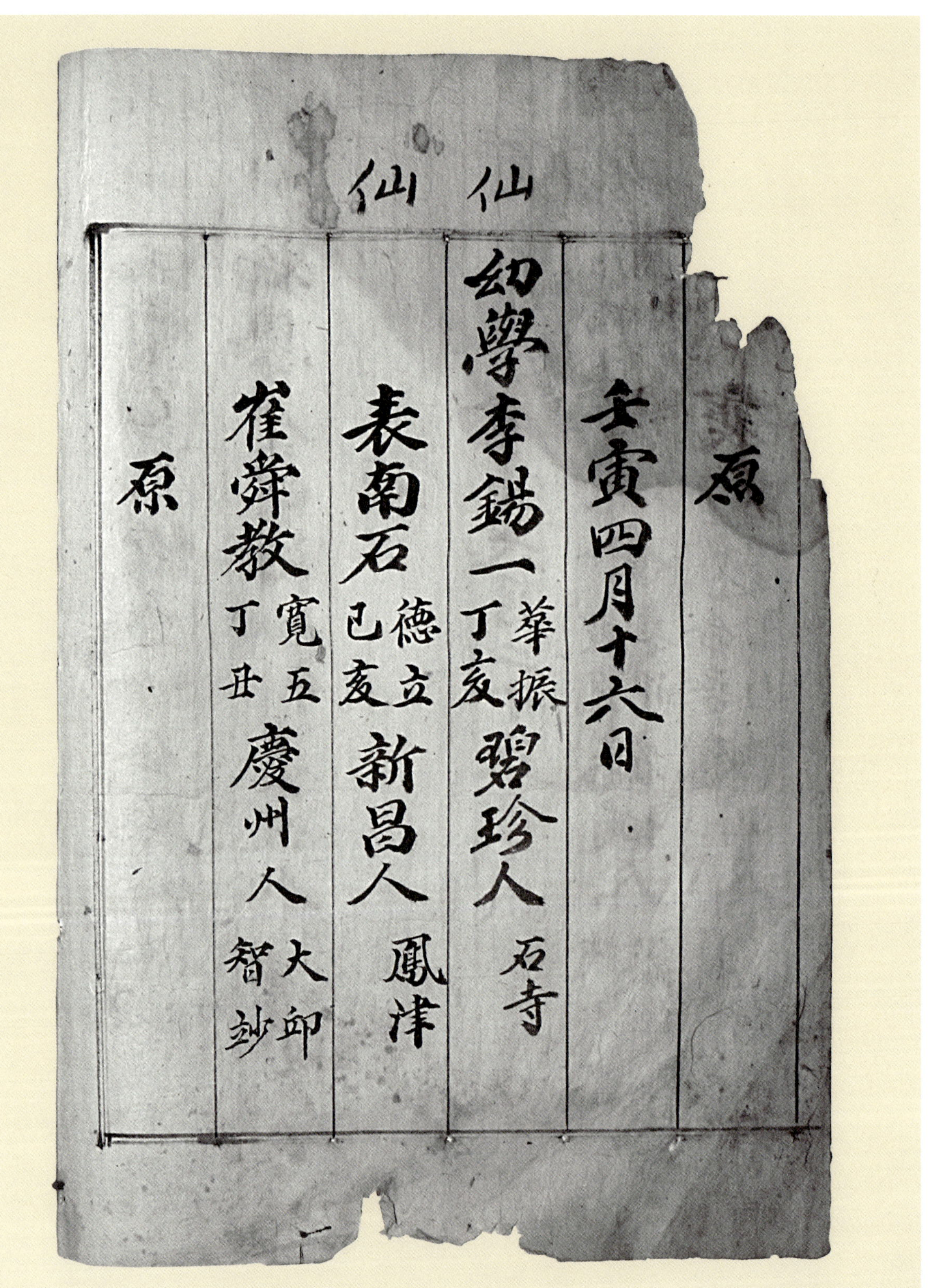

仙 仙

原

壬寅四月十六日

幼學李錫一 華振 丁亥 碧珍人 石寺

表南石 德立 己亥 新昌人 鳳津

崔舜教 寬五 丁丑 慶州人 大卯 智妙

原

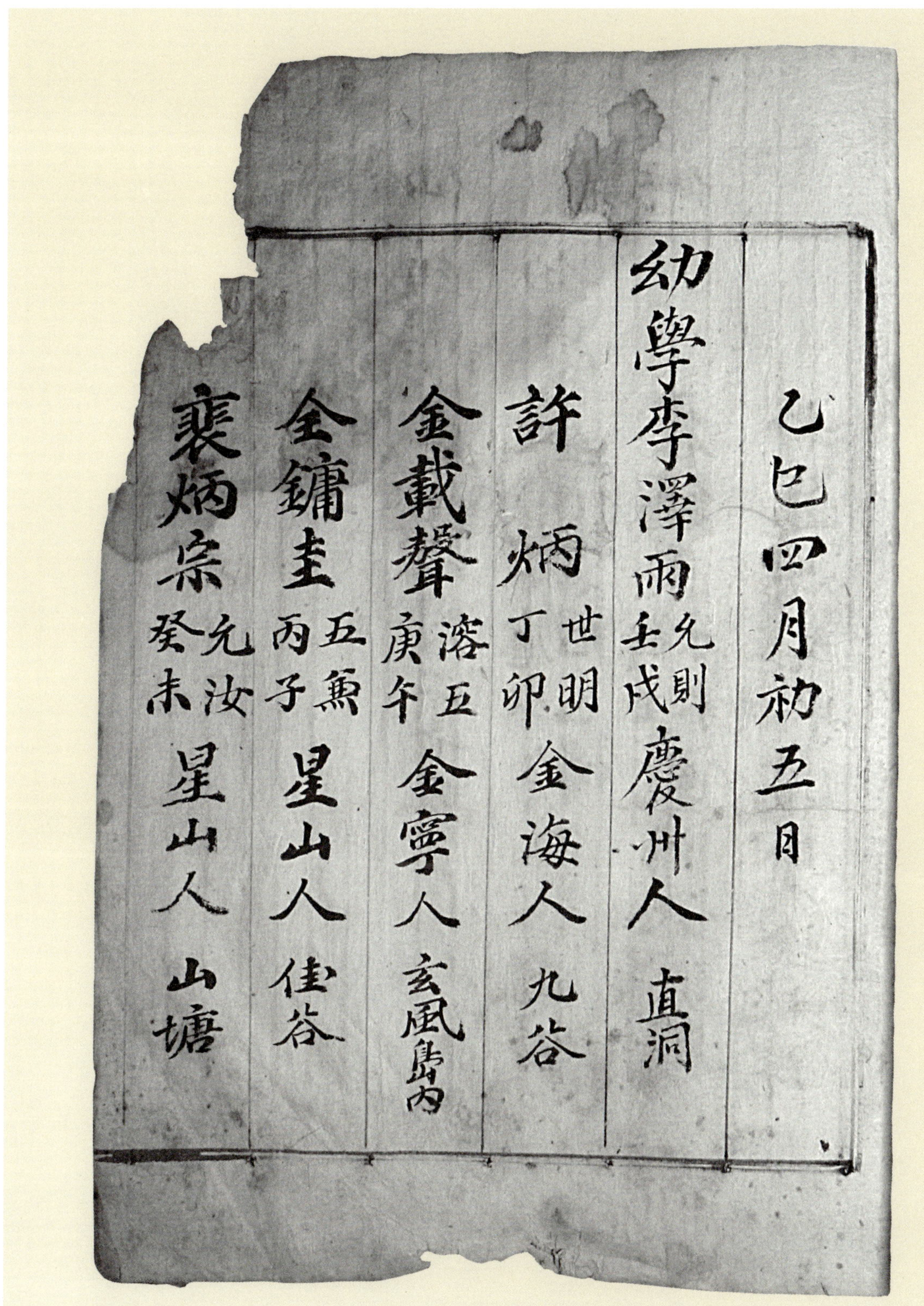

乙巳四月初五日

幼學李澤雨 允則 壬戌 慶州人 直洞

許炳 世明 丁卯 金海人 九谷

金載聲 濬五 庚午 金寧人 玄風島內

金鏞圭 五兼 丙子 星山人 佳谷

裵炳宗 允汝 癸未 星山人 山塘

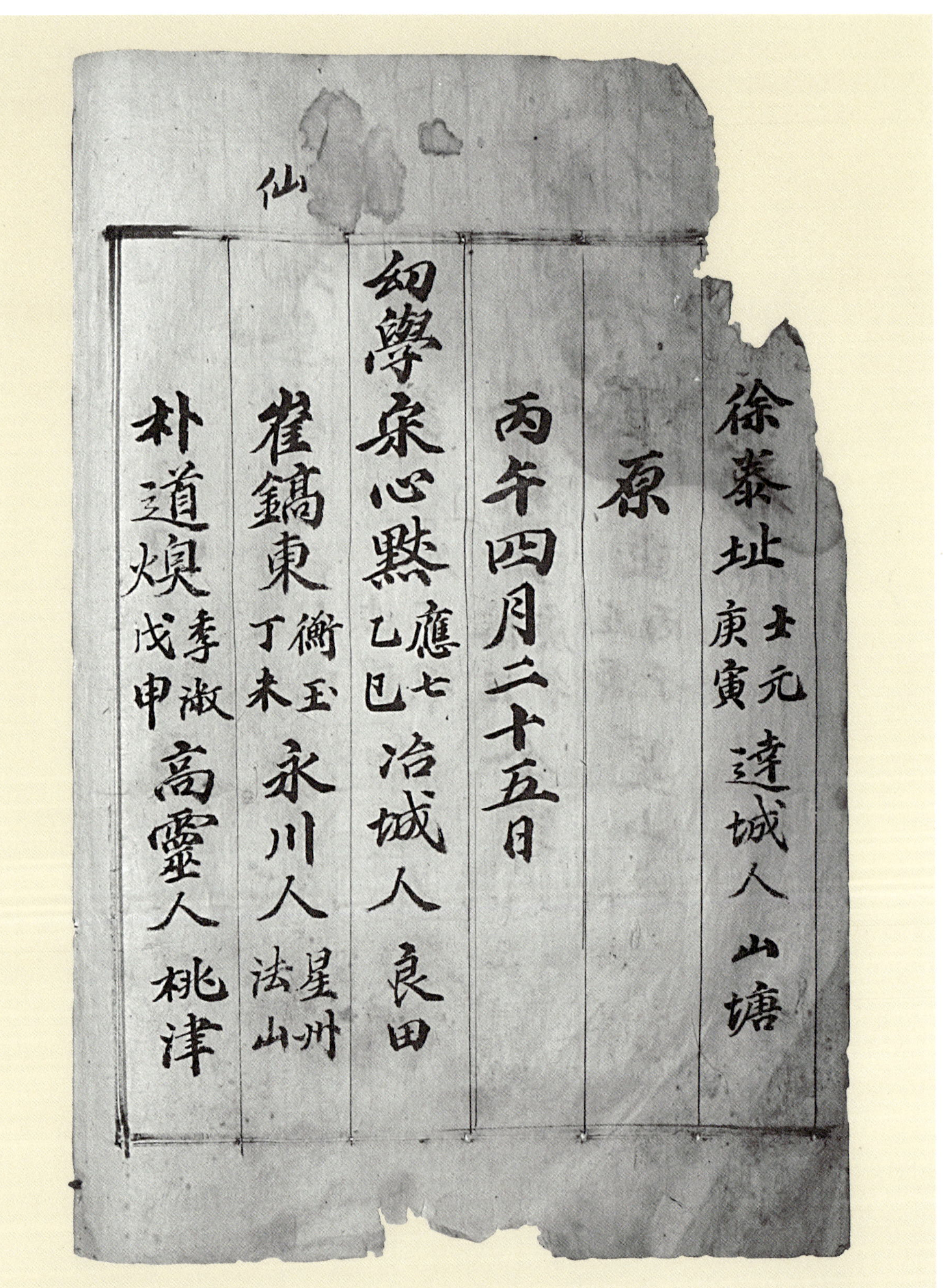
徐泰址 士元 庚寅 達城人 山塘

原

丙午四月二十五日

幼學 宋心默 應七 乙巳 冶城人 良田

崔鎬東 衛玉 丁未 永川人 星州 法山

朴道熀 季澈 戊申 高靈人 桃津

仙

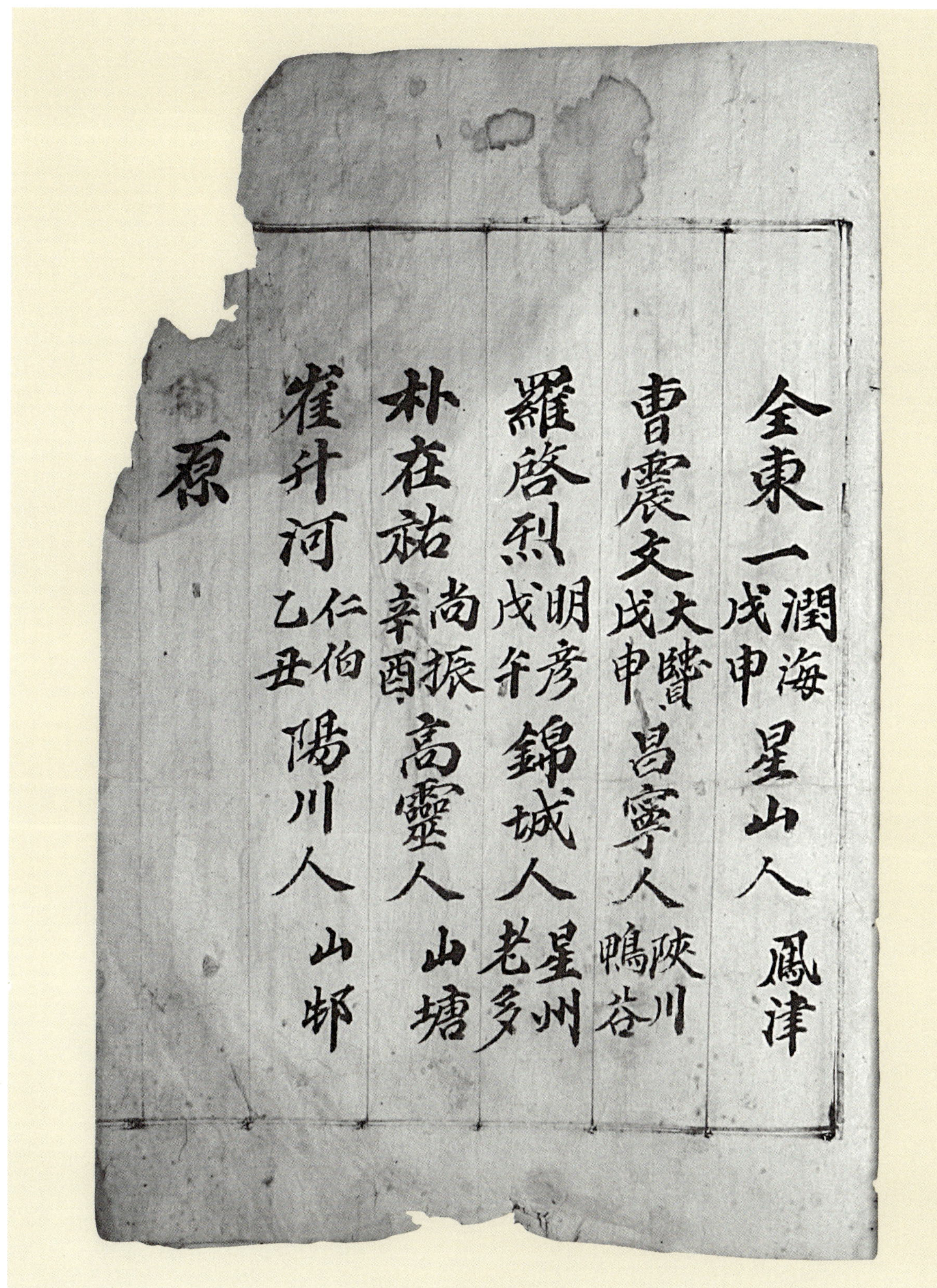
全東一 潤海 戊申 星山人 鳳津
曺震文 大贊 戊申 昌寧人 陜川 鴨谷
羅啓烈 明彦 戊午 錦城人 星州 老多
朴在祜 尙振 辛酉 高靈人 山塘
崔升河 仁伯 乙丑 陽川人 山邨
原

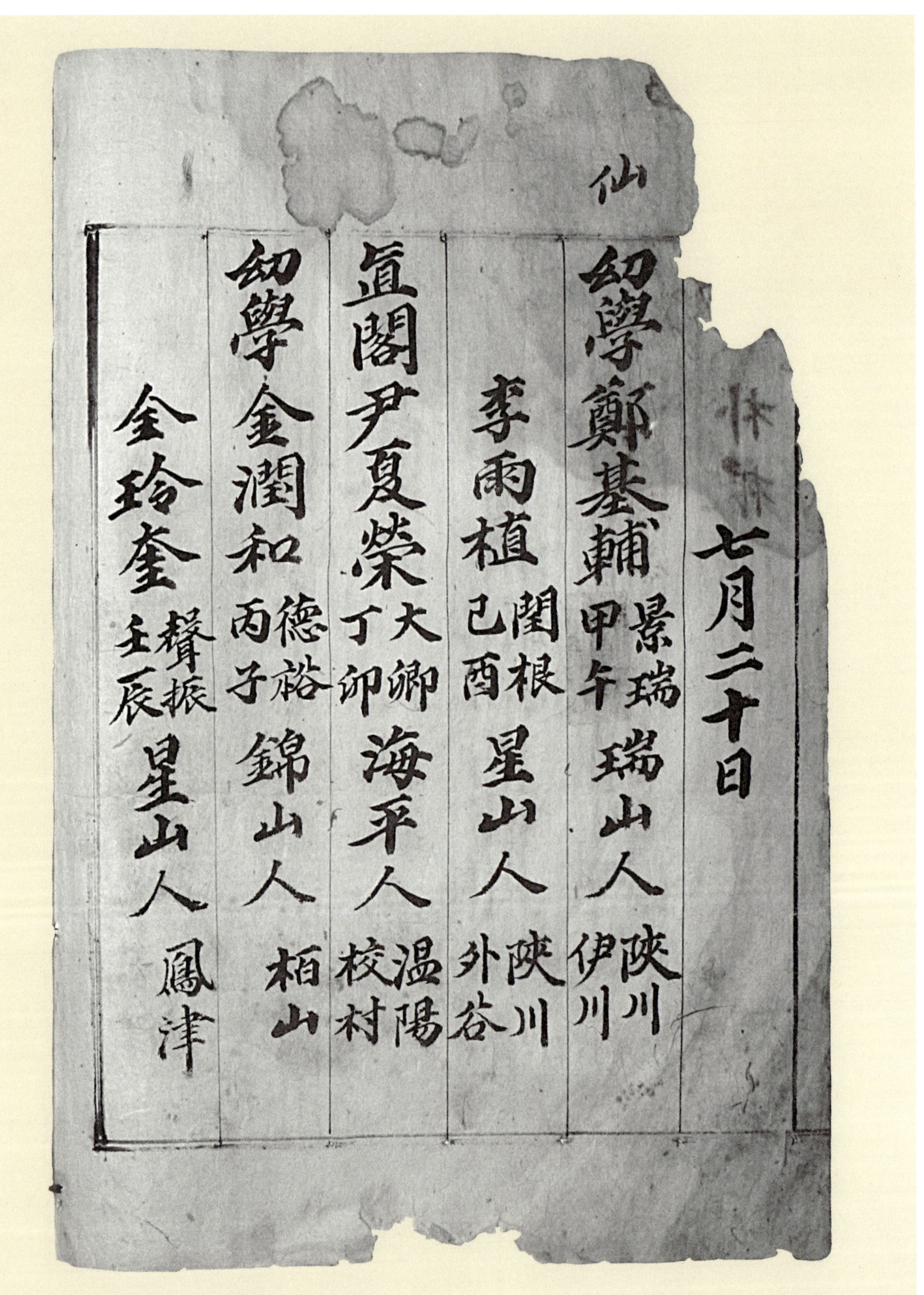

仙

七月二十日

幼學鄭基輔 景瑞 甲午 瑞山人 陜川 伊川

李雨植 閏根 己酉 星山人 陜川 外谷

直閣尹夏榮 大卿 丁卯 海平人 温陽 校村

幼學金潤和 德裕 丙子 錦山人 栢山

金玲奎 聲振 壬辰 星山人 鳳津

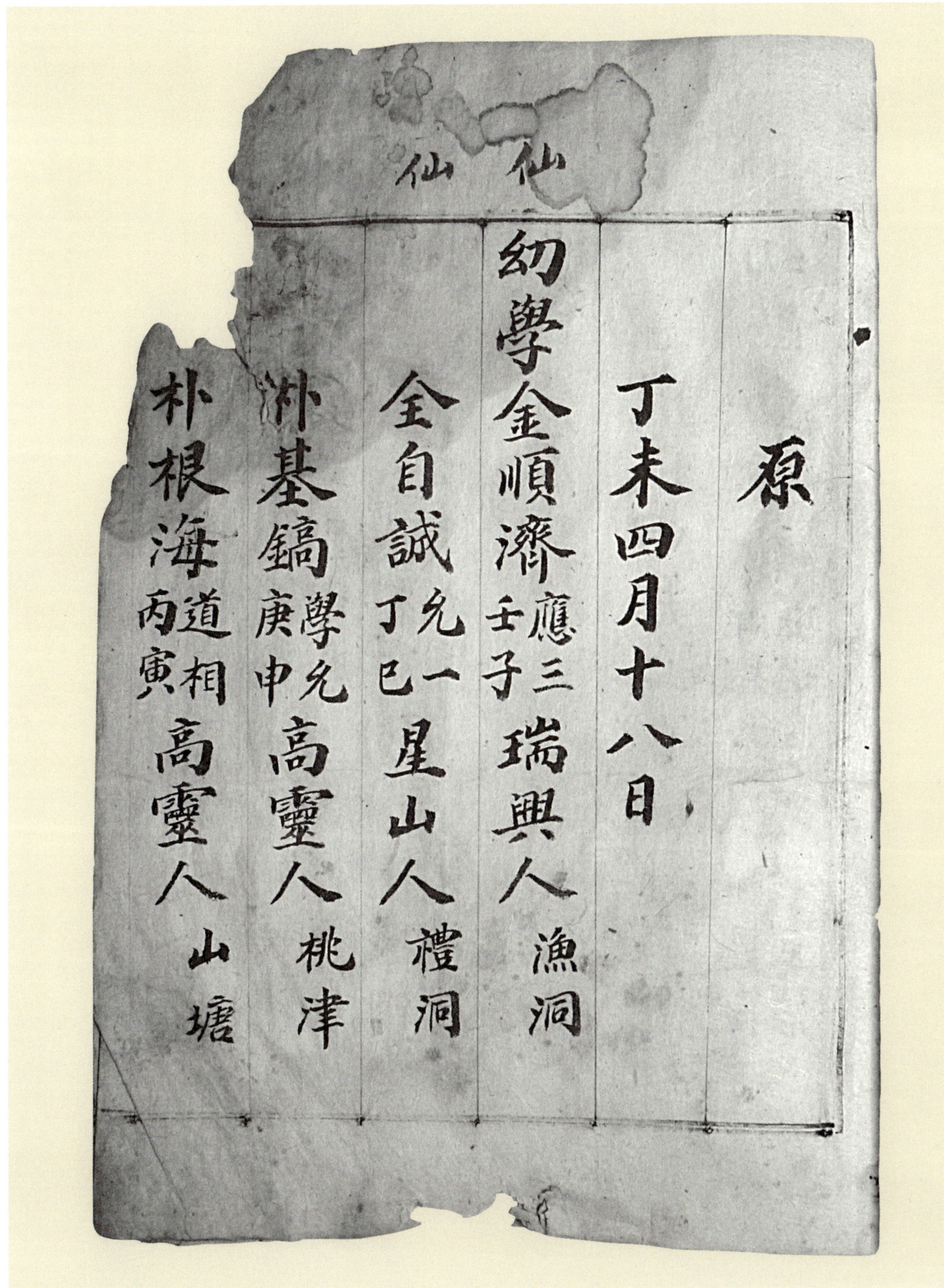

仙 仙

原

丁未四月十八日

幼學金順濟 應三 壬子 瑞興人 漁洞

全自誠 允一 丁巳 星山人 禮洞

朴基鎬 學允 庚申 高靈人 桃津

朴根海 道相 丙寅 高靈人 山塘

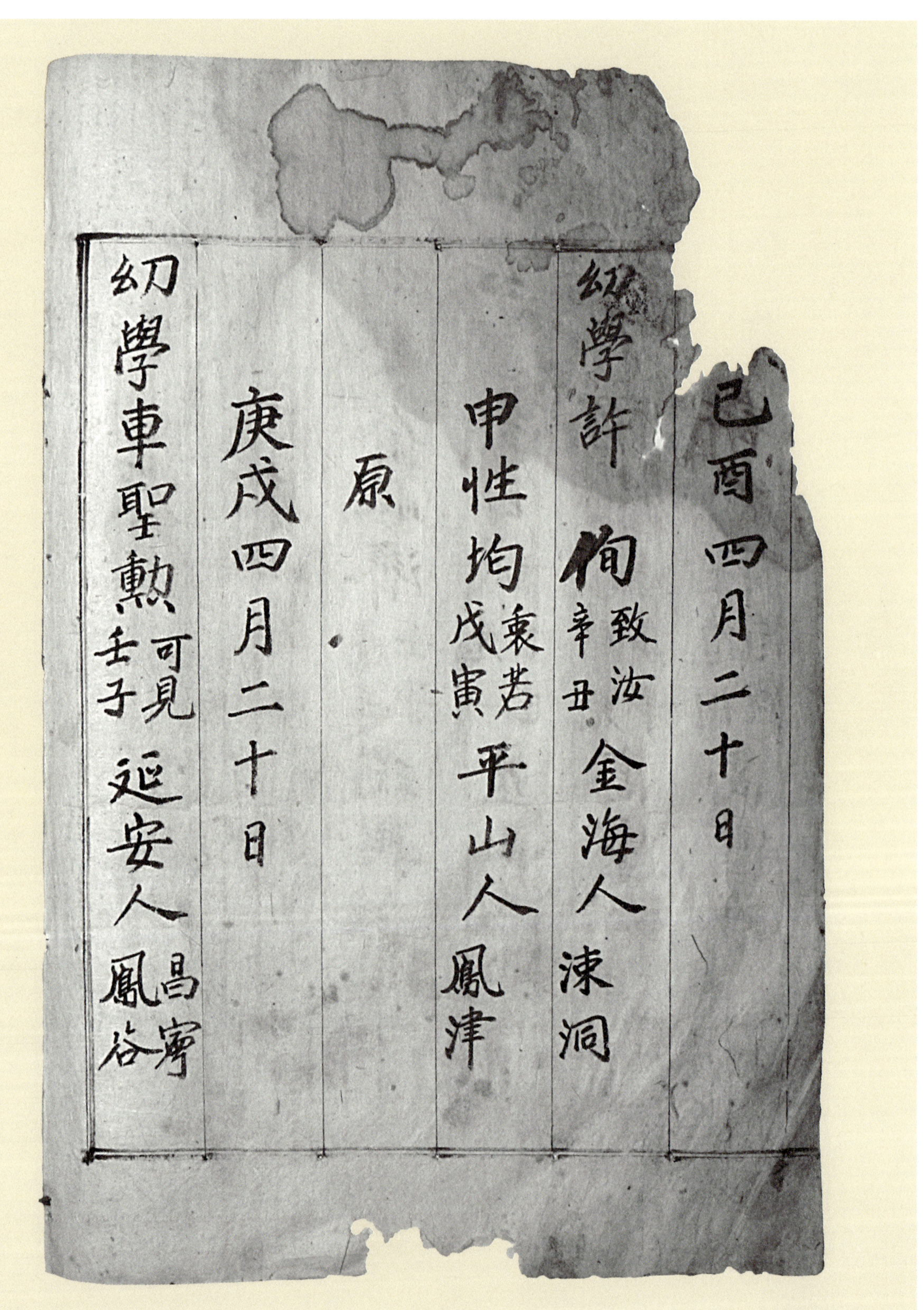
己酉四月二十日

幼學許佝 致汝 辛丑 金海人 涑洞

申性均 秉若 戊寅 平山人 鳳津

原

庚戌四月二十日

幼學車聖勲 可見 壬子 延安人 昌寧 鳳谷

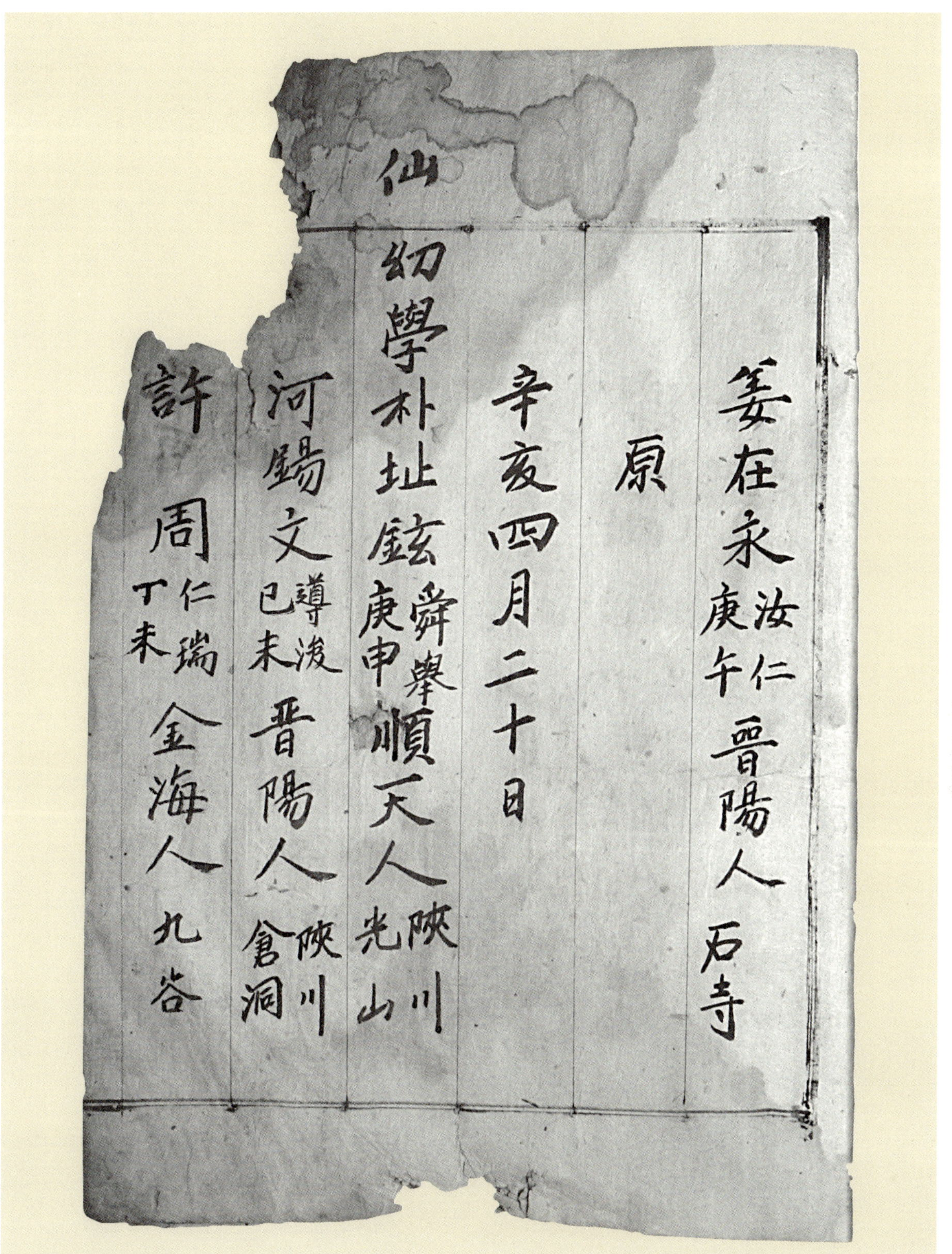

姜在永 汝仁 庚午 晉陽人 石寺

原

辛亥四月二十日

仙

幼學朴址鉉 舜擧 庚申 順天人 陝川 光山

河錫文 遵浚 己未 晉陽人 陝川 倉洞

許周 仁瑞 丁未 金海人 九谷

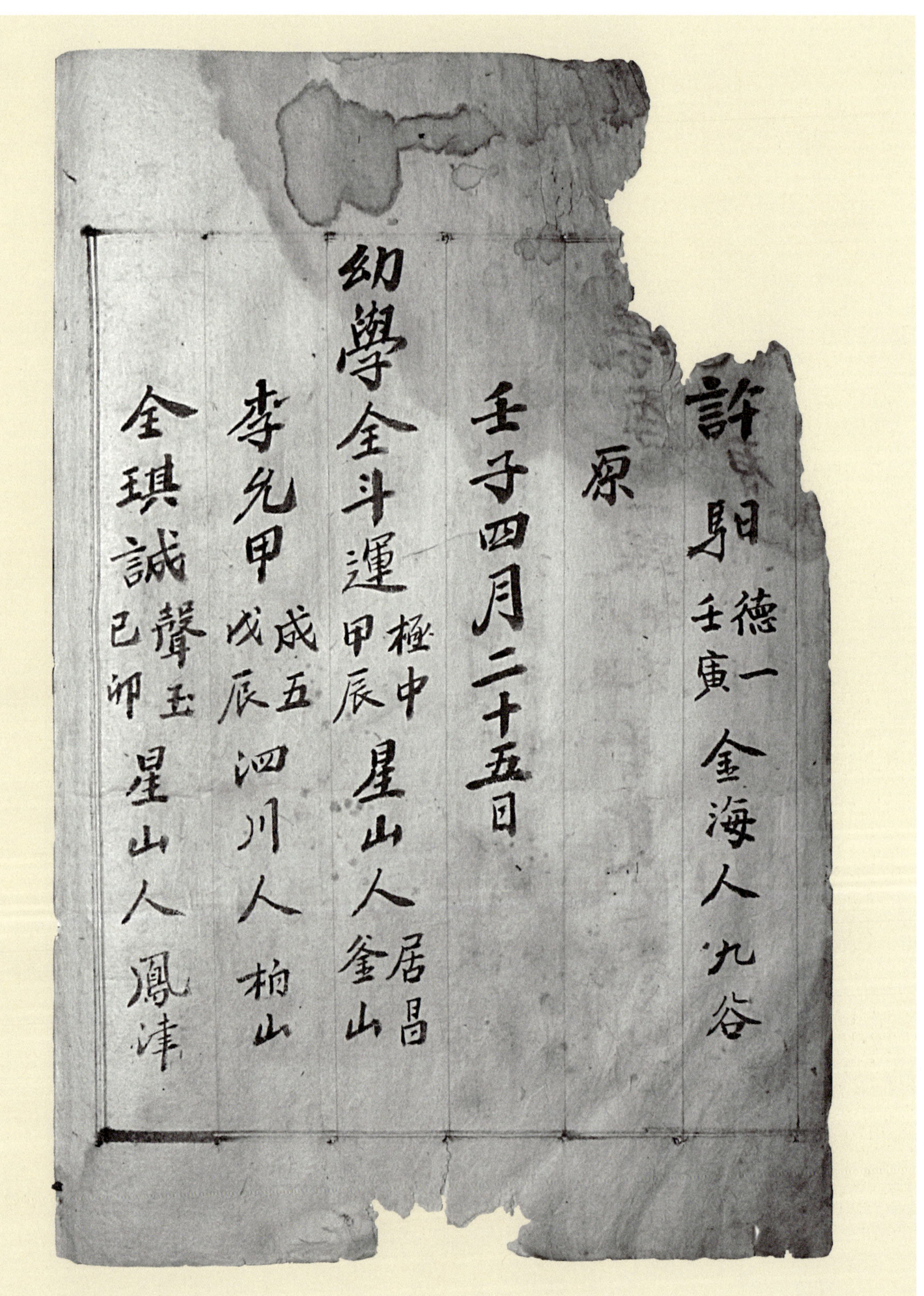
許駬 德一 壬寅 金海人 九谷
原
壬子四月二十五日
幼學金斗運 極中 甲辰 星山人 居昌 釜山
李允甲 成五 戊辰 泗川人 栢山
全琪誠 聲玉 己卯 星山人 鳳津

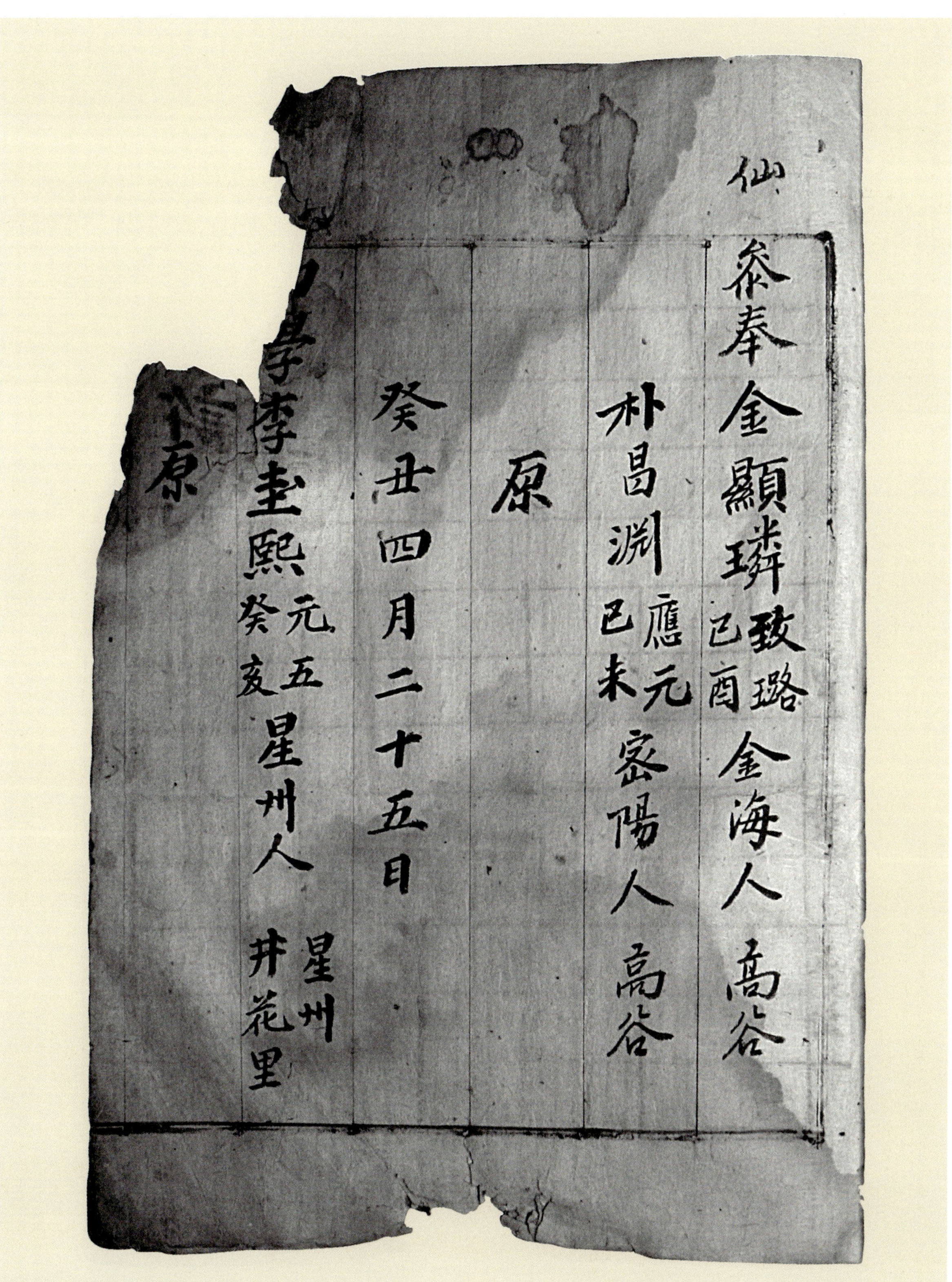

仙
叅奉金顯璘致璐 己酉 金海人 高谷
朴昌淵應元 己未 密陽人 高谷
原
癸丑四月二十五日
[illegible]學李圭熙元五 癸亥 星州人 星州井花里
[illegible]原

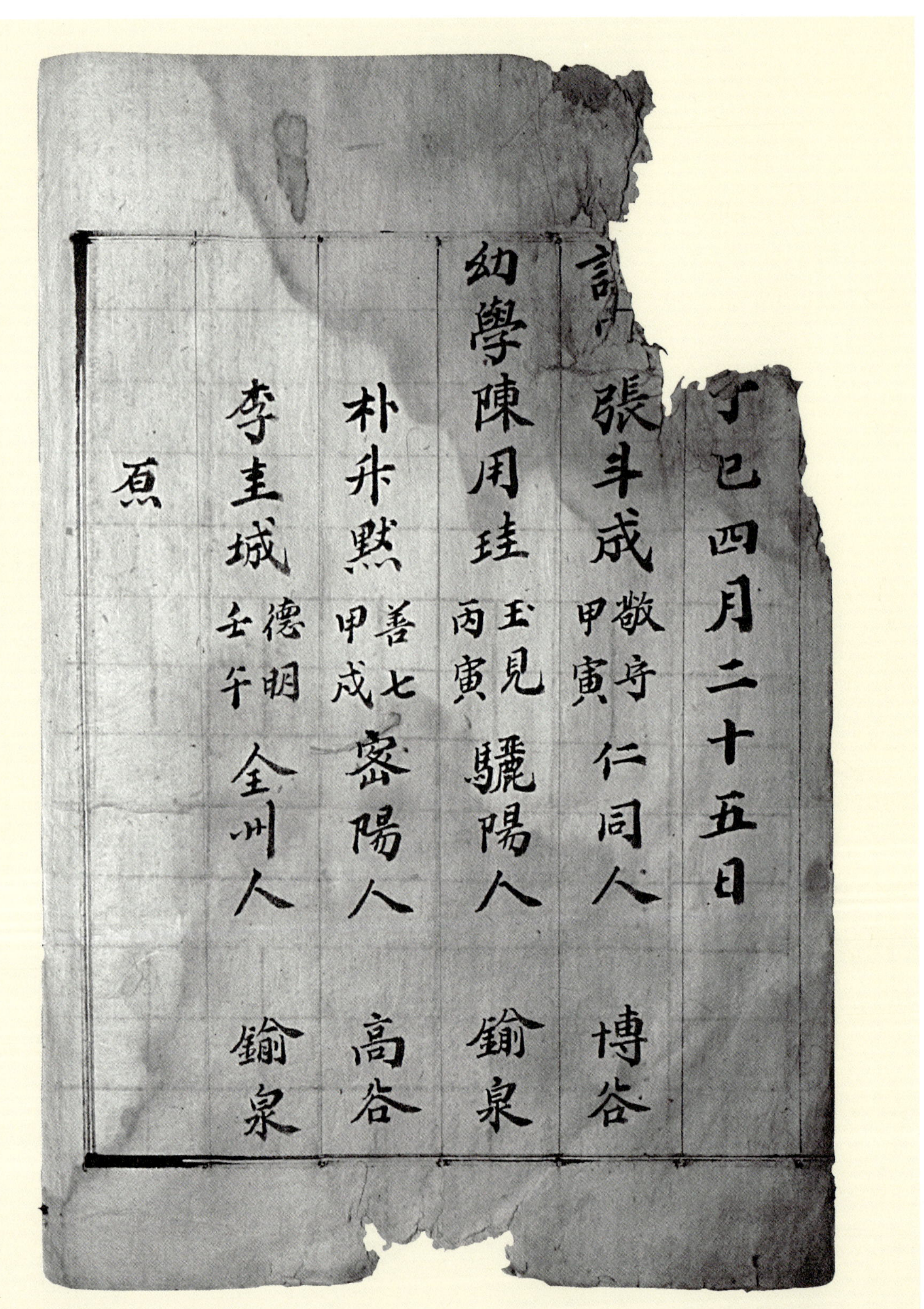
丁巳四月二十五日
[illegible] 張斗成 敬守 甲寅 仁同人 博谷
幼學陳用珪 玉見 丙寅 驪陽人 鍮泉
朴升默 善七 甲戌 密陽人 高谷
李圭城 德明 壬午 全州人 鍮泉
𥡴

이하 8면 동일한 여백

碧松亭續契案

第9册

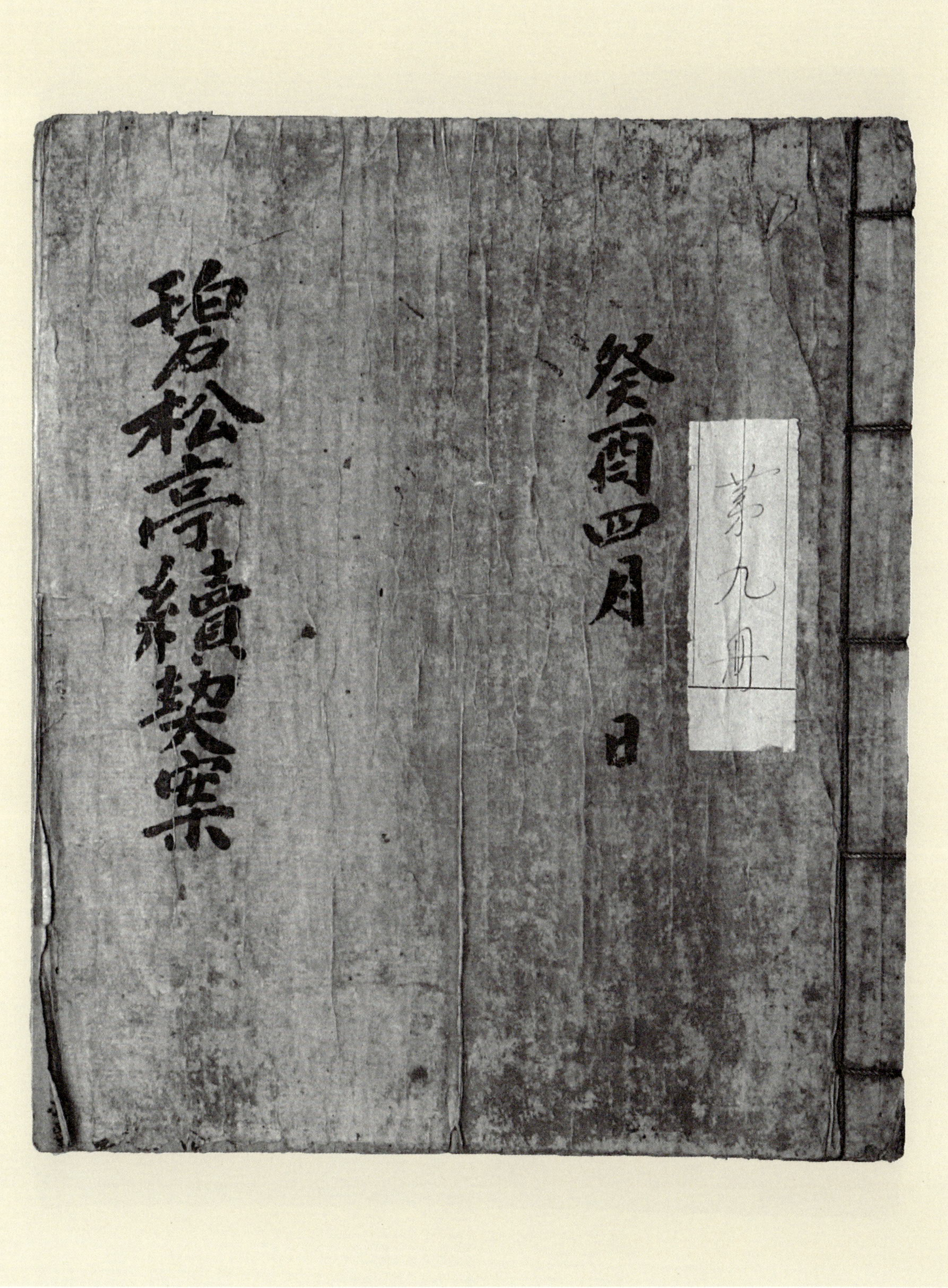
碧松亭續契案
癸酉四月 日
第九册

碧松亭續契事實

碧松亭本契創始於 中仁戚際契案着啣皆我
各門之名祖也其規謨之嚴勵條例之明白不待
贅說但厯世以来契負之数則限三十三人而止有
殁而缺負則更為追薦甚擇其德望學行足為
師表者愼其閥閱較其升黨之明不明於斯数者

一有不足則不共薦爲此其本契中矯風立紀之
大旨也如是而歷三四百稔契案積成十餘卷世
〻子姓以尊祖慕賢之誠守之如青氊寶之如
琬琰累經兵燹猶能保完而契中錢穀且饒足
可以爲儒林雅會之所助也不幸近至庚申年一
爲洪水所敗亭樹頹仆土。浸沒地而契事遂廢

矣凡識舊蹟之人莫不嗟惜況其後孫乎今絶
移建本亭然修契則未暇矣時登斯亭奉閱
舊案感淚泫然茲乃今年春本契後孫諸丈
老咸聚於本亭圓槃商議不較其外黨只與諸
子孫更修新案以爲碧松亭續契云爾

凡例

一契名以碧松亭儒契爲定事

一契員以本契案後子孫組織事

一凡爲契員者以先世同契之誼爲心互相和恊事

一契權但止於自身身殁之後雖其嗣子不得續權事

一契金每員下金壹兩式出資事

一契員喪死後自契中卽還出資金壹兩又以

契金貳拾伐代黃燭賻儀事

一每年契會時有可入之員則以契中完議推薦後

許入事

一每年契会時此契員困難其子弟參席參議

不許事

一契物滋長年參劃爲定而擇愼重信實之人

逐年分擇拮据事

一契金每年聚会时並本利沒擇事

一有司擇勤敏克幹者參人而都掌務一人

小掌務二人為定事

一契会日字以每年四月十日為定事

一契。場所会以本亭為定事

座目

仙 全庠洙 善用 辛亥 星山人 鶴洞

仙 崔升祖 允行 戊午 陽川人 明德

仙 崔洪錫 聖範 己未 陽川人 松亭

仙 全福奎 致大 辛酉 星山人 漁洞

仙 全商誠 伊仲 壬戌 星山人 鳳津

仙 全東鎭 老進 壬戌 星山人 石寺

仙 全周誠 箕贇 癸亥 星山人 鳳津

仙 朴鳳烈 應見 甲子 高靈人 鶴洞

仙 全熙誠 聖民 甲子 星山人 鳳津

仙 崔升河 仁伯 乙丑 陽川人 石寺

仙 金坎 周允 乙丑 一善人 佳谷

仙 金泰成 應七 乙丑 一善人 梅村

仙 裵尚翌 文吉 乙丑 星山人 鶴洞

仙 金泰鎭 頌瑞 丁卯 一善人 佳谷

仙 金觀鉉 華淑 戊辰 一善人 佳谷

仙 崔利錫 元範 丁卯 陽川人 鶴洞

仙 全啓運 乃彦 戊辰 星山人 扶禮

仙 朴在文 尚玉 戊辰 高靈人 山塘

仙 吳貞淳 周一 戊辰 高敞人 梅村

仙 金柄憲 斗汝 己巳 慶州人 松林

仙 崔命錫 聖玉 己巳 陽川人 鶴洞

仙 全夏誠 箕仲 庚午 星山人 鳳津

仙 崔升欽 允若 辛未 陽川人 松亭

仙 全東鎬 周鎮 癸酉 星山人 栢山

仙 全晉誠 明贊 癸酉 星山人 鳳津

仙 韓在教 敬玉 癸酉 清州人 栢山

仙 韓秉教 聖學 庚午 清州人 栢山

仙 吳禹淳 命九 甲戌 高敞人 梅村

仙 金敦夏 周卿 乙亥 慶州人 松林

仙 金樟 徽材 乙亥 慶州人 梅村

仙 裵炳國 君寶 乙亥 星山人 明德

仙 崔震錫 明淑 丙子 陽川人 漁洞

仙 吳昌淳 周汝 戊寅 高敞人 梅林

仙 全處運 英彦 己卯 星山人 扶禮

仙 崔淳崑 致玉 己卯 陽川人 鶴洞

仙 朴在轍 仲膺 己卯 高靈人 鶴洞

仙 全琦誠 成玉 己卯 星山人 鳳津

仙 金武鉉 善益 辛巳 一善人 佳谷

仙 全炳宅 仁夫 辛巳 星山人 鳳津

仙 金台鉉 國彦 辛巳 一善人 佳谷

仙 金秉鉉 德初 辛巳 一善人 佳谷

仙 金可鉉 罡汝 辛巳 一善人 佳谷

仙 全基運 章五 辛巳 星山人 上佳谷

仙 崔季錫 季必 壬午 陽川人 鶴洞

仙 崔淳崙 子敬 壬午 陽川人 鶴洞

仙 崔秉錫 懿範 壬午 陽川人 松亭

仙 崔性錫 養彦 壬午 陽川人 松亭

仙 全啓鉉 明汝 壬午 星山人 鳳津

仙 吳德相 英彦 癸未 高敞人 松林

仙 崔淳龍 性伯 丙戌 陽川人 松亭

仙 韓勲錫 允一 丙戌 淸州人 栢山

仙 全海定 仁若 丙戌 星山人 鳳津

仙 全儀奎 慶来 丁亥 星山人 鳳津

仙 崔義錫 亨伯 丁亥 陽川人 鶴洞

仙 崔淳宗 山卿 丁亥 陽川人 鶴洞

仙 全正運 和仲 丁亥 星山人 扶禮

仙 全炳元 德彦 己丑 星山人 鳳津

仙 崔淳豈 致寶 丙戌 陽川人 鶴洞

仙 崔淳崋 泰卿 己丑 陽川人 鶴洞

仙 全烔軾 孟瞻 庚寅 星山人 鳳津

仙 金甲秀 元伯 壬辰 一善人 佳谷

仙 朴東憲 宅覲 甲午 高靈人 鶴洞

仙 吳載鳳 文哉 甲午 高敞人 梅林

仙 崔淳範 禹卿 丁酉 陽川人 鶴洞

仙 全基鉉 允八 癸酉 星山人 漁洞

65人

原

癸酉四月十日

仙 吳文淳 聖行 戊辰 高敞人 梅林

仙 全炳麒 德夫 己卯 星山人 鳳津

仙 全雨根 時若 辛巳 星山人 鶴洞

仙 全泰德 大卿 己丑 一善人 佳谷

仙 吳英淳 贊瑞 庚寅 高敞人 梅林

仙 金泰右 亨老 庚寅 一善人 外裔 佳谷

原

甲戌四月十日

仙 金道鉉 貫吾 癸亥 一善人 梅村

仙 全鏞在 五兼 丙子 星山人 上佳

原

乙亥五月五日

仙 裵佑根 元五 戊辰 星山人 清溪

仙 崔鳳錫 德彦 戊辰 陽川人 清溪

仙 朴箕烈 應福 乙亥 高靈人 鶴洞

仙 金泰東 俊汝 丙子 一善人 佳谷

仙 吳元相 進五 己卯 高敞人 上佳谷

仙 崔學錫 明善 丙戌 陽川人 山州

仙 金泰鍾 振遠 丙戌 一善人 佳谷

仙 金始鉉 陽一 丁亥 一善人 佳谷

仙 金泰一 德純 辛卯 一善人 佳谷

原

丙子閏三月二十五日

仙 裵道根 德三 丁卯 星山人 清溪

仙 朴德會 道仲 戊寅 高靈人 鶴洞

仙 金洪祩 乃見 辛巳 慶州人 松林

仙 全海德 敬三 庚寅 星山人 鳳津

原

丁丑四月二十五日

仙 薛奎東 而魯 乙丑 淳昌人 松林

原

戊寅五月五日

仙 朴敬烈 千鄕 庚午 高靈人 鶴洞

仙 全啓允 士沙 庚寅 星山人 鳳津

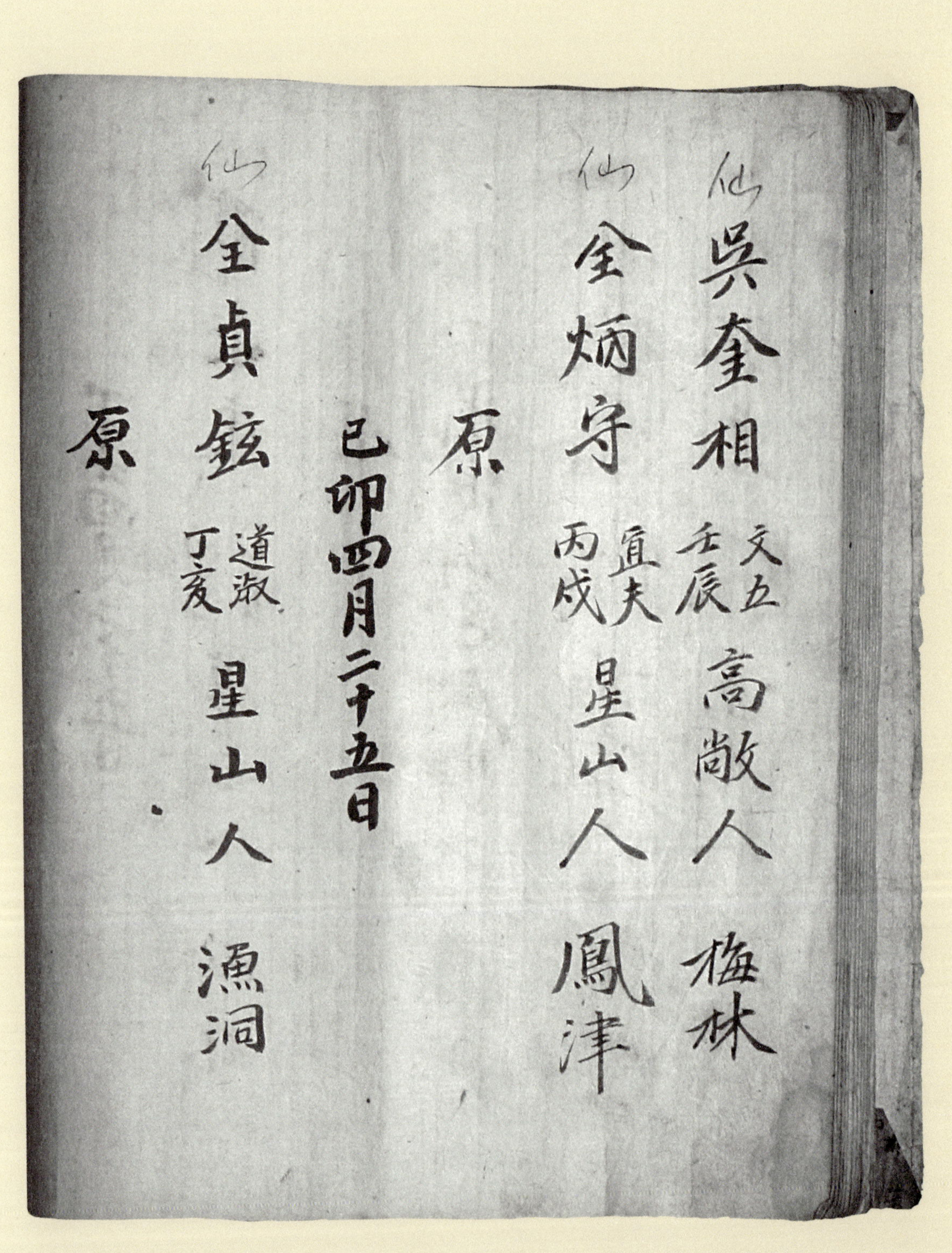

仙 吳奎相 文五 壬辰 高敞人 梅林

仙 全炳守 直夫 丙戌 星山人 鳳津

原

己卯四月二十五日

仙 全貞鉉 道潡 丁亥 星山人 漁洞

原

庚辰五月五日

仙 全球鉉 允五 乙丑 星山人 柏山

仙 裵萬坤 孟玉 丙子 星山人 鶴洞

仙 韓憲教 敬章 戊寅 清州人 柏山

仙 全鏞宇 尚允 辛巳 星山人 佳谷

仙 裵炳翰 汝鸞 壬午 星山人 鶴洞

仙 朴在龍 雲瑞 癸未 高靈人 鶴洞

仙 朴在龜 夏瑞 庚寅 高靈人 鶴洞

仙 崔淳福 五汝 辛卯 陽川人 鶴洞

仙 全鏞夏 聲洛 癸巳 星山人 佳谷

仙 全在誠 子善 乙未 星山人 松林

仙 金春秀 元若 戊戌 一善人 佳谷

仙 吳在春 殷弼 己酉 高敞人 梅林

原

辛巳五月五日

沙 裵炳善 亨遠 戊寅 星山人 鶴洞

仙 金永祿 錫汝 戊寅 慶州人 山塘

仙 全泳鉉 致斗 丙戌 星山人 通洞

仙 金定鉉 善仲 丁亥 一善人 佳谷

仙 朴宗烈 城五 癸巳 高靈人 鶴洞

仙 崔淳權 大擧 乙未 陽川人 松亭

仙 全海述 曾若 戊戌 星山人 鳳津

仙 朴學烈 可恍 壬寅 高靈人 鶴洞

仙 全允根 華乾 壬子 星山人 鳳津

仙 崔聖東 魯由 癸丑 陽川人 鶴洞

原

壬午三月三十日

仙 吳述相 舜稼 丙戌 高敞人 梅村

仙 金仁秀 道一 庚寅 一善人 梅村

仙 崔渟述 仁必 庚寅 陽川人 松亭

仙 金在運 明達 庚寅 瑞興人 漁洞

仙 崔判錫 益中 辛卯 陽川人 松亭

仙 金在根 羲善 辛丑 星山人 扶禮

仙 韓錫宙 洪汝 丙申 清州人 栢山

仙 金炳昇 道先 丁酉 星山人 鳳津

原

癸未四月二十五日

裵相垸 南鄕 辛丑 星山人 鶴洞

仙 裵東倫 允五 壬寅 星山人 鶴洞

仙 朴正道 孔淑 庚午 高靈人 梅村

原

甲申四月初五日

仙 薛基東 應魯 丙子 淳昌人 松林

仙 崔淳喆 敬一 戊寅 陽川人 松亭

仙 全海宇 洪居 丁亥 星山人 鳳津

仙 朴瓚烈 允文 丁亥 高靈人 鶴洞

仙 韓錫宇 德載 己丑 淸州人 柏山

仙 崔淳寔 敬安 辛卯 陽川人 松亭

仙 全孝誠 源百 癸丑 星山人 鳳津

仙 崔淳喜 丁未 陽川人 鶴洞

仙 崔淳悅 癸丑 陽川人 鶴洞

仙 全秀埰 丁未 星山人 鳳津

原 乙酉五月五日

仙 金墲 正中 已巳 一善人 佳谷

仙 裵元根 貞瑞 丙子 星山人 清濟

仙 裵炳鶴 乃元 庚辰 星山人 鶴洞

仙 裵東元 舜五 庚辰 星山人 鶴洞

仙 全大誠 敬必 庚寅 星山人 鳳津

仙 全道誠 聖熙 甲申 星山人 鳳津

仙 金升鉉 養仲 庚寅 一善人 佳谷

仙 金直鉉 陽丘 庚寅 一善人 佳谷

仙 崔琮錫 宗玉 庚寅 陽川人 鶴洞

仙 金鏞右 聲振 庚寅 星山人 漁洞

仙 金鏞玉 振汝 庚寅 星山人 鳳津

仙 金炯珍 學夫 辛卯 星山人 鳳津

仙 金桊根 魯瞻 甲午 星山人 鶴洞

仙 全命允 性汝 丙申 星山人 鳳津

仙 崔淳祐 應五 壬寅 陽川人 鶴洞

仙 全炳轍 叔瞻 壬寅 星山人 鳳津

仙 朴在佑 亨五 丁未 高靈人 鶴洞

仙 全炳輪 季瞻 丁未 星山人 鳳津

仙 朴文憲 誠夫 戊申 高靈人 鶴洞

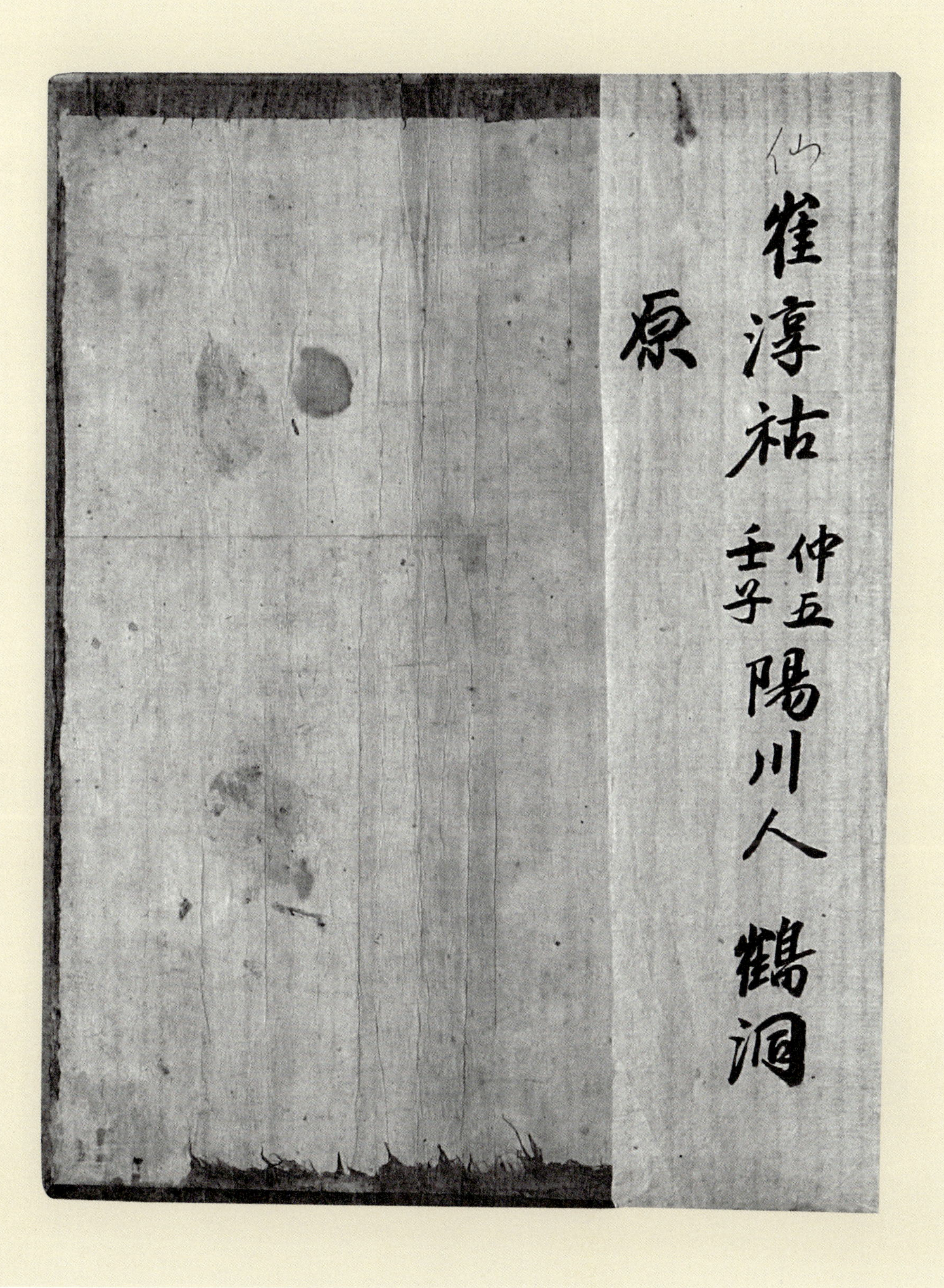
仙
崔淳祐 仲五 壬子 陽川人 鵠洞
原

任員錄

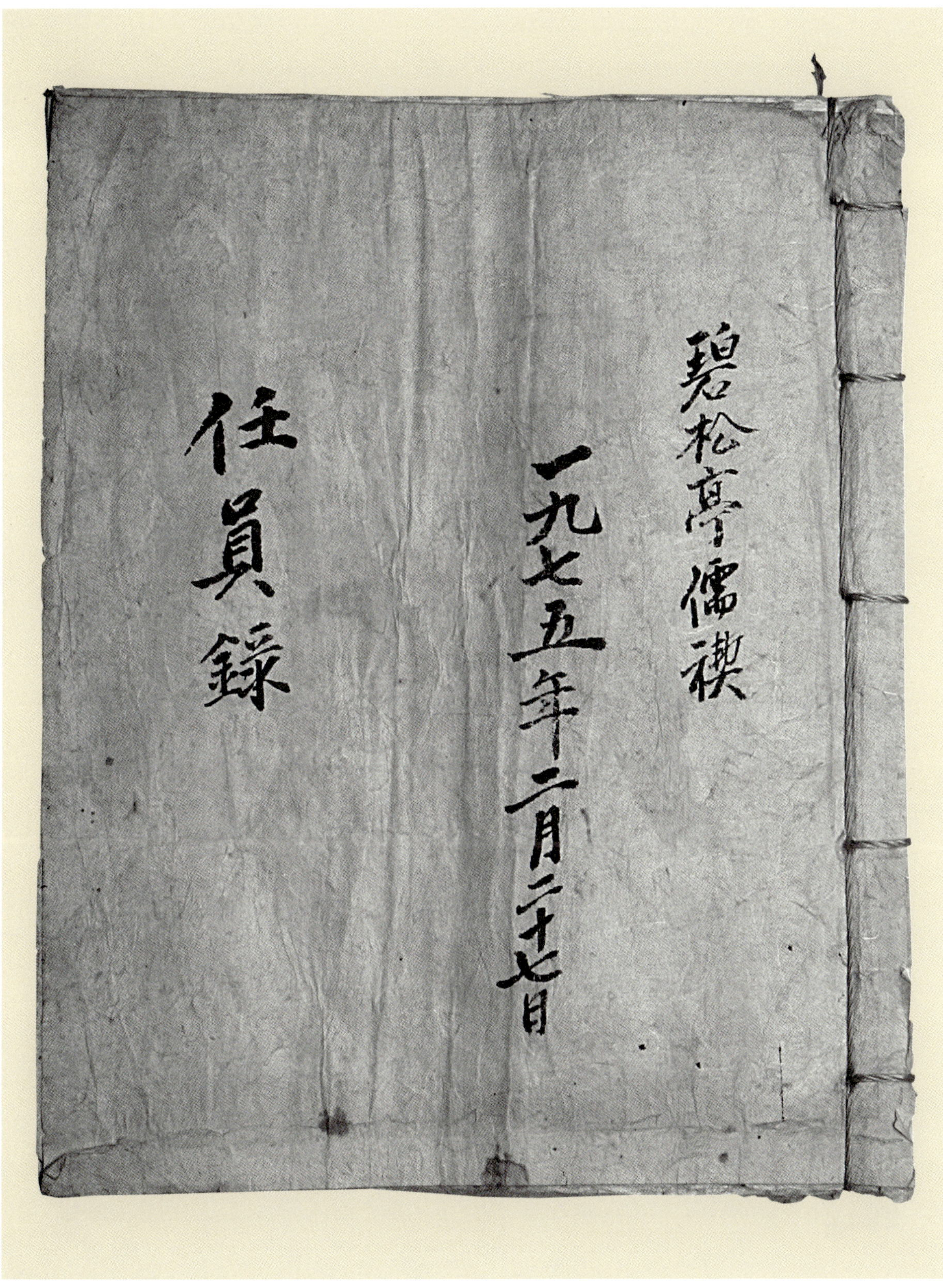
碧松亭儒稧

一九七五年二月二十七日

任員錄

任員錄

一九七五年二月二十七日以降

顧問 崔淳喜

契長 金範秀

幹事 崔炳秀

監事 薛鎮九 金大鉉

代議員 朴在祚 崔炳鐸 金奭培

韓亨洙 吳貞烈 金萬秀

一九七六年陰四月十日

顧問 崔淳喜

契長 金範秀

幹事 崔炳秀

監事 薛鎭九

金大鉉

代議員 朴在祚 崔炳鐸 金頲培

韓亨洙 吳貞烈 金萬秀

一九七七年陰四月十日

顧問 崔淳喜

契長 薛鎭九

幹事 崔炳秀

監事 金台鎬

崔甲東

代議員 金萬秀 裵仁煥 朴在祚

吳貞烈 金鍾九 全東培

一九七八年陰四月十日

顧門 崔淳喜

契長 薛鎮九

幹事 崔炳秀

監事 金台鎬

崔甲東

代議員 金萬秀 裵仁煥 朴在祚

吳貞烈 金鍾九 全珉培

一九七九年陰四月十日

顧問 朴泰勳

契長 薛鎮九

幹事 全奭培

監事 金台鎬

崔甲東

代議員 朴在祚 裵相述 崔快東

郭孔燮 鄭洙煥 韓亨洙

一九八〇年陰四月十日

顧問　薛鎭九

契長　金爽培

幹事　金台鎬

監事　崔甲東

代議員　朴在祚　裵相述　崔快東

郭孔燮　鄭洙煥　韓亨洙

一九八一年陰四月十日

顧問 呉大烈

契長 薛鎭九

幹事 全奭培

監事 金台鎬
郭相達

代議員 朴在祚 裵相述 崔快東
郭孔燮 鄭洙煥 韓亨洙

一九八二年陰四月十日

顧問 薛鎮九

契長 全奭培

幹事 全台鎬

監事 郭相達

代議員 朴在祚 裵相述 崔快東

韓亨洙 崔昌東 全龍琛

一九八三年陰四月十日

顧問 崔甲東

契長 薛鎮九

幹事 全龍琜

監事 金台鎬
郭相達

代議員 朴在祚 裵相述 崔快東
韓亨洙 崔昌東 崔淳祺

一九八四年陰四月十日

顧問 崔甲東

契長 薛鎮九

幹事 全龍琜

監事 金台鎬

郭相逵

代議員 朴在祚 裵相述 崔快東

韓亨洙 崔昌東 崔璋祺

一九八五年陰四月十日

顧問 崔甲東

契長 薛鎭九

幹事 全龍埰

監事 金台鎬

郭相達

代議員、 朴在祚 裵相述 崔快東

韓亨洙 崔昌東 崔淳祺

一九八六年陰四月十日

顧問 崔甲東

契長 薛鎭九

幹事 全龍烋

監事 金台鎬

郭相達

代議員 朴在祚 裵相述 崔快東

韓亨洙 崔昌東 崔淳祺

一九八七丁卯年四月十二日

契長 崔常東

幹事 全龍株

監事 全再誠

幹事 吳承烈

監事 朴閏憲

運營議員

委員長 金炳埴

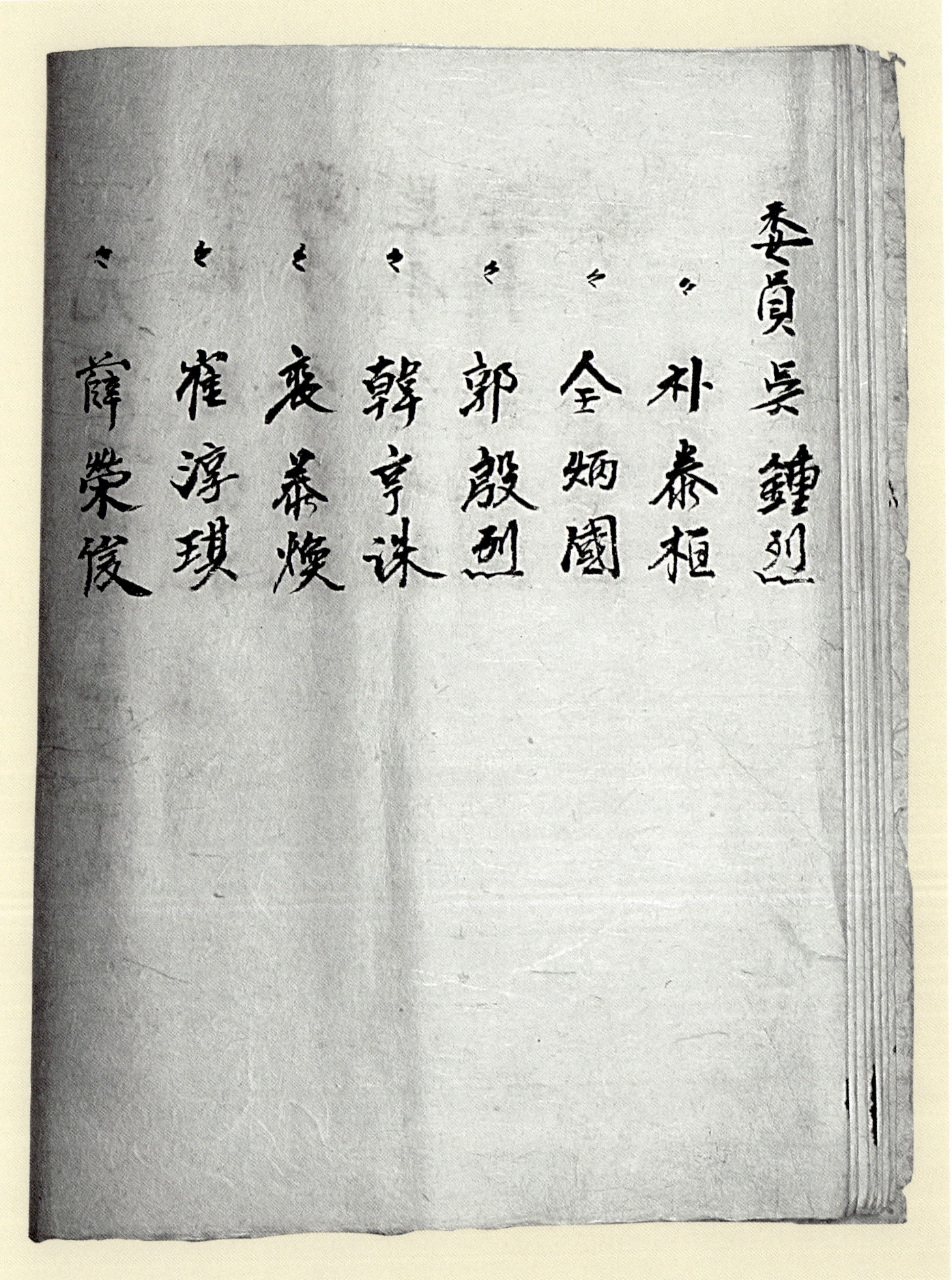
委員 吳鍾烈
〃 朴泰桓
〃 全炳國
〃 郭殷烈
〃 韓亨洙
〃 裵泰煥
〃 崔淳瑣
〃 薛榮俊

一九八九己巳年陰四月初十日

契長 吳在春

幹事 全龍塚

吳承烈

監事 全再誠

朴国憲

運營委員

委員長 金炳埴

季冬

吳鍾烈
朴泰極
全炳國
郭殷烈
韓昇洙
裵泰煥
崔淳琪
薛榮俊

一九九〇庚午年陰四月初十日

契長 吳在春

幹事 全龍塚

吳承烈

監事 全再誠

朴閏憲

運營委員長

委員長 金炳埴

委員

吳鍾烈

朴素柾

全炳國

郭殷烈

韓亨洙

裵泰煥

崔淳瑛

薛榮俊

一九九一辛未年陰四月初十日

契長 朴泰勳

幹事 金龍塚

吳承烈

監事 金駿秀

朴聞憲

運營委員

委員長 金炳埴

委員 吳鍾烈

朴泰柾

全再誠

郭殷烈

韓永錄

裵相述

崔淳琪

薛榮俊

一九九二壬申年陰四月初十日

契長 朴泰勳

幹事 金龍埰

吳承烈

監事 金騏秀

朴閏憲

運營委員

委員長 金炳埴

委員

吳鍾烈

朴㮖柾

全再誠

郭殷烈

韓永錄

裵相述

崔淳琪

薛榮俊

一九九三癸酉年陰四月初十日

契長 金英琗

幹事 全龍琗

吳承烈

監事 金騏秀

朴閏憲

運營委員

委員長 金炳埴

委員 吳鍾烈

朴泰桓

全再誠

郭殷烈

韓永錄

裵相述

崔淳琪

薛榮俊

一九九四甲戌年陰四月初十日

契長 金英埰

幹事 金龍埰

吳承烈

監事 金騏秀

朴閏憲

運營委員

委員長 金炳埴

委員

吳鍾烈

朴泰桓

全再誠

郭殷烈

韓永錄

裵相述

崔淳琪

薛榮俊

一九九五乙亥年陰四月初十日

契長 郭東玟

幹事 金龍垛

呉承烈

監事 金騏秀

朴閏憲

運營委員

委員長 金炳埴

委員 吳鍾烈
朴泰桓
全再誠
郭殷烈
韓永錄
裵相述
崔快東
薛榮俊

一九九六丙子年陰四月初十日

契長 郭東玟

幹事 朴閏憲

呉承烈

監·事 金顯秀

金炳圓

運營委員

委員長 金炳埴

委員 吳鍾烈
朴泰桓
全再誠
郭殷烈
韓永錄
裵相述
崔快東
薛榮俊

一九九七丁丑年陰四月初十日

都廳 金泰亨

有司 吳承烈

〃 朴閏憲

監事 金騏秀

〃 全炳圓

運營委員

委員長 金炳埴

委員 朴泰桓
〃 金再誠
〃 崔東埈
〃 裵相烈
〃 吳元銖
〃 郭東龍

一九九八年戊寅陰四月初十日

都廳 金泰亨

有司 吳承烈
〃 朴泰俊
監事 金麒秀
〃 全炳圖
運營委員
委員長 金炳植
〃 朴泰桓

委員 全再誠
〃 崔東埈
〃 裵相烈
〃 吳元銖
〃 郭東龍
一九九九年己卯 四月初十日
都廳 郭泰烈
有司 吳承烈

〃 全炳圓

監事 金騏秀

〃 裵泰煥

運營委員

委員長 金炳埴

朴泰桓

全再誠

崔東埈

裵相烈

吳元銖

郭東龍

庚辰(一九九)二〇〇〇年陰四月初十日

都廳 郭泰烈

有司 吳承烈

〃 全炳圓

監事金騏秀

〃 裵泰煥

運營委員

委員長 金炳埴

委員 朴泰桓

金再誠

崔東埈

裵相烈

吳元銖

委員 郭東龍

辛巳(二〇〇一)年陰四月初十日

都廳吳貞烈

總務吳承烈

全炳圓

監事朴世憲

運營委員

委員長金炳埴

委員 朴泰桓
全再誠
金騏秀
崔東俊
裵相述
吳元銖
郭東龍

壬午(二〇〇二)年 陰四月初十日

都廳 朴泰桓

總務 吳承烈

金炳圜

監事 金泰哲

朴世憲

運營委員

委員長金炳埴

金再誠

金騏秀
崔東俊
吳元銖
郭東龍
裵相述

癸未(二〇〇三)年陰四月初十日

都廳 郭殷烈
總務 吳承烈

金炳圓

監事 金泰哲

朴世憲

運營委員

委員長 金炳埴

金再誠

金顯秀

崔文錫

吳元銖
郭東龍
裵相述

甲申二〇〇四年陰四月初十日

都廳 全再誠
有司 吳承烈
全炳圜
監事 金泰哲

監事 朴世憲
運營委員會 理事會
理事長 金炳埴
金騏秀
崔文錫
吳元銖
郭東龍
裵相述

丙戌二〇〇六年陰四月初十日
都廳金炳埴
有司吳承烈
全炳圓
監事金泰哲
朴世憲
理事金騏秀
崔文錫

理 事吳元銖
郭東龍
裵相述
丁亥二〇〇七年陰四月初十日
都廳金炳埴
有司吳承烈
金炳圓

監事 金泰哲

朴世憲

理事 金麒秀

崔文錫

吳元銖

郭東龍

裵東洙

原

戊子二〇〇八年陰四月初十日
顧問 全再誠
金炳埴
都廳 金騏秀
有司 全炳圓
郭東龍
理事 全海均
崔文錫
吳承烈

理事 吳元銖
金鍾圭
金鍾秀
監事 朴世憲

페이지 55에서 66까지 여백

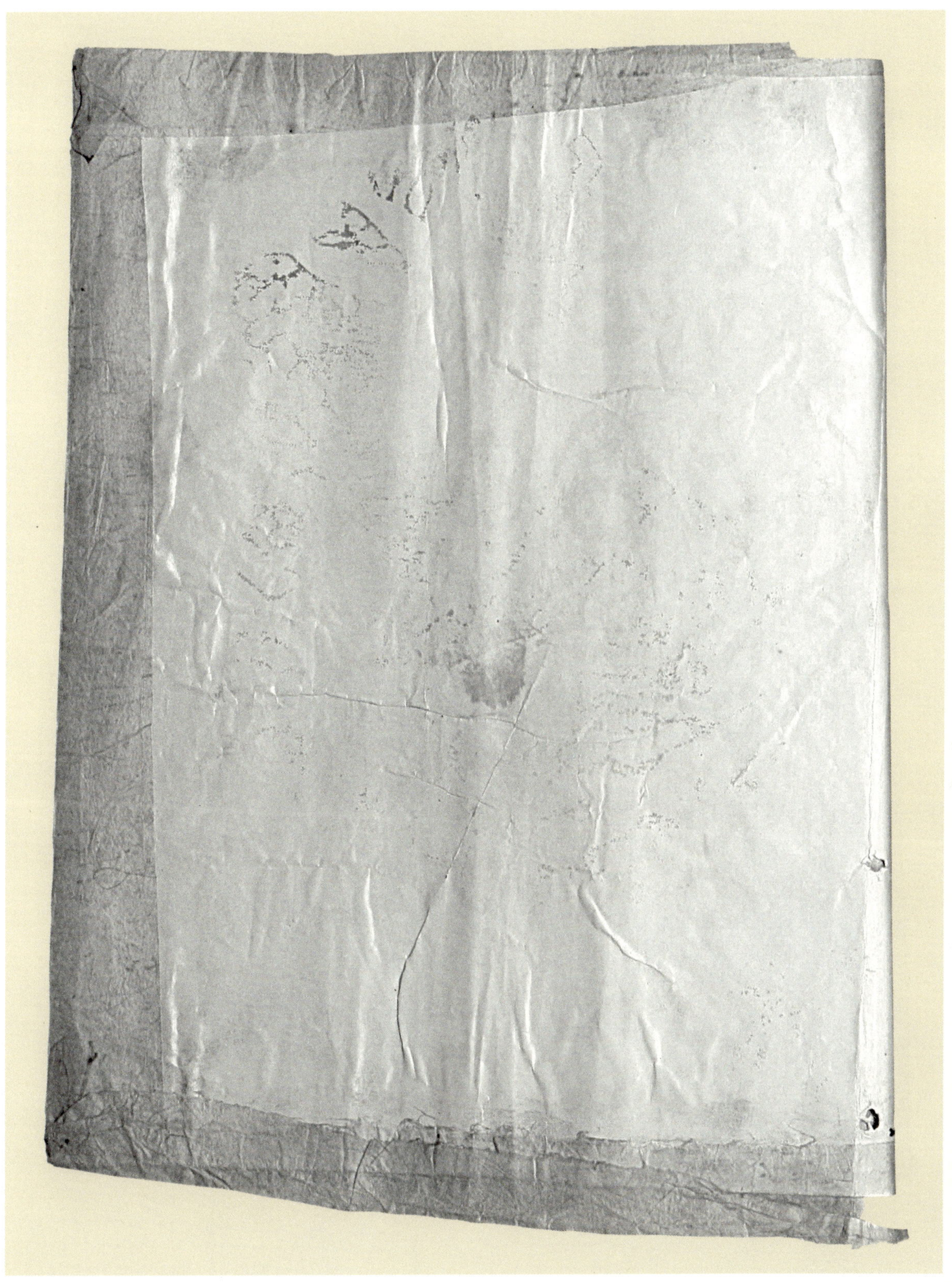

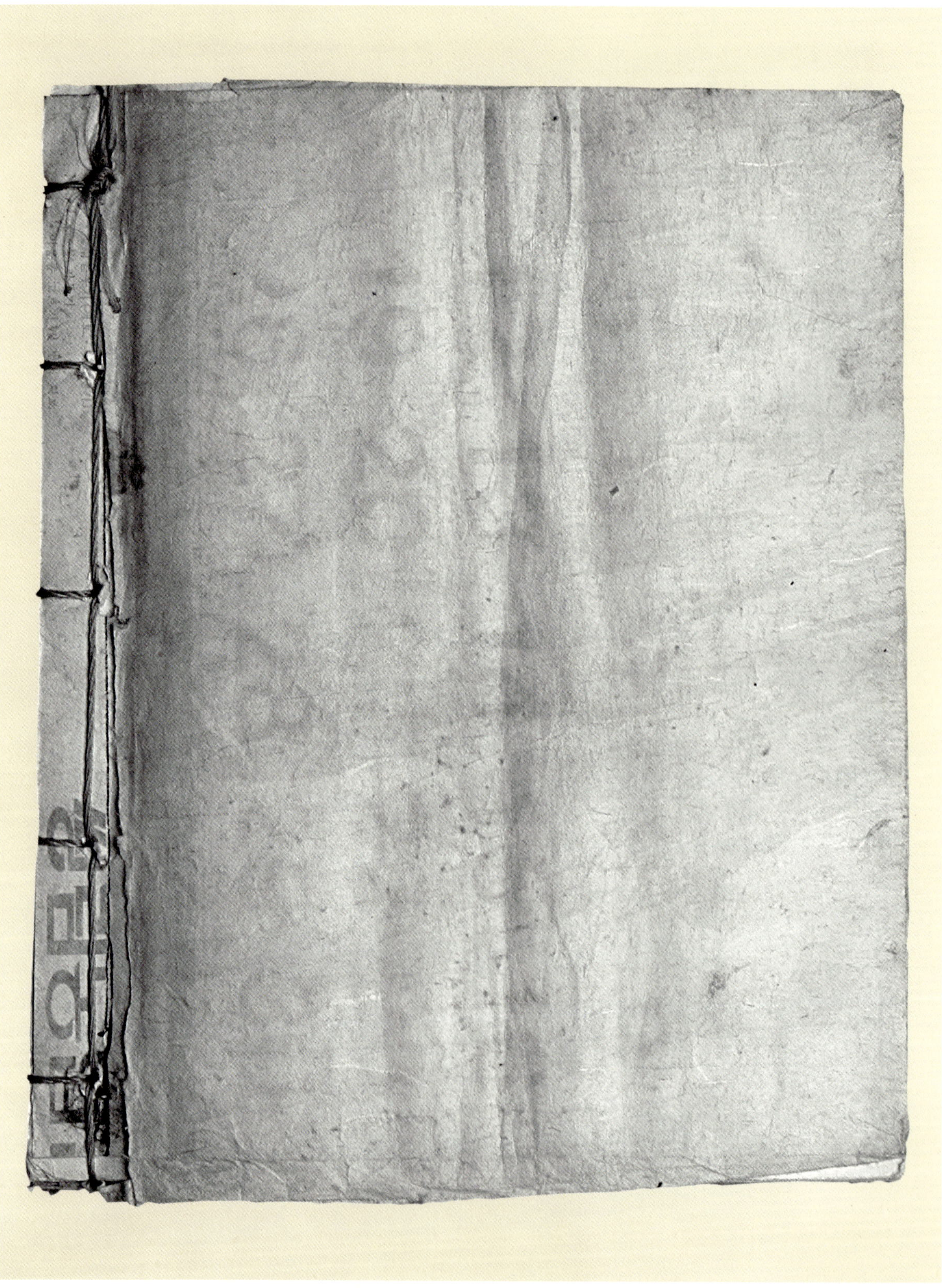

碧松亭儒稧案

第11册

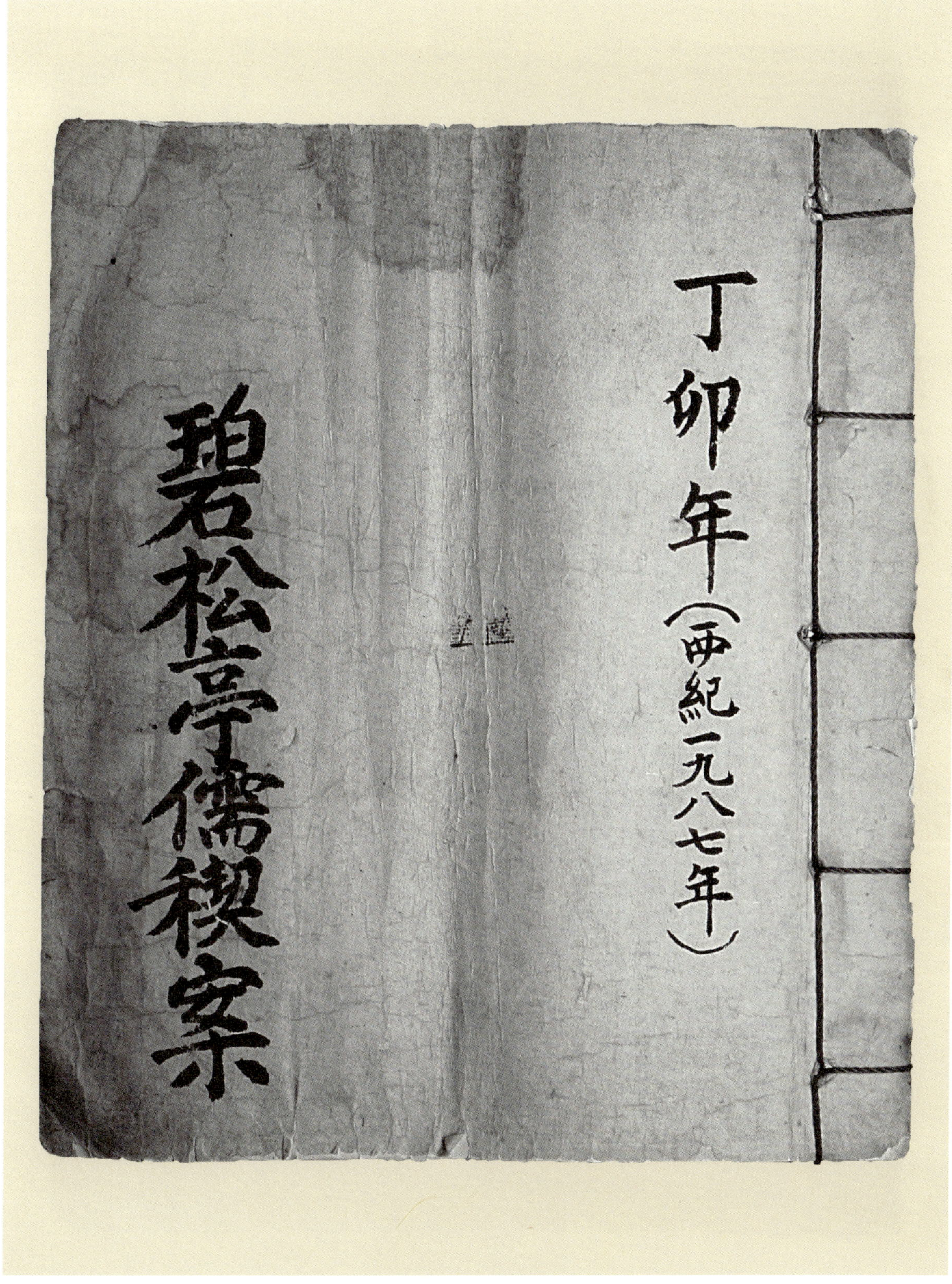
丁卯年(西紀一九八七年)
碧松亭儒稧案

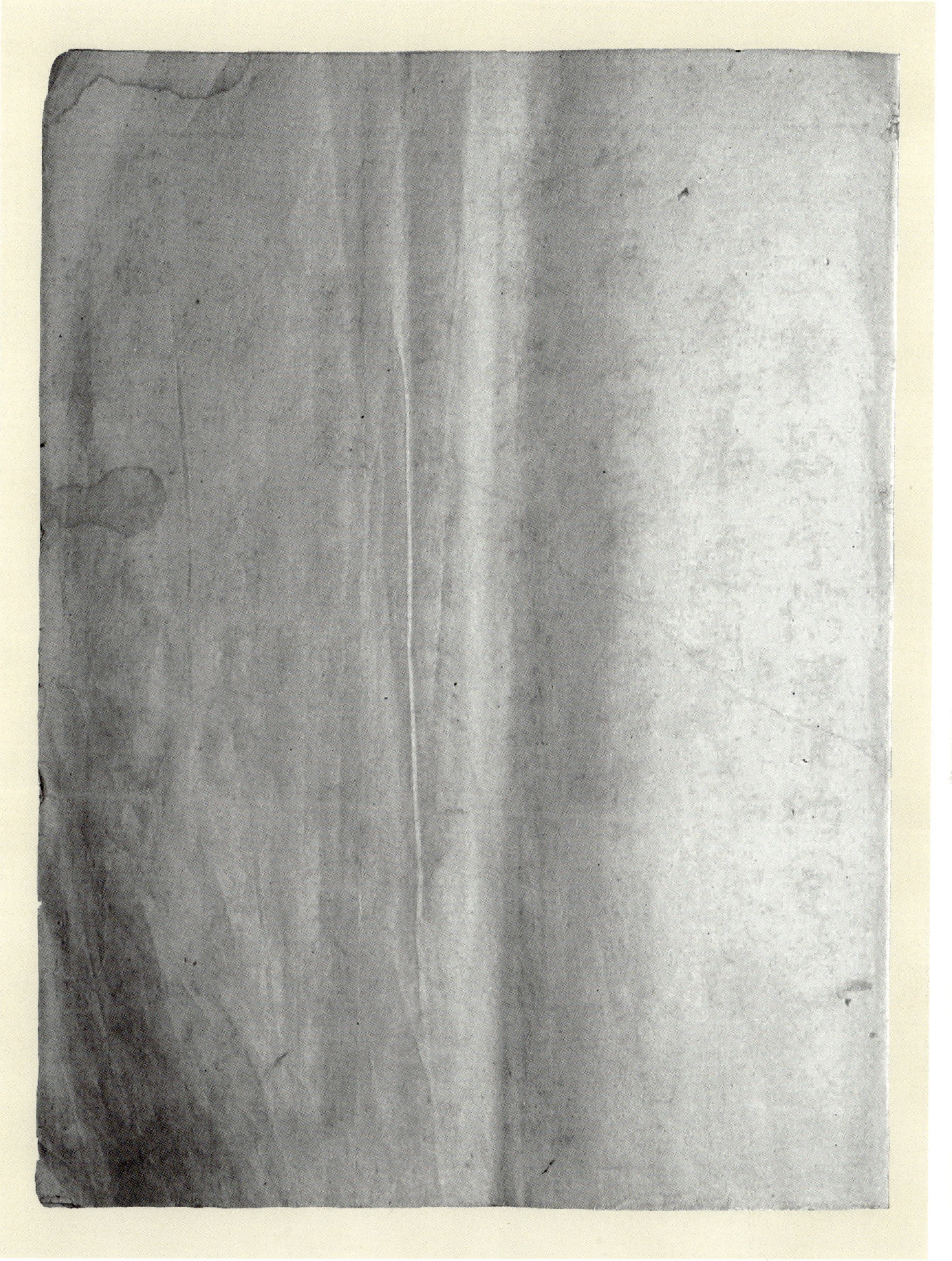

碧松亭儒稧規約(定款)

第一章 總則

第一條 本稧는 碧松亭儒稧라 稱한다。

第二條 本稧는 儒道精神에基하여 道義親交로서 世々相親之義로 創稧하신 先代儒賢의理念을 기리받드러 旣存碧松亭儒稧의權利와義務를承繼함을 그目的으로한다。

第三條 本稧는 前條의目的을 達成키爲하야

다음의 일을 營爲한다。

一、以友輔仁의 精神으로 德業을 相勸하며 過失을 相規하여 相互親睦을 圖謀한다。

二、道義를 涵養하며 士風을 振作하여 創稧先賢의 뜻에 副應한다。

三、有能한 後進育成을 爲하여 奬學基金의 設置運營。

四、史蹟文化財인 碧松亭의 守護管理에 必要

한事業。

五、其他必要한事業。

第四條 本禊의 主事務所는 高靈郡雙林面新村洞所在碧松亭으로한다。

第二章 禊員

第五條 本禊々員은 創立및累次續禊々員의該子孫으로서入禊를希望하는者로構成한다。

第六條 本禊에入禊코저하는者는 前條에該當하

는者로서 運營委員會의議決을거쳐稧員
名簿에登載되므로서 稧員의資格을갖인다。
第七條 吾鄕內에德望과學行이 足爲師表者로
第五條의規定에該當되지않는人士로서 追入
할必要가있다고 認定된時는 運營委員會
의審議를거쳐 總會의議決로서 協贊稧
員으로 追入을 許容할수있다。
但 協贊稧員은 本人當代에限한다。

第三章 機構

第八條 本稧의 稧務를 執行하기 爲하여 運營委員會를 둔다。

第九條 運營委員會는 總會의 委任으로 다음 事項을 議決執行한다。

一、稧員의 資格審議와 懲戒賞罰에 關한 일。

二、財產의 助成과 處分에 關한 審議。

三、總會에 附議할 案件作成에 關한 일。

四、其他總會에서 委任한 일。

第十條 運營委員會의 定數는 九人이며 總會에서 選出하고 任期는 貳年으로 한다。

第十一條 委員長은 委員이 互選하고、그 議長이 된다。

第十二條 運營委員會는 必要時 委員長이 隨時召集하고 議事決定은 在籍委員 三分之二以上의 出席으로 開議하고 出席委員全員贊成으로 行한다。

第四章 任員

第十三條 本稧에 다음의 任員을 둔다.

一、稧長 一名、

一、監事 二名、

一、幹事 二名、

稧長은 本稧를 代表하고 이를 統轄한다.

幹事는 稧長을 補佐하며 一切의 稧務를 執行한다.

監事는 稧의 財政狀況을 監査하여 總會에 報告한다.

第十四條 稧長、監事는 總會에서 選出하고 任期는 二年

으로하며 幹事의 任期는 一年으로한다。

第十五條 本稧의 諮問機關으로 顧問若干人을 推戴한다。

第五章 會議

第十六條 本稧의 會議는 定期總會와 臨時總會로 둔다。

第十七條 定期總會는 每年陰四月十日로 定하고 左의 事

項을 議決한다。

一、本稧規約의 制定改廢에 關한 事項、

二、年中經過報告및 新年度事業計劃審議策定、

三、任員選出및運營委員選出에關한事項、

四、其他運營委員會에서提出된議案및本稧運營

에必要한事項。

第十八條 臨時總會는稧長또는稧員二十名以上의要求에

依하야 召集하며臨時總會에 附議된案件만議決한다。

第十九條 總會의會議는 在籍過半數出席으로開議하

고 出席稧員過半數의贊成으로 議決한다。

但、二回以上召集에도成員이않된時는 出席員만

으로議決하고會議錄에追後署名만으로서 前項의

効力은 갖인다。

第二十條 禊長有故時는運營委員長이代行한다。

第六章 財政

第二十一條 本禊의財政은다음收入으로運營한다。

一、旣存財産으로因한 所得。

二、禊員의 入禊金、

胄孫은白米五升、次孫은白米壹斗式으로定함、

三、基金으로 因한 收益金.

四、贊助金 밋 其他收入

第二十二條. 本稧財産의 助成과 處分은 運營委員會의 議決을 거처 在籍稧員過半數의 出席과 參席 稧員三分之二以上의 贊成으로 議決한다.

第七章 脫退 밋 懲戒.

第二十三條 本稧의 稧員이 脫退時는 稧員資格이 喪失되며, 旣納金은 一切還拂하지 않는다.

第二十四條 稧員中 本稧의 名譽와 威信을 損傷하거나 本稧則을 違反한 時는 運營委員會의 審査를 거처 總會決議에 依하여 除名處分할 수 있으며 이 境遇에도 旣納金은 前條와 같다.

第八章 附則

第二十五條 本規約은 西紀一九七五年二月二十七日字 制定施行된 規約에 対한 改正案으로 西紀一九八七年 定期總會의 議決을 거처 即時效力을 發生한다.

第二十六條 本規約의 改正 및 廢止는 在籍稧員過半數以上의 出席과 出席稧員三分之二以上의 贊成으로 行한다。

但、創稧理念과 精神에 背馳되지 않는 範囲內에 限한다。

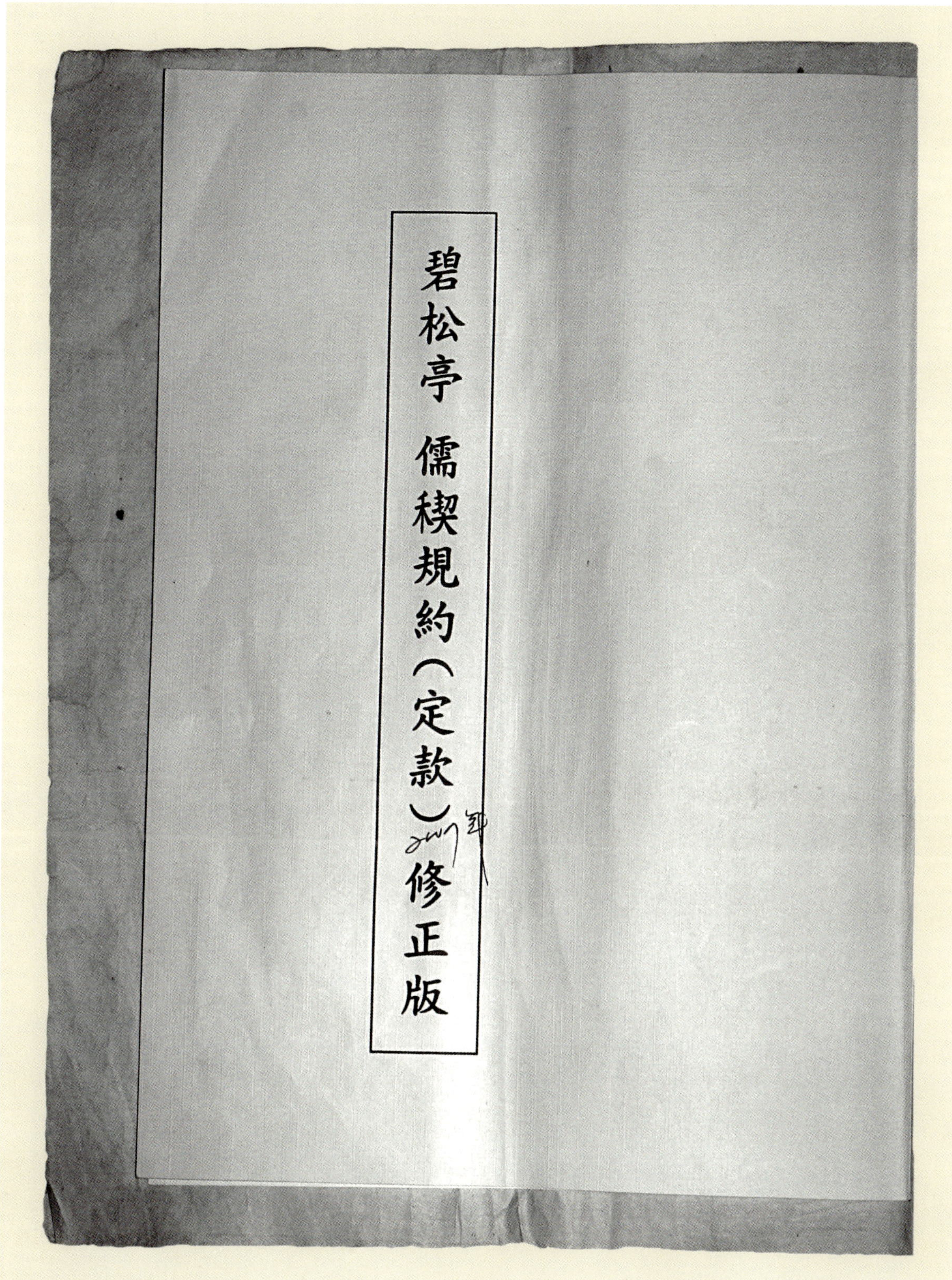
碧松亭 儒稧規約(定款)修正版

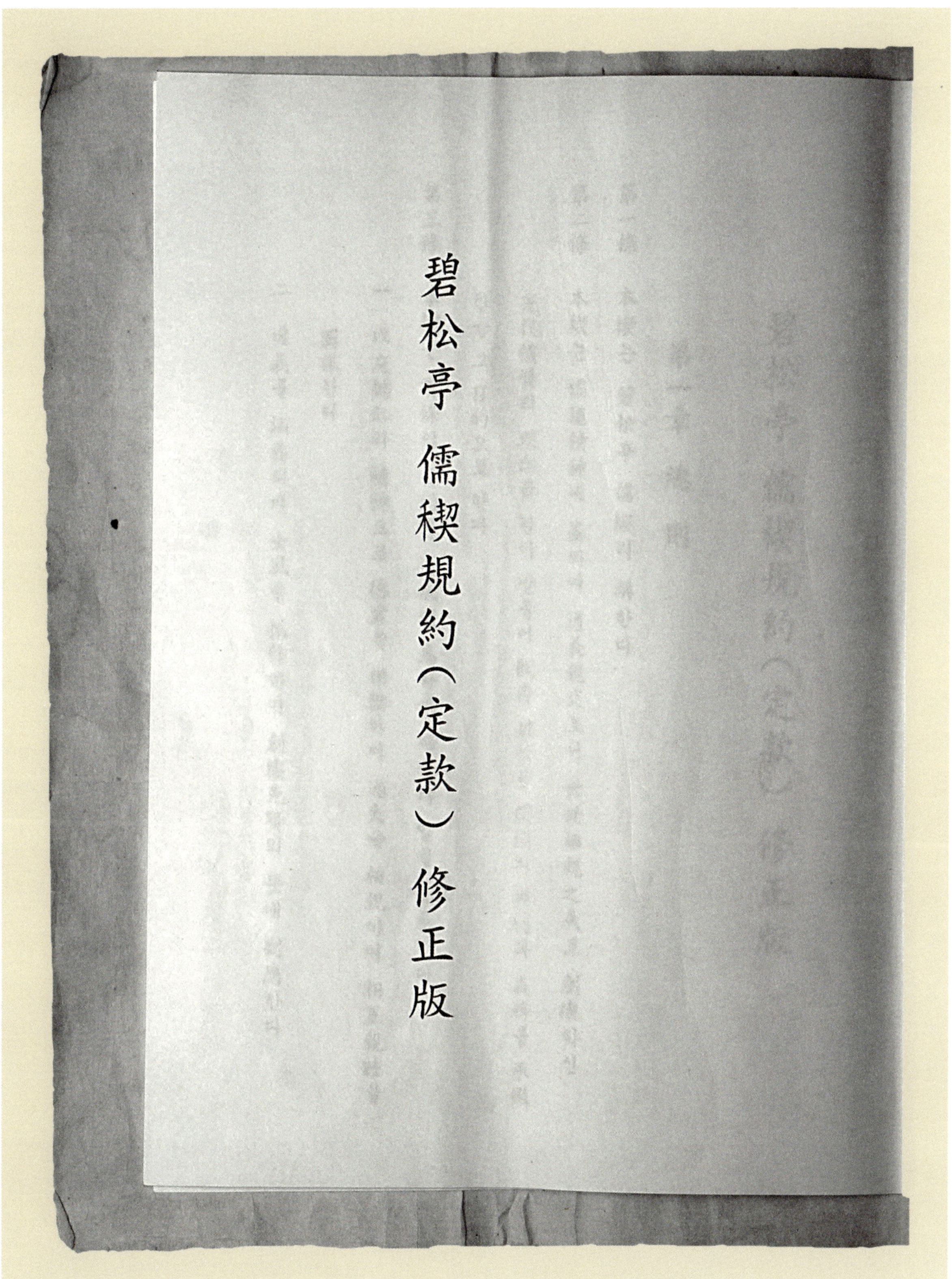
碧松亭 儒稧規約(定款) 修正版

碧松亭 儒稧規約(定款) 修正版

第一章 總則

第一條 本稧는 碧松亭 儒稧라 稱한다.

第二條 本稧는 儒道精神에 基하여 道義親交로서 世世相親之義로 創稧하신 先代儒賢의 理念을 길이 받들어 旣存 碧松亭 儒稧의 權利와 義務를 承繼함을 그 目的으로 한다.

第三條 本稧는 前條의 目的을 達成키 爲하야 다음의 일을 營爲한다.

一. 以友輔仁의 精神으로 德業을 相勸하며 過失을 相規하여 相互親睦을 圖謀한다.

二. 道義를 涵養하며 士風을 振作하여 創稧先賢의 뜻에 副應한다.

三. 有能한 後進育成을 爲하여 奬學基金의 設置運營.

四. 史蹟文化財인 碧松亭의 守護管理에 必要한 事業.

五. 其他 必要한 事業.

第四條 本稧의 主事務所는 高靈郡 雙林面 新村里 所在 碧松亭으로 한다.

第二章 稧 員

第五條 本稧 稧員은 創立 및 累次續稧 稧員의 該子孫으로서 入稧를 希望하는 者로 構成한다.

第六條 本稧에 入稧코저 하는 者는 前條에 該當하는 者로서 理事會의 議決을 거쳐 稧員名簿에 登載됨으로서 稧員의 資格을 갖는다.

第七條 吾鄕內에 德望과 學行이 足爲師表者로 第五條의 規定에 該當되지 않는 人士로서 迎入할 必要가 있다고 認定될 時는 理事會의 審議를 거쳐 總會의 議決

로서 協贊稧員으로 追入을 許容할 수 있다.

但 協贊稧員은 本人 當代에 限한다.

第三章 機構

第八條 本稧의 稧務를 執行하기 爲하여 理事會를 둔다.

第九條 理事會는 總會의 委任으로 다음 事項을 議決執行한다.

一. 稧員의 資格審議와 懲戒賞罰에 關한 일.

二. 財産의 助成과 處分에 關한 審議.

三. 總會에 附議할 案件作成에 關한 일.

四. 其他總會에서 委任한 일.

第十條 理事會의 定數는 九人으로 總會에서 選出하고 任期는 二年으로 한다.

第十一條 都廳은 總會에서 選出하고 各級會議의 議長이 된다.

第十二條　理事會는 必要時 都廳이 召集하고 在籍理事 三分의 二 以上의 出席으로 開議하고 出席理事 全員贊成으로 議決한다.

第四章 任員

第十三條　本禊에 다음의 任員을 둔다.

一. 都廳 一人

一. 有司 二人

一. 監事 二人

都廳은 本禊를 代表하고 이를 統轄 한다.

有司는 都廳을 補佐하고 一切의 禊務를 執行한다.

監事는 禊의 運營과 財政狀況을 監査하여 總會에 報告한다.

第十四條　都廳과 監事는 總會에서 選出하고 有司는 都廳이 任命하여 任期는

二年으로 한다.

第十五條 本稧의 諮問機關으로 顧問若干人을 推戴한다.

第五章 會議

第十六條 本稧의 會議는 定期總會와 臨時總會 및 理事會를 둔다.

第十七條 定期總會는 每年 陰 四月 十日로 定하고 左의 事項을 議決 한다.

一. 本稧規約의 制定改폐에 關한 事項.

二. 年中經過 및 決算報告 新年度事業 計劃審議 策定.

三. 任員 및 理事選出에 關한 事項.

四. 其他 理事會에서 提出된 議案 및 本稧運營에 必要한 事項.

第十八條 臨時總會는 都廳이 必要하다고 認定될 때 또는 稧員 二十人以上의 要求가 있을時 都廳이 召集하며 附議된 案件만 議決한다.

第十九條 總會의 定員은 出席(會)[稧]員(로)[으로] 開議하고 出席(會)[稧]員 過半數의 贊成으로 議決한다.

第二十條 都廳 有故時는 首席理事가 此를 代行한다.

第六章 財　政

第二十一條 本稧의 財政은 다음 收入으로 運營한다.

一. 既存財産으로 因한 所得.

二. 稧員의 入稧金 (冑孫은 白米五升 次孫은 白米壹斗式으로 定함.)

三. 基金으로 因한 收益金.

四. 贊助金 및 其他收入.

第二十二條 本稧 財産의 造成과 處分은 理事會의 議決을 거쳐 (在籍)[出席]稧員 [(過半數가 出席한 會議에서)] [開議하고] 出席稧員 三分의 二以上의 贊成으로

議決한다.

第七章 脫退 및 懲戒

第二十三條 本稧稧員이 脫退時에는 稧員資格이 喪失되며 旣納金은 一節還拂하지 않는다.

第二十四條 稧員中 本稧의 名譽와 威信을 損傷하거나 本稧則을 違反할 時는 理事會의 審査를 거쳐 總會決議에 依하여 除名處分할 수 있으며 이境遇에도 旣納金은 前條와 같다.

第八章 附則

第二十五條 本規約은 西紀 一九八七年 定期總會에서 改正施行된 것을 組織 改(正修)으로 因하여 修正案으로 西紀 二〇〇七年 定期總會에서 議決하여 即時 效力을 發生한다.

一九七五年 制定

一九八七年 改正

二〇〇七年 修正

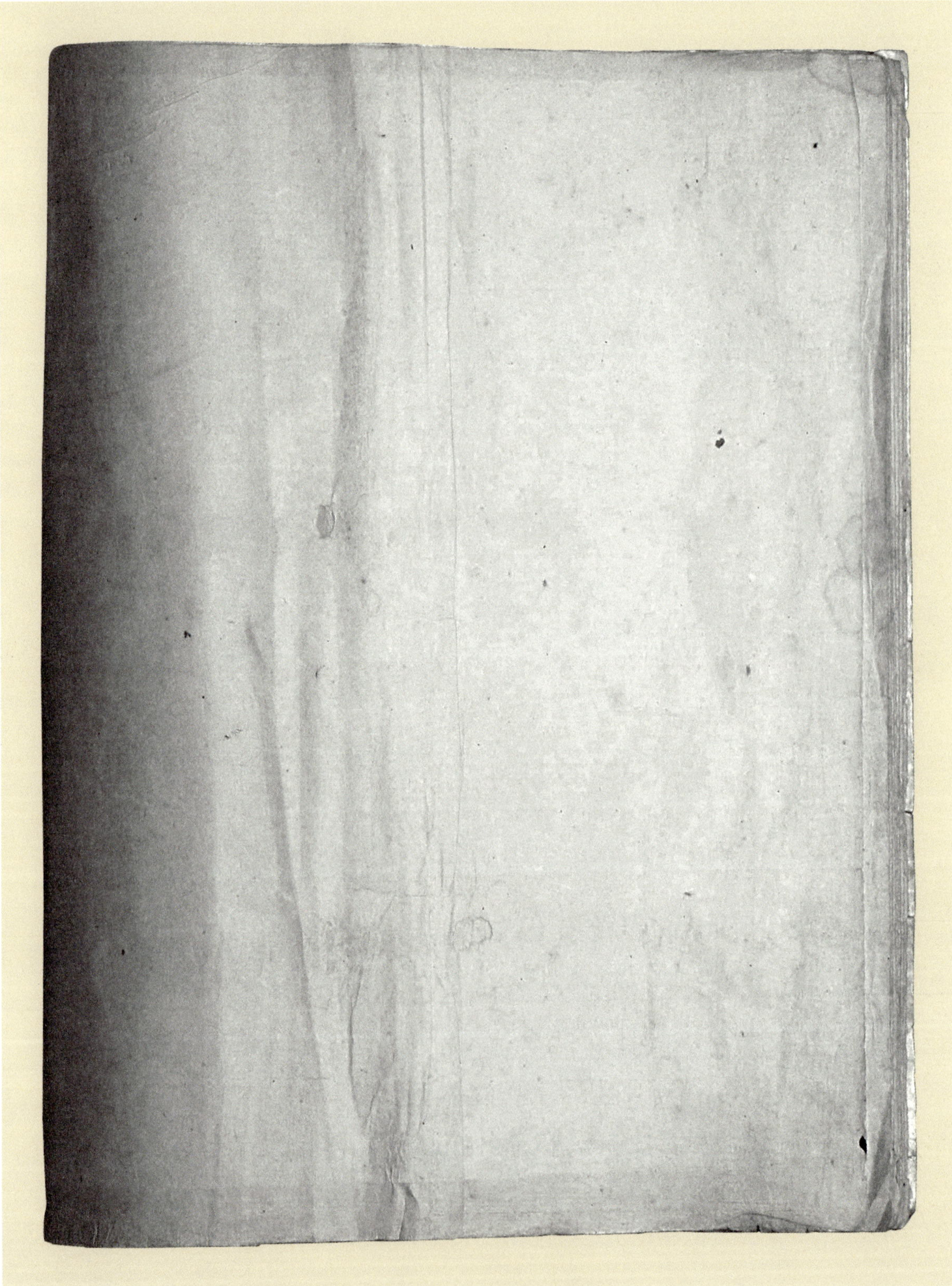

稧員名簿

仙	姓名	字	生	本貫	號
仙	崔淳甲	字子元	生甲辰	陽川人	鶴洞
仙	崔淳喜	文守	丁未	陽川人	鶴洞
仙	吳在春	殷翊	己酉	高敞人	梅林
仙	李憲教	相淳	庚戌	星山人	松亭
仙	全且祚	善五	庚戌	星山人	栢山

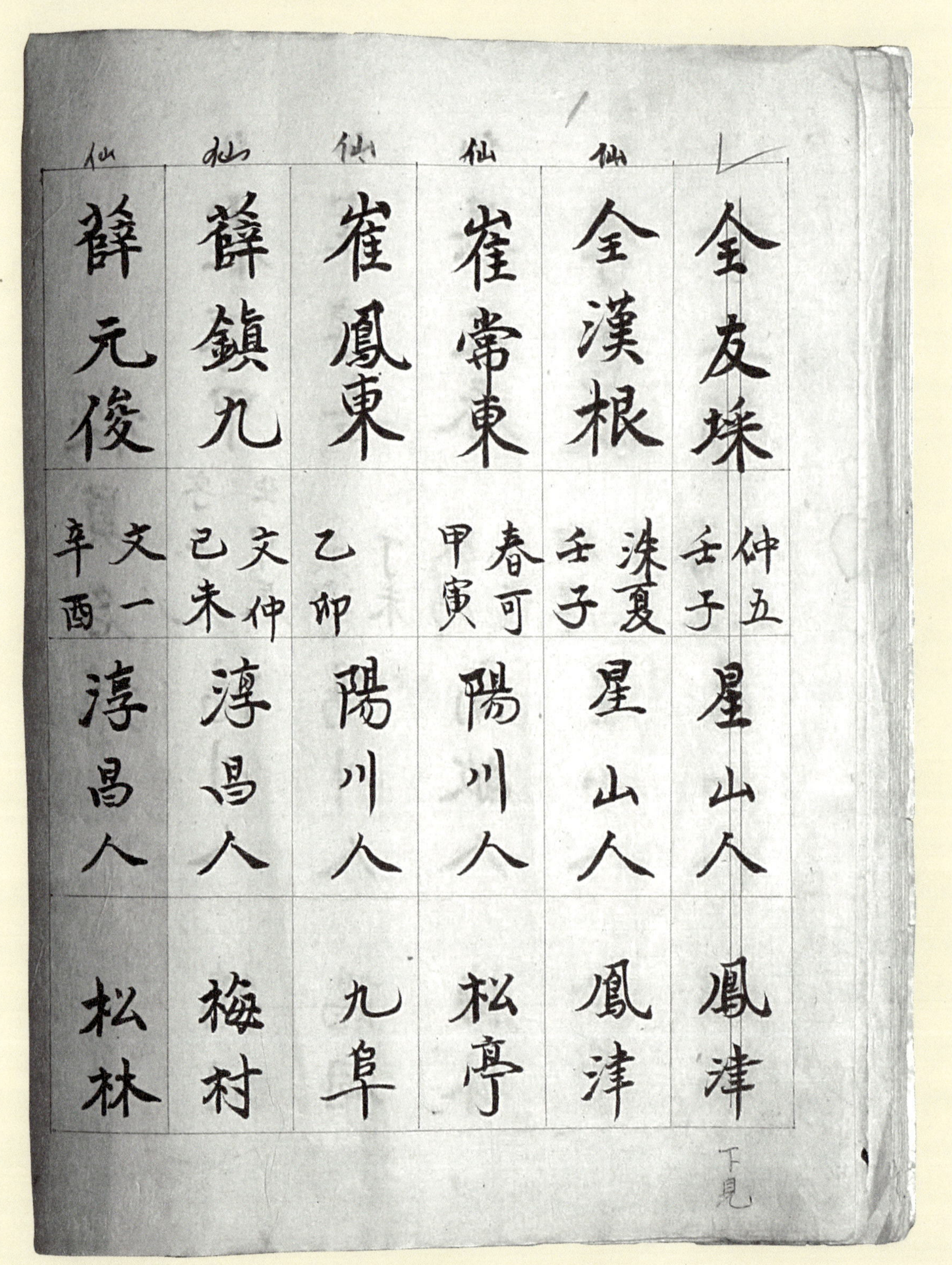

仙 全友株 仲五 壬子 星山人 鳳津

仙 全漢根 洙夏 壬子 星山人 鳳津

仙 崔常東 春可 甲寅 陽川人 松亭

仙 崔鳳東 乙卯 陽川人 九皐

松 薛鎭九 文仲 己未 淳昌人 梅村

仙 薛元俊 文一 辛酉 淳昌人 松林

下見

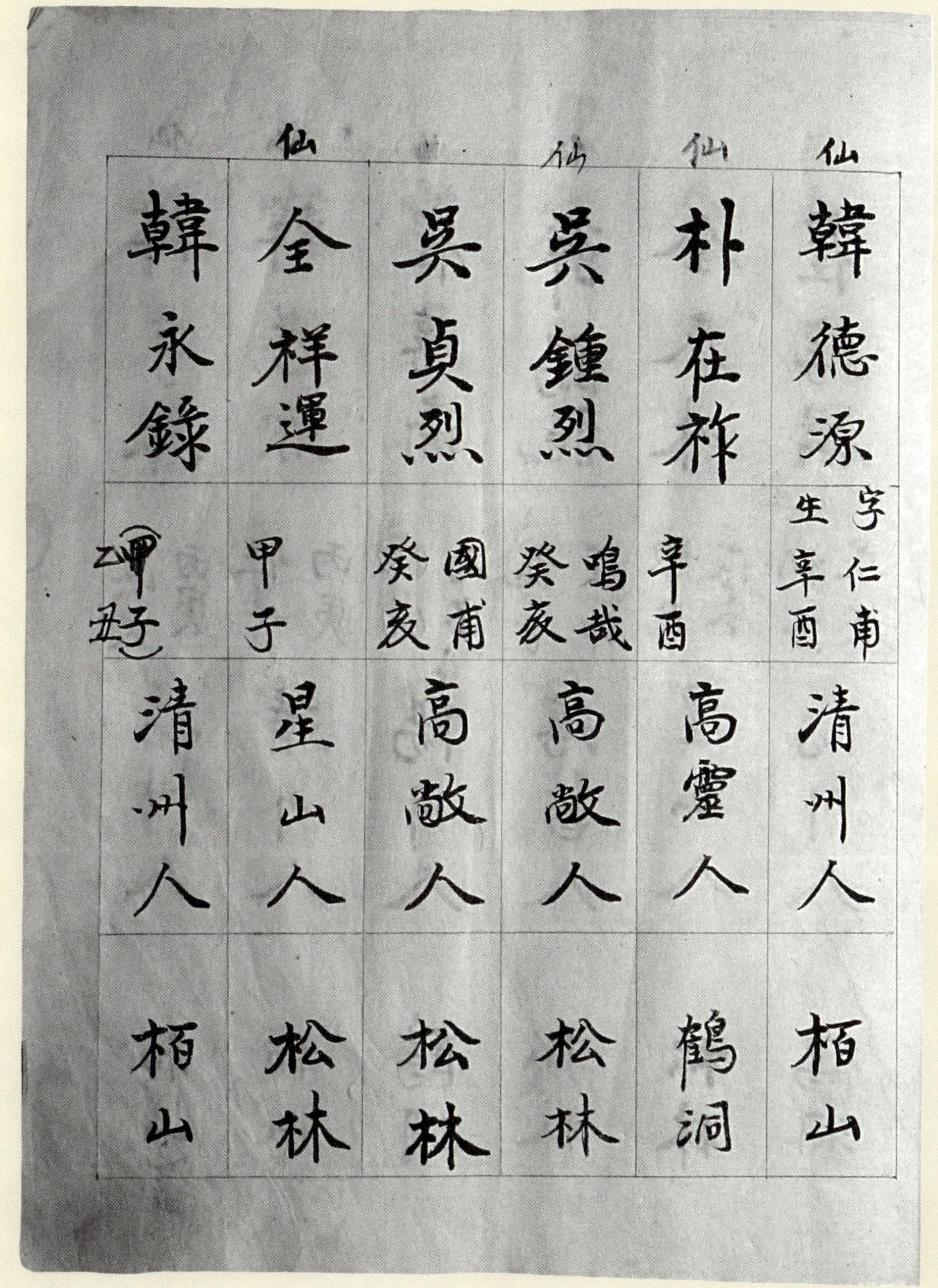

	姓名	字	生年	本貫	居住
仙	韓德源	字仁甫	生辛酉	清州人	栢山
仙	朴在祚		辛酉	高靈人	鶴洞
仙	吳鍾烈	鳴哉	癸亥	高敞人	松林
	吳貞烈	國甫	癸亥	高敞人	松林
仙	全祥運		甲子	星山人	松林
	韓永錄		(甲子) 乙丑	清州人	栢山

표기	성명	자	생년	본관	거주
仙	韓亨洙	眞文	丙寅	清州人	栢山
仙	韓孝源	性百	丙寅	清州人	栢山
仙	崔淳啇	(敬)(夫)	丙寅	陽川人	鶴洞
仙	薛鶴龍	龍善	丁卯	淳昌人	松林
	全奉洙	敬夫	戊辰	星山人	松林
	崔淳祺	弘汝	戊辰	陽川人	鶴洞

	全鋼碩	字 生 戊辰	星山人	鳳津
	全龍埰	士順 戊辰	星山人	栢山
[illegible]	崔聖東	~~庚午~~ 丁卯	陽川人	松亭
	崔東均	壬申	陽川人	鶴洞
仙	崔淳浩	壬申	陽川人	鶴洞
仙	崔東埈	壬申	陽川人	鶴洞

仙 金範秀 洪九 壬申 一善人 佳谷

吳承烈 賢夫 壬申 高敞人 松林

金炳埴 明夫 癸酉 一善人 佳谷

仙 崔炳秀 景泰 癸酉 陽川人 松亭

金鉦秀 甲戌 慶州人 松林

薛千秀 甲戌 淳昌人 上佳

仙	姓名	生	本貫	居
	薛聖九	字 生 乙亥	淳昌人	上佳
仙	韓宗洙	丙子	清州人	栢山
仙	韓炳泰	丁丑	清州人	栢山
	薛榮墩	己卯	淳昌人	松林
	金鍾圭	戊寅	慶州人	松林
仙	朴泰熹	辛未	高靈人	鶴洞

姓名	干支	本貫	居住	備考
朴述憲	己卯	高靈人	鶴洞	
朴俊植	辛卯	高靈人	鶴洞	
全利根	甲子	星山人	上佳	仙
全鏞漢	壬戌 致鎬	星山人	松林	仙
崔福東	庚申	陽川人	柏山	仙
崔甲東	子寅 甲寅	陽川人	鶴洞	仙

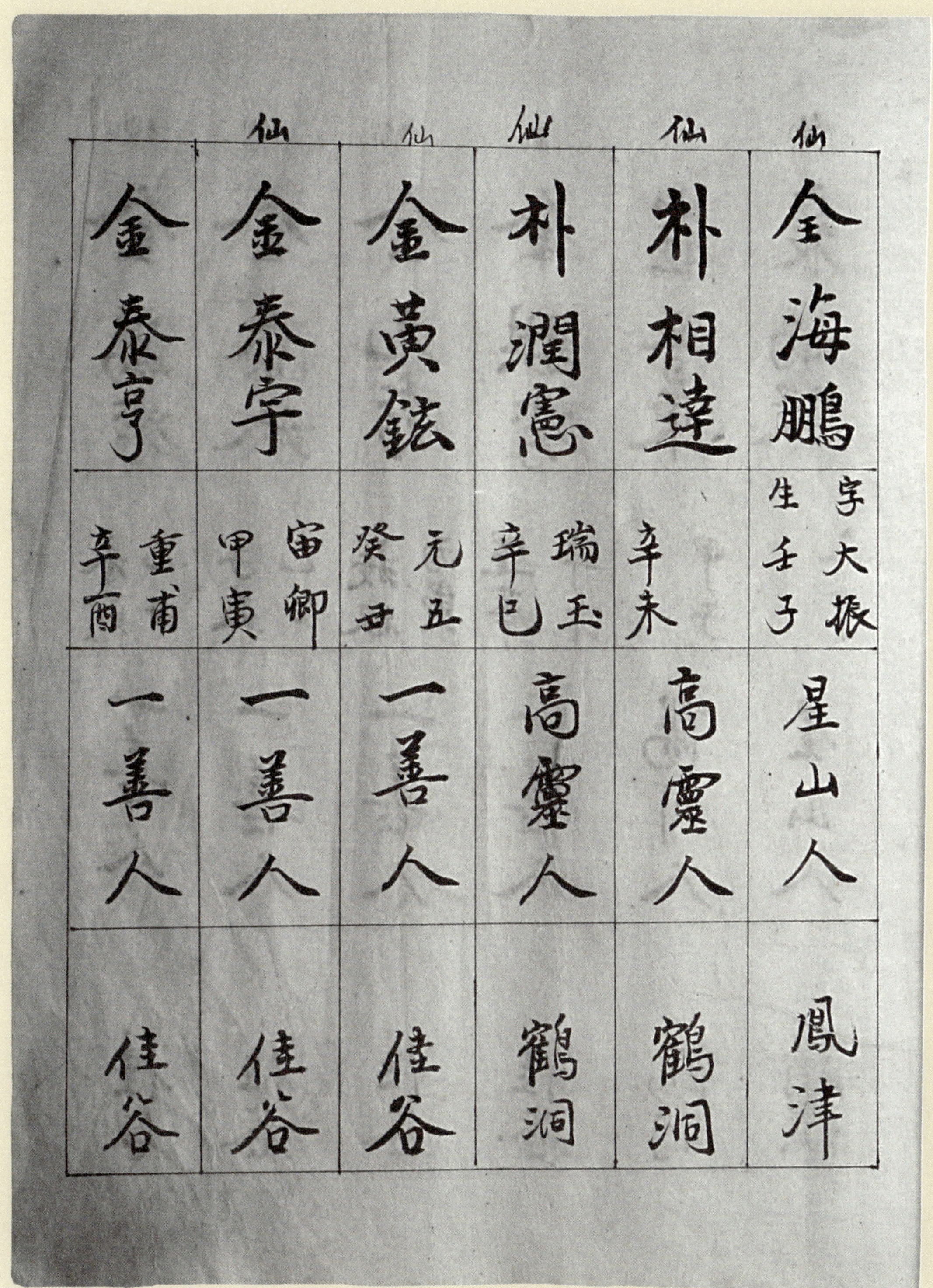

標	姓名	字	生年	本貫	居住
仙	金海鵬	字大振	生壬子	星山人	鳳津
仙	朴相達		辛未	高靈人	鶴洞
仙	朴潤憲	瑞玉	辛巳	高靈人	鶴洞
仙	金黃鉉	元五	癸丑	一善人	佳谷
仙	金泰宇	宙卿	甲寅	一善人	佳谷
	金泰亨	重甫	辛酉	一善人	佳谷

仙	仙				仙
金萬秀	金泰淑	金元秀	金騏秀	崔晉東	裵炳駿
永則 乙丑	子益 乙丑	羲淑 丙寅	道華 辛未	甲子	戊申
一善人	一善人	一善人	一善人	陽川人	星山人
佳谷	佳谷	佳谷	佳谷	鶴洞	淸溪

標	姓名	字·生年	本貫	居住
仙	裵東溶	字華玉 生丁未	星山人	淸溪
	裵日煥	己卯	星山人	淸溪
仙	裵泰煥	戊辰	星山人	淸溪
仙	裵相遜	乙亥	星山人	鶴洞
	全綱浩 (錮)	己卯	星山人	鳳津
仙	全禮埰	甲寅	星山人	鳳津

姓名	字	生年	本貫	居住	備考
全龍守		甲申	星山人	鳳津	
金圭秀	尚淑	壬子	一善人	佳谷	仙
朴武憲	直夫	壬子	高靈人	鶴洞	仙
朴泰珪	夢碩	戊午	高靈人	鶴洞	仙
朴泰勳	奉彥	戊午	高靈人	鶴洞	仙
朴泰桓	元賛	甲子	高靈人	鶴洞	

	姓名	字·生年	本貫	居住
	朴世憲	字琪甫 生辛巳	高靈人	鶴洞
	朴斗憲	丙戌	高靈人	鶴洞
仙	裵仁煥	丁卯	星山人	鶴洞
仙	全元伊	甲子	星山人	鶴洞
仙	崔在東	庚申	陽川人	九阜
	裵東洙	癸未	星山人	松谷

標記	姓名	字·生年	本貫	居住
	金大根		星山人	鶴洞
仙	金孝培	丙寅	星山人	鳳津
仙	金炳寅		星山人	鶴洞
	吳元銖	元甫 甲戌	高敞人	松林
仙	金華植	辛亥	星山人	鳳津
仙	裵相烈	辛未	星山人	清溪

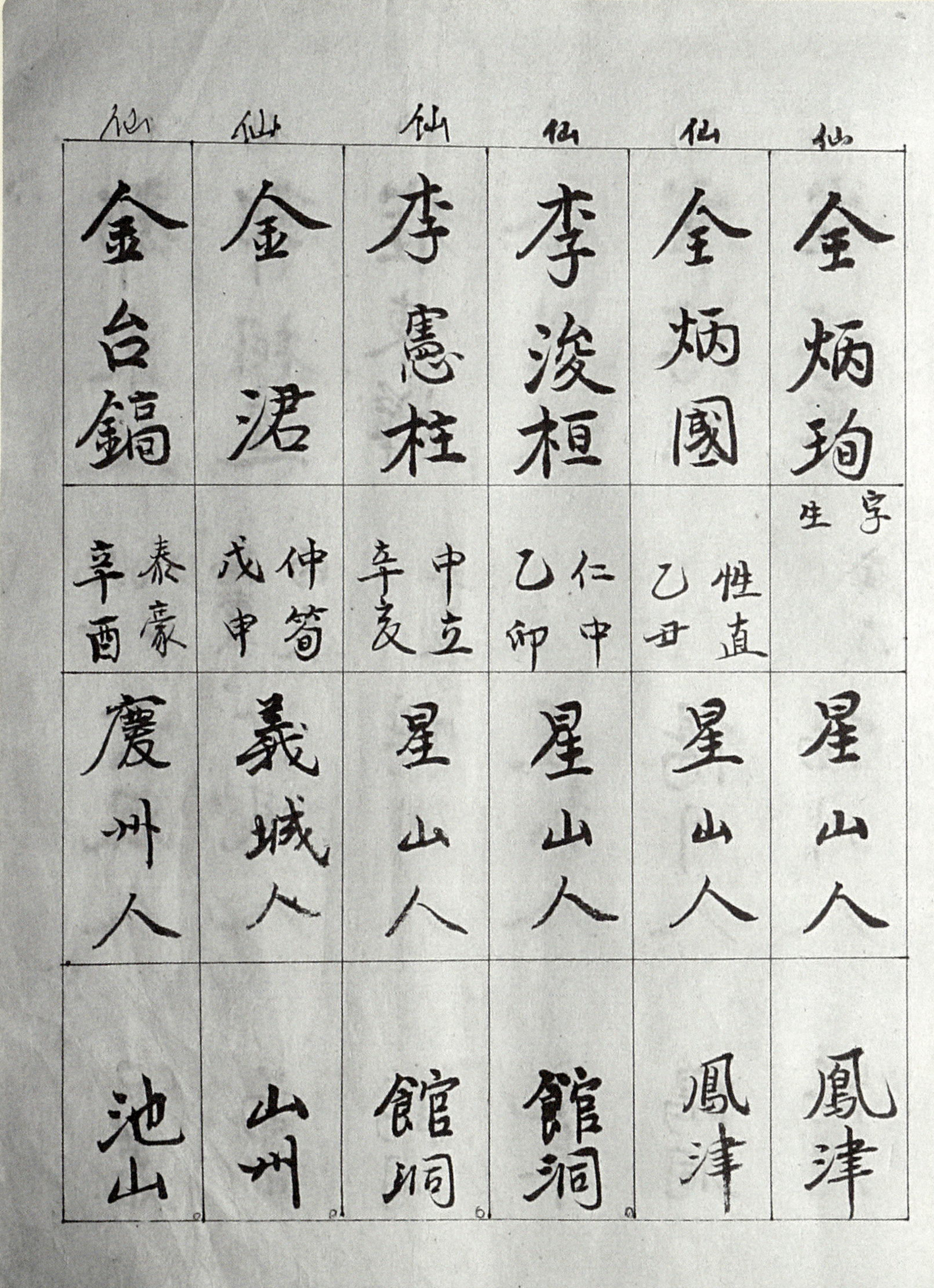

仙	仙	仙	仙	仙	仙
金炳珣	金炳國	李浚桓	李憲柱	金涒	金台鎬
字 生	性直 乙丑	仁中 乙卯	中立 辛亥	仲筍 戊申	泰豪 辛酉
星山人	星山人	星山人	星山人	義城人	慶州人
鳳津	鳳津	館洞	館洞	山州	池山

標記	姓名	字·生年	本貫	居住
仙	郭東玫	允一 戊午	玄風人	月幕
仙	郭相達	禹賢 丙辰	玄風人	菊田
仙	崔東燁	辛亥	陽川人	鶴洞
	全判根		星山人	九皐
仙	崔淳出		陽川人	鶴洞
仙	崔淳厚	庚戌	陽川人	鶴洞

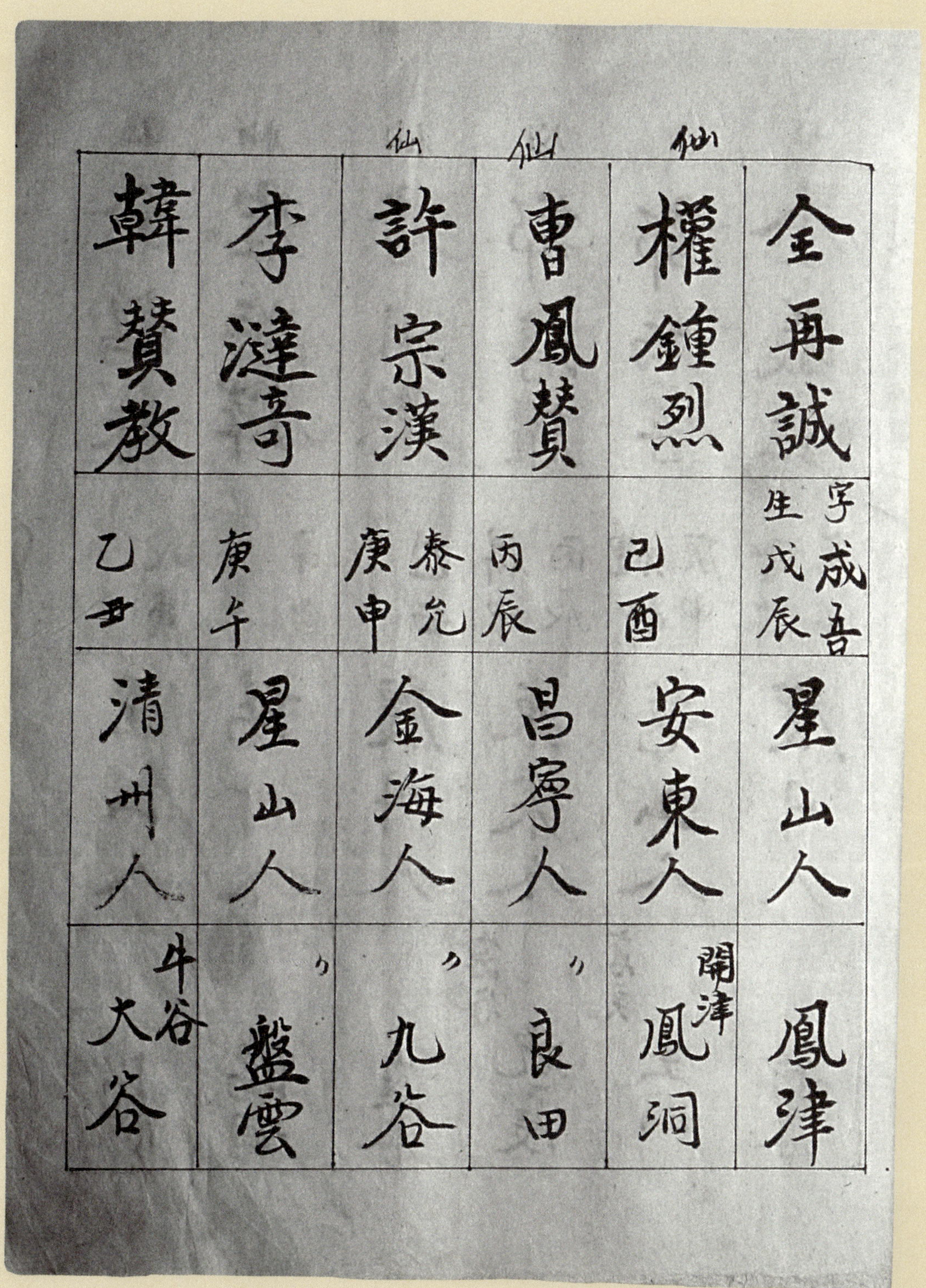

Note	姓名	字 / 生年	本貫	居住
	金再誠	字成吾 生戊辰	星山人	鳳津
仙	權鍾烈	己酉	安東人	開津 鳳洞
仙	曺鳳贊	丙辰	昌寧人	〃 良田
仙	許宗漢	泰允 庚申	金海人	〃 九谷
	李㵣奇	庚午	星山人	〃 盤雲
	韓贊教	乙丑	清州人	牛谷 大谷

	姓名	字·生年	本貫	號
仙	金鶴洙	戊寅	星山人	松林
仙	崔炳鐸	辛酉	陽川人	鶴洞
仙	李月熙	乙丑	慶州人	上佳谷
仙	鄭淳權	得中 丙辰	東萊人	德谷 晩霞
	郭柄厚	禮仲 庚申	苞山人	髙炅 玉山
	金義鉉	聖祚 庚午	慶州人	新谷

仙	仙	仙			仙
李錫祐	全海宙	全命根	韓德敎	禹福龍	崔炳演
字大玉 生乙卯		乙巳	辛未	辛未	光文 辛未
全州人	星山人	星山人	淸州人	丹陽人	陽川人
閑津 新安	鳳津	鳳津	牛谷 大谷	合伽	鶴洞

		仙	仙	仙	仙	
姓名	朴永泰	金永夏	朴性憲	李春熙	全福運	柳海喆
字·生年		忠可 壬戌	淳夫 庚申	性沃 丁巳		明夫 庚申
本貫	高靈人	一善人	高靈人	慶州人	星山人	晉陽人
居住	鶴洞	開津 九谷	牛谷 桃津	開津 直洞	館洞	冶炉 河濵

	姓名	字/生年	本貫	居住
仙	朴址悅	字敬淑 生乙丑	高靈人	高吳 快賓
仙	全台植		星山人	鳳津
仙	全大植		星山人	石寺
仙	裵鳳龍		星山人	下車二
	全道植	乙亥	星山人	栢山
仙	全炳鶴		星山人	栢山

仙	仙	仙	仙		仙
崔淳虎	崔淳恪	全載鉉	全再根	金洛鎬	郭殷烈
丁卯		甲子	丙寅	烏國 戊辰	相振 乙丑
陽川人	陽川人	星山人	星山人	一善人	玄風人
鶴洞	鶴洞	栢山	上佳谷	同津 仁安	月幕

仙	郭泰烈	字文兼	生辛酉	玄風人	月幕
	郭東龍	命遠	乙亥	玄風人	月幕
仙	郭宇烈	來汝	壬戌	玄風人	月幕
仙	金泰順	三軒	庚申	一善人	佳谷 寓서울
仙	金炳宇	元若	己巳	一善人	佳谷
	金炳朝	振羽	壬申	一善人	佳谷 [illegible]

金泰哲	仁先 乙亥	一善人	佳谷
金雅秀	亮勳 甲申	一善人	佳谷
金炳純	丁亥	一善人	佳谷
裵永壽	癸酉	星山人	鶴洞
裵東勳	戊寅	星山人	下車二
裵永孝	丁亥	星山人	鶴洞

仙

姓名	字 / 生	本貫	號
吳在旭	字 生	高敞人	松林
吳海根	清汝 甲戌	高敞人	梅林 富大卯
全炳岦	丁丑	星山人	鳳津
全在鳳		星山人	鳳津
吳在權	丙戌	高敞人	梅林
全炳烈	丁亥	星山人	鳳津 [illegible]

표시	성명	간지	본관	거주
	崔東待	戊寅	陽川人	鶴洞
仙	全炳玉	庚午	星山人	凰津
	吳在洙		高敞人	貴院
仙	全炳祐	正中 乙丑	星山人	扶禮
仙	崔快東	庚午	陽川人	鶴洞
仙	吳桂鎬	辛未	高敞人	梅林

一五三

姓名	字 / 生年	本貫	號
金炳圓	相哉 甲戌	星山人	鳳津

戊寅承継稧々員

姓名	字 / 生年	本貫	號
金炳基	潤吉 辛巳	一善人	佳谷
崔炳寛	畢景 丙申	陽川人	松亭
崔佶東	丙辰	陽川人	〃
崔烘翊	辛巳	陽川人	〃

姓名	生年	本貫	居住
崔炳仁	己亥	陽川人	鶴洞
崔喆東	丙申	陽川人	〃
金鍾秀		一善人	佳谷
金炳垸		一善人	〃
金炳滿		一善人	〃
朴台(泰)憲	丁亥	高靈人	鶴洞

姓名	生年	本貫	居住
朴址憲	丙申	高靈人	鶴洞
郭在穆		玄風人	月幕
裵根孝	己亥	星山人	鶴洞
仙 裵東彥	乙亥	星山人	〃
裵龍孝	丁亥	星山人	〃
裵東澈	戊午	星山人	〃

裵圭煥 乙亥 星山人 鶴洞

啓 李道源 謹夫 癸酉 全州人 新安

李洙仁 浩益 己卯 星山人 盤雲

原

己卯年承繼禊々員

全炳均 昌哉 丙戌 星山人 松林

全炳琉 法泉 乙亥 星山人 大邱 上仁 南區 大明11洞 現代빌라 103號

全炳碩 哉明 丙子 星山人 〃

全甲植 斗八 甲戌 星山人 新村

仙 全文植 文益 庚午 星山人 〃

仙 全炳茂 聖夫 庚辰 星山人 〃

仙 全海喆 敬七 辛未 星山人 〃

金炳庸 汝明 己卯 星山人 新村

崔日化 壬午 陽川人 鶴洞

崔東勲 壬午 陽川人 〃

崔炳允 玹吞 丙子 陽川人 〃

崔文錫 成夫 癸酉 陽川人 〃

金喆秀 戊辰 一善人 佳谷

金泰明 德夫 甲戌 一善人 佳谷

裵東權 甲戌 星山人 清溪

李潤大 己丑 星山人 盤雲

李大源 文浩 己巳 星山人 〃

[落] 韓碩源 勤巖 甲戌 清州人 山塘

朴泰俊 乙巳 高靈人 鶴洞

崔琪滿 甲申 陽川人 鶴洞

原

癸未年承繼稧々員

金吉誠 進守 己卯 星山人 新村

金判權 聖魯 丙寅 星山人 新安

仙 金春植 周汝 星山人 新村

仙

李春錫 善有 癸酉 星州人 盤雲

崔東瑞 乙亥 陽川人 鶴洞

鄭洙震 潤義 己巳 晋陽人 玉山

吳昞勲 庚辰 高敞人 松林

李錫鴻 羽鴻 甲戌 全州人 新安

金泰勲 乃勲 壬申 一善人 佳谷

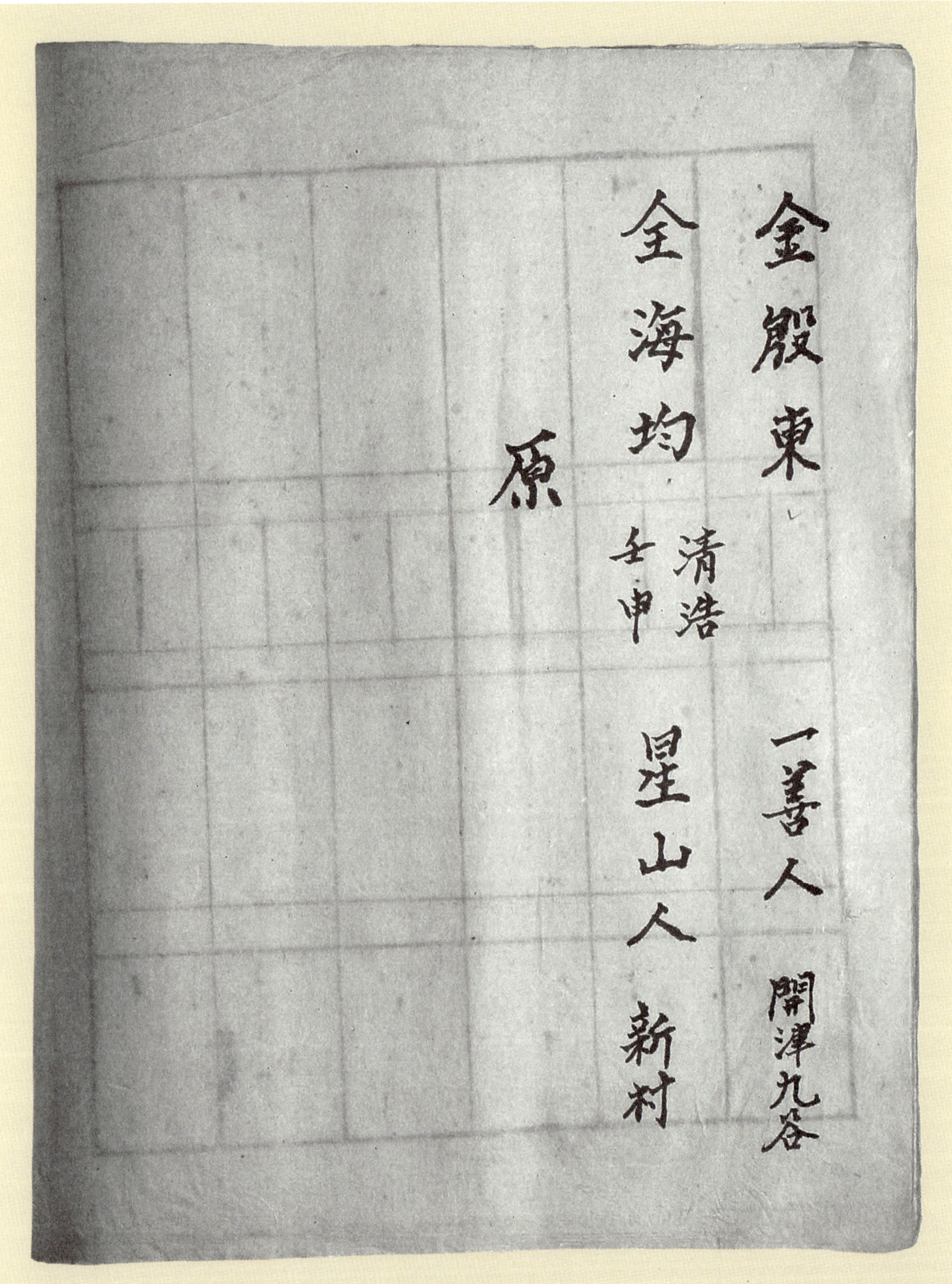
金殷東 一善人 開津九谷
金海均 清浩 壬申 星山人 新村
原

이하 24면 동일한 여백

仙化稧員

故 金泰鍾 字振遠 生丙戌 一善人 佳谷

吳載鳳 文哉 甲午 高敞人 梅林

金春秀 元若 戊戌 一善人 佳谷

全在根 義善 辛丑 星山人 扶禮

崔淳祐 應五 壬寅 陽川人 鶴洞

仙 故 金允根 華孰 壬子 星山人 鳳津

崔淳悅 癸丑 陽川人 鶴洞

崔聖東 魯由 癸丑 陽川人 鶴洞

金炳浩 善養 戊午 一善人 梅村

金炳轍 淑瞻 壬寅 星山人 鳳津

金炳輪 季瞻 丁未 星山人 鳳津

故 仙

薛玉洞 字文卿 生壬寅 淳昌人 上佳

全友垛 仲五 壬子 星山人 鳳津

崔淳權 丙辰 陽川人 鶴洞

崔炳悦 景淑 庚申 陽川人 松亭

崔龍東 庚申 陽川人 松亭

崔淳南 山汝 庚申 陽川人 松亭

仙故

崔在東 辛酉 陽川人 鶴洞

裵星煥 辛酉 星山人 松亭

薛鎭浩 景仲 丁卯 淳昌人 上佳

裵仁煥 戊辰 星山人 清溪

全奭培 月遠 庚午 星山人 栢山

全海天 壬寅 星山人 鳳津

仙故 吳大烈 字 生癸丑 高敞人 梅林

崔東範 洪夫 丙午 陽川人 鶴洞

崔東鎭 相水 丙辰 陽川人 鶴洞

裵琪煥 壬子 星山人 鶴洞

裵相烜 宅卿 己酉 星山人 鶴洞

全琢鉉 永瑞 辛亥 星山人 梅村

仙 仙

故 崔東出 辛酉 陽川人 鶴洞

全炳球 丁卯 星山人 鳳津

全炳龍 星山人 鶴洞

崔命東 陽川人 鶴洞

金過壞 庚午 慶州人 松林

吳在相 高敞人 梅林

故 仙 崔東穆 陽川人 九皐

仙 郭俊烈 甲寅 和善 玄風人 月幕

崔淳桓 丁巳 陽川人 栢山

仙 李祐錫 丁卯 星山人 開津 盤雲

仙 李仲錫 丙辰 星山人 盤雲

仙 權鍾壎 乙巳 安東人 凰洞

金克秀 應圭 甲辰 一善人 佳谷

朴大憲 仁淑 庚戌 高靈人 桃津

朴喆憲 順夫 乙未 高靈人 〃

忌案(1)

忌案
忌案一卷

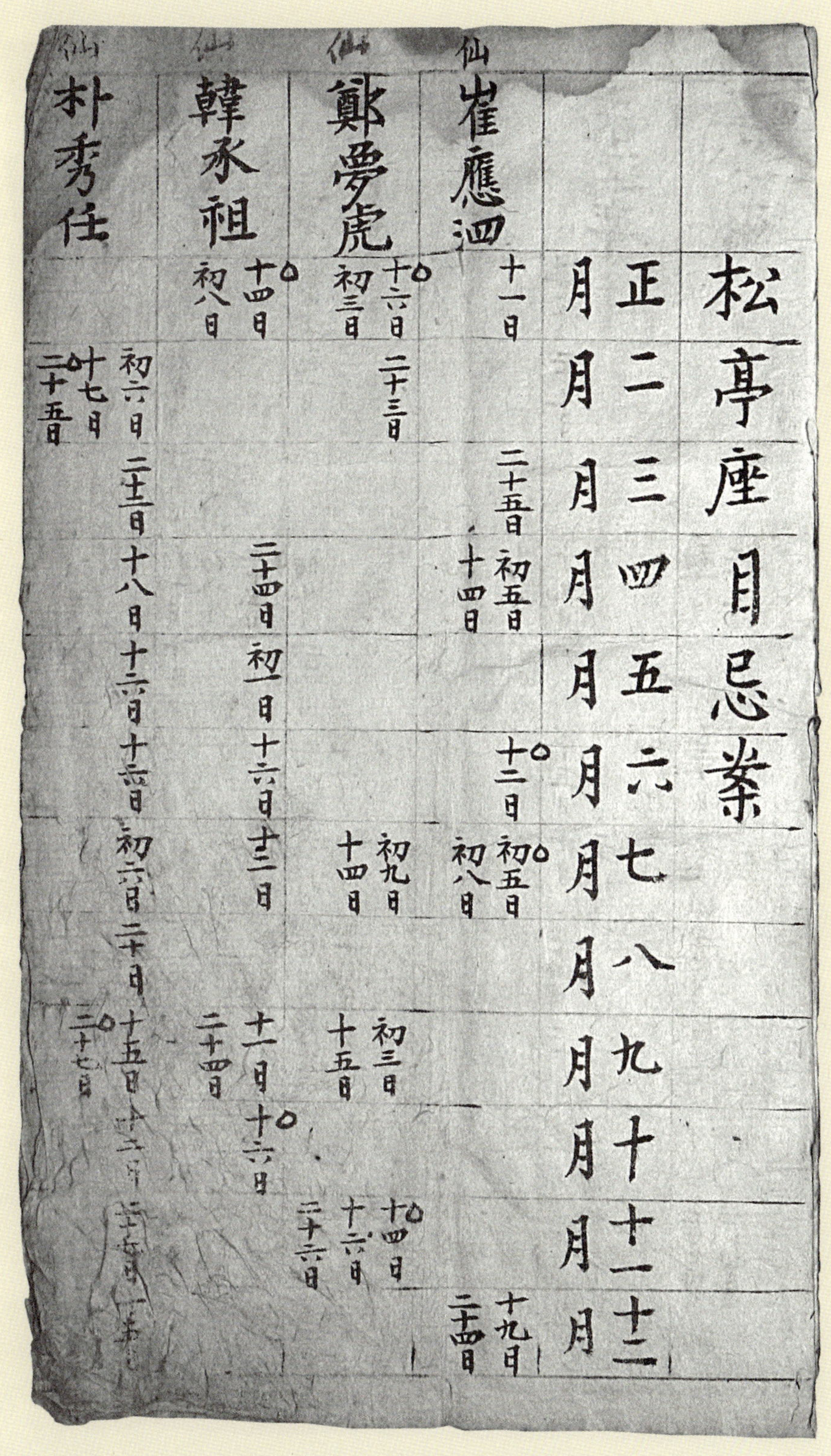

松亭座月忌案

月	仙 崔應泗	仙 鄭夢虎	仙 韓承祖	仙 朴秀任
正月	十一日	十六日○ 初三日	十四日○ 初八日	
二月		二十三日		初六日 十七日 二十五日○
三月	二十五日			二十三日
四月	初五日 十四日		二十四日	十八日
五月			初一日	十六日
六月	十二日○		十六日	十五日
七月	初五日○ 初八日	初九日 十四日	十三日	初六日
八月				二十日
九月		初三日 十五日	十一日 二十四日	十五日 二十七日○
十月			十六日○	廿二日
十一月		十四日○ 十六日 二十六日		二十五日
十二月	十九日 二十四日			[illegible]

		1	2	3	4	5	6	7	8	9	10	11
仙	許信	十八日	初九日		初八日 二十五日	十三日				二十三日		
仙	許㑃	十八日	初九日	十九日 二十一日	初一日 初八日 二十五日	十三日	十三日	初二日		二十三日		初十日 十五日
仙	尹殷楨	初四日	初一日 二十五日 二十六日		初九日	二十一日	二十九日	十○ 十九日	二十二日 二十五日	二十日		
仙	李克仁											
仙	宋延年	二十五日	二十九日		十九日		十五日	十日 二十八日	二十四日	二十八日	十一日 二十九日	
仙	李涵				初十日 二十三日		三十日	初七日	十七日	二十日		二十七日 二十四日

仙 金元瑞	仙 李立	仙 朴大任	仙 韓應獜	仙 權應台	仙 都鵬
	初八日 二十一日	十六日 十二日	初四日○ 二十四日	二十一日	初四日
初九日		初六日 二十五日○	二十四日	二十九日	
		初六日 二十二日 初三日	十三日 十四日 十六日	十九日	初十日
	十六日	十八日 十二日	二十三日	十七日	十七日 二十二日 二十七日
初十日		初九日○ 十九日			十八日 十九日 二十日
	初八日	十六日	二十二日○		初五日○
二十一日 二十三日	二十八日○	初六日 初九日 二十二日		十四日	初八日
初五日	十四日 二十九日	二十日 二十四日○			
初四日	二十二日	二十七日○ 初五日			二十六日
初五日 二十日		初二日 十二日		初八日 十三日 二十八日	二十三日
二十六日	初四日 二十八日		初十日	二十九日	初九日
	二十二日○	二十二日		十一日	初一日

仙 金忠瑞	仙 朴愚	仙 金壽恍	仙 薛亨範	仙 崔應湏	仙 崔汝夔
	初四日 二十日		二十八日	初七日	
	初五日	初四日	二十二日 二十三日 二十八日	二十六日	
	十五日	十五日 十七日 十三日		二十五日 初五日	二十五日 十六日
			初二日 初五日	初一日 初十日	
	十六日			二十五日	
				二十五日	十五日
	初七日	初四日 二十三日	初一日 十一日		初八日
		初七日			十六日
	二十六日	初一日	初八日 二十九日		初七日
				初八日	十四日 十八日 十九日
		二十八日		十九日 二十四日	初一日

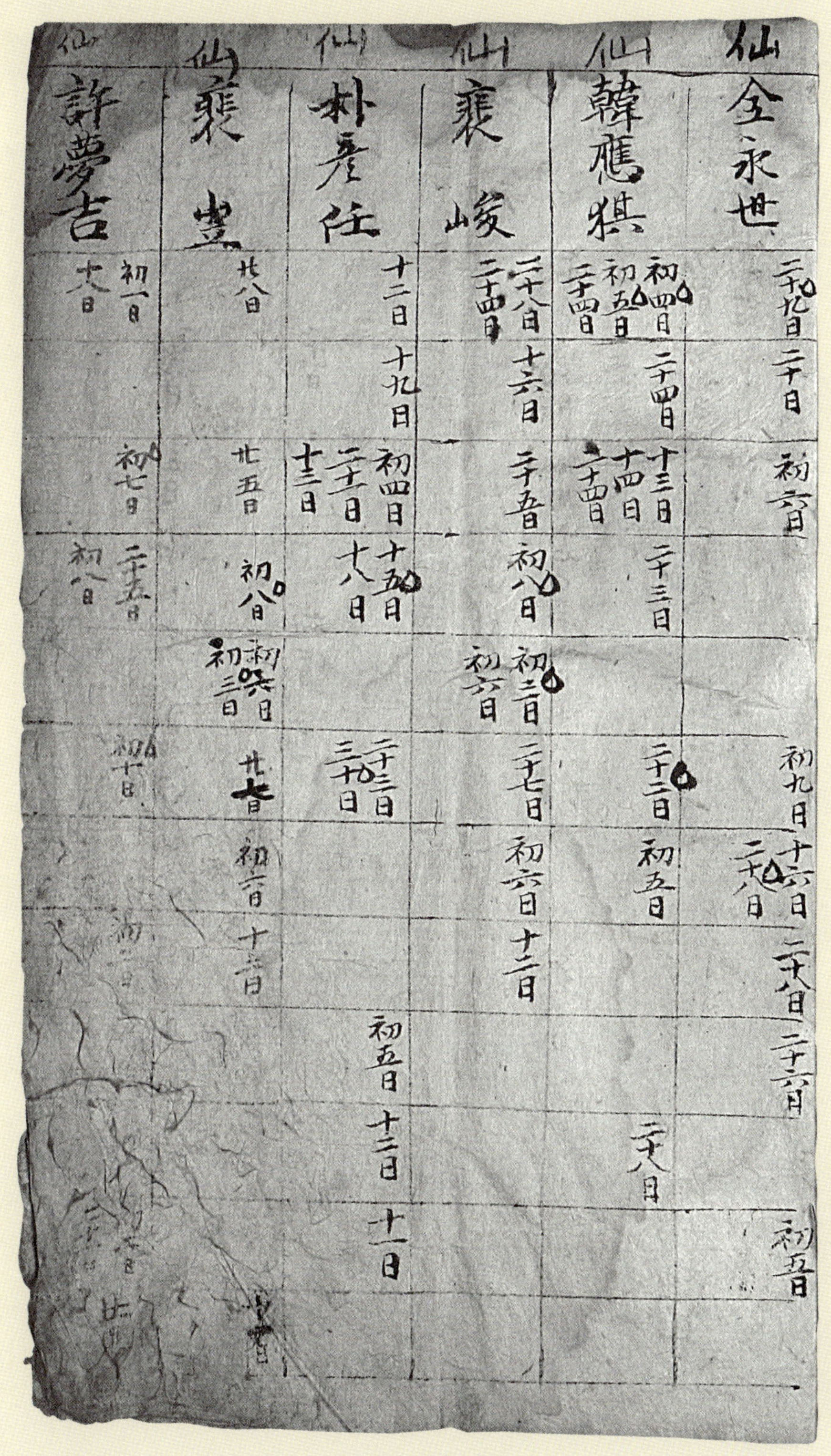

仙 全永世	仙 韓應棋	仙 裵峻	仙 朴彥任	仙 裵豈	仙 許夢吉
二十九日	初四日 初五日 二十四日	二十八日 二十四日	十二日	廿八日	初一日 十六日
二十日	二十四日	十六日	十九日		
初六日	十三日 十四日 二十四日	二十五日	初四日 二十一日 十三日	廿五日	初七日
	二十三日	初八日	十五日 十八日	初八日	二十五日 初八日
		初二日 初六日		初六日 初三日	
初九日	二十二日	二十七日	二十二日 二十九日	廿七日	初十日
十六日 二十九日	初五日	初六日		初六日	[illegible]
二十八日		十二日		十二日	[illegible]
二十六日			初五日		
	二十八日		十二日		
初五日			十一日	[illegible]	[illegible]

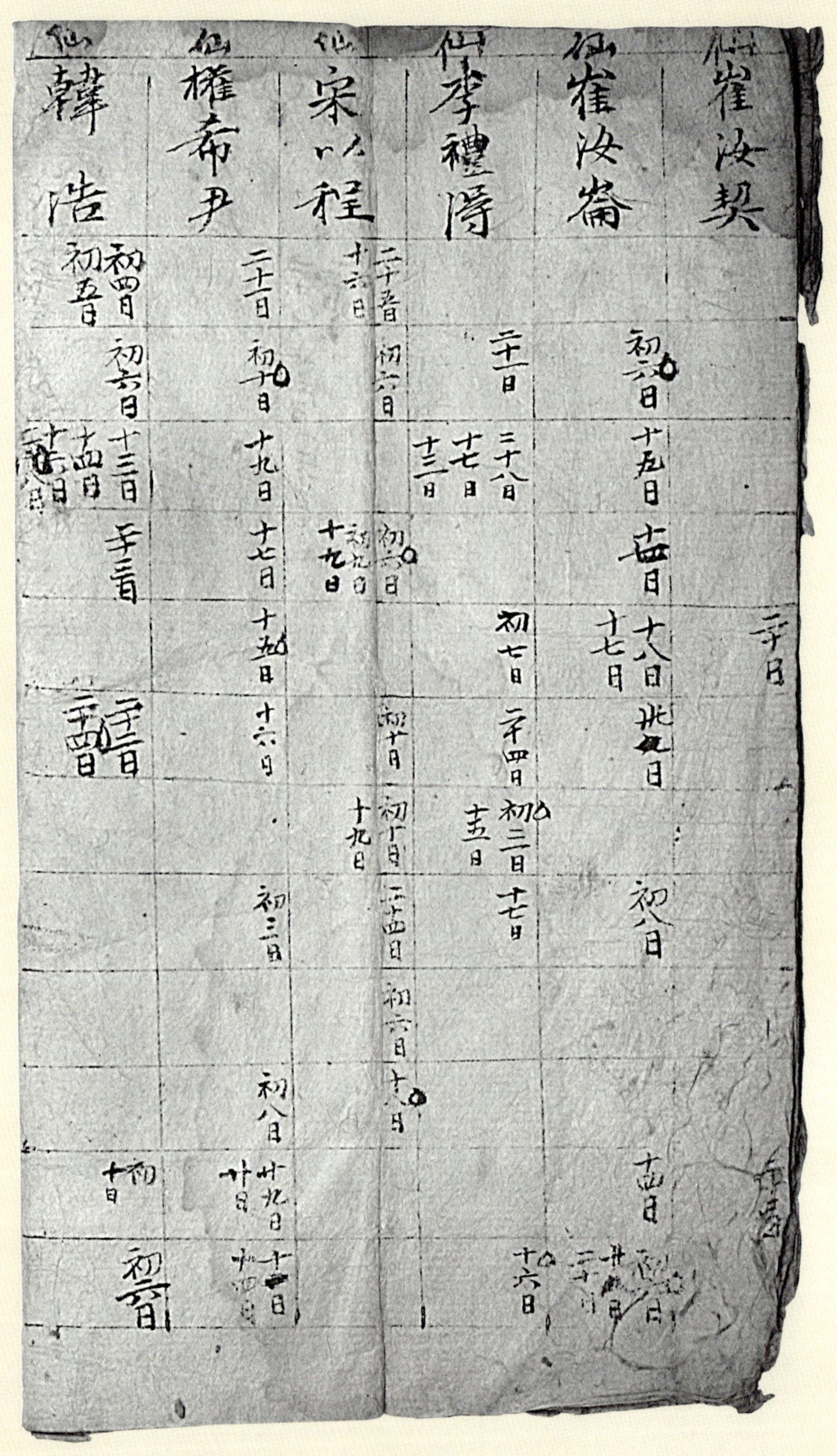

仙	仙	仙	仙	仙	仙
金瀅	柳晩青	李有慶	呆以張	金聲律	李廷元
二十五日			二十八日 二十五日		二十二日
	初三日 二十九日				十九日
初八日					初三日
十四日	十二日		十九日		十四日
初十日					
	二十七日 初二日	廿四日		初三日 十七日	
二十一日 二十三日	廿八日 二十六日 二十七日 二十一日				
二十九日				十七日 初九日	
十一日				初八日	廿六日
初五日 二十日	初十日		二十八	十一日	初十日
	十三日 廿六日	廿四日		廿七日	[illegible]

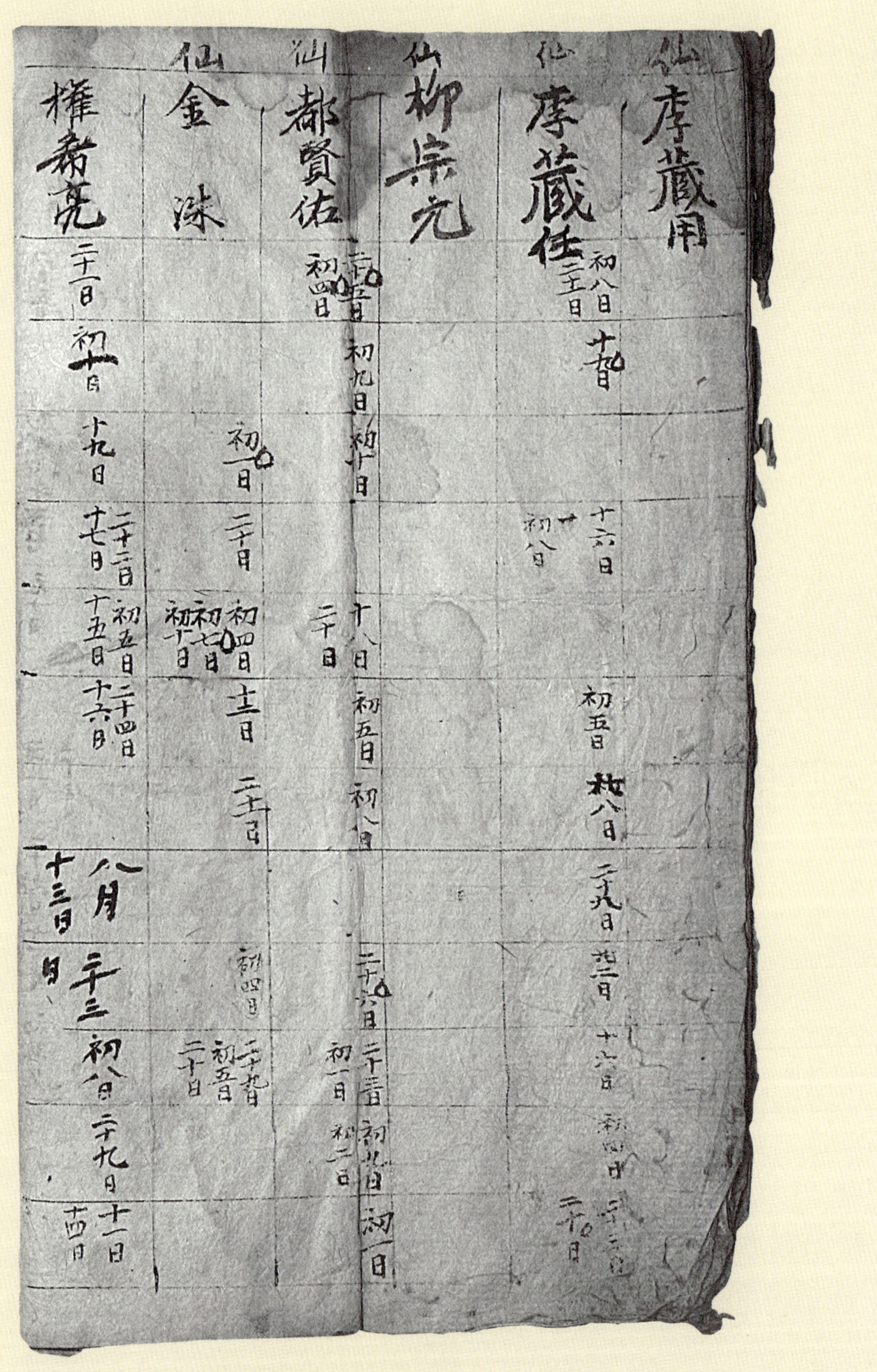

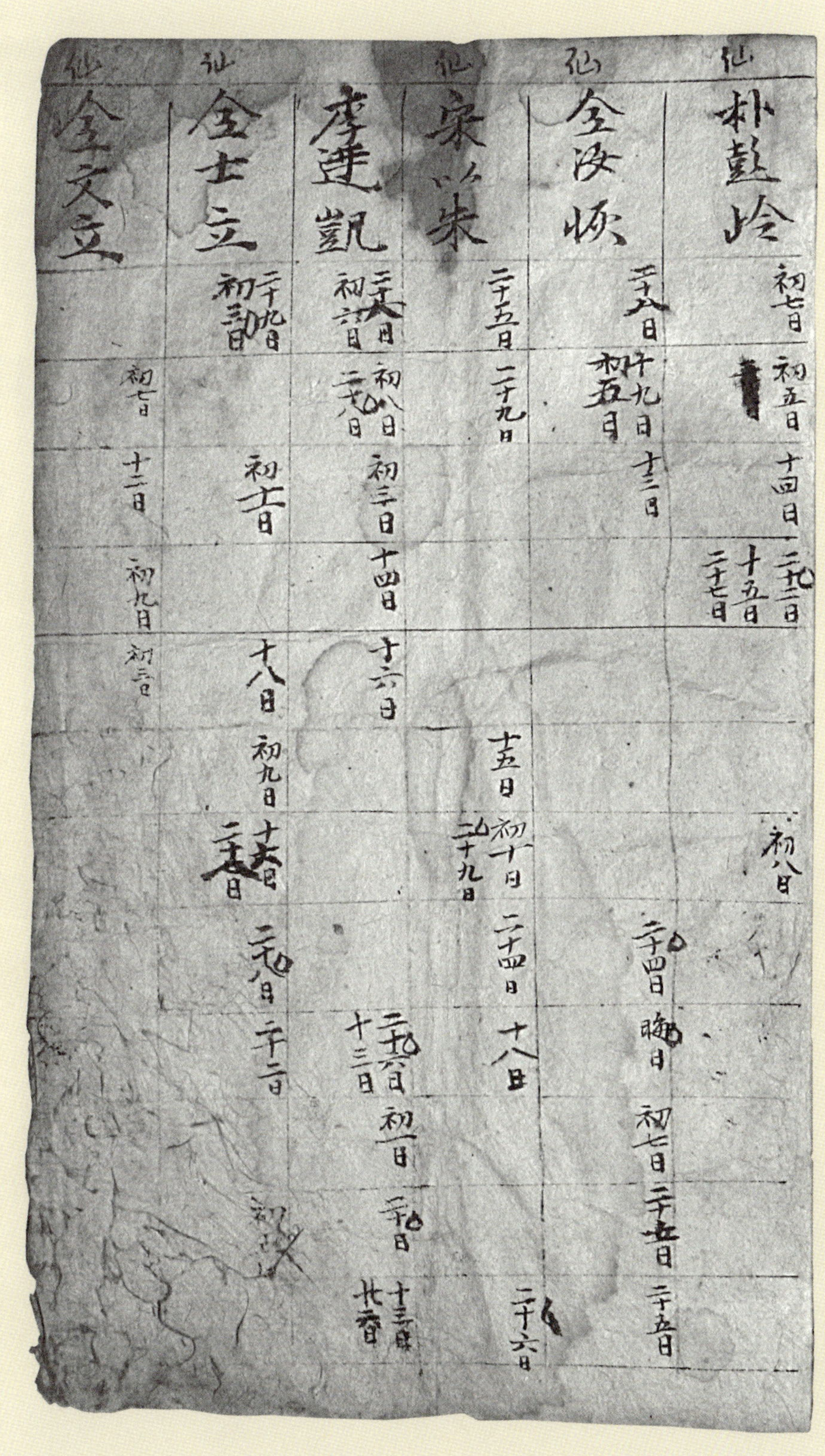

仙 朴趾昤
初七日
初五日
十四日
二十九日 十五日 二十七日
初八日

仙 金汝恢
二十八日
廿九日 初五日
十三日
二十四日
晦日
初七日
二十五日
二十五日

仙 宋以来
二十五日
二十九日
十五日
初十日 二十九日
二十四日
十八日
二十六日

仙 李達凱
二十六日 初六日
初八日 二十八日
初三日
十四日
十六日
二十九日 十三日
初四日
二十四日
十三日 廿四日

仙 金士立
二十九日 初三日
初十日
十八日
初九日
十六日 二十三日
二十八日
二十二日
初[illegible]日

仙 金文立
初七日
十二日
初九日
初三日

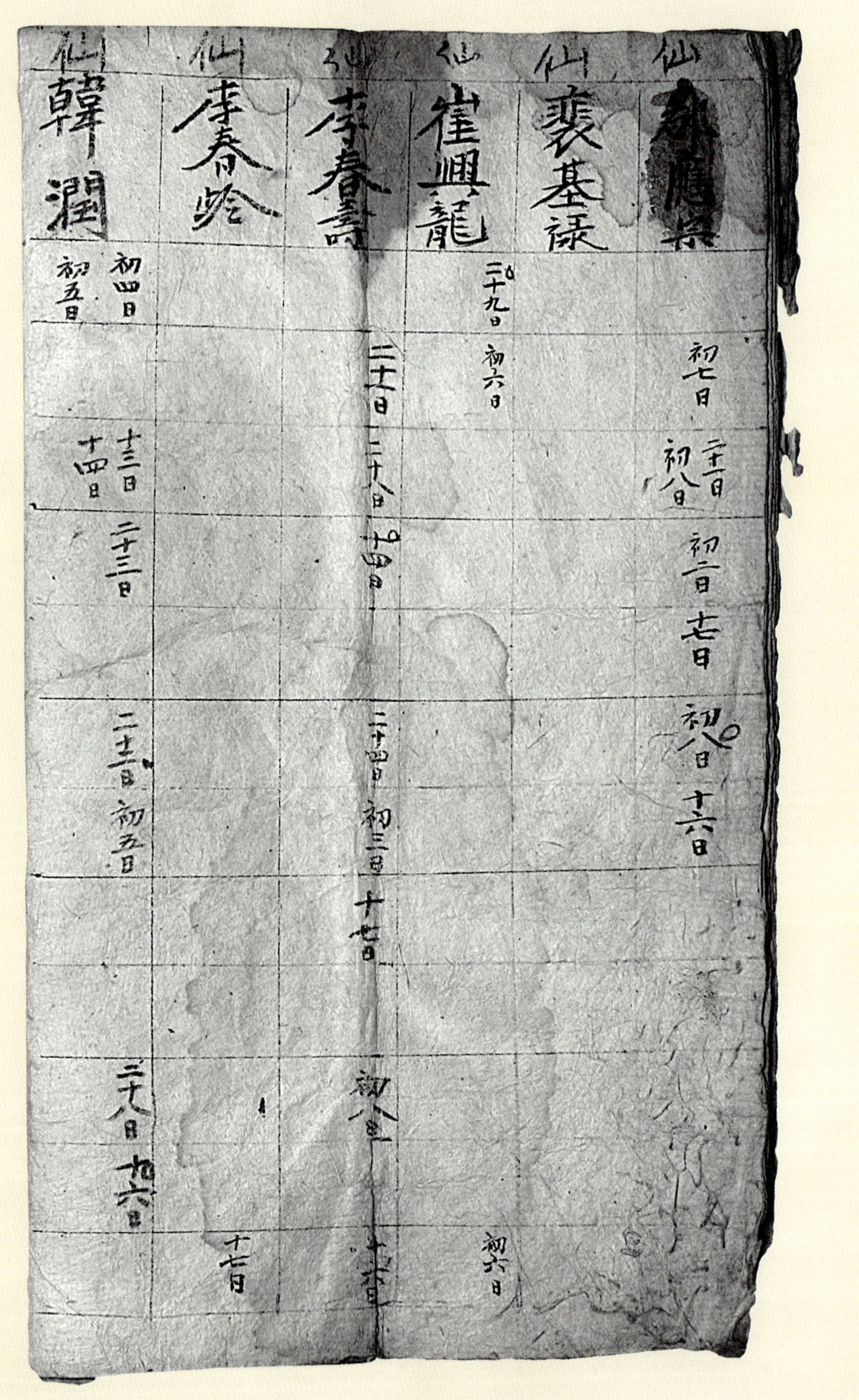

仙 朴景鸞	仙 裵基祉	仙 許[illegible]一	仙 崔夢震	仙 崔起龍	仙 朴蕃
[illegible]	二十二日 二十八日				十二日
初六日 十六日 二十五日			十九日		十九日
初六日	二十九日				十三日 二十日
十二日	初八日				十五日 十八日 二十八日
初九日 十九日	初三日 初十日	初四日 二十五日 十九日		十七日	
二十日	二十七日		初十日	二十日	三十日 二十日 二十三日
初十日 初九日 二十三日	初三日 初十日		十五日		
二十日 二十四日	十五日 十七日				
二十七日					十一日
初二日 十二日	十六日				十二日
十九日 二十二日	十一日		初三日 二十日	十九日	

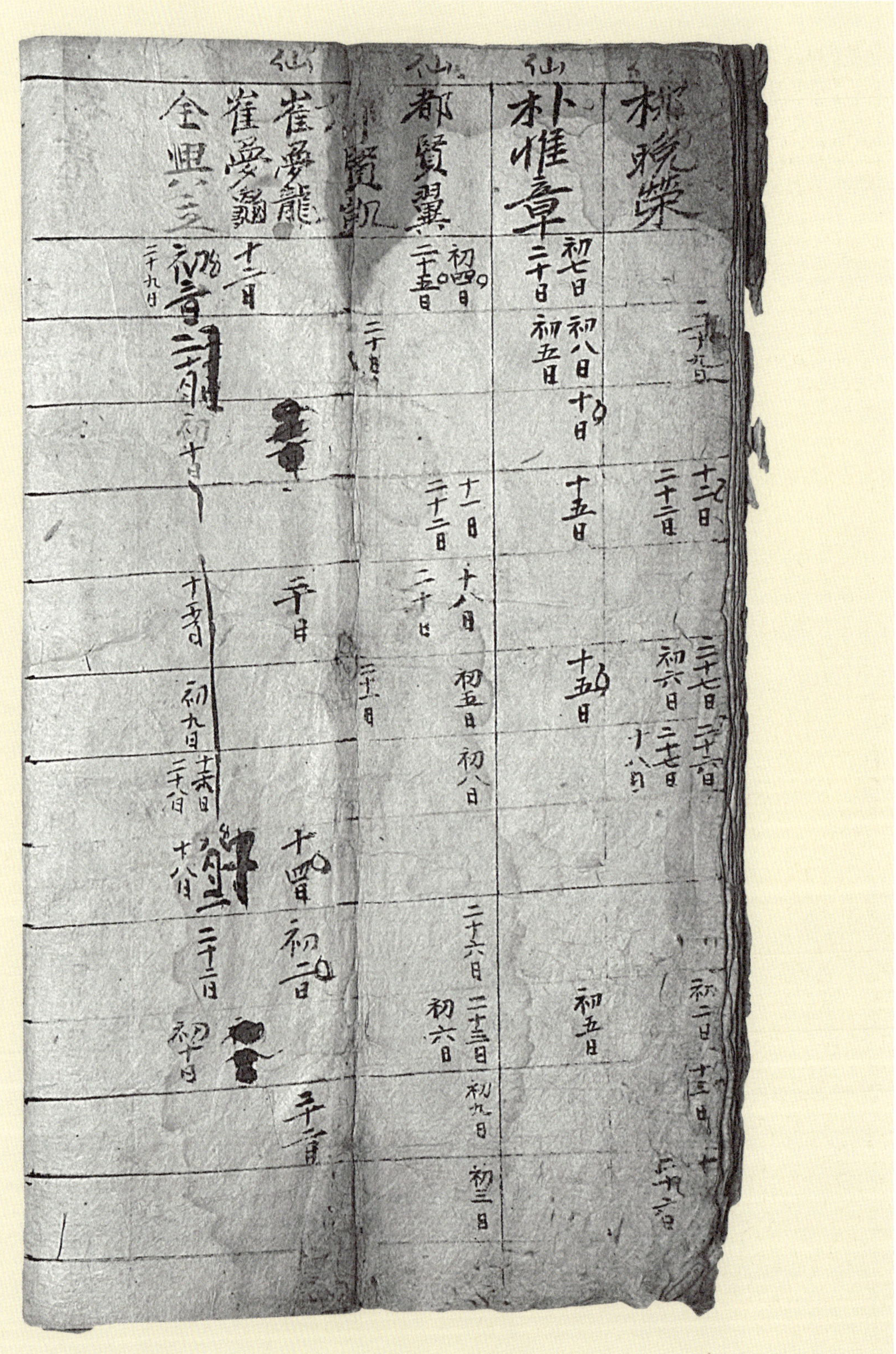

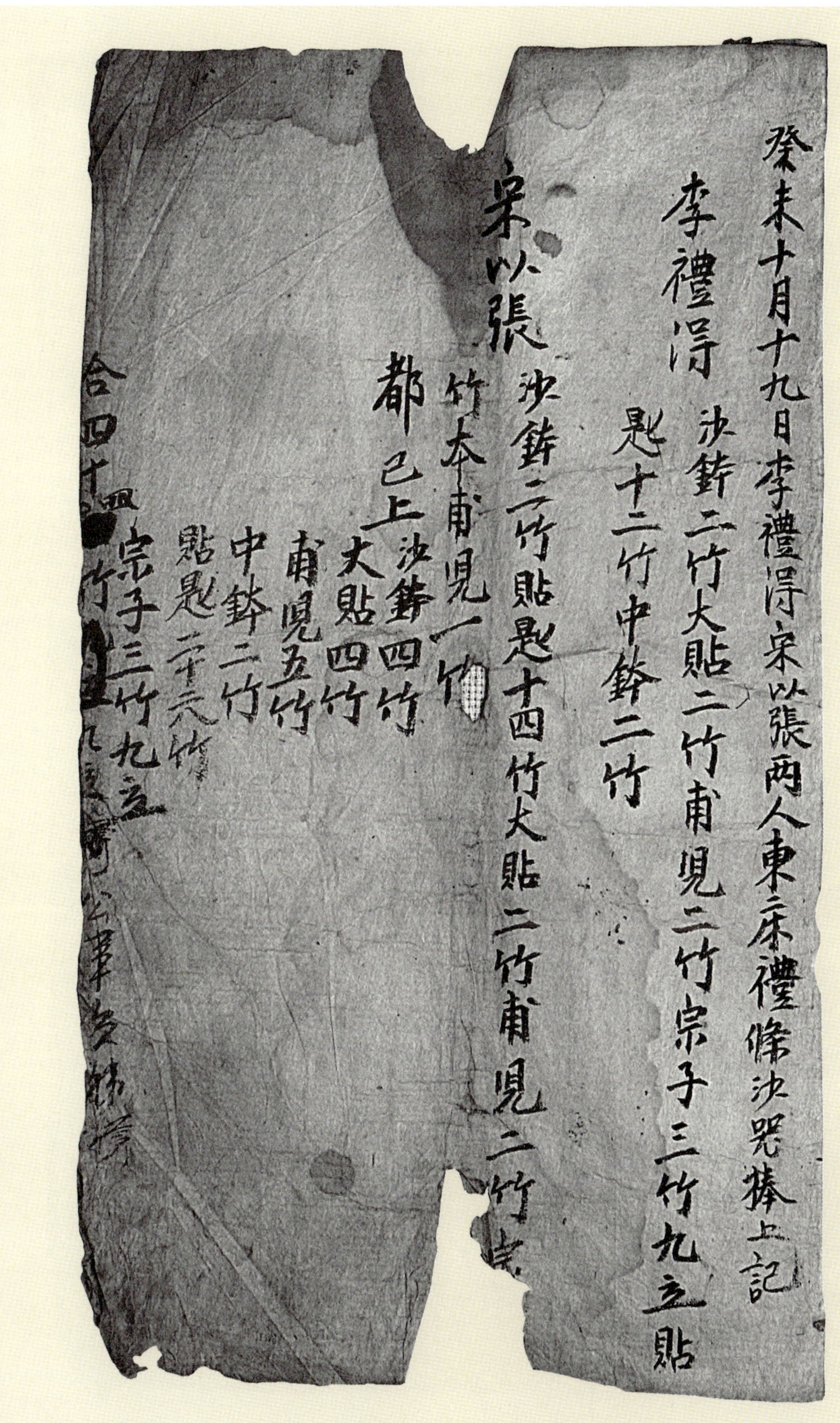
癸未十月十九日李禮浔宋以張兩人東床禮條沙器捧上記
李禮浔 沙鉢二竹大貼二竹甫兒二竹宗子三竹九立貼
匙十二竹中鍾二竹
宋以張 沙鉢二竹貼匙十四竹大貼二竹甫兒二竹宗
竹本甫兒一竹
都已上 沙鉢四竹
大貼四竹
甫兒五竹
中鍾二竹
貼匙二十六竹
宗子三竹九立
合四十四竹

忌案(2)

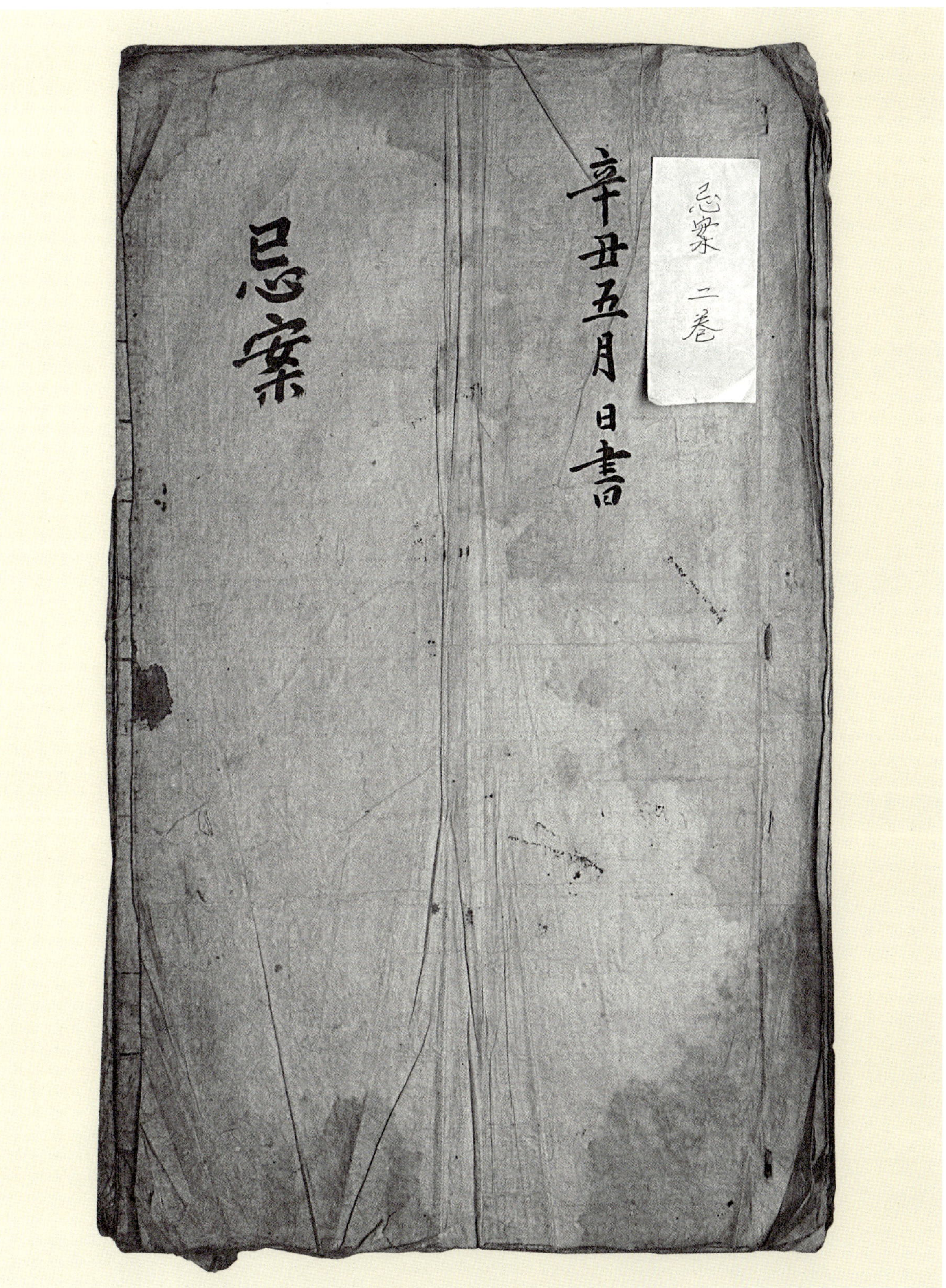
辛丑五月日書
忌案 二卷
忌案

忌案	公 朴廷英	公 權⿰舟星	公 李世彝
正月	初七日 二十日		初四日
二月	初五日		二十八日
三月	十四日 十六日		初三日
四月	十九日 十五日 二十二日		十二日
五月	初一日		十六日
六月			二十日
七月	初七日		
八月	初六日		
九月			十一日 二十六日
十月	初三日		二十七日 初四日
十一月			二十日 十三日
十二月			初六日 十六日

	仝 金瑾	仝 金璀	仝 金変徽	仝 崔成屹
正	初三日 二十九日	初四日		
二			初四日 十九日	初三日 二十八日 十九日
三	十一日			初二日 二十五日 初九日
四			十二日 二十三日	十四日 十六日
五	十七日 十八日		二十日 二十二日	
六	十九日		初三日 十七日	初六日 十五日
七	十六日 二十八日		十二日 十七日	
八			十七日 十九日	
九	初七日		十一日	
十			十一日 十七日	初八日
十一	二十一日		二十七日	十九日
十二			十五日	二十日

公	公	公	公	
金琓	李世彦	金禔	金璡	
初一日 初三日 二十九日	十一日 初四日	初三日 二十九日	十四日	
	二十八日			
	初三日 初九日同生	十一日	初一日	
			十五日 二十七日	
	十七日 十六日 十三日同生	十七日 十八日	初七日 初十日	
	二十日 十五日 [illegible]	十四 九日	二十二日	
二十八日		十六日 二十八日	十五日 二十一日	
二十八日		二十八日		
	十四日 二十六日		二十七日	
	二十七日 初四日		初五日 十四日 二十日	
	二十日 十三日	初六日	初二日	
	初九日 初十日 已上	初八日		

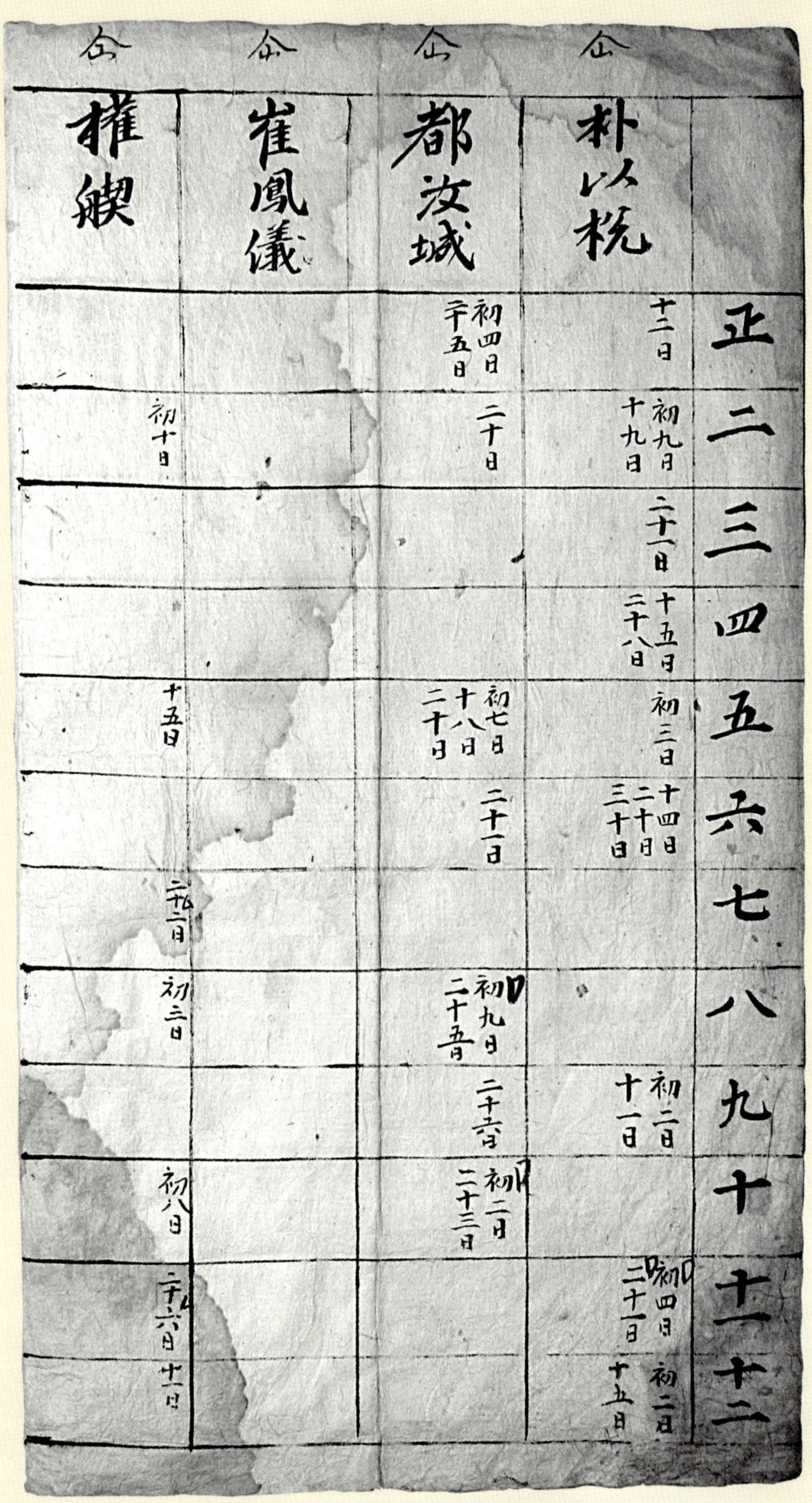

	朴以梲	都汝珹	崔鳳儀	權楔
	仝	仝	仝	仝
正	十三日	初四日 二十五日		
二	初九日 十九日	二十日		初十日
三	二十一日			
四	十五日 二十八日			
五	初三日	初七日 十八日 二十日		十五日
六	十四日 二十日 三十日	二十一日		
七				二十二日
八		初九日 二十五日		初二日
九	初二日 十一日	二十三日		
十		初二日 二十三日		初八日
十一	初四日 二十一日			二十六日
十二	初二日 十五日			十一日

仝	仝	仝	仝
崔宗繼	裵基祜	韓汝悳	金球
十一日	十二日 十五日 二十二日 二十六日	初四日 十一日 十二日	初三日 二十八日
初六日 初八日	二十七日	十三日 二十六日	
十二日		十三日 二十八日	初十日
十二日	初八日	二十三日	
初五日	初三日 十二日 十九日		
初二日	二十七日	二十二日 二十四日	
二十八日	初六日 十七日	初五日	十五日
	十二日	十六日	二十八日
二十三日 二十九日		初七日	
	初十日	初十日	初十日 二十七日
	初五日	初十日 十六日 二十一日	
初六日 十九日 二十八日	二十六日		

	仝	仝	仝	
	李廷柱	崔咸集	崔鳳集	裵緯
正				二十二日 二十八日
二		二十八日 十九日	二十五日 二十九日	
三		二十五日 初九日		
四		十四日 十六日		初八日
五				初三日 十六日 二十八日
六		初六日 十五日		二十七日
七				二十四日
八				十二日 十七日
九				
十		初八日		十六日
十一		十九日		
十二		二十日		初一日

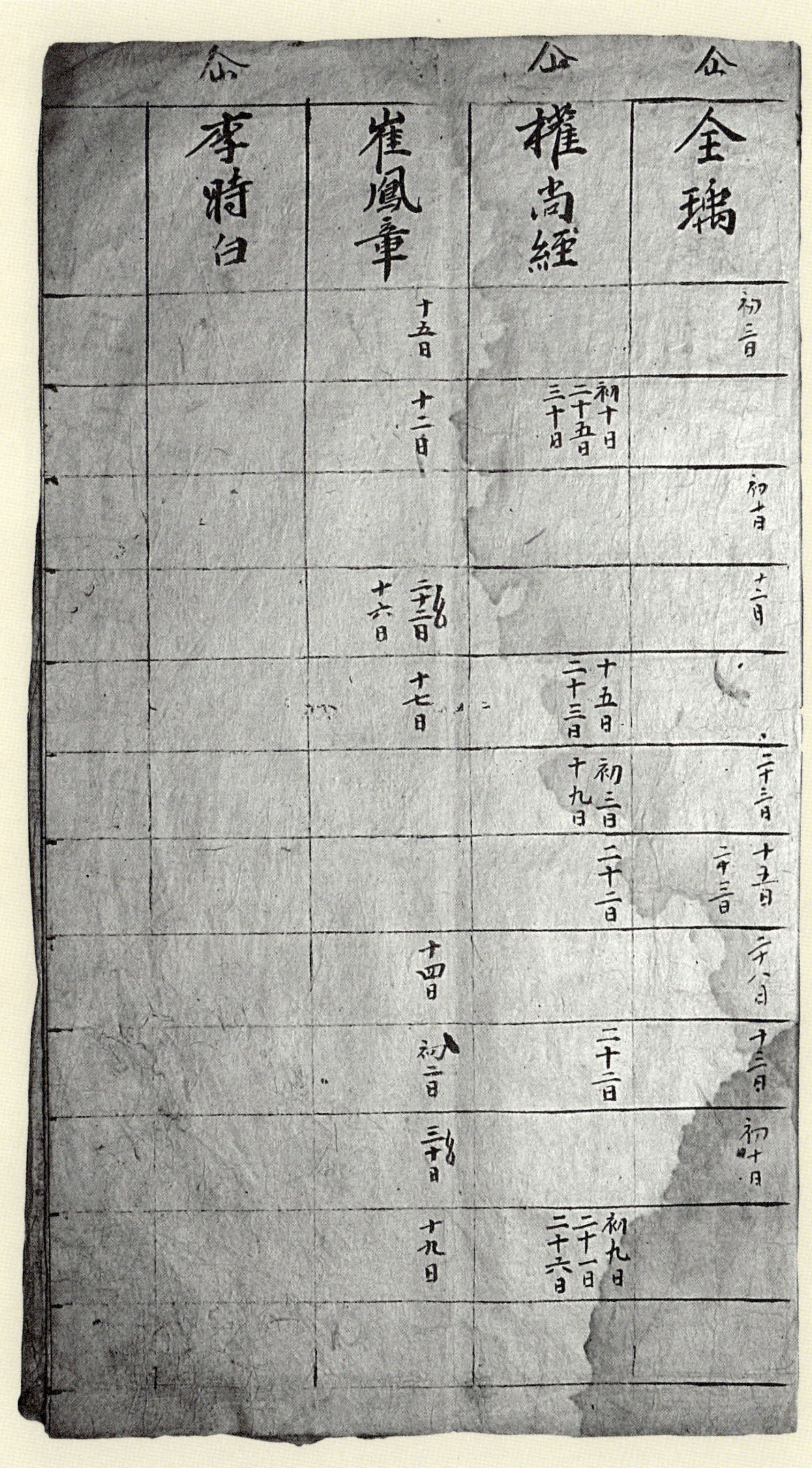

金瑀	權尚經	崔鳳章	李時白	
初三日		十五日		
	初十日 二十五日 三十日	十二日		
初十日				
十二日		二十二日 十六日		
	十五日 二十三日	十七日		
二十三日	初三日 十九日			
十五日 二十三日	二十二日			
二十八日		十四日		
十三日	二十二日	初二日		
初十日		三十日		
	初九日 二十一日 二十六日	十九日		

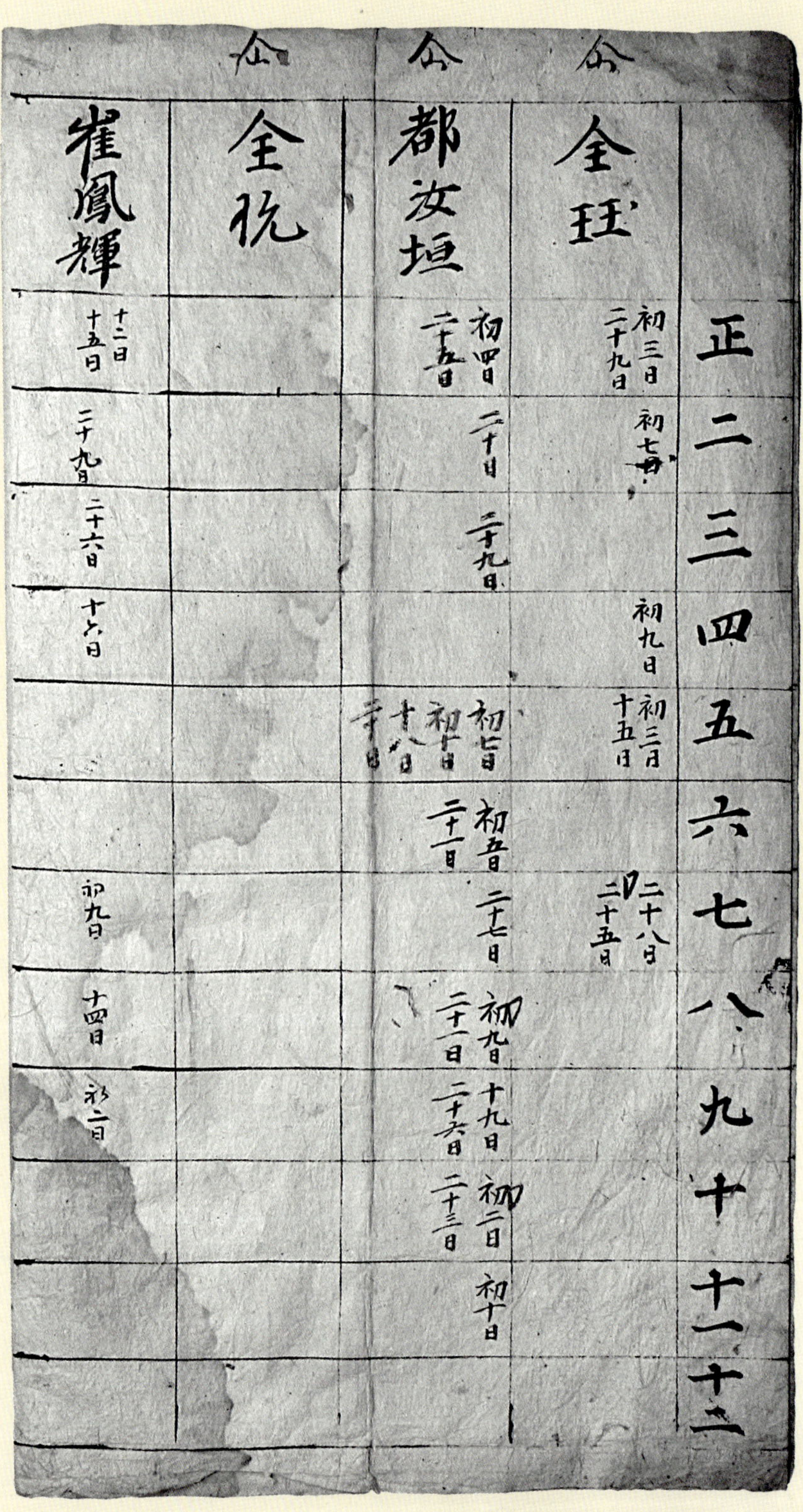

	仝 全珏	仝 都汝垣	仝 全[illegible]	崔鳳輝
正	初三日 二十九日	初四日 二十五日		十二日 十五日
二	初七日	二十日		二十九日
三		二十九日		二十六日
四	初九日			十六日
五	初三日 十五日	初四日 初八日 十八日 二十日		
六		初五日 二十一日		
七	二十八日 二十五日	二十七日		初九日
八		初九日 二十一日		十四日
九		十九日 二十六日		初二日
十		初二日 二十三日		
十一		初十日		
十二				

崔鳳峯	全繼達	金慶曼 (仝)	李益茂 (仝)
	初三日 二十九日	十一日 十九日	
		初八日	二十五日 二十六日
	十一日	初一日	
		二十七日	十四日
	十七日 十九日	初七日	十七日
	十九日	二十二日	十六日 十九日
			十六日
	二十八日 十二日		初二日
	十七日 初七日	初二日 二十七日 [illegible]	
	十六日 二十一日	初二日 二十日	十九日 二十一日
		十一日	

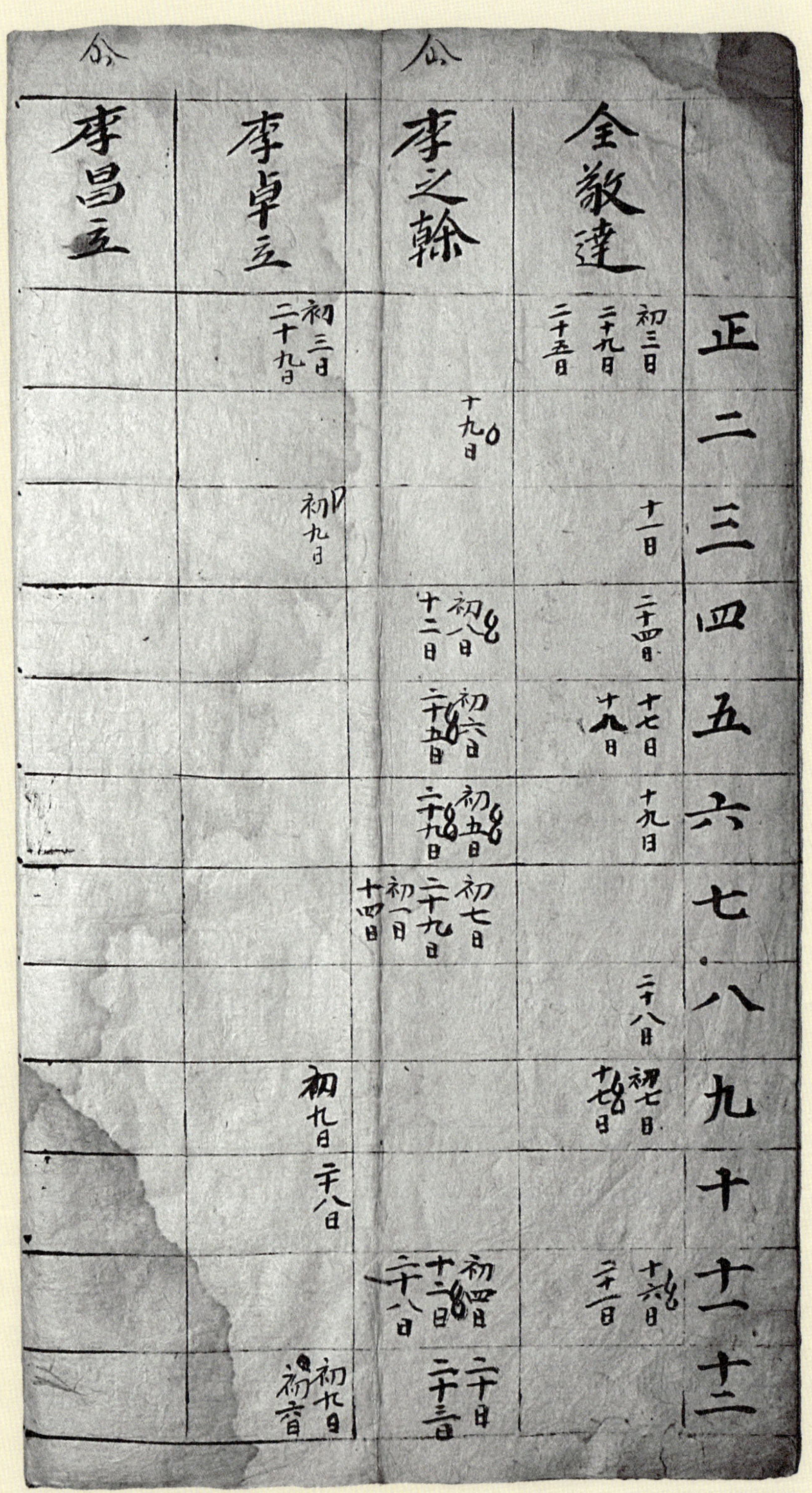

	全敬達	李之榦 (公)	李卓立	李昌立 (公)
正	初三日 二十九日 二十五日		初三日 二十九日	
二		十九日		
三	十二日		初九日	
四	二十四日	初八日 十二日		
五	十七日 十八日	初六日 二十五日		
六	十九日	初五日 二十九日		
七		初七日 二十九日 初一日 十四日		
八	二十八日			
九	初七日 十七日		初九日	
十			二十八日	
十一	十六日 二十一日	初四日 十二日 二十八日		
十二		二十日 二十三日	初九日 初三日	

公 公

裵紞	李孟培	金碩達	金克履	
十九日 十二日 二十八日 十五日		初三日 二十九日	初三日 二十四日 二十九日	
		十一日 十六日	十一日	
初八日				
初三日 十二日 十九日		十七日	十七日	
初四日 二十七日	二十七日	十九日	十九日	
初六日 二十日				
初七日		二十八日	二十八日	
		初七日 十七日	初五日	
初十日	二十二日			
初五日 二十七日		十六日 二十一日	初六日	
二十四日			十九日	

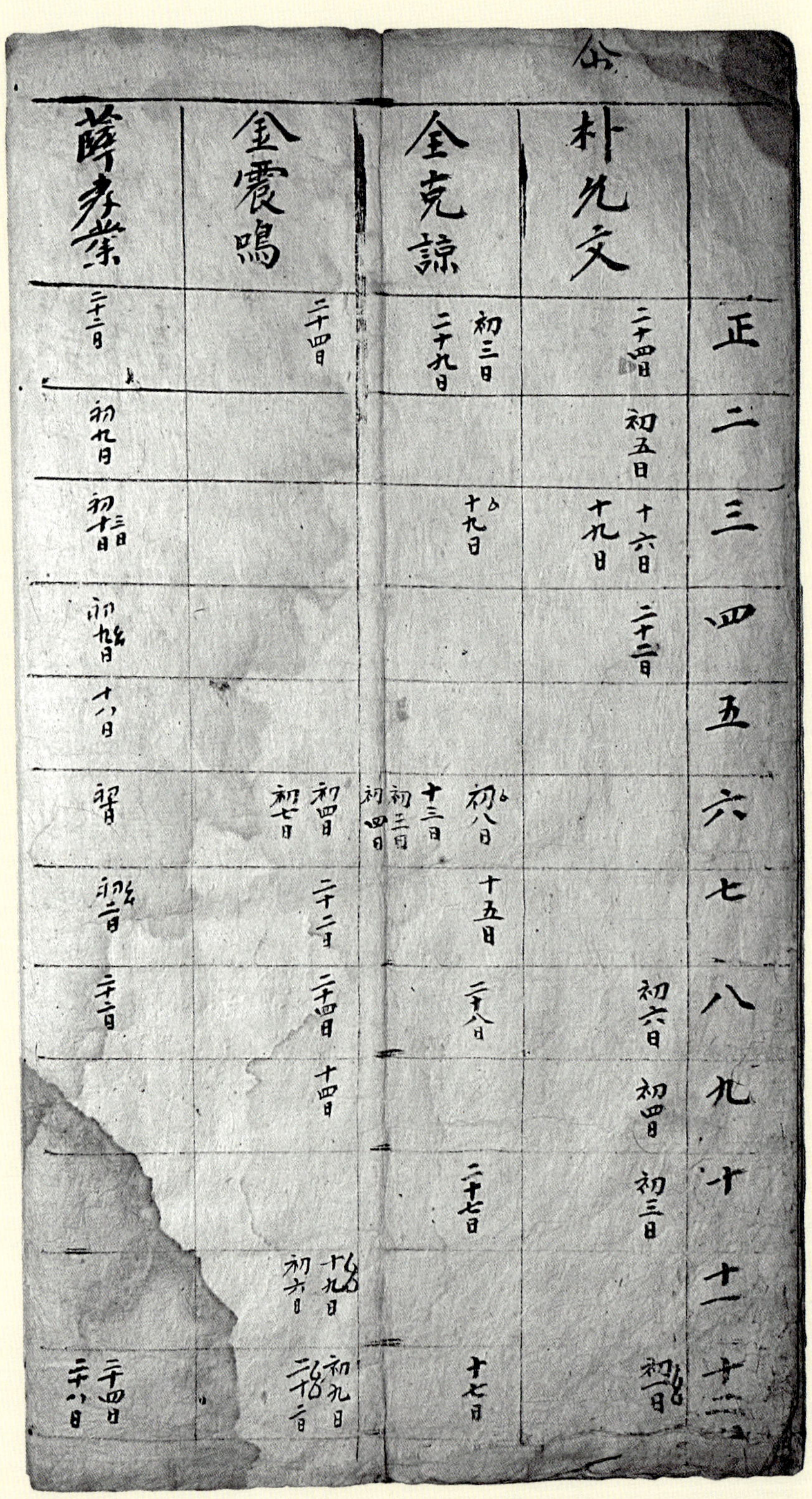

	朴允文	金克諒	金震鳴	薛孝業
正	二十四日	初三日 二十九日	二十四日	二十二日
二	初五日			初九日
三	十六日 十九日	十九日		初十日 三日
四	二十二日			初九日
五				十八日
六		初八日 十三日 初三日 初四日	初四日 初七日	初十日
七		十五日	二十二日	初二日
八	初六日	二十八日	二十四日	二十二日
九	初四日		十四日	
十	初三日	二十七日		
十一			十九日 初六日	
十二	初一日	十七日	初九日 二十八日	二十四日 二十八日

全必達	周漢卿	裵舜華	韓德基
初三日 廿三日 二十九日	正初四日	十二日 二十五日 三十日	
二十七日 二十八日			
十五日			
二十九日	初十日	初八日	
		初三日 十九日 廿八日	
十六日	二十日	二十八日	
	十六日	二十四日	
二十八日		十五日 十七日	
二十三日		初十日 十六日	
十八日	初二日 二十四日		
	初三日	初一日	

全克祉

月	日
正	初三日 二十四日 十四日 二十九日
二	
三	十一日
四	
五	十三日 十七日 二十九日
六	十九日
七	
八	二十八日
九	
十	
十一	初六日 十二日 初九日
十二	十三日 二十四日

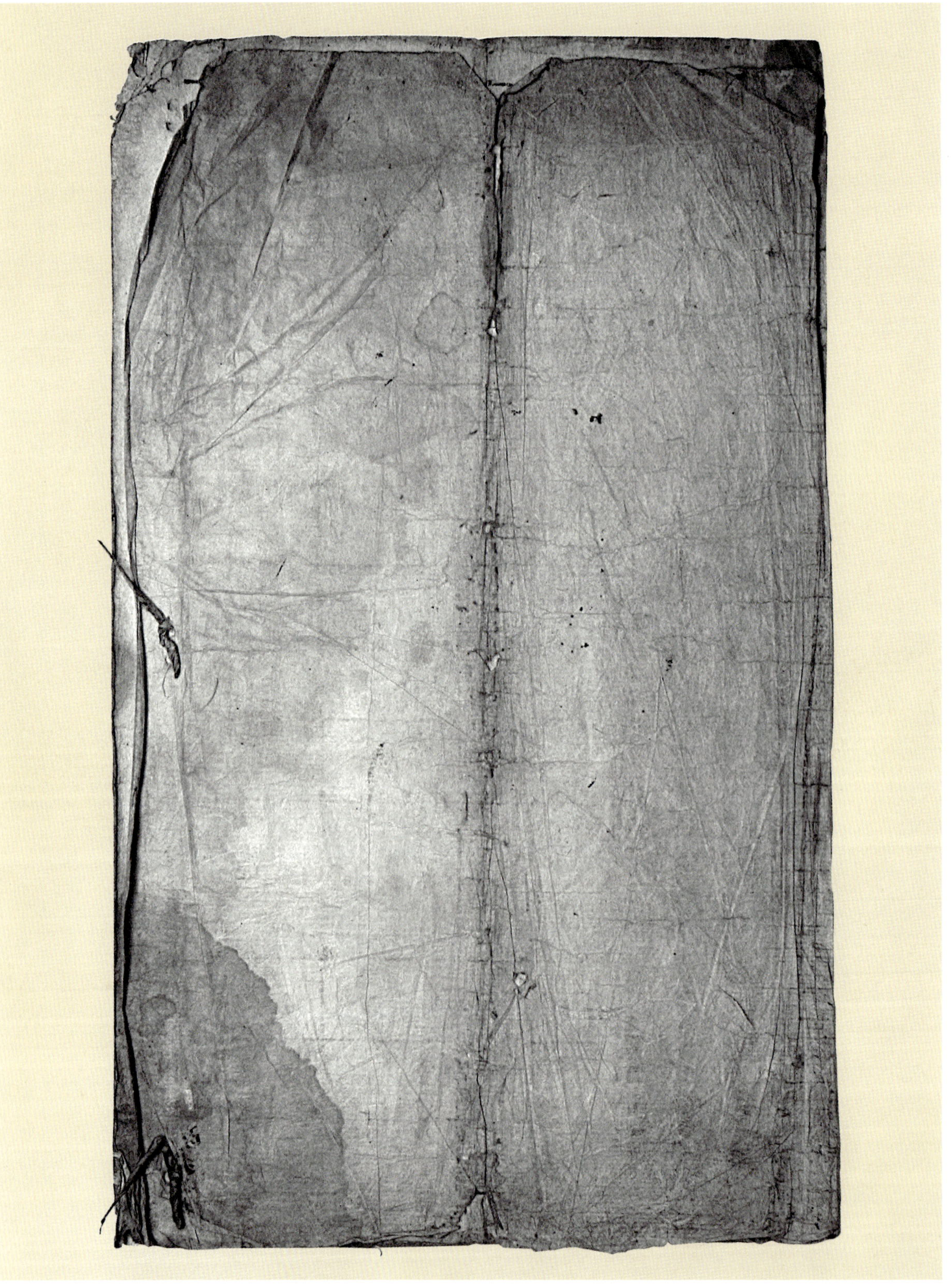

탈초脫草 및 정서正書

제1책 松亭立議

松亭立議

松亭，自古以來，洞中父老觀射遊樂之所也．營亭修睦，趂時歡娛，此誠一時之勝事，而非後人所可及也．近世以降，人心不古，杯槃樽酒之美，大勝於古人，而仗信和樂之意，反不如古．喧譁相尙，不無陵長之風，挾持私忿，亦有害友之弊，怒恚之聲，不絶於座中，揚過之言，相發於轉頭．同居洞內，睦隣和好之義，果如是乎？今我洞中，繼玆以往，一遵古風，心古人之心，樂古人之樂，振起頹俗，挽復淳風，在此一擧．然世務多端，憂患各異，講信之需，臨時難辦．自今以後，各出肉債若干，俾將有司，輪代相任．子母幷持，年年春秋，存其母取其子，聚會講信，慶患相慰，不亦樂乎？

一 松亭四面禁內開墾，品官永永損徒，常人告官治罪．

一 柳松木斫伐人，上罰，不行則一年損徒．

一 十月內，有司未及傳與者，中罰．

一 講信，春則四月八日，秋則九月十五日．

一 言辭不恭，凌慢長上，中罰，不行則一年損徒．

一 看慰及凡聚會不叅人，下罰，不行則一講信損徒．

一 喧譁及坐次紛亂，則時罰．

一 晩到早出，時罰．

一 禁表處, 有司年年看審修築爲乎矣, 不能修築破毁爲去等, 上罰事.

一 初喪家良中, 壯奴一名, 空石一葉, 蒿舍音一, 椽木二箇, 蒿索二十把.

一 永葬時, 灰一駄式輸轉事.

一 右兩件內, 雜物收合及出回文事, 有司次之, 不行人員, 行下罰.

上罰, 淸二盆, 濁三盆, 五味湯, 七果盤.

中罰, 淸二盆, 濁一盆, 鷄兒五首, 五果盤.

下罰, 淸一盆, 濁一盆, 鷄兒三首, 三果盤.

忌案

叅奉　李　薈[手決]	四月十四日 十月初一日 四月初十日 十月十二日 四月十二日 三月初五日 十月二十八日 二月卄九日 正月卄四日 二月卄四日
叅奉　崔弼孫	八月十二日 七月初十日 七月初九日 三月十七日 正月初一日 三月初五日 十月卄九日 三月卄九日 七月十三日 九月卄八日
虞候　韓　瓚[手決]	三月十三日 四月卄三日 三月十四日 六月卄二日 四月卄九日 六月初四日 九月十八日 十二月卄九日 六月卄五日 八月初一日
叅奉　宋世彦[手決]	二月初一日 十二月初七日 十月卅日 六月初七日 九月十四日 十二月卄三日 三月初三日 二月初六日 三月十五日 八月十六日
叅奉　裵　垠[手決]	八月十二日 六月卄七日 五月初六日 六月十一日 二月卄日 七月卄四日 六月初四日 六月十六日 十一月卄九日 十一月初十日
訓導　權士衡[手決]	正月卄一日 十一月卄九日 十月卄八日 二月卄九日 九月十三日 正月卄日 七月十七日 十一月初十日

	正月卄五日 四月十九日 十二月十四日 十月十三日 七月十四日
宋世俊[手決]	三月初九日
學正 朴居仁	七月初九日 十二月卄二日 三月初六日 五月十九日 九月初五日 正月十二日 八月十四日 八月卄六日 五月初九日
衆軍 朴 硉[手決]	正月十一日 正月十二日 三月二十一日 三月十六日 四月十八日 七月初六日 九月初五日 十月十二日
許世詮	正月初三日 正月十八日 二月初九日 三月十九日 三月二十日 五月十三日 六月十三日 六月十九日 十二月初四日 十二月二十二日 七月初九日 七月初二日
韓繼昌[手決]	十一月十六日 九月卄五日 六月初一日 六月十六日 十月十五日 三月初七日 三月初二日 八月十四日 九月十二日 二月卄六日
朴 琳[手決]	十二月初一日 正月十八日 四月十二日 四月初七日 十二月十九日 正月初一日 二月卄五日 十月初五日 三月初五日 十一月十九日
崔 源[手決]	三月卄五日 八月初八日 十一月十四日 六月卄九日 十月十三日 十一月初九日 十月初五日 十月初七日
別侍衛 李成材[手決]	八月十七日 二月卄一日 五月初七日 七月十五日 十二月初十日 正月十一日 二月初二日 三月十七日
崔應泗[手決]	三月卄五日 四月初五日 十二月十九日 十二月卄四日 七月初五日 六月十二日 七月初八日 正月十一日 四月十四日
宋 仁	正月十二日 正月卄八日

	柳光春[手決]	十月初五日 三月初十日 四月十二日 三月十四日 正月十三日 正月卄五日 五月卄六日 正月十一日 八月初六日 四月十五日 十月初四日 正月初七日
	朴 蓉[手決]	三月初三日
	朴弘仁[手決]	九月十四日
	都以康	五月卄日 五月十八日 七月初八日 十一月初九日 正月十五日 二月卄一日 十一月卄八日 十一月初□日 四月十七日 四月卄七日 三月初十日
	崔應奎[手決]	五月十六日 十二月十五日 六月初二日 十月初二日 正月十九日 六月卄七日 十二月卄三日
	韓應福[手決]	十二月卄二日 三月十三日 四月卄三日 三月十四日 六月卄二日 八月卄二日 三月初八日 四月卄四日 四月卄六日
生員	裵振經[手決]	八月十二日 六月卄七日 五月初六日 六月十一日 十一月卄九日 十一月初十日 三月卄五日 五月初六日
	崔應濂[手決]	二月卄一日 四月十三日
	金 維	
別侍衛	韓 琛[手決]	四月十七日 三月十九日
	宋世豪	三月卄三日
	宋 任[手決]	正月卄五日 四月十九日 十月十一日 十月卄九日 四月卄日 十二月初四日 五月卄八日 九月十五日 九月卄六日 七月初九日

忠順衛 崔義濟	
進士 朴 蘭	二月初四日 三月十三日 四月十二日 十一月卄日 十二月初二日 正月十二日 九月初五日 三月初四日 十二月初八日 三月卄七日
忠義衛 柳 敬[手決]	六月卄七日 七月卄七日 十一月初十日 二月初三日 六月初二日 九月二十五日 十月初二日 七月卄二日 正月卄一日 十一月卄九日
宋 倫[手決]	十一月卄日 六月初八日 十月十一日 十月卄九日 四月卄日 十二月初四日 八月十九日 四月初九日 宋仁同□ 八月十四日
宣畧將軍前叅奉 叅奉 朴應良[手決]	正月十九日 二月初五日 正月卄日 七月十五日 十二月十二日 七月十一日 三月十三日 四月卄三日 六月十六日 十一月卄六日 正月初七日
朴秀任[手決]	九月卄七日 八月卄日 二月初六日 十月十二日 七月初六日 四月十八日 三月卄二日 五月十六日 十二月十五日 十一月二十七日
定虜衛 許 信	
禹凞平[手決]	二月二十五日 六月十五日 正月十四日 九月初三日 正月二十三日 五月十三日 六月二十八日 三月十二日
朴 澤	
韓承祖	十月十六日 正月十四日 五月十七日 七月十六日 四月卄四日 正月初八日 五月初一日 四月十二日 九月十一日 卄四日
尹殷楨[手決]	四月初九日 二月初一日 五月卄一日 正月初四日 八月卄五日 二月卄五日 二月卄六日 十一月初五日 六月卄九日

李克仁[手決]	
宋延年	
李　立[手決]	七月卄八日 九月卄二日 六月初八日 八月十四日 八月卄九日 十二月卄三日 正月初八日 正月卄一日 十一月卄八日 十一月初四日
宋延𡵉	
金元瑞[手決]	二月初九日 五月初十日 八月初五日 七月卄一日 七月卄三日 九月初四日 十月初五日 十月卄日 十一月卄六日
朴世楨	六月初四日 二月卄一日 十月十四日 五月十九日 三月初六日 正月十二日 九月初五日 五月十二日
崔汝凱	
朴大任[手決]	
韓應獜[手決]	
許　仞[手決]	

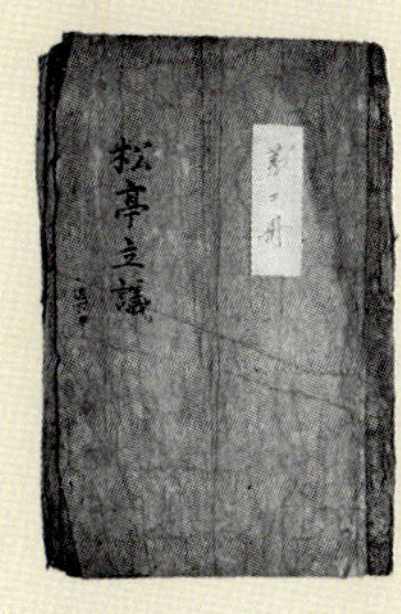

제2책 松亭立議

松亭立議

辛未四月二十日僉會立議

一 造亭時，立役不冬人員乙良，限一身許叅安徐爲乎矣，某員乃薦擧爲去乙等，亦損徒事.

一 鄭顯亦，松亭直毛同乙，以其墓山松木斫伐事，洞中良中，取稟不冬，經自告官，加之以懲贖爲臥乎所，原爲不當爲昆，同鄭顯乙，松亭許叅安徐事.

嘉靖三十九年庚申五月日立議

一 松亭作畓，加耕打量，作畓人各戶，分錄卜數.

一 依戶錄卜數，仍執私耕謀計者，告官治罪後，子孫至洞中削迹.

一 射亭四面及畓四標割耕者，永永損徒，常人告官治罪者.

一 松亭漏雨處，有司看審改瓦，不能則下罰.

一 凡聚會時，下有司先到，亭內及前後階洒掃，不能則或水或酒，從時罰.

一 畓所出，有司二員分掌，春秋講信事.

一 作畓未叅人，自願入屬者，入屬禮辦，依上罰例後，許叅事.

一 言辭不恭，陵慢長上者，柳松斫伐者，皆上罰.

一 防築及禁表處, 有司年年加築, 不令加築者, 上罰.

一 凡聚會及看慰, 無故不參者, 濁酒一盆, 出罰.

一 晩到早出者, 坐次紛亂者, 喧譁者, 或水或酒, 時罰.

一 喪事扶助, 壯奴一名役事, 下有司看檢, 不送奴者, 罰依看慰不參例.

一 損徒人, 行解損禮後, 許參.

一 與損徒人作黨, 遨遊松亭者, 罰依損徒人例.

上罰, 淸酒三盆, 濁酒三盆, 大行果四.

中罰, 淸酒二盆, 濁酒二盆, 大行果三.

下罰, 淸酒一盆, 濁酒一盆, 大行果二.

參奉 崔弼孫[手決]	八月十二日 七月初一日 七月初九日 三月十七日 正月初一日 三月初五日 十月卄九日 三月卄九日 七月十三日 九月卄八日
參奉 宋世彦[手決]	二月初一日 十二月初七日 十月三十日 六月初七日 九月十四日 十二月卄三日 三月初三日 二月初六日 三月十五日 八月十六日
訓導 權士衡	正月卄一日 十一月卄九日 十月卄八日 二月卄九日 九月十三日 正月卄日 七月十七日 十一月初十日 十二月十四日 十月十三日
參奉 李 鈴	六月卄二日 三月十三日 六月初二日 六月卄九日 九月卄九日 十二月卄六日 八月十四日 八月卄六日 七月十四日 十二月卄六日 五月初九日
別侍衛 韓 琛[手決]	三月十三日 四月卄三日 三月十四日 六月卄二日 四月卄九日 六月初四日 九月十八日 十二月卄九日 四月十七日 □月十九日
參奉 宋世豪	三月十三日

忠義衛 柳 敬	六月卄七日 七月卄七日 十一月初十日 二月初三日 六月初二日 九月卄五日 十月初二日 七月卄二日 正月卄一日 十一月卄九日 十一月十三日
叅奉 朴應良	正月十九日 二月初五日 正月卄日 七月十五日 十二月十二日 七月十一日 三月十三日 四月卄三日 六月十六日 十一月卄六日 正月初七日
縣監 朴居仁	七月初九日 十二月卄二日 三月初六日 五月十九日 九月初五日 正月十二日 八月十四日 八月卄六日 五月初九日
叅奉 許世銓	正月初三日 正月十八日 二月初九日 三月十九日 三月卄日 五月十三日 六月十三日 六月十九日 十二月初四日 十二月卄二日 七月初九日 七月初二日
韓繼昌[手決]	十一月十六日 九月卄三日 六月初一日 六月十六日 十月十五日 三月初七日 三月初二日 八月十四日 九月十三日 二月卄六日
崔應泗[手決]	三月卄五日 四月初五日 十二月十九日 十二月卄四日 六月十二日 七月初五日 七月初八日 正月十一日 四月十四日
宋 仁	十一月卄日 六月初八日 十月十一日 十月十九日 十二月初四日 八月十九日 四月初九日 正月十二日 正月卄八日 四月二十日
叅奉 柳光春	十月初五日 三月初十日 四月十二日 三月十四日 正月十三日 正月卄五日 五月卄六日 正月十一日 四月十五日 十月初四日 正月初七日 十一月一日
都以康	五月卄日 五月十八日 七月初八日 十一月初九日 正月十五日 □月卄一日 十一月卄八日 十一月初六日 □月十七日 □月卄七日 三月十九日
金 維[手決]	□月初三日 □月二十一日 四月□日 □月九日 九月初六日 十月十一日 □月十七日

	十二月二十一日 正月初五日
朴秀任[手決]	九月卄七日 八月卄日 二月初六日 十月十二日 七月初六日 四月十八日 三月卄二日 五月十六日 十二月十五日 十一月卄七日 二月卄五日 二月十七日 六月十六日 九月十五日
許　信	正月十八日 四月卄五日 四月初八日 五月十三日 二月初九日 九月卄三日 十一月初二日
生員　禹漑平[手決]	二月二十五日 六月十五日 正月十四日 九月初三日 五月十三日 正月卄八日 九月卄八日 三月初二日 六月二十八日 三月十二日
朴　昌[手決]	正月初一日 正月卄七日 正月初七日 正月十五日 四月初六日 三月十四日 正月卄四日 二月卄四日 八月卄六日 十一月十五日 十一月卄二日 四月十五日
韓承祖	十月十六日 正月十四日 五月十七日 七月十六日 四月卄四日 正月初八日 五月初一日 四月十二日 九月十一日 九月卄四日
叅奉　李壽仁	
內禁衛 鄭夢虎	正月十六日 九月初三日 十五日 七月初十日 十四日 十一月十四日 十六日 卄六日 二月卄三日 正月初三日
許　仍	四月初一日 四月初八日 四月卄五日 五月十三日 正月十八日 二月初九日 三月卄一日 十一月□日 十二月十一日 九月十三日
李克仁[手決]	十二月十三日 三月初三日 二月初八日 四月十四日 十月初一日 四月初一日 十月十二日
金就鑌[手決]	正月卄六日 三月初一日 三月十二日 三月卄九日 四月十三日 五月卄五日 九月三十日 □月十八日 四月卄日

	宋延年	七月十日 八月卄四日 正月卄五日 四月十九日 十月十一日 十月卄九日 三月二十九日 七月二十八日 九月二十八日 六月十五日
	李　立	九月卄二日 六月初八日 八月十四日 八月卄九日 正月初八日 正月卄一日 十一月卄八日 四月十六日
	金元瑞	二月初九日 五月初十日 八月初五日 七月卄一日 七月卄三日 九月初四日 十月初五日 十月卄日 十一月卄六日
	宋延岭	四月初六日 四月初九日 四月十三日 二月卄一日
忠義衛	李　涵	四月初十日 四月卄三日 七月初七日 八月十七日 九月卄四日 卄 六月三十日 十一月卄七日 卄四 十月初四日
	崔汝凱[手決]	十一月十九日 三月卄五日 八月初八日 十月初七日 十一月十八日 十一月十四日 十二月初四日 九月十六日 八月二十一日 五月十五日
	朴大任	九月二十七日 二月二十五日 八月二十日 二月初六日 十月十二日 七月初六日 四月十八日 三月二十二日 八月二十四日 五月初九日 七月初九日
別提	裵振緖[手決]	正月卄八日 七月初六日 八月十二日 六月卄七日 五月初六日 六月十一日 十一月二十九日 十一月初十日 十二月二十二日
	韓應獜[手決]	六月卄二日 正月初四日 四月卄三日 三月十三日 三月十四日 正月卄四日 二月卄四日 三月十六日
	崔應川	正月初七日 十二月十九日 十二月卄四日 三月卄五日 四月初五日 六月卄五日 七月卄五日 五月初一日 二月卄六日
	金忠瑞	

金壽悅	
朴彦任	四月十五日 六月三十日 正月十二日 三月二十一日 十月十二日 四月十八日 三月初四日 十一月十一日
都　鵬	
朴　愚	
崔汝夔	
韓應琪[手決]	三月卄四日 十月二十八日
禹惟精	
朴　琳	
全永世	
權應台	
金夢岭	
李義得	七月初三日 八月十七日 二月卄一日 五月初一日 □月三日 十二月□日 □…□ 四月初八日 三月十三日
尹殷楨	

薛亨範	八月十一日 十月初八日 八月初一日 十月二十九日 五月初五日 正月二十八日 五月初二日 二月二十三日 二月二十八日 二月二十一日
朴 愿	
李仁恢	崔應溟 宋以張
崔汝崐	十二月初六日 廿九日 二月初六日 五月十八日 八月初八日 十一月十四日 四月十七日 三月十九日 六月十三日
朴景鴻	禹惟精 李禮得

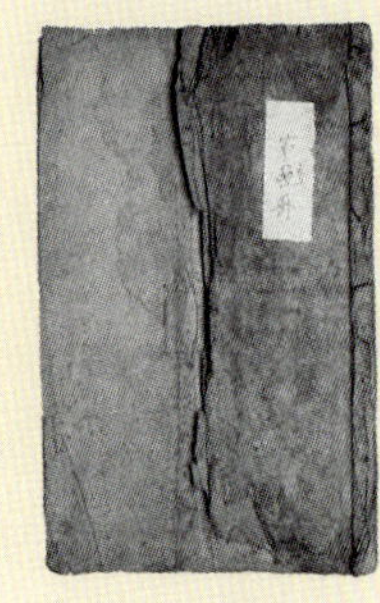

제3책 松亭立議

松亭立議

萬曆十一年癸未九月日立議

一 松亭作畓, 加耕打量, 作畓人各戶, 分錄卜數.

一 依戶錄卜數, 仍執私耕謀計者, 告官治罪後, 子孫至洞中削迹事.

一 射亭四面及畓四標割耕者, 永永損徒, 常人告官治罪者.

一 松亭漏雨處, 有司看審改瓦, 不能則下罰.

一 凡聚會時, 下有司先到, 亭內及前後階洒掃, 不能則或水或酒, 從時罰.

一 畓所出, 有司二員典守買牛, 講信事.

一 作畓未叅人, 自願入屬者, 入屬禮辦, 依上罰例後, 許叅事.

一 言辭不恭, 陵慢長上者, 柳松斫伐者, 皆上罰.

一 防築及禁表處, 有司年年加築, 不令加築者, 上罰.

一 凡聚會及看慰, 無故不叅者, 濁酒一盆, 出罰.

一 晩到早出者, 坐次紛亂者, 喧譁者, 或水或酒, 時罰.

一 喪事扶助, 役奴一名及石灰一駄輪轉中, 依所願一事定給, 下有司看檢, 不行者, 濁酒一盆, 出罰.

一 損徒人, 行解損禮後, 許叅事.

一 與損徒人作黨, 遨遊松亭者, 罰依損徒人例.

一 登席一立備出, 違令員, 則濁酒一盆, 致罰事.

一 坐叅員牛隻, 講信時, 論價伐用安徐.

一 凡看慰時, 衆所共知篤病忌日外, 稱頉人, 則壺果毛羽鱗, 備呈事.

一 東床及新叅禮時, 各持自捧盤果, 依行事.

上罰, 清酒三盆, 濁酒三盆, 大行果四.

中罰, 清酒二盆, 濁酒二盆, 大行果三.

下罰, 清酒一盆, 濁酒一盆, 大行果二.

屯田卜數

<table>
<tr><td>庚申 加倉遷員 一百三畓 十八卜七束</td><td rowspan="2">大金孫名字 打量</td></tr>
<tr><td>辛未 加 一百三畓 十四卜一束</td></tr>
</table>

已上 三十二卜八束

追錄

松亭沙器乙, 洞叅人員中, 婚姻及大會宴次外, 勿許他人爲乎矣, 借用人段置, 不得已, 小掌務處, 一一看審授受爲旀, 闕失傷破之器乙, 四五日內, 充納不冬爲去等, 所用人乙, 笞奴五十後, 亦定下罰, 而不行人員乙良, 這這損徒爲旀, 小掌務段置, 不能看審, 常器相雜, 或闕失, 或趂不推探爲在如中, 亦同此罰事.

座目			
仙	**部將 崔應泗**	道源 戊辰	[手決]
仙	**前權管 鄭夢虎**	景燮	[手決]

		丙子	
仙	幼學 朴秀任	匡仲 丁丑	[手決]
仙	別侍 韓承祖	敬叔 丙子	[手決]
仙	定虜 許 信	子立 丁丑	
仙	定虜 許 仞	思九 庚辰	[手決]
仙	幼學 尹殷楨	任幹 辛巳	[手決]
仙	內禁 李克仁	子安 壬午	
仙	別侍 宋延年	彭叔 壬午	[手決]
仙	忠義 李 涵	彦澄 丙戌	[手決]
仙	定虜 金元瑞	景休 丙戌	
仙	別侍 李 立	信卿 丙戌	[手決]
仙	萬戶 朴大任	正仲 庚寅	[手決]
仙	定虜 韓應麟	而瑞 壬辰	[手決]
仙	幼學 權應台	天紀 壬辰	[手決]
仙	定虜 都 鵬	冲擧 壬辰	[手決]
仙	縣監 金忠瑞	仲休 甲午	

仙	幼學 朴　愚	汝勉 甲午	
仙	司果 金壽悅	汝懼 乙未	
仙	忠義 薛亨範	國經 丙申	[手決]
仙	幼學 崔應溟	淸源 丁酉	
仙	崔汝夔	舜賓 丁酉	
仙	全永世	椿老 丁酉	[手決]
仙	韓應淇	仁瑞 己亥	[手決]
仙	內禁 朴　愿	汝愼 己亥	
仙	定虜 李義得	得之 甲辰	
仙	幼學 朴彦任	重甫 甲辰	[手決]
仙	崔汝崑	伯宇 甲辰	
仙	裵　岦	汝仰 乙巳	[手決]
仙	柳宗元	元之 乙未	
仙	禹惟精	擇之 戊申	[手決]
仙	朴景鴻	子翔 戊申	
	許夢吉	吉之 丙午	

仙	幼學 崔汝契	舜輔 辛亥	[手決]
仙	別侍 金 瀅	明叟 乙卯	
仙	崔汝崙	季宇 辛亥	
仙	李禮得	文叔 壬子	[手決]
	幼學 宋以程	邦瑞 甲寅	[手決]
仙	忠義 柳晩青	時得 丁巳	
仙	李有慶	伯賀 戊午	
仙	幼學 宋以張	國瑞 戊午	
仙	李藏用	時哉 庚申	
仙	李廷元	善叔 丙寅	
	主簿 金聲律	汝諧 丙寅	[手決]
	幼學 李藏任	時乎 丙寅	[手決]
	李廷凱	和叔 戊辰	[手決]
	權希尹	莘叟 丙辰	[手決]
	奉事 韓 浩	丁巳 浩之	[手決]
屳	幼學 都賢佑	辛酉 仲顯	[手決]

㒰	主簿 金 洙	淑淵 壬戌	
	幼學 權希亮	明叔 壬戌	
	叅奉 朴彭岭	景叟 壬戌	[手決]
	幼學 全汝恢	子復 甲子	
	宋以朱	君瑞 乙丑	
	全士立	子信 丁卯	
	判事 全文立	景信 乙亥	
仙	幼學 裵 峻	汝瞻 壬寅	
仙	前縣監 金應成	仲時 丙辰	
	崔興龍	龍之 甲戌	
	郭永禧	德脩 庚申	
仙	前縣監 都應宗	丕承 戊午	[手決]
仙	奉事 裵基祿	德甫 癸酉	
	叅奉 朴彭澤	晉叟 壬申	
	奉事 金杉壽	鮐甫 申巳	
	幼學 朴景鸞	子儀 癸亥	

	忠義 柳晚榮	榮之 庚申	
	僉知 朴　蕃	茂伯 乙丑	
	幼學 朴彭壽	仁叟 己巳	
	李椿壽	天老 丙子	
仙	李椿岭	地老 戊寅	
仙	韓　潤	仲澤 癸酉	

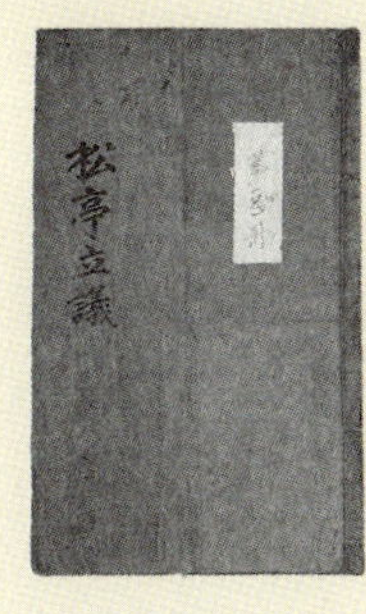

제4책 松亭立議

松亭立議

萬曆三十七年己酉十月日松亭立議

一 松亭作畓, 加耕打量, 座目各戶, 分錄卜數.

一 各戶分錄卜數中, 某員仍執私耕謀計者, 告官治罪後, 子孫洞中削迹事.

一 射亭四面及位畓四標, 割耕者, 永永損徒, 常人則告官治罪事.

一 松亭雨漏處, 有司看審改瓦, 不能者, 下罰.

一 凡聚會時, 下有司先到, 亭舍廳上及四面階洒掃, 不能則或水或酒, 定罰事.

一 畓所出, 有司二員量數買牛, 講信事.

一 作畓時, 未叅人, 自願入屬者, 依上罰叅禮後, 許叅事.

一 言辭不恭, 凌慢長上者, 及松木柳叢斫伐者, 皆上罰.

一 防築及禁表處, 有司年年加築, 不能加築者, 上罰.

一 凡聚會及看慰時, 無故不叅者, 下罰事.

一 晩到早出者, 坐中喧譁者, 時罰事.

一 喪事扶助, 役奴壹名及石灰一駄輸轉中, 依所願扶助事.

一 遭喪人員, 各備白粒伍升, 有司次知, 收合致賻事.

一 損徒人, 行解損禮後, 許叅事.

一 與損徒人, 遨遊松亭者, 依損徒人例, 致罰事.

一 座目人員牛隻, 講信時, 勿許伐用事.

一 凡看慰時, 衆所共知事故及忌日外, 稱頉不叅人員, 酒肴進呈事.

一 東床及新叅禮時, 各持自捧盤果事.

上罰, 淸酒參盆, 濁酒參盆, 大行果肆.

中罰, 淸酒貳盆, 濁酒貳盆, 大行果參.

下罰, 淸酒壹盆, 濁酒壹盆, 大行果貳.

屯田卜數 壬寅年 打量

參拾柒負參束內	參拾肆卜參束 㐂難名字 打量
	參卜 命春名字 打量

一 上有司·下有司位畓旁, 未作畓處, 作畓伍升落只後, 遞改事.

一 春講信, 踏靑日, 定行事.

座目			
仙	僉知 崔汝夔	舜賓 丁酉	[手決]
仙	僉知 全永世	椿老 丁酉	[手決]
	幼學 許夢吉	吉之 丙午	[手決]
仙	幼學 崔汝契	舜輔 辛亥	[手決]
仙	別侍 崔汝崙	季宇 辛亥	[手決]
仚	幼學 宋以程	邦瑞 甲寅	[手決]

仙	僉知 金 瀅	明叟 乙卯	[手決]
仙	郡守 金應成	仲時 丙辰	
仙	幼學 權希尹	莘叟 丙辰	[手決]
仚	奉事 韓 浩	伯淵 丙辰	[手決]
仙	學正 郭永禧	德脩 庚申	[手決]
	忠義 柳晩榮	榮之 庚申	[手決]
	幼學 權希亮	明叔 壬戌	[手決]
仙	主簿 金 洙	淑淵 壬戌	[手決]
	奉事 朴彭岭	景叟 壬戌	[手決]
仙	幼學 朴景鸞	子儀 癸亥	[手決]
	幼學 全汝恢	子復 甲子	[手決]
	僉知 朴 蕃	茂伯 乙丑	[手決]
	定虜 宋以朱	君瑞 乙丑	[手決]
仙	萬戶 金聲律	汝諧 丙寅	[手決]
仙	幼學 李藏任	時乎 丙寅	
仚	幼學 全士立	子信 丁卯	[手決]

	僉正 李廷凱	和叔 戊辰	[手決]
	叅奉 朴彭壽	仁叟 己巳	[手決]
	叅奉 朴彭澤	晉叟 壬申	[手決]
	幼學 崔興龍	龍之 甲戌	[手決]
㕛	判事 全文立	景信 乙亥	[手決]
	司僕 李春壽	天老 丙子	[手決]
仙	武 李春岭	地老 戊寅	[手決]
	奉事 金杉壽	鮐甫 辛巳	[手決]
仙	判事 韓 潤	仲澤 癸酉	[手決]
	幼學 韓 溜	仲淵 辛酉	[手決]
	幼學 崔起龍	見甫 壬申	[手決]
仙	幼學 崔夢震	器徹 甲戌	[手決]
仙	裵基祉	德容 丙子	[手決]
	許承一	汝貫 丙子	[手決]
㕛	朴有章	章之 戊辰	
	都賢翼	叔顯 己巳	[手決]

	崔夢龍	祥徵 己卯	
	崔夢龜	瑞徵 壬午	[手決]
	都賢凱	季顯 丁丑	[手決]
	全興立	而信 壬午	[手決]
	裵基祐	德甫 壬寅	
	郭鴻漸	逵老	
	全　瑾	容甫 辛卯	[手決]
仙	韓汝愈	退叔 丙戌	[手決]
	李世璧	巨卿 庚寅	[手決]
	朴廷英	君彦 己酉	[手決]
	僉知 李東白	景豪 丁酉	
	幼學 崔成屹	卓爾 己亥	[手決]
峃	裵誠立	預甫 丁卯	[手決]
	權　舶	濟伯 丁丑	
	權　艎	濟夫 庚寅	

제5책 松亭立議

松亭立議

癸巳三月日松亭完議

松亭，自古以來，父老觀射遊樂之所也．營亭修睦，趁時歡娛，此誠一時之勝事，而非後人所可及也．近世以降，人心不古，仗信和樂之意，反不如前．或挾私忿，喧譁相尙，同居洞內，睦隣和好之義，果如是乎？今我洞中，繼玆以往，一遵古風，心古人之心，樂古人之樂，振起頹俗，挽復淳風．春秋講信，慶患相慰，不亦樂乎？

一 松亭作畓，加耕打量，座目各戶，分錄卜數．

一 各戶分錄卜數中，某員仍執私耕謀計者，告官治罪後，子孫洞中削迹事．

一 射亭四面及位畓四標割耕者，永永削籍，常人則告官治罪事．

一 雨漏處，有司看審改瓦，不能者，下罰．

一 凡聚會時，有司先到，亭舍廳上及四面階洒掃，不能則時罰事．

一 畓所出，有司二員量數買牛，講信事．

一 有司三員位畓傍未作處，作畓伍升落只後，遞任事．

一 作畓時，不送役軍之員，上罰事．

一 言辭不恭，凌慢長者，及松木柳叢斫伐者，皆上罰事．

一 防築及禁標處，有司年年加築，不能者，上罰事．

一 聚會及看慰時, 無故不叅者, 下罰事.

一 晩到早出者, 坐中喧譁者, 時罰事.

一 喪事扶助, 役軍一名及石灰一駄輸轉, 二者中, 依所願扶助事.

一 遭喪人員, 各備白米參升, 有司次知收合致賻事.

一 損徒員, 行解損禮後, 許叅事.

一 與損徒人, 遨遊松亭者, 依損徒人例, 致罰事.

一 座目人員牛隻, 講信時, 勿許代用事.

一 東床禮及新叅禮時, 各持自捧盤事.

一 上罰, 淸酒參盆, 濁酒參盆, 大行果肆.

中罰, 淸酒貳盆, 濁酒貳盆, 大行果參.

下罰, 淸酒壹盆, 濁酒壹盆, 大行果貳.

一 春秋講信時未叅員, 黃肉外烹肉及內腸, 勿給, 洞長則不在此例.

一 許叅時, 從自願受單字, 收可不, 二不以上許叅, 而曾經鄕錄之員, 則勿收可不, 直書事.

一 自今甲午以後, 新叅人, 勿論父子相繼, 行禮後, 許坐事.

一 新叅員, 以二十五歲爲限事.

	座目		
仙	幼學 崔起龍	見甫 壬申	[手決]
㒶	朴廷英	君彦 乙酉	
仙	縣監 朴潤緖	季孝 丁亥	
仙	幼學 權 龌	濟甫 庚寅	[手決]

仙	司果 李世擘	巨卿 庚寅	[手決]
仙	幼學 全 瑾	容甫 辛卯	[手決]
㑑	全 瓘	瑩甫 乙未	[手決]
仙	金受徽	美仲 己亥	
㑑	崔成屹	卓爾 己亥	[手決]
仙	全 琬	翼甫 己亥	
仙	僉知 金復輝	景晦 庚子	
㑑	幼學 李世彦	美卿 庚子	
㑑	全 琨	潤吾 庚子	
仙	金 璡	而獻 辛丑	
㑑	朴以梲	汝擎 辛丑	
㑑	都汝城	峻甫 辛丑	
㑑	崔鳳儀	聖應 壬寅	
仙	全 璟	擇吾 壬寅	
仙	權 楔	濟卿 癸卯	
仙	韓汝恁	思叔 癸卯	

仙	司僕 全　球	美甫 甲辰	
仚	幼學 崔成嶫	卓夫 丁未	
仚	吳益烇	子晦 戊申	
仚	崔鳳集	時應 己酉	
仚	裵　緯	子文 己酉	
仚	全　瑀	善吾 己酉	
仚	權尙經	汝中 庚戌	
仚	崔鳳章	道應 辛亥	
仚	李時白	景英 癸丑	
仚	全　珏	燁吾 甲寅	
仚	全繼達	彦卿 甲寅	
仚	崔鳳擧	文應 甲寅	
仙	生員 郭壽岡	鎭翁 己未	
仚	幼學 金慶曼	吉遠 壬戌	
仚	李益茂	德翁 壬戌	
仙	全秀達	俊卿 癸亥	

仚	全敬達	直卿 丁卯	
際			
仙	幼學 全 玧	獻甫 癸卯	
仚	典籍 都汝垣	平甫 乙巳	
仚	幼學 崔鳳輝	德應 丙辰	
仚	李昌立	文伯 癸亥	
仚	李卓立	而順 丙寅	
仚	韓 熒	明遠 甲戌	
際			
仙	忠義 李廷柱	幹甫 戊子	
仙	幼學 崔宗繼	丕承 壬寅	
仙	朴忠達	致舜 戊午	
仚	金震鳴	道以 癸亥	
仚	文時老	伯悅 己巳	
際			
仚	幼學 李之榦	子建 癸卯	
仚	全必達	棐卿 乙丑	

佥	韓　爕	子和 壬戌	
佥	宋胤後	而錫 丁卯	
佥	權是經	子守 乙卯	
際			
佥	僉知 裵基祐	德孚 壬寅	
際			
佥	幼學 裵　綎	肅吾 庚申	
佥	裵　紞	肅卿 癸亥	
際			
佥	李後白	士豪 丙午	
佥	部將 朴文弼	道輔 戊午	
佥	幼學 李益培	德裕 丙寅	
佥	裵舜華	明仲 庚辰	
際			
佥	崔嵩望	鎭中 己巳	
佥	朴　點	聖與 丙子	
佥	金慶泰	道元 戊寅	

佥	朴 薰	士馨 己卯	
	崔恒望	鎭叔 壬午	
佥	崔華望	鎭雄 庚辰	
佥	金 彝	而尊 丙子	
	崔台望	鎭厚 壬午	
際			
佥	朴允文	士郁 甲戌	
際			
己酉二月 日			
佥	全孝達	元卿 壬戌	
際			

袱梁之塞, 自平時曳木爲梁, 負薪爲袱, 斲木爲杙, 待時而灌, 是實古人之用智, 非今人之所■(不)可及也, 而近觀乙酉己亥之水, 盡爲衝破, 變作深淵. 前日之年年修築者, 反虧於一水之怒濤, 則知其功勞重而利未遠, 此乃洞內之所常慨然者也. 玆與僉員同議創智, 營築石梁, 不月而成, 將來之完破, 今未可預測, 磊磊之狀, 巖巖之壯, 有如虹橋之亘霄, 此前古所未有之極功也. 由是而永賴無窮, 則將有辭於後世矣, 是爲之記.

己亥 七月 日 監官 權尙經

全 珏

監考 李忠甲

韓莫生

都掌務 朴以棁

小掌務 裵 緯

李時白

用淡袱梁者, 用淡大小民食之天也. 不知創自何代, 而其來久矣. 每年修築, 在於炎燠之時, 而董役之員, 未有所庇, 常以爲苦. 適於今日, 因其役丁, 石以臺之, 樹以亭之, 以爲後人之庇蔭云.

時丙申三月 日也.

都掌務 崔成屹

小掌務 裵 緯

權尙經

監官 全 珏

空紙 九張半

完議

右文爲完定事. 洞案引進之時, 鄕案及內外洞案子弟則直書, 其餘則通可否, 乃是古來之規, 而中間革罷之後, 不無循例之習. 古規便宜, 自今從之, 新入之員, 直書與通可否, 一依前規事.

此亦中, 屯田打作監考事, 亦依古規事.

丁卯 八月十一日.

제6책 碧松亭案

碧松亭案

丙寅三月初三日立議

右完議爲屯田作畓事. 係重大故, 先父老規定, 至嚴且重, 近年以來, 置之尋常, 久廢古規, 誠可寒心. 自今爲始, 作畓年年所出, 不入於元穀, 未畢役前, 別樣處置, 以爲董役時所用, 幸甚.

都掌務 朴[手決]

崔[手決]

座上 崔[手決]

壬子三月日松亭完議

松亭, 自古以來, 父老觀射遊樂之所也. 營亭修睦, 趂時歡娛, 此誠一時之勝事, 而非後人所可及也. 近世以降, 人心不古, 仗信和樂之意, 反不如前. 或挾私忿, 喧譁相尙, 同居洞內, 睦隣和好之義, 果如是乎? 今我洞中, 繼玆以往, 一遵古風, 心古人之心, 樂古人之樂, 振起頹俗, 挽復淳風. 春秋講信, 慶患相慰, 不亦樂乎?

一 松亭作畓, 加耕打量, 座目各戶, 分錄卜數, 各戶分錄卜數中, 某員仍執私耕謀計者, 告官治罪後, 子孫削迹事.

一 射亭四面及位畓四標割耕者，永永削迹，常漢則告官治罪事.

一 雨漏處，有司看審改瓦，不能者，下罰事.

一 凡聚會時，有司先到，亭舍廳上及前後階洒掃，不能則時罰事.

一 畓所出，有司二員量數買牛，講信事.

一 有司三員位畓傍未作處，作畓伍升落只後，遞任事.

一 作畓時，不送役軍之員，上罰事.

一 言辭不恭，凌慢長者，及松木柳叢斫伐者，皆上罰事.

一 防築及禁標處，有司年年加築，不能者，上罰事.

一 聚會及看慰時，無故不叅者，下罰事.

一 晩到早出者，坐中喧嘩者，時罰事.

一 損徒員，行解損禮後，許叅事.

一 與損徒人，遨遊松亭者，依損徒人例，致罰事.

一 座目人員牛隻，講信時，勿許伐用事.

一 東床禮及新叅禮時，各持自捧盤事.

一 上罰，淸酒參盆，濁酒參盆，大行果肆.

一 中罰，淸酒貳盆，濁酒貳盆，大行果參.

一 下罰，淸酒壹盆，濁酒壹盆，大行果貳.

一 春秋講信時未叅員，黃肉外烹肉及內腸，勿給，洞長則不在此例.

一 許叅時，從自願受單字，收可不，二不以上許叅，而曾經鄕錄之員，則勿收可不，直書事.

一 自今甲午以後，新叅人，勿論父子相繼，行禮後，許叅事.

一 新叅員，以二十五歲爲限事.

一 父老完定之條約，不爲不重，而世降俗末，人心不古，或有內鬩之兄弟，或有侮長之年少，此實洞風之不美也，而遵奉完議，未聞其人．自今以後，如有風聞，一從完議, 以振古風事.

一 洞內不美之事, 混皆無異於視聽, 故雖有風聞, 恬不致察. 自今以後, 洞內當任, 銘心致察, 先告于洞會之日, 定行罪罰, 而其時所任, 若掩不發, 先削時任事.

一 松亭下率, 或爲被訴於軍兵, 而洞員之爲將官, 終不杜護, 則非但當身, 其先世亦爲削去事.

一 新叅之員, 從權率行, 有違古規. 自今以後, 一依上古規, 行禮後, 許叅事.

一 袱梁防塞, 各自爲已, 而終焉不送, 空棄干軍. 自玆以後, 一年畢役之後, 其時監官, 抄干移送于洞內作畓時使役, 而終始拒逆者, 自洞內, 報官處置事.

一 袱梁防塞, 一年之內, 頻數無限, 而時帶監任, 丁當長日, 苦飢莫比. 自今以後, 屯租參斗上下, 使其日隨從下人, 饋進點心事.

一 損徒之員, 不爲行禮, 則少無忌憚之事. 自今以後, 依古例行禮事是乎矣, 自丙寅秋爲始, 施行事.

座目		
㒰	全 現	潤吾 庚子
㒰	都汝城	峻甫 辛丑
㒰	裵基祐	德孚 壬寅
㒰	崔成嶕	卓夫 丁未
㒰	裵 緯	子文 己酉
㒰	權尙經	汝中

		庚戌
佥	崔鳳章	道應 辛亥
佥	全　珏	燁吾 甲寅
佥	全繼達	彦卿 甲寅
佥	崔鳳擧	文應 甲寅
佥	崔鳳輝	德應 丙辰
佥	朴文弼	道輔 戊午
佥	裵　綖	肅吾 庚申
佥	金慶曼	吉遠 壬戌
佥	韓　燮	子和 壬戌
佥	金震鳴	道而 癸亥
佥	裵　紞	肅卿 癸亥
佥	李卓立	而順 丙寅
佥	李益培	子固 丙寅
佥	宋胤後	而錫 丁卯
佥	全敬達	直卿 丁卯

仚	全碩達	德卿 癸酉
仚	全克履	汝綏 癸酉
仚	韓　熒	明遠 甲戌
仚	朴允文	士郁 甲戌
仚	金　彛	而尊 丙子
仚	朴　點	聖與 丙子
仚	全以性	泰來 丁丑
仚	金慶泰	道元 戊寅
仚	朴乃眞	太初 己卯
仚	裵舜華	明仲 庚辰
仚	都慶徵	德餘 庚辰
	崔恒望	鎭叔 壬午
	崔台望	鎭厚 壬午
際		
仚	薛孝業	子述 癸丑
仚	薛悌業	士述 己未

僉	朴允武	士憲 丙子
際		
僉	全必達	棐卿 乙丑
僉	全克祉	汝成 甲申
僉	崔岱望	鎭維 乙酉
際		
僉	金斗焗	晦伯 壬午
僉	周漢卿	君輔 甲申
僉	金　稊	仁伯 丙戌
	裵舜輝	明叔 丙戌
際		
僉	李厚立	慶仲 壬申
僉	李斗立	子極 甲戌
僉	韓德基	五相 戊子
際		
僉	全時達	致卿 己巳
	崔泰望	鎭東 壬午

際		
僉	全克諒	德華 癸酉
際		
僉	崔嵩望	鎭中 己巳
僉	裵舜龍	文伯 乙酉
僉	崔嶜望	鎭秀 丙戌
際		
僉	鄭必昌	昌季 乙亥
際		
僉	全孝達	元卿 壬戌
僉	全性溦	華卿 壬午
際		
僉	全仲達	潤卿 戊寅
	全友達	信卿 壬午
際		
僉	李之獻	子可 乙卯
	裵舜夏	明汝 己丑
	崔碩望	元老 乙未

際		
	金　梱	仁仲 戊子
	朴世尹	殷卿 戊戌
㕂	朴安世	大甫 己亥
際		
	郭　邏	仲連 癸巳
	宋奎文	文星 乙未
㕂	郭　迨	叔道 乙未
	朴世說	商卿 甲辰
際		
㕂	崔鳳翔	
際		
己巳九月三十日		
㕂	全性仲	達卿 乙酉
㕂	裵舜虎	文寶 辛卯
際		

제7책 碧松亭案

碧松亭案

壬申二月日松亭完議

松亭, 自古以來, 父老觀射遊樂之所也. 營亭修陸, 趁時歡娛, 此誠一時之勝事, 而非後人所可及也. 近世以來, 人心不古, 仗信和樂之意, 反不如前. 或挾私忿, 喧嘩相尙, 同居洞內, 睦隣和好之義, 果如是乎? 今我洞中, 繼玆以往, 壹遵古風, 心古人之心, 樂古人之樂, 振起頹俗, 挽復淳風. 春秋講信, 慶患相慰, 不亦樂乎?

一 松亭作畓, 加耕打量, 座目各戶, 分錄卜數, 各戶分錄卜數中, 某員仍執私耕謀計者, 告官治罪後, 子孫削迹事.

一 射亭四面及位畓四標割耕者, 永永削迹, 常漢則告官治罪事.

一 雨漏處, 有司看審改瓦, 不能者, 下罰事.

一 凡聚會時, 有司先到, 亭舍廳上及四面階洒掃, 不能則時罰事.

一 畓所出, 有司二員量數買牛, 講信事.

一 有司三員位畓傍未作處, 作畓伍升落只後, 遞任事.

一 作畓時, 不送役軍之員, 上罰事.

一 言辭不恭, 凌慢長者, 及松木柳叢斫伐者, 皆上罰事.

一 防築及禁標處, 有司年年加築, 不能者, 上罰事.

一 聚會及看慰時, 無故不叅者, 下罰事.

一 晩到早出者, 坐中喧嘩者, 時罰事.

一 損徒員, 行解損禮後, 許叅事.

一 與損徒人, 遨遊松亭者, 依損徒人例, 致罰事.

一 座目人員牛隻, 講信時, 勿許伐用事.

一 東床禮及新叅禮時, 各持自捧盤事.

一 上罰, 淸酒參盆, 濁酒參盆, 大行果肆.

一 中罰, 淸酒貳盆, 濁酒貳盆, 大行果參.

一 下罰, 淸酒壹盆, 濁酒壹盆, 大行果貳.

一 春秋講信時未叅員, 黃肉外烹肉及內腸, 勿給, 洞長則不在此例.

一 許叅時, 從自願受單字, 收可不, 二不以上許叅, 而曾經鄕錄之員, 則勿收可不, 直書事.

一 自今甲午以後, 新叅人, 勿論父子相繼, 行禮後, 許叅事.

一 新叅員, 以二十五歲爲限事.

一 父老完定之條約, 不爲不重, 而世降俗末, 人心不古, 或有內鬩之兄弟, 或有侮長之年少, 此實洞風之不美也, 而遵奉完議, 未聞其人. 自今以後, 如有風聞, 一從完議, 以振古風事.

一 洞內不美之事, 混皆無異於視聽, 故雖有風聞, 恬不致察. 自今以後, 洞內當任, 銘心致察, 先告于洞會之日, 定行罪罰, 而其時所任, 若掩不發, 先削時任事.

一 松亭下率, 或爲被訴於軍兵, 而洞員之爲將官, 終不杜護, 則非但當身, 其先世亦爲削去事.

一 新叅之員, 從權率行, 有違古規. 自今以後, 一依上古規, 行禮後, 許叅事.

一 袱梁防塞, 各自爲已, 而終焉不送, 空弃干軍. 自玆以後, 一年畢役之後, 其時監官, 抄干移送于洞內作畓時使役, 而終始拒逆者, 自洞內, 報官處置事.

一 損徒之員, 不爲行禮, 則少無忌憚之事. 自今以後, 依古例行禮, 而自丙寅秋爲始, 施行事.

一 無故不叅之員, 則依完議施罰, 乃是古規, 而世降俗末, 不遵完議, 各自尊大, 誠可寒心. 自今以後, 依古規, 施罰事.

一 屯田作畓事, 係重大, 故先父老定規, 至嚴且重. 近年來, 以久廢古規, 自今爲始, 年年作畓所出, 不入於元穀, 未畢役前, 別樣處置, 董役時所用事.

一 新叅之日, 三員行禮, 乃是古規. 而自備盤床, 具三味後, 各大行果貳坐, 淸酒大貳盆, 進呈後, 許叅事.

座目		
佥	僉知 崔鳳章	道應 辛亥
佥	幼學 薛孝業	子述 癸丑
佥	崔鳳擧	文應 甲寅
佥	崔鳳翔	和應 丁巳
佥	薛悌業	士述 己未
佥	裵 紞	肅卿 癸亥
佥	李卓立	而順 丙寅
佥	全敬達	直卿 丁卯

仚	崔嵩望	鎭中 己巳
仚	全時達	致卿 己巳
仚	李厚立	慶仲 壬申
仚	全克諒	德華 癸酉
仚	全碩達	德卿 癸酉
仚	韓　熒	明遠 甲戌
仚	李斗立	子極 甲戌
仚	鄭必昌	昌季 乙亥
仚	朴　點	聖與 丙子
仚	朴允武	士憲 丙子
仚	金慶泰	道元 戊寅
仚	全仲達	潤卿 戊寅
仚	朴乃貞	泰初 己卯
仚	裵舜華	明仲 庚辰
仙	崔泰望	鎭東 壬午
仚	崔恒望	鎭叔 壬午

仙	崔台望	鎭厚 壬午
仚	全性溦	華卿 壬午
仚	全友達	信卿 壬午
仚	全克祉	汝成 甲申
仚	周漢卿	君寶 甲申
仚	崔岱望	鎭維 乙酉
仚	先達 裵舜龍	文伯 乙酉
仚	幼學 全性仲	達卿 乙酉
仚	崔嶒望	鎭秀 丙戌
仚	裵舜輝	明叔 丙戌
仚	金　稑	仁仲 戊子
仚	裵舜夏	明汝 己丑
仚	裵舜虎	文寶 辛卯
仚	郭　邐	仲連 癸巳
仙	宋奎文	文星 乙未
仚	崔碩望	元老 乙未

仙	生員 郭　逌	叔道 乙未
	幼學 朴世尹	殷卿 戊戌
企	朴安世	漢輔 己亥
企	朴世說	商卿 甲辰
際		
仙	金　穉	仁叟 辛丑
仙	金　稶	茂卿 壬寅
企	崔載天	大明 癸卯
際		
企	崔載厚	大承 甲午
企	周南澤	公遠 庚子
際		
企	韓世翼	五卿 丙申
際		
壬午八月初二日		
企	全忠達	亨卿 甲子
企	李起梁	義懋 辛未
際		

僉	**崔載琇**	華汝 丁未
僉	**朴來鳳**	汝祥 壬子
際		
	裵景度	君擧 辛酉
際		
乙酉九月十九日		
僉	**全友尙**	伯益 壬辰
際		
乙酉十二月十五日		
仙	**韓景斗**	君望 辛酉
際		
丙戌十月十一日		
僉	**金聖中**	執卿 壬寅
僉	**崔載璿**	大觀 丙午
際		
己丑十月六日		
僉	**全性行**	理卿 辛卯
僉	**崔載一**	大汝 己酉
際		
辛卯九月九日		

佥	裵舜文	文仲 己丑
佥	崔載珩	大行 壬子
際		
壬辰十一月八日		
佥	崔載元	大賢 庚子
際		
甲午二月二十七日		
佥	裵汝度	聖學 己亥
佥	崔載大	大伯 辛丑
佥	金　穰	有卿 辛亥
際		
甲午五月八日		
仙	全爾天	性初 乙卯
佥	全爾憲	章老 己未
佥	朴震甲	君元 壬戌
際		
甲午十二月初六日		
仙	宋奎明	文淑 癸卯
	全爾翰	汝翼 戊午

<table>
<tr><td colspan="3">際</td></tr>
<tr><td colspan="3">丙申十二月十五日</td></tr>
<tr><td></td><td>全命一</td><td>君一
壬戌</td></tr>
<tr><td colspan="3">際</td></tr>
<tr><td colspan="3">戊戌二月二十二日</td></tr>
<tr><td></td><td>全爾紀</td><td>維世
癸丑</td></tr>
<tr><td colspan="3">際</td></tr>
<tr><td colspan="3">己亥九月七日</td></tr>
<tr><td></td><td>全爾規</td><td>規世
辛酉</td></tr>
<tr><td colspan="3">際</td></tr>
<tr><td colspan="3">壬寅七月二十四日</td></tr>
<tr><td>仚</td><td>鄭習仁</td><td>元初
戊午</td></tr>
<tr><td colspan="3">際</td></tr>
<tr><td colspan="3">壬寅十一月三十日</td></tr>
<tr><td>仚</td><td>金萬秉</td><td>子秉
癸丑</td></tr>
<tr><td colspan="3">際</td></tr>
<tr><td colspan="3">癸卯二月二十九日</td></tr>
<tr><td></td><td>全爾謙</td><td>汝謙
乙卯</td></tr>
<tr><td>仚</td><td>朴震泰</td><td>君實
甲子</td></tr>
<tr><td>仚</td><td>全命祐</td><td>慶之
乙丑</td></tr>
</table>

㑹	全命禧	祥之 己巳
	崔擎宇 (改名光斗)	君迥 己卯
際		
乙巳十月十五日		
	韓宗斗	泰升 甲子
際		
丁未九月十五日		
仙	鄭瑞元	戊申 汝長
	郭萬雄	丙寅 敵汝
際		
己酉十一月三十日		
	金萬鼎	己巳 子正
	全　俠	壬申 仲豪
㑹	金萬彩	甲戌 子文

右完議者, 惟我洞內, 自古及今, 年老發言, 以少信聽者, 自有規例. 而今者, 洞綱不古, 罔有洞規, 人心世道, 誠極寒心. 自今以後, 年老之員, 首席任當, 不勝幸甚.

戊申 七月 初七日 座上 韓[手決]

朴[手決]

崔[手決]

右文爲立議事. 傳曰鄉井同井, 出入相友, 守望相助, 疾病相扶, 持此聖賢民德歸厚之意也. 唯我洞案, 自少同盃, 情義出凡, 而一自存亡殊道之後, 別無念及之事, 埋沒情誼, 有同路人. 自今以後, 洞案中, 如有損世之員, 自本所措備, 喪布肆拾尺壹疋, 及草席貳立, 銘旌一坐, 白紙一卷式扶助, 而洞任初喪葬事時, 發文護喪事.

壬寅 八月 十七日 裵舜文[手決] 金 稶[手決] 朴來鳳[手決]

韓世翼[手決] 崔載一[手決] 全爾紀[手決]

壬寅七月既望立議

右文爲立議事. 惟我洞案, 流來久矣. 而世道日下, 人心不古, 薦出新入之際, 不無拘循之事, 若此不已, 則將有無限之弊. 自今以後, 一從洞案之議, 父與祖, 俱入洞案者, 則許令直書, 而其餘二代未叅, 則執其可否, 以一不許叅事.

座上 韓世翼[手決] 崔載一[手決]

金　稶[手決] 金　穰[手決]

朴來鳳[手決]

全爾紀[手決]

朴震甲[手決]

裵景度[手決]

丙戌五月初六日完議

右文爲完議事. 松亭洞內, 風憲之所都掌務, 是乃執綱之任, 相遞相任, 不亦重乎? 自今以後, 都掌務出定時, 備三望圈點事.

座上　李起梁[手決]

朴允武[手決]

朴乃眞[手決]

崔恒望[手決]

小掌務 朴世尹[手決]

朴來鳳[手決]

一 洞案之員, 冠帶等物, 迎婿之日, 任意私用, 事甚不當. 日後, 如有渾用之弊, 則當首任永削事.

庚子 四月 二十二日 座上 韓世翼[手決]

宋奎明[手決]

朴世說[手決]

崔載璿[手決]

癸未五月三日完議

右文爲完議事. 惟我松亭, 非但勝地, 風流景物, 倍於他洞, 可以聳觀瞻聆, 而所可欠者, 文物禮服而已. 今自癸未, 始辦三件, 乃禮服也, 紗帽也, 下馬赤也, 此是一大幸也. 旣備之後, 不可無保存之道, 玆定條目于左.

一 洞員之外, 永勿許給爲乎矣, 若有任員拘私之弊, 則削■(迹)籍事.

一 他洞他官之人, 若有借用, 則錢一兩式, 受納後, 許給事.

一 此三物, 以首任次知事.

一 洞案外, 以價物的定爲乎矣, 先捧價物後, 許給事.

一 紗帽白米七升, 禮服帶一斗五升, ■(座)下馬赤二件一斗式, 定式事.

一 勿論洞員, 若有傷破, 則所用之人修補事.

一 新備上等物, 他洞他官, 永勿許賣事.

都學務 崔恒望[手決]

小學務 韓世翼[手決]

朴來鳳[手決]

座上 李起梁[手決]

全碩達[手決]

朴允武[手決]

一 獨轎, 白米三斗式, 定式事. 若有傷破, 則勿論洞員洞外, 所用之人, 修補備上事.

一 此等物, 洞案子外, 勿許事.

一 洞案, 則勿計存亡, 至於子, 許給事.

都掌務 崔[手決]

座上 李[手決]

築洑灌水, 古人明智, 而薪木之塞, 未及石梁之完. 故往在己亥, 先君建議, 衝破橫瀾, 堤遏石橋, 滈滈之勢, 遠浮於積薪之構, 巖巖之狀, 何齒乎斷木之杙, 智慮新創, 功利過古矣. 前水後水, 古今相續, 而昔者膚功, 旣破於辛未之水, 新人述古, 更議修創, 則今夕小子之功, 前日先君之事, 竭力堤防, 豈但爲水利, 此實肯構之烈. 故遵規築遏, 完若平昔, 將來堅否, 雖未形言, 依式修築, 記示後世. 日後驚波, 幸有衝突, 不唾前轍功勞之拙.

壬申 四月 日 監官 崔碩望

監考 韓興業

都掌務 朴點

小掌務 裵舜龍

崔嶒望

丁亥三月初六日

一 籠三丁, 定價爲乎矣, 洞外, 如有用者, 則捧價白米一斗後, 許給事.

都掌 崔碩望[手決]

小學務 韓世翼[手決]

朴世說[手決]

前後胸背價 白米五升

紗帽價 白米七升

禮服價 白米一斗

帶價 白五升

下馬赤價 白米一斗

獨轎價 米三斗

籠衫丁價 米一斗

一 松亭直家基麻田段, 服布肆拾尺一疋, 其餘加入田段, 白酒一盆式, 逐年備納事.

丙午 十二月 十日 洞任 崔[手決]

全[手決]

제8책 碧松亭儒契案

碧松亭儒契案

碧松亭儒契序

靈邑，故大伽倻也．嶽秀泉訇，髣一區，勝儒珍世，其家古雅淳龎，有鄒魯風，寔地靈而人傑也．邑之西一舍有亭，曰碧松．刱在漢五鳳初，後孤雲·寒暄·一蠹諸先生，嘗杖屨嘯詠，暎發淸采，繇是，士流咸景仰，久久存護也．昔庚寅，吾先君子，莅玆邑，政成人和．翌年辛卯，邀鄕望宿儒，暢遊是亭，揭詩與文屬，而和者三十餘人．時余年甫小學，斑彩追嬉，躬覩盛儀，逐長於斯，凡五年矣．某水某邱，尙森然不昧，若故山一幅，日靈之儒，踵門講舊，道松亭事，亭今爲士林藏修之所．迭時，三十餘人之子孫及門生，諏建一契，所以基先蹟牖後學，而俱爲其繼述也．故推余爲契長，余固不敢當，而顧義有所難辭者，夫桑梓必敬止，況亭榭於是，三宿猶因果，況五載於是．且契之設，適週甲於是，是亦不偶，拊今視昔，烏能無感於是也．嗚呼！山陰會祓，羣賢畢集，而非爲儒學，南康起院，多士濟蹌，而未有契事，斯亭也，迺兩美具也．夫以蘭榭鹿院，猶且興廢，斯亭也，起於五鳳，闡於三賢，文獻備於先庚，儒契成於後庚，寢降而寢具，儘大數乘也．然旣由亭而立契，則亦當由契而護亭，惟僉賢懋哉！永圖子子孫孫勿替引之，夫貫四時閱千歲而不改者，松也，盍顧名而思義記亭？

週甲辛卯 維夏上澣 完山 李敦夏 謹書．

碧松亭儒契案					
庚寅十一月二十九日					
仙	判書 李敦夏	敍五 甲申	完山人	京 校洞	
仙	縣監 宋淳爀	允卿 戊子	鎭川人	礪山 龍南	
落	都正 崔宇文	士洪 乙亥	陽川人	松亭	落
仙	幼學 金啓鉉	成叔 丙戌	一善人	梅邨	
落	崔龜文	洛瑞 庚寅	陽川人	山村	落
仙	進士 朴英鶴	季亨 辛卯	高靈人	鶴洞	
仙	幼學 全鏞浩	聖天 辛卯	星山人	鶴洞	
仙	全東柄	敬春 辛卯	星山人	上伽谷	
仙	金瑛鉉	英玉 乙巳	一善人	梅村	
仙	叅奉 全禹鉉	夏重 己未	星山人	鳳津	
原					
十二月初三日					
仙	幼學 李鳳相	汝鴻 乙酉	星山人	陜川 外谷	
仙	朴永成	應天 己亥	高靈人	直洞	
	全奭奎	景甫 乙卯	星山人	鳳津	

仙	金昌熙	允綱 辛亥	慶州人	池洞	
仙	朴景洵	慶汝 辛亥	高靈人	新村	
仙	全載奎	必中 丙辰	星山人	上佳谷	
原					
初七日					
仙	幼學 李時勳	致寬 辛丑	星山人	盤雲	
	金景熙	永輝 己未	慶州人	池洞	
	金德熙	英見 辛酉	慶州人	五龜尾	
	李芳勳	遺百 辛酉	星山人	盤雲	
	金壽容	元五 癸亥	一善人	九谷	
	金益熙	敬三 甲子	慶州人	池洞	
仙	李澤勳	顯卿 己未	星山人	盤雲	
	李爀勳	鳴國 庚申	星山人	盤雲	
	金在玟	文振 庚午	慶州人	池洞	
	金在聲	振玉 辛未	慶州人	池洞	
原					
初十日					

仙	幼學 李有尙	晦叟 壬辰	載寧人	鵝谷	
仙	李彦恒	應瑞 丁亥	星山人	陜川 外谷	
	李　演	景晦 癸巳	星山人	陜川 外谷	
仙	鄭度鎭	而弼 甲午	東萊人	陜川 九汀	
仙	李源在	大汝 戊戌	星山人	陜川 外谷	
仙	李志瑛	君弼 癸卯	星山人	陜川 外谷	
	鄭　珏	周八 己酉	東萊人	陜川 九汀	
仙	李相維	廷茂 乙巳	陜川人	陜川 內谷	
	李相斗	應七 癸丑	陜川人	陜川 內谷	
	全鏞大	德三 丁卯	星山人	上伽谷	
	原				
	辛卯七月初八日				
仙	幼學 全任基	聖澤 戊子	全州人	草溪 亭村	
仙	全奎煥	贊玉 壬辰	全州人	草溪 月谷	
	全錫佑	乃文 甲寅	全州人	草溪 月谷	
	全東溶	魯鎭 壬戌	星山人	石寺	
仙	裵炳文	穆汝	星山人	上伽谷	

		己巳			
	鄭東恢	尙彦 戊午	東萊人	內谷	
	裵炳植	性實 庚午	星山人	陝川 翼山	
	鄭義逵	敬元 丙寅	晉陽人	玉山	
落	金績熙	乃成 甲戌	慶州人	池洞	落
	鄭信逵	敬立 庚午	晉陽人	玉山	
	原				
	初十日				
仙	通政 全極奎	應宰 甲午	星山人	鳳津	
仙	幼學 全基軫	善益 戊申	全州人	草溪 淳谷	
落	崔升學	敬直 甲寅	陽川人	石寺	落
	原				
	十月二十日				
仙	幼學 裵　瓚	致欽 戊戌	金海人	陝川 汀臺	
落	朴英乙	天若 乙卯	高靈人	鵝谷	落契
	原				
	十一月初十日				
仙	幼學 朴來龜	益瑞 壬午	高靈人	桃津	

仙	柳遠炳	致三 戊子	晉陽人	陝川 中村	
落	朴英駿	聖弼 甲辰	高靈人	陝川 上谷	落契
落	崔洪錫	聖範 己未	陽川人	松亭	落契
落	朴洪烈	錫禹 庚申	高靈人	陝川 上谷	落契
原					
十二月十七日					
落	幼學 朴乙源	甲重 己亥	高靈人	鶴洞	落契
落	朴英斗	克瑞 庚子	高靈人	居昌 釜山	落契
落	朴漢烈	道克 乙巳	高靈人	鶴洞	
落	崔寅錫	周伯 乙卯	陽川人	鶴洞	落契
落	朴鳳烈	應見 甲子	高靈人	鶴洞	落契
原					
壬辰正月二十六日					
仙	縣監 林時益	受謙 乙酉	安東人	榮川 官洞	
仙	幼學 金宗沅	英彦 丙戌	一善人	九谷	
仙	李膺奎	元極 壬辰	碧珍人	陝川 河濱	
仙	許鴻默	翼叟 戊戌	金海人	陝川 明洞	

原					
二月二十八日					
仙	幼學 盧秀鉉	可暉 辛卯	光州人	桃津	
仙	朴英琦	穉圭 甲午	高靈人	桃津	
仙	尹東植	聖伯 乙未	坡平人	星州 延鳳	
仙	吳仁相	時中 庚子	高敞人	梅邨	
落	朴鏞源	聲遠 辛丑	高靈人	桃津	落
	朴基洪	允極 癸卯	高靈人	桃津	
仙	朴斗熙	善之 辛亥	高靈人	桃津	
原					
三月二十九日					
仙	進士 柳大源	天一 戊戌	晉陽人	陜川 光山	
	幼學 金永琪	章伯 丙寅	一善人	梅邨 改泰禧	
原					
四月初六日					
仙	幼學 權定柄	應寬 壬辰	安東人	鳳谷	
仙	李相武	箕鎭 丁未	陜川人	陜川 上上谷	
仙	李萬源	尙七	陜川人	陜川	

		戊午		上上谷	
	李相昊	文吉 戊午	陜川人	陜川 上上谷	
	李斗煥	章玉 戊辰	陜川人	陜川 上上谷	
原					
五月十七日					
仙	幼學 李 灝	元庸 甲申	星山人	館洞	
仙	朴龍燦	士善 癸巳	高靈人	桃津	
仙	盧永欽	賀瑞 壬寅	長淵人	大谷	
仙	全鏞德	君逸 乙巳	星山人	鶴洞	
仙	成載晳	聖與 庚申	昌寧人	新津	
原					
二十五日					
仙	幼學 李希鏞	聲遠 丁亥	固城人	星州 沙月	
仙	朴來洙	仁擧 戊戌	高靈人	桃津	
仙	朴章洵	文則 癸卯	高靈人	上佳谷	
仙	全海逵	季道 乙卯	星山人	新津	
	李益勳	禹三 乙卯	星山人	盤雲	
	李熙八	舜擧	全義人	陜川	

		己未		華洞	
	原				
	六月十五日				
	幼學 裵應度	相憲 己卯	金海人	陝川 汀臺	
仙	裵容度	明振 乙巳	金海人	陝川 汀臺	
仙	朴膺廷	舜直 己酉	高靈人	涑洞	
	李榮勳	慶發 乙丑	星山人	盤雲	
落	崔容錫	弼仲 丁卯	陽川人	鶴洞	落契
	原				
	二十四日				
仙	幼學 裵景度	士安 辛卯	金海人	陝川 汀臺	
仙	都正 蔡炳植	極瑞 丙申	仁川人	陝川 汀臺	
	幼學 全熙誠	聖民 甲子	星山人	新津	
	全龍模	雲見 戊辰	星山人	新津 改晦根	
	原				
	二十九日				
仙	幼學 裵顥根	文老 丙申	星山人	上佳谷	
仙	金學濟	道億 庚子	瑞興人	漁洞	

仙	李東鍵	啓震 丙午	陜川人	陜川 所沙	
仙	李英奭	周保 庚戌	陜川人	陜川 所沙	
仙	吳暻烈	升如 癸亥	高敞人	鵝谷	
	金相龜	應文 己巳	善山人	陜川 所沙	
落	崔斗錫	象七 庚午	陽川人	松亭	落
	原				
	閏六月初三日				
落	幼學 金　欗	濟卿 癸卯	慶州人	山塘	落
	韓正履	文吉 丙午	淸州人	栢山	
	金東鳳	致潤 甲子	高靈人	陜川 竹洞	
	金東賢	士希 壬申	高靈人	陜川 竹洞	
	原				
	二十一日				
仙	幼學 金道浩	義伯 戊戌	高靈人	陜川 竹洞	
	金應浩	氣伯 丙午	高靈人	陜川 竹洞	
仙	李昌雨	文則 癸丑	慶州人	良田	
仙	李遠昌	致明 甲寅	全州人	齋洞	

落	鄭敏錫	純可 丙寅	晉陽人	陜川 中山	落
	朴章鉉	德七 己未	慶州人	居昌 獐項	
	原				
仙	幼學　李五永	錫初 乙酉	碧珍人	陜川 雲洞	
仙	朴英吉	泰彙 壬辰	高靈人	桃津	
	全海錫	處中 甲辰	星山人	漁洞	
仙	全度鉉	夏卿 乙丑	星山人	新津	
	沈相烈	錫圭 己巳	青松人	陜川 龜山	
	原				
	二十五日				
	幼學　全海八	洛中 己酉	星山人	漁洞	
	朴智燦	仁汝 庚戌	高靈人	桃津	
	朴璟燦	景玉 丁巳	高靈人	桃津	
	原				
	十二月初十日				
	幼學　全祖誠	舜卿 甲寅	星山人	鳳津	
	崔羽漢	敬順 庚午	慶州人	涑洞	
	原				

二十三日					
落	幼學 金宗脩	德一 壬寅	慶州人	松林	落
	權鍾殷	伊贊 丙午	安東人	鳳洞	
	吳應轍	國卿 丁未	高敞人	梅村	
	朴永東	瑞長 壬戌	順天人	沙村 改名仁東	
原					
二十四日					
	幼學 韓景錫	相五 癸亥	淸州人	星州 泉坪	
	韓鼎錫	革之 丁卯	淸州人	星州 泉坪	
	姜在胤	漢瑞 戊辰	晉陽人	山塘	
落	金柄憲	斗汝 己巳	慶州人	栢山	落
原					
二十五日					
仙	幼學 朴永壽	箕五 丙辰	高靈人	直洞	
仙	權載聖	道洪 甲戌	安東人	涑洞	
原					
癸巳七月十五日					
	幼學 裵文度	引伯 乙酉	盆城人	陜川 心臺	

仙	郭廷宅	洛元 壬寅	玄風人	涑洞	
仙	朴基洵	暎白 甲辰	高靈人	良田	
	朴根灝	性初 甲子	高靈人	野翁亭	
落	崔永錫	周範 己巳	陽川人	松亭	落
原					
二十日					
	幼學 金禹成	于告 癸未	慶州人	沙村	
仙	曺秉亮	應三 丁巳	昌寧人	良田	
仙	崔景漢	敬一 庚申	慶州人	涑洞	
	申璋模	振奎 丙寅	高靈人	沙村	
仙	宋柱鎭	亨五 丙寅	金海人	盤雲	
	李寅吉	順若 戊辰	陜川人	陜川 梅湖	
	鄭相善	希僑 壬申	東萊人	山陰	
	郭大根	子重 癸酉	玄風人	玄風 率禮	
	朴丞東	致安 癸酉	順天人	沙村	
	宋柱臣	忠汝 丁丑	金海人	盤雲	
原					

甲午四月初十日					
仙	幼學 全海俊	德老 乙巳	星山人	鶴洞	
	金秀貞	貞瑞 辛亥	慶州人	山郈	
仙	朴漢朝	成則 癸丑	順天人	山郈	
	全震鉉	君益 癸丑	星山人	新津	
	全在鉉	夏玉 丙辰	星山人	新津	
原					
乙未四月二十五日					
仙	幼學 全致奎	應一 壬辰	星山人	鶴洞	
	鄭達恢	英彦 乙卯	東萊人	山陰	
仙	洪永杓	順天 乙卯	南陽人	一良	
	金敎翊	彝若 甲子	慶州人	陜川 龜湖	
原					
丁酉三月初八日					
仙	幼學 成載普	能博 癸丑	昌寧人	石寺	
仙	叅奉 李彧增	雲從 癸丑	星山人	盤雲	
落	幼學 崔升道	克修 癸丑	陽川人	鶴洞	落
落	金　樟	敬材	慶州人	山塘	落

		乙亥			
仙	全鏞俊	邦彦 庚辰	星山人	九皐	
	洪承禹	圭玄 辛巳	豊山人	九皐	
仙	金鏞熙	相淑 庚辰	廣州人	九皐	
	嚴文翼	敬之 癸未	寧越人	柏山	
原					
四月十三日					
仙	幼學 郭　逵	德羽 己亥	玄風人	山陰	
仙	李基永	明甫 辛丑	碧珍人	一良	
	朴永祺	鎭五 乙丑	高靈人	直洞	
原					
十五日					
仙	幼學 薛宗文	贊叔 丙戌	淳昌人	松林	
仙	韓禹敎	致洪 壬寅	淸州人	栢山	
	朴柱永	敬晦 己酉	密陽人	栢山	
落	裵炳祐	聖吉 庚申	星山人	陜川 淸溪	落
	郭守根	晦汝 庚午	玄風人	陜川 梅花里	
原					

戊戌三月十六日					
仙	幼學 姜起八	文擧 辛丑	晉陽人	新村	
	李寅奎	允瑞 乙巳	星州人	盤雲	
	曺喆祐	元達 己巳	昌寧人	良田	
	許 爕	明元 丙子	金海人	良田	
	姜慶秀	士敬 戊寅	晉州人	山塘	
原					
十七日					
仙	叅判 韓周昞	元瑞 辛丑	淸州人	大谷	
	幼學 韓周爀	文俊 庚戌	淸州人	大谷	
落	裵厚根	德晦 己酉	星山人	陜川 淸溪	落
	韓周聖	允和 癸丑	淸州人	大谷	
落	崔淳默	再欽 癸亥	陽川人	鶴洞	落
原					
十八日					
落	幼學 崔在文	慶執 乙巳	陽川人	鶴洞	落契
仙	全海龍	池中 戊申	星山人	漁洞	
	金 遠	聲大	一善人	中佳谷	

		丁卯			
	鄭寅協	恭汝 甲子	東萊人	漁洞	
	原				
	己亥二月二十六日				
仙	全厚誠	相兼 己酉	星州人	禮洞	
	姜永俊	德見 壬子	晉陽人	一良	
	吳在泳	敬範 丁巳	海州人	直洞	
	吳範相	鎭五 己卯	高敞人	佳谷	
	原				
	三月十七日				
	郡守 金永年	胤瑞 戊戌	安東人	槐山 西部	
仙	進士 尹斗植	聖擧	坡平人	星州 延鳳	
	幼學 朴永祚	允輔 癸卯	高靈人	直洞	
	原				
	庚子四月十五日				
仙	幼學 金秀燦	文若 辛丑	慶州人	山郈	
	五衛將 許 潾	碩汝 乙巳	金海人	九谷	
仙	幼學 金聖洛	聲局 丙午	義城人	新村	

	原				
	辛丑六月二十五日				
仙	幼學 吳煥奎	聖克 辛卯	鶴城人	陜川 館洞	
	李基定	命吾 己巳	陜川人	山郈	
	原				
	壬寅四月十六日				
仙	幼學 李錫一	華振 丁亥	碧珍人	石寺	
仙	表南石	德立 己亥	新昌人	鳳津	
	崔舜敎	寬五 丁丑	慶州人	大邱 智妙	
	原				
	乙巳四月初五日				
	幼學 李澤雨	允則 壬戌	慶州人	直洞	
	許　炳	世明 丁卯	金海人	九谷	
	金載聲	溶五 庚午	金寧人	玄風島內	
	全鏞圭	五秉 丙子	星山人	佳谷	
	裵炳宗	允汝 癸未	星山人	山塘	
	徐泰址	士元 庚寅	達城人	山塘	
	原				
	丙午四月二十五日				

	幼學 宋心默	應七 乙巳	治城人	良田	
仙	崔鎬東	衡玉 丁未	永川人	星州 法山	
	朴道煥	季淑 戊申	高靈人	桃津	
	全東一	潤海 戊申	星山人	鳳津	
	曺震文	大贇 戊申	昌寧人	陜川 鴨谷	
	羅啓烈	明彦 戊午	錦城人	星州 老多	
	朴在祐	尙振 辛酉	高靈人	山塘	
	崔升河	仁伯 乙丑	陽川人	山邨	
原					
七月二十日					
仙	幼學 鄭基輔	景瑞 甲午	瑞山人	陜川 伊川	
	李雨植	閏根 己酉	星山人	陜川 外谷	
	直閣 尹夏榮	大卿 丁卯	海平人	溫陽 校村	
	幼學 金潤和	德裕 丙子	錦山人	栢山	
	全玲奎	聲振 壬辰	星山人	鳳津	
原					

丁未四月十八日					
仙	幼學 金順濟	應三 壬子	瑞興人	漁洞	
仙	全自誠	允一 丁巳	星山人	禮洞	
	朴基鎬	學允 庚申	高靈人	桃津	
	朴根海	道相 丙寅	高靈人	山塘	
己酉四月二十日					
	幼學 許 洵	致汝 辛丑	金海人	涑洞	
	申性均	衷若 戊寅	平山人	鳳津	
原					
庚戌四月二十日					
	幼學 車聖勳	可見 壬子	延安人	昌寧 鳳谷	
	姜在永	汝仁 庚午	晉陽人	石寺	
原					
辛亥四月二十日					
仙	幼學 朴址鉉	舜擧 庚申	順天人	陜川 光山	
	河錫文	導浚 己未	晉陽人	陜川 倉洞	
	許 周	仁瑞 丁未	金海人	九谷	
	許 駉	德一 壬寅	金海人	九谷	

	原				
	壬子四月二十五日				
	幼學 全斗運	極中 甲辰	星山人	居昌 釜山	
	李允甲	成五 戊辰	泗川人	柏山	
	全琪誠	聲玉 己卯	星山人	鳳津	
仙	𥘇奉 金顯璘	致璐 己酉	金海人	高谷	
	朴昌淵	應元 己未	密陽人	高谷	
	原				
	癸丑四月二十五日				
	幼學 李圭熙	元五 癸亥	星州人	星州 井花里	
	原				
	丁巳四月二十五日				
	□□ 張斗成	敬守 甲寅	仁同人	博谷	
	幼學 陳用珪	玉見 丙寅	驪陽人	鍮泉	
	朴升默	善七 甲戌	密陽人	高谷	
	李圭城	德明 壬午	全州人	鍮泉	
	原				

제9책 碧松亭續契案

碧松亭續契案

碧松亭續契事實

碧松亭本契，創始於中仁盛際，契案着啣，皆我各門之名祖也．其規謨之嚴勵，條例之明白，不待贅說．但歷世以來，契員之數，則限三十三人，而止有歿而缺員，則更爲追薦．然擇其德望學行足爲師表者，愼其閥閱，較其外黨之明不明於斯數者，一有不足，則不與薦焉．此其本契中，矯風立紀之大旨也．如是而歷三四百稔，契案積成十餘卷，世世子姓，以尊祖慕賢之誠，守之如靑氈，寶之如琬琰．累經兵燹，猶能保完，而契中錢穀且饒足，可以爲儒林雅會之所助也．不幸，近至庚申年，一爲洪水所敗，亭榭顚仆，土地浸沒，而契事遂廢矣．凡識舊蹟之人，莫不嗟惜，況其後孫乎?今纔移建本亭，然修契則未暇矣．時登斯亭，奉閱舊案，感淚泫然．玆乃今年春，本契後孫諸丈老，咸聚於本亭，團欒商議，不較其外黨，只與該子孫，更修新案，以爲碧松亭續契云爾．

凡例

一 契名，以碧松亭續契，爲定事．

一 契員，以本契案該子孫，組織事．

一 凡爲契員者，以先世同契之誼爲心，互相和協事．

一 契權, 但止於自身, 身歿之後, 雖其嗣子, 不得續權事.

一 契金, 每員下, 金壹兩式出資事.

一 契員喪死後, 自契中, 卽還出資金壹兩, 又以契金貳拾錢, 代黃燭賻儀事.

一 每年契會時, 有可入之員, 則以契中完議推薦後, 許入事.

一 每年契會時, 非契員, 則雖其子弟, 叅席叅議不許事.

一 契物滋長, 年參割爲定, 而擇愼重信實之人, 逐年分撑拮据事.

一 契金, 每年聚會時, 竝前利沒捧事.

一 有司, 擇勤敏克幹者參人, 而都掌務一人, 小掌務二人, 爲定事.

一 契會日字, 以每年四月十日爲定事.

一 契會場所, 以本亭爲定事.

座目				
仙	全庠洙	善用 辛亥	星山人	鶴洞
仙	崔升昶	允行 戊午	陽川人	明德
仙	崔洪錫	聖範 己未	陽川人	松亭
仙	全福奎	致大 辛酉	星山人	漁洞
仙	全商誠	伊仲 壬戌	星山人	鳳津
仙	全東鎭	老進 壬戌	星山人	石寺
仙	全周誠	箕贊 癸亥	星山人	鳳津

仙	朴鳳烈	應見 甲子	高靈人	鶴洞
仙	全熙誠	聖民 甲子	星山人	鳳津
仙	崔升河	仁伯 乙丑	陽川人	石寺
仙	金　坎	周允 乙丑	一善人	佳谷
仙	金泰成	應七 乙丑	一善人	梅村
仙	裵尙翌	文吉 乙丑	星山人	鶴洞
仙	金泰鎭	頌瑞 丁卯	一善人	佳谷
仙	金觀鉉	華淑 戊辰	一善人	佳谷
仙	崔利錫	元範 丁卯	陽川人	鶴洞
仙	全啓運	乃彦 戊辰	星山人	扶禮
仙	朴在文	尙玉 戊辰	高靈人	山塘
仙	吳貞淳	周一 戊辰	高敞人	梅村
仙	金柄憲	斗汝 己巳	慶州人	松林
仙	崔命錫	聖玉 己巳	陽川人	鶴洞
仙	全夏誠	箕仲 庚午	星山人	鳳津
仙	崔升欽	允若	陽川人	松亭

		辛未		
仙	全東鎬	周鎭 癸酉	星山人	栢山
仙	全晉誠	明贊 癸酉	星山人	鳳津
仙	韓在敎	敬玉 癸酉	淸州人	栢山
仙	韓秉敎	聖學 庚午	淸州人	栢山
仙	吳禹淳	命九 甲戌	高敞人	梅村
仙	金敦夏	周卿 乙亥	慶州人	松林
仙	金　樟	敬材 乙亥	慶州人	梅村
仙	裵炳國	君實 乙亥	星山人	明德
仙	崔震錫	明淑 丙子	陽川人	漁洞
仙	吳昌淳	周汝 戊寅	高敞人	梅林
仙	全處運	英彦 己卯	星山人	扶禮
仙	崔淳崑	致玉 己卯	陽川人	鶴洞
仙	朴在轍	仲瞻 己卯	高靈人	鶴洞
仙	全琦誠	成玉 己卯	星山人	鳳津
仙	金武鉉	善益 辛巳	一善人	佳谷

仙	全炳宅	仁夫 辛巳	星山人	鳳津
仙	金台鉉	國彦 辛巳	一善人	佳谷
仙	金秉鉉	德初 辛巳	一善人	佳谷
仙	金可鉉	器汝 辛巳	一善人	佳谷
仙	全基運	章五 辛巳	星山人	上佳谷
仙	崔季錫	季必 壬午	陽川人	鶴洞
仙	崔淳崙	子敬 壬午	陽川人	鶴洞
仙	崔秉錫	懿範 壬午	陽川人	松亭
仙	崔性錫	養彦 壬午	陽川人	松亭
仙	全啓鉉	明汝 壬午	星山人	鳳津
仙	吳德相	英彦 癸未	高敞人	松林
仙	崔淳龍	性伯 丙戌	陽川人	松亭
仙	韓勳錫	兌一 丙戌	淸州人	栢山
仙	全海定	仁若 丙戌	星山人	鳳津
仙	全儀奎	慶來 丁亥	星山人	鳳津
仙	崔義錫	亨伯	陽川人	鶴洞

		丁亥		
仙	崔淳宗	山卿 丁亥	陽川人	鶴洞
仙	全正運	和仲 丁亥	星山人	扶禮
仙	全炳元	德彦 己丑	星山人	鳳津
仙	崔淳岦	致實 丙戌	陽川人	鶴洞
仙	崔淳崋	泰卿 己丑	陽川人	鶴洞
仙	全炳軾	孟瞻 庚寅	星山人	鳳津
仙	金甲秀	元伯 壬辰	一善人	佳谷
仙	朴東憲	宅規 甲午	高靈人	鶴洞
仙	吳載鳳	文哉 甲午	高敞人	梅林
仙	崔淳範	禹卿 丁酉	陽川人	鶴洞
仙	全基鉉	允八 癸酉	星山人	漁洞
原				
癸酉四月十日				
仙	吳文淳	聖行 戊辰	高敞人	梅林
仙	全炳麒	德夫 己卯	星山人	鳳津
仙	全雨根	時若 辛巳	星山人	鶴洞

仙	金泰德	大卿 己丑	一善人	佳谷
仙	吳英淳	贊瑞 庚寅	高敞人	梅林
仙	金泰右	亨老 庚寅	一善人	佳谷
原				
甲戌四月十日				
仙	金道鉉	貫吾 癸亥	一善人	梅村
仙	全鏞在	五秉 丙子	星山人	上佳
原				
乙亥五月五日				
仙	裵佑根	元五 戊辰	星山人	淸溪
仙	崔鳳錫	德彦 戊辰	陽川人	淸溪
仙	朴箕烈	應福 乙亥	高靈人	鶴洞
仙	金泰東	俊汝 丙子	一善人	佳谷
仙	吳元相	進五 己卯	高敞人	上佳谷
仙	崔學錫	明善 丙戌	陽川人	山州
仙	金泰鍾	振遠 丙戌	一善人	佳谷
仙	金始鉉	陽一 丁亥	一善人	佳谷

仙	**金泰一**	德純 辛卯	一善人	佳谷
原				
丙子閏三月二十五日				
仙	**裵道根**	德三 丁卯	星山人	淸溪
仙	**朴德會**	道仲 戊寅	高靈人	鶴洞
仙	**金洪祚**	乃見 辛巳	慶州人	松林
仙	**全海德**	敬三 庚寅	星山人	鳳津
原				
丁丑四月二十五日				
仙	**薛奎東**	而魯 乙丑	淳昌人	松林
原				
戊寅五月五日				
仙	**朴敬烈**	千弼 庚午	高靈人	鶴洞
仙	**全啓允**	士汝 庚寅	星山人	鳳津
仙	**吳奎相**	文五 壬辰	高敞人	梅林
仙	**全炳守**	直夫 丙戌	星山人	鳳津
原				
己卯四月二十五日				
仙	**全貞鉉**	道淑	星山人	漁洞

		丁亥		
原				
庚辰五月五日				
仙	**全球鉉**	允五 乙丑	星山人	柏山
仙	**裵萬坤**	孟玉 丙子	星山人	鶴洞
仙	**韓憲敎**	敬章 戊寅	清州人	柏山
仙	**全鏞宇**	尙允 辛巳	星山人	佳谷
仙	**裵炳翰**	汝鸞 壬午	星山人	鶴洞
仙	**朴在龍**	雲瑞 癸未	高靈人	鶴洞
仙	**朴在龜**	夏瑞 庚寅	高靈人	鶴洞
仙	**崔淳福**	五汝 辛卯	陽川人	鶴洞
仙	**全鏞夏**	聲洛 癸巳	星山人	佳谷
仙	**全在誠**	子善 乙未	星山人	松林
仙	**金春秀**	元若 戊戌	一善人	佳谷
仙	**吳在春**	殷弼 己酉	高敞人	梅林
原				
辛巳五月五日				

仙	裵炳善	亨遠 戊寅	星山人	鶴洞
仙	金永祚	錫汝 戊寅	慶州人	山塘
仙	全泳鉉	致斗 丙戌	星山人	漁洞
仙	金定鉉	善仲 丁亥	一善人	佳谷
仙	朴宗烈	城五 癸巳	高靈人	鶴洞
仙	崔淳權	大學 乙未	陽川人	松亭
仙	全海逑	曾若 戊戌	星山人	鳳津
仙	朴學烈	可悅 壬寅	高靈人	鶴洞
仙	全允根	華執 壬子	星山人	鳳津
仙	崔聖東	魯由 癸丑	陽川人	鶴洞
原				
壬午三月三十日				
仙	吳逑相	舜祚 丙戌	高敞人	梅村
仙	金仁秀	道一 庚寅	一善人	梅村
仙	崔淳逑	仁必 庚寅	陽川人	松亭
仙	金在運	明達 庚寅	瑞興人	漁洞

仙	**崔判錫**	益中 辛卯	陽川人	松亭
仙	**全在根**	羲善 辛丑	星山人	扶禮
仙	**韓錫宙**	洪汝 丙申	清州人	栢山
仙	**全炳昇**	道先 丁酉	星山人	鳳津
	原			
	癸未四月二十五日			
仙	**裵相垞**	南卿 辛丑	星山人	鶴洞
仙	**裵東倫**	允五 壬寅	星山人	鶴洞
仙	**朴正道**	孔淑 庚午	高靈人	梅村
	原			
	甲申四月初五日			
仙	**薛基東**	應魯 丙子	淳昌人	松林
仙	**崔淳喆**	敬一 戊寅	陽川人	松亭
仙	**全海宇**	洪居 丁亥	星山人	鳳津
仙	**朴瓚烈**	允文 丁亥	高靈人	鶴洞
仙	**韓錫宇**	德載 己丑	清州人	柏山
仙	**崔淳寔**	敬安 辛卯	陽川人	松亭

仙	全孝誠	源百 癸丑	星山人	鳳津
仙	崔淳喜	丁未	陽川人	鶴洞
仙	崔淳悅	癸丑	陽川人	鶴洞
仙	全秀垛	丁未	星山人	鳳津
原 乙酉五月五日				
仙	金　墉	正中 己巳	一善人	佳谷
仙	裵元根	貞瑞 丙子	星山人	清溪
仙	裵炳鶴	乃元 庚辰	星山人	鶴洞
仙	裵東元	舜五 庚辰	星山人	鶴洞
仙	全大誠	敬必 庚寅	星山人	鳳津
仙	全道誠	聖熙 甲申	星山人	鳳津
仙	金升鉉	泰仲 庚寅	一善人	佳谷
仙	金直鉉	陽五 庚寅	一善人	佳谷
仙	崔琮錫	宗玉 庚寅	陽川人	鶴洞
仙	全鏞右	聲振 庚寅	星山人	漁洞
仙	全鏞玉	振汝	星山人	鳳津

		庚寅		
仙	全炳珍	學夫 辛卯	星山人	鳳津
仙	全泰根	魯瞻 甲午	星山人	鶴洞
仙	全命允	性汝 丙申	星山人	鳳津
仙	崔淳祐	應五 壬寅	陽川人	鶴洞
仙	全炳轍	叔瞻 壬寅	星山人	鳳津
仙	朴在佑	亨五 丁未	高靈人	鶴洞
仙	全炳輪	季瞻 丁未	星山人	鳳津
仙	朴文憲	誠夫 戊申	高靈人	鶴洞
仙	崔淳祜	仲五 壬子	陽川人	鶴洞
原				

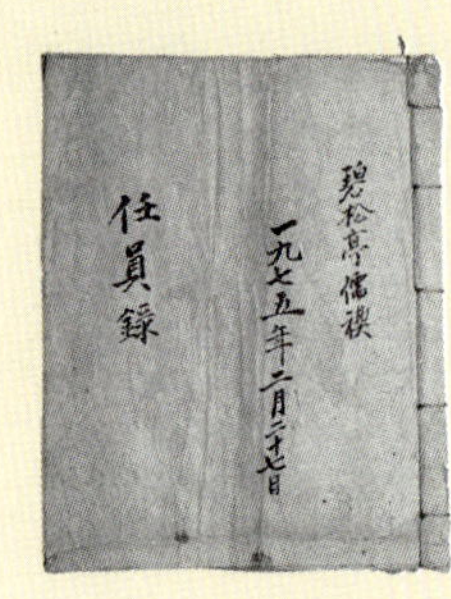

제10책 任員錄

任員錄

任員錄	一九七五年 二月二十七日以降
顧問	崔淳喜
契長	金範秀
幹事	崔炳秀
監事	薛鎭九 金大鉉
代議員	朴在祚 崔炳鐸 全奭培 韓亨洙 吳貞烈 金萬秀
	一九七六年 陰四月十日
顧問	崔淳喜
契長	金範秀
幹事	崔炳秀
監事	薛鎭九 金大鉉
代議員	朴在祚 崔炳鐸 全奭培 韓亨洙 吳貞烈 金萬秀

	一九七七年 陰四月十日
顧問	崔淳喜
契長	薛鎭九
幹事	崔炳秀
監事	金台鎬 崔甲東
代議員	金萬秀 裵仁煥 朴在祚 吳貞烈 金鍾九 全奭培
	一九七八年 陰四月十日
顧問	崔淳喜
契長	薛鎭九
幹事	崔炳秀
監事	金台鎬 崔甲東
代議員	金萬秀 裵仁煥 朴在祚 吳貞烈 金鍾九 全奭培
	一九七九年 陰四月十日
顧問	朴泰勳
契長	薛鎭九
幹事	全奭培
監事	金台鎬 崔甲東
代議員	朴在祚 裵相述 崔快東

	郭孔燮 鄭洙煥 韓亨洙
	一九八0年 陰四月十日
顧問	
契長	薛鎭九
幹事	全奭培
監事	金台鎬 崔甲東
代議員	朴在祚 裵相逑 崔快東 郭孔燮 鄭洙煥 韓亨洙
	一九八一年 陰四月十日
顧問	吳大烈
契長	薛鎭九
幹事	全奭培
監事	金台鎬 郭相逵
代議員	朴在祚 裵相逑 崔快東 郭孔燮 鄭洙煥 韓亨洙
	一九八二年 陰四月十日
顧問	
契長	薛鎭九
幹事	全奭培
監事	金台鎬 郭相逵

代議員	朴在祚 裵相述 崔快東 韓亨洙 崔昌東 全龍垛
	一九八三年 陰四月十日
顧問	崔甲東
契長	薛鎭九
幹事	全龍垛
監事	金台鎬 郭相逵
代議員	朴在祚 裵相述 崔快東 韓亨洙 崔昌東 崔淳祺
	一九八四年 陰四月十日
顧問	崔甲東
契長	薛鎭九
幹事	全龍垛
監事	金台鎬 郭相逵
代議員	朴在祚 裵相述 崔快東 韓亨洙 崔昌東 崔淳祺
	一九八五年 陰四月十日
顧問	崔甲東
契長	薛鎭九
幹事	全龍垛
監事	金台鎬

	郭相逵
代議員	朴在祚 裵相述 崔快東
	韓亨洙 崔昌東 崔淳祺
	一九八六年 陰四月十日
顧問	崔甲東
契長	薛鎭九
幹事	全龍垛
監事	金台鎬
	郭相逵
代議員	朴在祚 裵相述 崔快東
	韓亨洙 崔昌東 崔淳祺
	一九八七丁卯年 四月十日
契長	崔常東
幹事	全龍垛
監事	全再誠
幹事	吳承烈
監事	朴閏憲
運營議員	
委員長	金炳埴
委員	吳鍾烈
委員	朴泰桓
委員	全炳國
委員	郭殷烈

委員	韓亨洙
委員	裵泰煥
委員	崔淳琪
委員	薛榮俊
	一九八八戊辰年 陰四月十日
契長	崔常東
幹事	全龍垛
幹事	吳承烈
監事	全再誠
監事	朴閏憲
運營議員	
委員長	金炳埴
委員	吳鍾烈
委員	朴泰桓
委員	全炳國
委員	郭殷烈
委員	韓亨洙
委員	裵泰煥
委員	崔淳琪
委員	薛榮俊
	一九八九己巳年 陰四月初十日
契長	吳在春
幹事	全龍垛

	吳承烈
監事	全再誠
	朴閏憲
運營委員	
委員長	金炳埴
委員	吳鍾烈
	朴泰桓
	全炳國
	郭殷烈
	韓亨洙
	裵泰煥
	崔淳琪
	薛榮俊
	一九九0庚午年 陰四月初十日
契長	吳在春
幹事	全龍埰
	吳承烈
監事	全再誠
	朴閏憲
運營委員	
委員長	金炳埴
委員	吳鍾烈
	朴泰桓

	全炳國
	郭殷烈
	韓亨洙
	裵泰煥
	崔淳琪
	薛榮俊
	一九九一辛未年 陰四月初十日
契長	朴泰勳
幹事	全龍垛
	吳承烈
監事	金騏秀
	朴閏憲
運營委員	
委員長	金炳埴
委員	吳鍾烈
	朴泰桓
	全再誠
	郭殷烈
	韓永錄
	裵相逑
	崔淳琪
	薛榮俊
	一九九二壬申年 陰四月初十日

契長	朴泰勳
幹事	全龍垛 吳承烈
監事	金騏秀 朴閏憲
運營委員	
委員長	金炳埴
委員	吳鍾烈 朴泰桓 全再誠 郭殷烈 韓永錄 裵相述 崔淳琪 薛榮俊
	一九九三癸酉年 陰四月初十日
契長	全英垛
幹事	全龍垛 吳承烈
監事	金騏秀 朴閏憲
運營委員	
委員長	金炳埴

委員	吳鍾烈
	朴泰桓
	全再誠
	郭殷烈
	韓永錄
	裵相逑
	崔淳琪
	薛榮俊
	一九九四甲戌年 陰四月初十日
契長	全英垛
幹事	全龍垛
	吳承烈
監事	金騏秀
	朴閏憲
運營委員	
委員長	金炳埴
委員	吳鍾烈
	朴泰桓
	全再誠
	郭殷烈
	韓永錄
	裵相逑
	崔淳琪

	薛榮俊
	一九九五乙亥年 陰四月初十日
契長	郭東玟
幹事	全龍垛
	吳承烈
監事	金騏秀
	朴閏憲
運營委員	
委員長	金炳埴
委員	吳鍾烈
	朴泰桓
	全再誠
	郭殷烈
	韓永錄
	裵相述
	崔快東
	薛榮俊
	一九九六丙子年 陰四月初十日
契長	郭東玟
幹事	朴閏憲
	吳承烈
監事	金騏秀
	全炳圓

運營委員	
委員長	金炳埴
委員	吳鍾烈
	朴泰桓
	全再誠
	郭殷烈
	韓永錄
	裵相述
	崔快東
	薛榮俊
	一九九七丁丑年 陰四月初十日
都廳	金泰亨
有司	吳承烈
有司	朴閏憲
監事	金騏秀
監事	全炳圓
運營委員	
委員長	金炳埴
委員	朴泰桓
委員	全再誠
委員	崔東埈
委員	裵相烈
委員	吳元銖

委員	郭東龍
	一九九八年戊寅 陰四月初十日
都廳	金泰亨
有司	吳承烈
有司	朴泰俊
監事	金騏秀
監事	全炳圓
運營委員	
委員長	金炳埴
委員長	朴泰桓
委員	全再誠
委員	崔東埈
委員	裵相烈
委員	吳元銖
委員	郭東龍
	一九九九年己卯 四月初十日
都廳	郭泰烈
有司	吳承烈
有司	全炳圓
監事	金騏秀
監事	裵泰煥
運營委員	
委員長	金炳埴

	朴泰桓
	全再誠
	崔東埈
	裵相烈
	吳元銖
	郭東龍
	庚辰(一九九)二000年 陰四月初十日
都廳	郭泰烈
有司	吳承烈
有司	全炳圓
監事	金騏秀
監事	裵泰煥
運營委員	
委員長	金炳埴
委員	朴泰桓
	全再誠
	崔東埈
	裵相烈
	吳元銖
委員	郭東龍
	辛巳(二00一)年 陰四月初十日
都廳	吳貞烈
總務	吳承烈

	全炳圓
監事	朴世憲
運營委員	
委員長	金炳埴
委員	朴泰桓
	全再誠
	金騏秀
	崔東俊
	裵相逑
	吳元銖
	郭東龍
	壬午(二00二)年 陰四月初十日
都廳	朴泰桓
總務	吳承烈
	全炳圓
監事	金泰哲
	朴世憲
運營委員	
委員長	金炳埴
	全再誠
	金騏秀
	崔東俊
	吳元銖

	郭東龍
	裵相述
	癸未(二00三)年 陰四月初十日
都廳	郭殷烈
總務	吳承烈
	全炳圓
監事	金泰哲
	朴世憲
運營委員	
委員長	金炳埴
	全再誠
	金騏秀
	崔文錫
	吳元銖
	郭東龍
	裵相述
	甲申二00四年 陰四月初十日
都廳	全再誠
有司	吳承烈
	全炳圓
監事	金泰哲
監事	朴世憲
運營委員會理事會	

理事長	金炳埴
	金騏秀
	崔文錫
	吳元銖
	郭東龍
	裵相逑
	丙戌二00六年 陰四月初十日
都廳	金炳埴
有司	吳承烈
	全炳圓
監事	金泰哲
	朴世憲
理事	金騏秀
	崔文錫
理事	吳元銖
	郭東龍
	裵相逑
	丁亥二00七年 陰四月初十日
都廳	金炳埴
有司	吳承烈
	全炳圓
監事	金泰哲
	朴世憲

理事	金騏秀
	崔文錫
	吳元銖
	郭東龍
	裵東洙
	原
	戊子二00八年 陰四月初十日
顧問	全再誠
	金炳埴
都廳	金騏秀
有司	全炳圓
	郭東龍
理事	全海均
	崔文錫
理事	吳元銖
	金鍾圭
	金鍾秀
監事	朴世憲

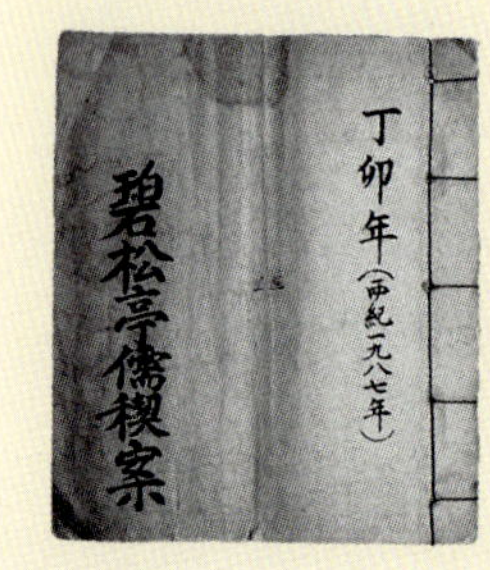

제11책 碧松亭儒禊案

碧松亭儒禊案

碧松亭 儒禊規約(定款)

第一章 總則

第一條 本禊는 碧松亭 儒禊라 稱한다.

第二條 本禊는 儒道精神에 基하여 道義親交로서 世世相親之義로 創禊하신 先代儒賢의 理念을 기리 받드러 旣存 碧松亭 儒禊의 權利와 義務를 承繼함을 그 目的으로 한다.

第三條 本禊는 前條의 目的을 達成키 爲하야 다음의 일을 營爲한다.

一. 以友輔仁의 精神으로 德業을 相勸하며 過失을 相規하여 相互親睦을 圖謀한다.

二. 道義를 涵養하며 士風을 振作하여 創禊先賢의 뜻에 副應한다.

三. 有能한 後進育成을 爲하여 奬學基金의 設置 運營.

四. 史蹟 文化財인 碧松亭의 守護 管理에 必要한 事業.

五. 其他 必要한 事業.

第四條 本禊의 主事務所는 高靈郡 雙林面 新村洞 所在 碧松亭으로 한다.

第二章 稧員

第五條 本稧 稧員은 創立 및 累次 續稧 稧員의 該子孫으로서 入稧를 希望하는 者로 構成한다.

第六條 本稧에 入稧코저 하는 者는 前條에 該當하는 者로서 運營委員會의 議決을 거처 稧員 名簿에 登載되므로서 稧員의 資格을 갖인다.

第七條 吾鄕內에 德望과 學行이 足爲師表者로 第五條의 規定에 該當되지 않는 人士로서 迎入할 必要가 있다고 認定될 時는 運營委員會의 審議를 거처 總會의 議決로서 協贊稧員으로 追入을 許容할 수 있다.

第三章 機構

第八條 本稧의 稧務를 執行하기 爲하여 運營委員會를 둔다.

第九條 運營委員會는 總會의 委任으로 다음 事項을 議決 執行한다.

一. 稧員의 資格 審議와 懲戒賞罰에 關한 일.

二. 財産의 助成과 處分에 關한 審議.

三. 總會에 附議할 案件 作成에 關한 일.

四. 其他 總會에서 委任한 일.

第十條 運營委員會의 定數는 九人이며 總會에서 選出하고 任期는 貳年으로 한다.

第十一條 委員長은 委員이 互選하고 그 議長이 된다.

第十二條 運營委員會는 必要時 委員長이 隨時 召集하고 議事 決定은 在籍委員 三分之二 以上의 出席으로 開議하고 出席委員 全員 贊成으로 行한다.

第四章 任員

第十三條 本稧에 다음의 任員을 둔다.

一. 稧長 一名.

一. 監事 二名.

一. 幹事 二名.

稧長은 本稧를 代表하고 이를 統轄한다.

幹事는 稧長을 補佐하며 一切의 稧務를 執行한다.

監事는 稧의 財政 狀況을 監查하여 總會에 報告한다.

第十四條 稧長, 監事는 總會에서 選出하고 任期는 二年으로 하며 幹事의 任期는 一年으로 한다.

第十五條 本稧의 諮問機關으로 顧問 若干人을 推戴한다.

第五章 會議

第十六條 本稧의 會議는 定期總會와 臨時總會를 둔다.

第十七條 定期總會는 每年 陰 四月十日로 定하고 左의 事項을 議決한다.

一. 本稧 規約의 制定 改廢에 關한 事項.

二. 年中 經過 報告 및 新年度 事業 計劃 審議 策定.

三. 任員 選出 및 運營委員 選出에 關한 事項.

四. 其他 運營委員會에서 提出된 議案 및 本稧 運營에 必要한 事項.

第十八條 臨時總會는 稧長 또는 稧員 二十名以上의 要求에 依하야 召集하며 臨時總會에 附議된 案件만 議決한다.

第十九條 總會의 會議는 在籍 過半數 出席으로 開議하고 出席 稧員 過半數의

贊成으로 議決한다.

但, 二回 以上 召集에도 成員이 않될 時는 出席員만으로 議決하고 會議錄에 追後 署名받으므로서 前項의 效力을 갖인다.

第二十條 稧長 有故時는 運營委員長이 代行한다.

第六章 財政

第二十一條 本稧의 財政은 다음 收入으로 運營한다.

一. 旣存 財産으로 因한 所得.

二. 稧員의 入稧金.

冑孫은 白米 五升, 次孫은 白米 壹斗式으로 定함.

三. 基金으로 因한 收益金.

四. 贊助金 및 其他 收入.

第二十二條 本稧 財産의 助成과 處分은 運營委員會의 議決을 거처 在籍 稧員 過半數의 出席과 參席 稧員 三分之二 以上의 贊成으로 議決한다.

第七章 脫退 및 懲戒

第二十三條 本稧의 稧員이 脫退時는 稧員 資格이 喪失되며 旣納金은 一切還拂하지 않는다.

第二十四條 稧員中 本稧의 名譽와 威信을 損傷하거나 本稧則을 違反할 時는 運營委員會의 審査를 거처 總會 決議에 依하여 除名 處分할 수 있으며 이 境遇에도 旣納金은 前條와 같다.

第八章 附則

第二十五條 本 規約은 西紀 一九七五年 二月 二十七日字 制定 施行된 規約에 對한 改正案으로 西紀 一九八七年 定期總會의 議決을 거처 卽時 效力을 發生한다.

第二十六條 本 規約의 改正 및 廢止는 在籍 稧員 過半數 以上의 出席과 出席稧員 三分之二 以上의 贊成으로 行한다.

但, 創稧 理念과 精神에 背馳되지 않는 範圍內에 限한다.

稧員名簿				
仙	崔淳甲	字 子元 生 甲辰	陽川人	鶴洞
仙	崔淳喜	文守 丁未	陽川人	鶴洞
仙	吳在春	殷弼 己酉	高敞人	梅林
仙	李憲敎	相淳 庚戌	星山人	松亭
仙	全且祚	善五 庚戌	星山人	栢山
	全友垛	仲五 壬子	星山人	鳳津
仙	全漢根	洙夏 壬子	星山人	鳳津
仙	崔常東	春可 甲寅	陽川人	松亭
仙	崔鳳東		陽川人	九皐

		乙卯		
仙	薛鎭九	文仲 己未	淳昌人	梅村
仙	薛元俊	文一 辛酉	淳昌人	松林
仙	韓德源	字 仁甫 生 辛酉	清州人	栢山
仙	朴在祚	辛酉	高靈人	鶴洞
仙	吳鍾烈	鳴哉 癸亥	高敞人	松林
	吳貞烈	國甫 癸亥	高敞人	松林
仙	全祥運	甲子	星山人	松林
	韓永錄	(甲子)乙丑	清州人	栢山
仙	韓亨洙	眞文 丙寅	清州人	栢山
仙	韓孝源	性百 丙寅	清州人	栢山
仙	崔淳商	(敬夫) 丙寅	陽川人	鶴洞
仙	薛鶴龍	龍善 丁卯	淳昌人	松林
	全奉洙	敬夫 戊辰	星山人	松林
	崔淳祺	弘汝 戊辰	陽川人	鶴洞
	全鋼碩	字 生 戊辰	星山人	鳳津

	全龍埰	士順 戊辰	星山人	栢山
仙	崔聖東	丁卯	陽川人	松亭
	崔東均	壬申	陽川人	鶴洞
仙	崔淳浩	壬申	陽川人	鶴洞
仙	崔東埈	壬申	陽川人	鶴洞
仙	金範秀	洪九 壬申	一善人	佳谷
	吳承烈	賢夫 壬申	高敞人	松林
	金炳埴	明夫 癸酉	一善人	佳谷
仙	崔炳秀	景泰 癸酉	陽川人	松亭
	金鉦秀	甲戌	慶州人	松林
	薛千秀	甲戌	淳昌人	上佳
	薛聖九	字 生 乙亥	淳昌人	上佳
仙	韓宗洙	丙子	淸州人	栢山
仙	韓炳泰	丁丑	淸州人	栢山
	薛榮埈	己卯	淳昌人	松林
	金鍾圭		慶州人	松林

		戊寅		
仙	朴泰熹	辛未	高靈人	鶴洞
	朴逑憲	己卯	高靈人	鶴洞
	朴俊植	辛卯	高靈人	鶴洞
仙	全利根	甲子	星山人	上佳
仙	全鏞漢	致鎬 壬戌	星山人	松林
仙	崔福東	庚申	陽川人	栢山
仙	崔甲東	子寅 甲寅	陽川人	鶴洞
仙	全海鵬	字 大振 生 壬子	星山人	鳳津
仙	朴相達	辛未	高靈人	鶴洞
仙	朴潤憲	瑞玉 辛巳	高靈人	鶴洞
仙	金黃鉉	元五 癸丑	一善人	佳谷
仙	金泰宇	宙卿 甲寅	一善人	佳谷
	金泰亨	重甫 辛酉	一善人	佳谷
仙	金萬秀	永則 乙丑	一善人	佳谷
仙	金泰淑	子益 乙丑	一善人	佳谷

	金元秀	義淑 丙寅	一善人	佳谷
	金騏秀	道華 辛未	一善人	佳谷
	崔晋東	甲子	陽川人	鶴洞
仙	裵炳駿	戊申	星山人	清溪
仙	裵東溶	字 華玉 生 丁未	星山人	清溪
	裵日煥	己卯	星山人	清溪
仙	裵泰煥	戊辰	星山人	清溪
仙	裵相述	乙亥	星山人	鶴洞
	全鋼浩	己卯	星山人	鳳津
仙	全禮垛	甲寅	星山人	鳳津
仙	全龍守	甲申	星山人	鳳津
仙	金圭守	尙淑 壬子	一善人	佳谷
仙	朴武憲	直夫 壬子	高靈人	鶴洞
仙	朴泰珪	夢碩 戊午	高靈人	鶴洞
仙	朴泰勳	奉彦 戊午	高靈人	鶴洞
	朴泰桓	元贊	高靈人	鶴洞

		甲子		
	朴世憲	字 琪甫 生 辛巳	高靈人	鶴洞
	朴斗憲	丙戌	高靈人	鶴洞
仙	裵仁煥	丁卯	星山人	鶴洞
仙	全元伊	甲子	星山人	鶴洞
仙	崔在東	庚申	陽川人	九皐
	裵東洙	癸未	星山人	松谷
	全大根		星山人	鶴洞
仙	全孝培	丙寅	星山人	鳳津
仙	全炳寅		星山人	鶴洞
	吳元銖	元甫 甲戌	高敞人	松林
仙	全華植	辛亥	星山人	鳳津
仙	裵相烈	辛未	星山人	淸溪
仙	全炳珣	字 生	星山人	鳳津
仙	全炳國	性直 乙丑	星山人	鳳津
仙	李浚桓	仁中 乙卯	星山人	館洞

仙	李憲柱	中立 辛亥	星山人	館洞
仙	金　涒	仲筍 戊申	義城人	山州
仙	金台鎬	泰豪 辛酉	慶州人	池山
仙	郭東玟	允一 戊午	玄風人	月幕
仙	郭相逵	禹賢 丙辰	玄風人	菊田
仙	崔東燁	辛亥	陽川人	鶴洞
	全判根		星山人	九皐
仙	崔淳出		陽川人	鶴洞
仙	崔淳厚	庚戌	陽川人	鶴洞
	全再誠	字 成吾 生 戊辰	星山人	鳳津
仙	權鍾烈	己酉	安東人	開津 鳳洞
仙	曺鳳贊	丙辰	昌寧人	開津 良田
仙	許宗漢	泰允 庚申	金海人	開津 九谷
	李澾奇	庚午	星山人	開津 盤雲
	韓贊敎	乙丑	淸州人	牛谷 大谷

仙	全鶴洙	戊寅	星山人	松林
仙	崔炳鐸	辛酉	陽川人	鶴洞
仙	李月煕	乙丑	慶州人	上佳谷
仙	鄭淳權	得中 丙辰	東萊人	德谷 晩霞
	郭柄厚	禮仲 庚申	苞山人	高靈 玉山
	金義鉉	聖祚 庚午	慶州人	新谷
仙	李錫祐	字 大玉 生 乙卯	全州人	開津 新安
仙	全海宙		星山人	鳳津
仙	全命根	己巳	星山人	鳳津
	韓德敎	辛未	淸州人	牛谷 大谷
	禹福龍	辛未	丹陽人	合伽
仙	崔炳演	光文 辛未	陽川人	鶴洞
	朴永泰		高靈人	鶴洞
仙	金永夏	忠可 壬戌	一善人	開津 九谷
仙	朴性憲	淳夫 庚申	高靈人	牛谷 桃津

仙	李春熙	性沃 丁巳	慶州人	開津 直洞
仙	全福運		星山人	館洞
	柳海喆	明夫 庚申	晉陽人	治炉 河濱
仙	朴址悅	字 敬淑 生 乙丑	高靈人	高靈 快賓
仙	全台植		星山人	鳳津
仙	全大植		星山人	石寺
仙	裵鳳龍		星山人	下車二
	全道植	乙亥	星山人	栢山
仙	全炳鶴		星山人	栢山
仙	崔淳虎	丁卯	陽川人	鶴洞
仙	崔淳恪		陽川人	鶴洞
仙	全載鉉	甲子	星山人	栢山
仙	全再根	丙寅	星山人	上佳谷
	金洛鎬	烏國 戊辰	一善人	開津 仁安
仙	郭殷烈	相振 乙丑	玄風人	月幕
仙	郭泰烈	字 文兼	玄風人	月幕

		生 辛酉		
	郭東龍	命遠 乙亥	玄風人	月幕
仙	郭宇烈	來汝 壬戌	玄風人	月幕
仙	金泰順	三軒 庚申	一善人	佳谷 寓서울
仙	金炳宇	元若 己巳	一善人	佳谷
	金炳朝	振羽 壬申	一善人	佳谷
	金泰哲	仁先 乙亥	一善人	佳谷
	金雅秀	亮勳 甲申	一善人	佳谷
	金炳純	丁亥	一善人	佳谷
仙	裵永壽	癸酉	星山人	鶴洞
仙	裵東勳	戊寅	星山人	下車二
	裵永孝	丁亥	星山人	鶴洞
	吳在旭	字 生	高敞人	松林
	吳海根	淸汝 甲戌	高敞人	梅林 寓大邱
仙	全炳岦	丁丑	星山人	鳳津
	全在鳳		星山人	鳳津

	吳在權	丙戌	高敞人	梅林
	全炳烈	丁亥	星山人	鳳津
	崔東待	戊寅	陽川人	鶴洞
仙	全炳玉	庚午	星山人	鳳津
	吳在洙		高敞人	貴院
仙	全炳祐	正中 乙丑	星山人	扶禮
仙	崔快東	庚午	陽川人	鶴洞
仙	吳柱鎬	辛未	高敞人	梅林
	全炳圓	相哉 甲戌	星山人	鳳津
戊寅 承繼稧稧員				
	金炳基	潤吉 辛巳	一善人	佳谷
	崔炳寬	畢景 丙申	陽川人	松亭
	崔信東	丙辰	陽川人	松亭
	崔烘翊	辛巳	陽川人	松亭
	崔炳仁	己亥	陽川人	鶴洞
	崔喆東	丙申	陽川人	鶴洞

	金鍾秀		一善人	佳谷
	金炳垸		一善人	佳谷
	金炳滿		一善人	佳谷
	朴泰憲	丁亥	高靈人	鶴洞
	朴址憲	丙申	高靈人	鶴洞
	郭在穆		玄風人	月幕
	裵根孝	乙亥	星山人	鶴洞
仙	裵東彦	乙亥	星山人	鶴洞
	裵龍孝	丁亥	星山人	鶴洞
	裵東澈	戊午	星山人	鶴洞
	裵圭煥	乙亥	星山人	鶴洞
落	李道源	謹夫 癸酉	全州人	新安
	李洙仁	浩益 己卯	星山人	盤雲
原				
己卯年 承繼稧稧員				
	全炳均	昺哉 丙戌	星山人	松林
	全炳琉	法泉	星山人	大邱

		乙亥		
	全炳碩	哉明 丙子	星山人	大邱
	全甲植	斗八 甲戌	星山人	新村
仙	全文植	文益 庚午	星山人	新村
仙	全炳茂	聖夫 庚辰	星山人	新村
仙	全海喆	敬七 辛未	星山人	新村
	全炳庸	汝明 己卯	星山人	新村
	崔日化	壬午	陽川人	鶴洞
	崔東勳	壬午	陽川人	鶴洞
	崔炳允	玹谷 丙子	陽川人	鶴洞
	崔文錫	成夫 癸酉	陽川人	鶴洞
	金喆秀	戊辰	一善人	佳谷
	金泰明	德夫 甲戌	一善人	佳谷
	裵東權	甲戌	星山人	淸溪
	李潤大	己丑	星山人	盤雲
	李大源	文浯 己巳	星山人	盤雲

落	韓碩源	勤巖 甲戌	清州人	山塘
	朴泰俊	乙巳	高靈人	鶴洞
	崔琪滿	甲申	陽川人	鶴洞
	原			
	癸未年 承繼稧稧員			
	全吉誠	進守 己卯	星山人	新村
	全判權	聖魯 丙寅	星山人	新安
仙	全春植	周汝	星山人	新村
仙	李春錫	善有 癸酉	星州人	盤雲
	崔東瑞	乙亥	陽川人	鶴洞
	鄭洙震	潤義 己巳	晉陽人	玉山
	吳晒勳	庚辰	高敞人	松林
	李錫鴻	羽鴻 甲戌	全州人	新安
	金泰勳	乃赫 壬申	一善人	佳谷
	金股東		一善人	開進 九谷
	全海均	淸浩 壬申	星山人	新村
	原			

仙化稧員				
故	金泰鍾	字 振遠 生 丙戌	一善人	佳谷
	吳載鳳	文哉 甲午	高敞人	梅林
	金春秀	元若 戊戌	一善人	佳谷
	全在根	羲善 辛丑	星山人	扶禮
	崔淳祐	應五 壬寅	陽川人	鶴洞
故 仙	全允根	華執 壬子	星山人	鳳津
	崔淳悅	癸丑	陽川人	鶴洞
	崔聖東	魯由 癸丑	陽川人	鶴洞
	金炳浩	善養 戊午	一善人	梅村
	全炳轍	淑瞻 壬寅	星山人	鳳津
	全炳輪	季瞻 丁未	星山人	鳳津
故 仙	薛玉洞	字 文卿 生 壬寅	淳昌人	上佳
	全友垛	仲五 壬子	星山人	鳳津
	崔淳權	丙辰	陽川人	鶴洞
	崔炳悅	景淑 庚申	陽川人	松亭

	崔龍東	庚申	陽川人	松亭
	崔淳南	山汝 庚申	陽川人	松亭
故仙	崔在東	辛酉	陽川人	鶴洞
	裵星煥	辛酉	星山人	松亭
	薛鎭浩	景仲 丁卯	淳昌人	上佳
	裵仁煥	戊辰	星山人	淸溪
	全奭培	庚午	星山人	栢山
	全海天	月遠 壬寅	星山人	鳳津
故仙	吳大烈	字 生 癸丑	高敞人	梅林
	崔東範	洪夫 丙午	陽川人	鶴洞
	崔東鎭	相水 丙辰	陽川人	鶴洞
	裵琪煥	壬子	星山人	鶴洞
	裵相垣	宅卿 己酉	星山人	鶴洞
	全弥鉉	永瑞 辛亥	星山人	梅村
故仙	崔東出	辛酉	陽川人	鶴洞
	全炳球		星山人	鳳津

		丁卯		
	全炳龍		星山人	鶴洞
	崔命東		陽川人	鶴洞
	金遇壎	庚午	慶州人	松林
仙	吳在相		高敞人	梅林
故仙	崔東穆		陽川人	九阜
仙	郭俊烈	和善 甲寅	玄風人	月幕
	崔淳桓	丁巳	陽川人	栢山
仙	李祐錫	丁卯	星山人	開津 盤雲
仙	李仲錫	丙辰	星山人	開津 盤雲
	權鍾壎	乙巳	安東人	開津 鳳洞
	金克秀	應圭 甲辰	一善人	佳谷
	朴大憲	仁淑 庚戌	高靈人	桃津
	朴喆憲	順夫 己未	高靈人	

제12책 忌案(1)

忌案

松亭座目忌案													
		正月	二月	三月	四月	五月	六月	七月	八月	九月	十月	十一月	十二月
仙	崔應泗	十一日		二十五日	初五日 十四日		十二日	初五日 初八日					十九日 二十四日
仙	鄭夢虎	十六日 初三日	二十三日					初九日 十四日		初三日 十五日		十四日 十六日 二十六日	
仙	韓承祖	十四日 初八日			二十四日	初一日	十六日	十二日		十一日 二十四日	十六日		
仙	朴秀任		初六日 十七日 二十五日	二十二日	十八日	十六日	十六日	初六日	二十日	十五日 二十七日	十二日	二十七日	十五日
仙	許　信	十八日	初九日		初八日 二十五日	十三日				二十三日			
仙	許　仞	十八日	初九日	十九日 二十一日	初一日 初八日 二十五日	十三日	十三日	初二日		二十三日		初十日	十一日
仙	尹殷楨	初四日	初一日 二十五日 二十六日		初九日	二十一日	二十九日	十九日	二十二日 二十五日	二十日			
仙	李克仁												
仙	宋延年	二十五日	二十九日		十九日		十五日	十日 二十八日	二十四日	二十八日	十一日 二十九日		
仙	李　涵				初十日 二十三日		三十日	初七日	十七日	二十日		二十七日 二十四日	
仙	金元瑞		初九日			初十日		二十一日 二十三日	初五日	初四日	初五日 二十日	二十六日	
仙	李　立	初八日 二十一日			十六日		初八日	二十八日	十四日 二十九日	二十二日		初四日 二十八日	二十三日
仙	朴大任	十六日 十二日	初六日 二十五日	初六日 二十二日 初三日	十八日 十二日	初九日 十九日	十六日	初六日 初九日 二十二日	二十日 二十四日	二十七日 初五日	初二日 十二日		二十二日
仙	韓應獜	初四日 二十四日	二十四日	十三日 十四日 十六日	二十三日		二十二日					初十日	
仙	權應台	二十一日	二十九日	十九日	十七日			十四日			初八日 十三日 二十八日	二十九日	十一日
仙	都　鵬	初四日		初十日	十七日 二十二日 二十七日	十八日 十九日 二十日	初五日	初八日		二十六日	二十三日	初九日	初一日

仙	金忠瑞					初四日			初五日		初五日		
仙	朴 愚	初七日 二十日	初五日		十五日		十六日		初七日		二十六日		
仙	金壽悅		初四日	十五日 十三日	十七日				初四日 二十三日	初七日	初一日		二十八日
仙	薛亨範	二十八日	二十二日 二十三日 二十八日			初二日 初五日			初一日 十一日		初八日 二十九日		
仙	崔應溟	初七日	二十六日	二十五日	初五日	初一日 初十日	二十五日	二十五日				初八日	十九日 二十四日
仙	崔汝夔			二十五日	十六日			十五日	初八日	十六日	初七日	十四日 十八日 十九日	初一日
仙	全永世	二十九日	二十日	初六日			初九日	十六日 二十八日	二十八日	二十六日		初五日	
仙	韓應祺	初四日 初五日 二十四日	二十四日	十三日 十四日 二十四日	二十三日		二十二日	初五日			二十八日		
仙	裵 峻	二十八日 二十四日	十六日	二十五日	初八日	初三日 初六日	二十七日	初六日	十二日				
仙	朴彦任	十二日	十九日	初四日 二十一日 十三日	十五日 十八日		二十三日 三十日			初五日	十二日	十一日	
仙	裵 岦	卄八日		卄五日	初八日	初六日 初三日	卄七日	初六日	十二日				十一日
仙	許夢吉	初一日 十八日		初七日	二十五日 初八日		初十日		初二日			初二日 二十一日	十一日
仙	崔汝契					二十日						二十二日	
仙	崔汝嵛		初六日	十九日	十七日	十八日 十七日	卅日		初八日			十四日	初六日 十八日 二十日
仙	李禮得		二十一日	二十八日 十七日 十三日		初七日	二十四日	初三日 十五日	十七日				十六日
仙	宋以程	二十五日 十六日	初六日		初六日 初九日 十九日		初十日	初十日 十九日	二十四日	初六日	十八日		
仙	權希尹	二十一日	初十日	十九日	十七日	十五日	十六日		初三日		初八日	卄九日 卄日	十一日 十四日
仙	韓 浩	初四日 初五日	初六日	十三日 十四日 十六日 二十八日	二十三日		二十二日 二十四日					初十日	初六日
仙	金 瀅	二十五日		初八日	十四日	初十日		二十一日 二十三日	二十九日	十一日	初五日 二十日		
仙	柳晩靑		初三日 二十九日		十二日		二十七日 初二日	十八日 二十六日 二十七日 二十日			初十日	十三日 卄六日	
仙	李有慶						卄四日					卄四日	
仙	宋以張	二十八日 二十五日			十九日						二十八日		
仙	金聲律						初三日 十七日		十七日 初九日	十一日 二十八日	十一日	卄七日	
仙	李廷元	二十二日	十九日	初三日	十四日					二十六日	初一日	二十日	十三日
仙	李藏用												
仙	李藏任	初八日 二十一日	十九日		十六日 初八日		初五日	卄八日	二十九日	卄二日	十六日	初四日	二十三日 二十日
仙	柳宗元												

仙	都賢佑	二十五日 初四日	初九日	初十日		十八日 二十日	初五日	初八日		二十六日	二十三日 初一日	初九日 初二日	初一日
仙	金 洙			初一日	二十日	初四日 初七日 初十日	十二日	二十一日		初四日	二十九日 初五日 二十日		
	權希亮	二十一日	初一日	十九日	二十二日 十七日	初五日 十五日	二十四日 十六日		八月 十三日	二十三日	初八日	二十九日	十一日 十四日
仙	朴彭岭	初七日	初五日	十四日	二十二日 十五日 二十七日			初八日					
仙	全汝恢	二十八日	十九日 初五日	十三日					二十四日	晦日	初七日	二十七日	二十五日
仙	宋以朱	二十五日	二十九日				十五日	初十日 二十九日	二十四日	十八日			二十六日
	李廷凱	二十八日 初六日	初八日 二十八日	初三日	十四日	十六日				二十六日 十三日	初一日	二十日	十三日 卄六日
仙	全士立	二十九日 初三日		初十一日		十八日	初九日	十六日 二十七日	二十八日	二十二日		初五日	
仙	全文立		初七日	十二日	初九日	初三日							
仙	都應宗		初七日	二十一日 初八日	初二日	十七日	初八日	十六日					
仙	裵基祿												
仙	崔興龍	二十九日	初六日										初六日
仙	李春壽		二十一日	二十八日	十四日		二十四日	初三日	十七日		初八日		十六日
仙	李春岭												十七日
仙	韓 潤	初四日 初五日		十三日 十四日	二十三日		二十二日	初五日			二十八日	十六日	
仙	朴景鷺		初六日 十六日 二十五日	初六日	十二日	初九日 十九日	二十日	初六日 初九日 二十二日	二十日 二十四日	二十七日	初二日 十二日		十九日 二十二日
仙	裵基祉	二十二日 二十八日		二十九日	初八日	初三日 初六日	二十七日	初三日 初六日	十二日 十七日		十六日		十一日
仙	許承一					初四日 二十五日 十九日							
仙	崔夢震		十九日				初六日	十五日					初一日 二十日
	崔起龍					十七日	三十日						十九日
仙	朴 蓄	十二日	十九日	十三日 二十一日	十五日 十八日 二十八日		三十日 二十日 二十三日			十一日	十二日		
仙	柳晩榮		二十九日		十二日 二十二日		二十七日 初六日	二十六日 二十七日 十八日			初二日	十三日	二十六日
仙	朴惟章	初七日 二十日	初八日 初五日	十日	十五日		十五日				初五日		
仙	都賢翼	初四日 二十五日			十一日 二十二日	十八日 二十日	初五日	初八日		二十六日	二十三日 初六日	初九日	初三日
	都賢凱		二十日				二十一日						
仙	崔夢龍					二十日			十四日	初二日		二十二日	
	崔夢龜	十二日											
	全興立	初三日 二十九日	二十日	初十日		十五日	初九日	十六日 二十八日	八日 十八日	二十二日	初十日		

癸未 十月 十九日 李禮得 宋以張 兩人 東床禮條 沙器捧上記

李禮得 沙鉢二竹 大貼二竹 甫兒二竹 宗子三竹九立 貼匙十二竹 中鉢二竹

宋以張 沙鉢二竹 貼匙十四竹 大貼二竹 甫兒二竹 宗子□竹 本甫兒一竹

都已上 沙鉢四竹

大貼四竹

甫兒五竹

中鉢二竹

貼匙二十六竹

宗子三竹九立

合四十四竹九立 □公事員 韓[手決]

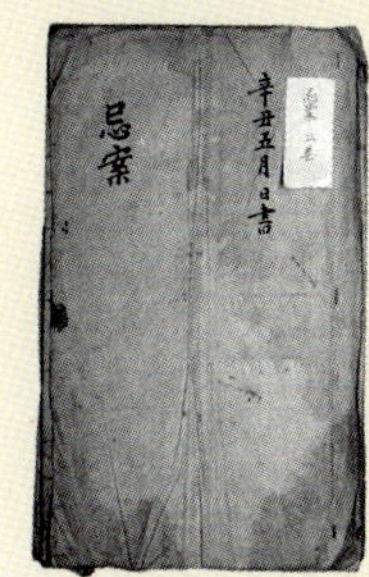

제13책 忌案(2)

忌案

	忌案	正月	二月	三月	四月	五月	六月	七月	八月	九月	十月	十一月	十二月
仚	朴廷英	初七日 二十日	初五日	十四日 十六日	十九日 十五日 二十二日	初一日		初七日	初六日		初三日		
仚	權緹												
仚	李世擘	初四日	二十八日	初三日	十二日	十六日	二十日			十一日 二十六日	二十七日 初四日	二十日 十三日	初六日 十六日
		正	二	三	四	五	六	七	八	九	十	十一	十二
仚	全瑾	初三日 二十九日		十一日		十七日 十八日	十九日	十六日 二十八日		初七日		二十一日	
仚	全瓘	初四日											
仚	金受徽		初四日 十九日		十二日 二十三日	二十日 二十二日	初三日 十七日	十二日 十七日	十七日 十九日	十一日	十一日 十七日	二十七日	十五日
仚	崔成屹		初三日 二十八日 十九日	初二日 二十五日 初九日	十四日 十六日		初六日 十五日				初八日	十九日	二十日
仚	全琬	初一日 初三日 二十九日						二十八日	二十八日				
仚	李世彦	十一日 初四日	二十八日	初三日 初九日同生		十七日 十六日 十三日同生	二十日 十五日			十一日 二十六日	二十七日 初四日	二十日 十三日	初九日同生 初 六 日同生
仚	全琨	初三日 二十九日		十一日		十七日 十八日	十九日	十六日 二十八日	二十八日			初六日	初八日
仚	金璡	十一日		初一日	十五日 二十七日	初七日 初十日	二十二日	十五日 二十一日		二十七日	初五日 十四日 二十日	初二日	
		正	二	三	四	五	六	七	八	九	十	十一	十二
仚	朴以棁	十二日	初九日 十九日	二十一日	十五日 二十八日	初三日	十四日 二十日 三十日			初二日 十一日		初四日 二十一日	初二日 十五日
仚	都汝城	初四日 二十五日	二十日			初七日 十八日 二十日	二十一日		初九日 二十五日	二十六日	初二日 二十三日		
仚	崔鳳儀												
仚	權轢		初十日			十五日		二十二日	初三日		初八日	二十六日	十一日
仚	崔宗繼	十一日	初六日	十二日	十二日	初五日	初二日	二十八日		二十三日			初六日

			初八日							二十九日			十九日 二十八日
佡	裵基祏	十二日 十五日 二十二日 二十八日	二十七日		初八日	初三日 十二日 十九日	二十七日	初六日 十七日	十二日		初十日	初五日	二十六日
佡	韓汝恁	初四日 十一日 十二日	十三日 二十八日	二十三日 二十八日	二十三日		二十二日 二十四日	初五日	十六日	初七日	初十日	初十日 十六日 二十一日	
佡	全球	初三日 二十八日		初十日				十五日	二十八日		初十日 二十七日		
		正	二	三	四	五	六	七	八	九	十	十一	十二
佡	李廷柱												
佡	崔成嶕		二十八日 十九日	二十五日 初九日	十四日 十六日		初六日 十五日				初八日	十九日	二十日
佡	崔鳳集		二十五日 二十九日										
	裵緯	二十二日 二十八日			初八日	初三日 十六日 二十八日	二十七日	二十四日	十二日 十七日		十六日		初一日
佡	全瑀	初三日		初十日	十二日		二十三日	十五日 二十三日	二十八日	十三日	初十日		
佡	權尙經		初十日 二十五日 三十日			十五日 二十三日	初三日 十九日	二十二日		二十二日		初九日 二十一日 二十六日	
	崔鳳章	十五日	十二日		二十二日 十六日	十七日			十四日	初二日	三十日	十九日	
佡	李時白												
		正	二	三	四	五	六	七	八	九	十	十一	十二
佡	全珏	初三日 二十九日	初七日		初九日	初三日 十五日		二十八日 二十五日					
佡	都汝垣	初四日 二十五日	二十日	二十九日		初七日 初十日 十八日 二十日	初五日 二十一日	二十七日	初九日 二十一日	十九日 二十六日	初二日 二十三日	初十日	
佡	全玧												
	崔鳳輝	十二日 十五日	二十九日	二十六日	十六日			初九日	十四日	初二日			
	崔鳳擧												
	全繼達	初三日 二十九日		十一日		十七日 十九日	十九日		二十八日 十二日	十七日 初七日		十六日 二十一日	
佡	金慶曼	十一日 十九日	初八日	初一日	二十七日	初七日	二十二日			初二日 二十七日 二十六日		初二日 二十日	十一日
佡	李益茂		二十五日 二十六日		十四日	十七日	十六日 十九日	十六日	初二日			十九日 二十一日	
		正	二	三	四	五	六	七	八	九	十	十一	十二
	全敬達	初三日 二十九日 二十五日		十一日	二十四日	十七日 十八日	十九日		二十八日	初七日 十七日		十六日 二十一日	
佡	李之榦		十九日		初八日 十二日	初六日 二十五日	初五日 二十九日	初七日 二十九日 初一日 十四日				初四日 十二日 二十八日	二十日 二十三日
	李卓立	初三日 二十九日		初九日						初九日	二十八日		初九日 初六日
佡	李昌立												
	裵紞	十九日 十二日 二十八日			初八日	初三日 十二日 十九日	初四日 二十七日	初六日 二十日	初七日		初十日	初五日 二十七日	二十四日

		十五日											
㒀	李益培						二十七日				二十二日		
	全碩達	初三日 二十九日		十一日 十六日		十七日	十九日		二十八日	初七日 十七日		十六日 二十一日	
㒀	全克履	初三日 二十四日 二十九日		十一日		十七日	十九日		二十八日	初五日		初六日	十九日
		正	二	三	四	五	六	七	八	九	十	十一	十二
㒀	朴允文	二十四日	初五日	十六日 十九日	二十二日				初六日	初四日	初三日		初一日
	全克諒	初三日 二十九日		十九日			初八日 十三日 初三日 初四日	十五日	二十八日		二十七日		十七日
	金震鳴	二十四日					初四日 初七日	二十二日	二十四日	十四日		十九日 初六日	初九日 二十二日
	薛孝業	二十二日	初九日	三日 初十日	初九日	十八日	初十日	初二日	二十二日				二十四日 二十八日
	全必達	初三日 十三日 二十九日	二十七日 二十八日	十五日	二十九日		十六日		二十八日		二十三日	十八日	
	周漢卿	正初一日			初十日		二十日	十六日				初二日 二十四日	初三日
	裵舜華	十二日 二十一日 二十二日			初八日	初三日 十六日 廿八日	二十一日	二十四日	十五日 十七日		初十日 十六日		初一日
	韓德基												
		正	二	三	四	五	六	七	八	九	十	十一	十二
	全克祉	初三日 二十四日 十四日 二十九日		十一日		十三日 十七日 二十九日	十九日		二十八日			初六日 十二日 初九日	十三日 二十四日

찾아보기